BASIC

초보자
중심의

기초회계

김재열
최경식
윤재희
공저

유원북스

Accounting

머 리 말

오늘날 산업사회의 급속한 발전으로 기업의 환경이 끊임없이 변화하고 있으며, 이에 따라 '기업의 언어'라고 할 수 있는 회계도 부단히 발전해 가고 있다. 종래에는 회계가 특정인에게만 필요한 것으로 인식되어 왔으나, 이제는 모든 전공과 모든 직업에 반드시 필요한 필수적 분야가 되어 버렸다.

최근 어느 대학에서 학교 전체의 모든 학과 학생들에게 회계학을 교양필수과목으로 개설하였다는 기사를 보고 시의적절한 선택이라 감탄하였다. 이제는 어느 대학에서나 회계학 강좌에 많은 학생들이 수강하고 있는 사실만 봐도 회계라는 과목의 중요성을 미루어 짐작할 수 있을 것이다. 특히, 회계라는 학문과 무관한 인문과계열, 공학계열, 자연계열의 많은 학생들도 회계 과목을 수강하는 모습을 종종 볼 수 있다.

그러나 회계학은 전공인 경상계열 학생들조차도 딱딱하고 어렵다고 생각하고 있는 실정인데, 하물며 비경상계열 학생들에게는 얼마나 어려울까? 라는 생각이 들면 이 과목을 어떻게 하면 쉽고 재미있게 강의를 하고, 기업 실무에서 꼭 필요한 학문임을 학생들에게 인식하게 만드는 것은 회계를 가르치는 모든 사람들의 책임이라고 할 수 있다. 이것이 저자들이 본 교재를 집필하게 된 궁극적인 이유라고 할 수 있다. 부연하면, 필요한 회계지식을 쉽게 설명하는 회계교과서가 아직은 많이 나와 있지 않은 상황에서, 본 교재가 비경상계열 학생들에게 회계라는 과목에 대한 흥미를 불러일으키고 관심 가지게 만드는 것이 교재 집필의 또 다른 이유가 될 것이다.

본 교재는 회계를 전공으로 하지 않는 비경상계열 학생들에게 교양과목으로 회계라는 학문을 소개하는 데 주안점을 둔다면 효과가 있을 것이고, 또한 회계를 전공으로 하는 경상계열 학생들에게도 본격적인 전공 수업에 들어가기 전 단계로 기초적인 회계학을 배우는 데 활용된다면 좋은 성과를 거둘 수 있으리라 여겨진다.

구체적인 본 교재의 특징은 다음과 같다.

첫째, 본 교재는 어떻게 하면 회계학이 어렵고 딱딱한 과목이 아니라 재미있고 쉬운 학문이라는 걸 보여주기 위해, 비경상계열 학생들이 이해하기 쉽게 서술하려고 노력하였다. 둘째, 본 교재는 회계학의 기초를 습득하는 것이 주된 목적이기 때문에 회계학의 모든 분야 즉, 재무회계, 원가관리회계, 세무회계 분야에서 학생들에게 기초적으로 필요한 중요한 내용만 기술하려고 하였다. 따라서 회계학의 심오한 부분은 가급적 기술을 피하고 교양과목 수준의 교과서가 되도록 노력하였다. 셋째, 각 장이 끝날 때마다 진위문제, 객관식문제 등을 수록하여 학생들이 스스로 생각하며 정리할 수 있도록 하였다.

본 교재를 출간하기 전 수년간 본 교재의 가본으로 저자들이 근무하고 있는 건양대학교의 공과대학 학생들에게 '공학회계'라는 과목으로 강의를 하고, 학생들에게 피드백을 받은 것이 교재의 출간에 많은 도움이 되었다. 이 자리를 통해 건양대학교 공대 학생들에게 감사의 마음을 전하고자 한다. 또한 그동안 강의를 해 주고 교재의 전체적인 체계를 마련해 준 이지영 박사님께도 고마움을 전하고자 한다. 마지막으로 흔쾌히 교재의 출간을 위해 노력해준 유원북스 이구만 사장님께 고마운 마음을 전한다.

2012년 2월

저자 일동

차 례

제1장 재무회계의 의미와 회계감사

제 2 장 기업의 재무상태

제 3 장 기업의 경영성과

제 4 장 회계의 순환과정

제 5 장 결산절차

제 6 장 재무제표 분석

제 7 장 원가와 기업경영

제10장 종합예산

제11장 창업자의 세무전략

제 1 장

재무회계의 의미와 회계감사

본 장에서는 재무회계에 대한 기초적인 개념을 학습하고, 회계감사에 대한 내용을 공부한다.

제 1 장

재무회계의 의미와 회계감사

제 1 절 회계란?

우리는 하루하루를 살아가면서 무수히 많은 경제적 활동을 수행하지만, 이 활동들이 회계적 활동과 관련되어 있다고 생각하는 사람은 드물 것이다. 그러나 실제로 일상생활에서 많은 경제적 활동들이 회계활동과 관련되어 있다. 단지 우리가 인식을 하지 못하고 있을 뿐이다. 예를 들어, 음식을 먹거나 또는 물건을 사고 대금을 지불한다든지, 주부가 하루 동안 사용한 돈을 가계부에 기록한다든지, 주식투자를 한다든지 등등 많은 경제적 활동들이 회계활동인 것이다. 기업의 경우에는 개인적 활동보다 더 많은 회계활동을 수행한다. 기업을 경영하기 위해서는 많은 정보가 필요한데, 이들 정보의 대부분은 회계정보이기 때문이다. 특히, 기업에서 만들어내는 대부분의 자료는 숫자로 표현되어 있다. 숫자는 단순한 표시 수단이라기보다는 살아 움직이는 기업의 모습을 그대로 나타내주는 매개체이다. 기업의 숫자를 제대로 볼 줄 알아야 기업의 상태를 제대로 파악할 수 있으므로 회계는 필요한 것이다. 즉, 회계를 잘 알면 기업의 실상을 제대로 파악하여 보다 정확한 의사결정을 내릴 수 있다.

만약 여러분들이 새로운 사업을 구상하면서 "처음에 얼마나 투자해야 할까? 그러면 얼마나 벌 수 있을까? 또 손해를 안 보려면 얼마를 벌어야 할까?"라는 식의 생각을 하고 있다면 여러분들은 벌써 회계를 시작하고 있는 것이다. 이러한 생각 없이 무작정 사업을 시작하는 사람은 없기 때문이다. 다시 말해, 사업 시작의 첫걸음부터 회계를 생각하게 되는 것이다. 회계에 대한 상세하고 해박한 지식은 회계전문가의 영역일지 몰라도 회계에 대한 기본적인 이해는 모든 사업자의 몫이다.

제 2 절 회계의 정의

회계는 기업경영의 언어(language of business)라고도 한다. 즉, 회계 없이는 기업경영의 과정이나 기업의 성과를 표현할 수 없다. 기업을 경영하기 위해서는 여러 가지 정보가 필요하며, 많은 부분이 회계시스템을 통해 얻어진다. 특정 기업에 대해서 관심을 갖고 있는 이해관계자(주주, 채권자, 투자자 등)들이 의사결정을 하는 데 유용한 회계정보를 제공하는 것을 목적으로 하는 회계에 대한 정의는 시간이 지나면서 다양한 형태로 전개되어 왔다. 처음에는 부기기능을 강조하였다. 부기란 "기업의 경제적 사건을 식별・측정・기록하는 것"을 의미한다. 이 정의는 회계의 영역을 매우 좁게 보고 있다는 한계가 있다.

여기서는 회계를 다음과 같이 정의 내리기로 한다.

회계란 특정 기업과 관련하여 발생한 경제적 사건을 식별(identifying), 기록(recording)하여 이해관계자들에게 보고(communicating)하는 과정이다.

경제적 사건이란 기업의 재무상태에 영향을 가져오는 행위를 말하며, 회계에서는 이를 거래라고 한다. 기업에서는 매일 다양한 거래가 발생하며, 이러한 거래로 인해 재무상태가 변동되는 것이다.

회계는 특정 사건이 경제적 사건인지 아닌지를 식별하고, 이를 일정한 규칙에 따라 화폐단위로 장부에 기록한 후, 재무제표(financial statements)라고 하는 일정한 보고형식을 통해서 회계정보이용자에게 보고하는 역할을 한다. 재무제표는 회계정보이용자의 경제적 의사결정에 도움을 줄 수 있다.

이와 같은 점에서 회계는 부기와 구별된다. 부기는 회계의 한 과정으로서 경제적 사건을 기록하고 보관하는 기법에 불과하며, 그것은 반복적이고 기계적인 특성을 지니고 있다. 반면에 회계는 정보를 산출할 뿐만 아니라 산출된 정보를 의사결정의 목적을 위해 분석하고 해석하며 활용하는 영역까지 포함한다.

결국 부기는 회계의 부분 집합으로서 한 측면에 불과하다고 할 수 있다.

기장처리의 기술 = 부기	기장처리의 방법을 지시 ——————→	기장기술의 원리 = 회계

제 3 절 회계의 역할과 회계정보이용자

1. 회계의 역할

앞서 설명했듯이, 우리가 살아가는 데 있어서 무시할 수 없는 큰 부분 중의 하나가 바로 경제적 활동이다. 그렇다면 우리가 영위하는 경제활동의 본질은 무엇일까? 모든 경우가 다 그렇지는 않겠지만 대부분의 목적은 이익추구라고 볼 수 있을 것이다. 더구나 물질만능의 자본주의 사회에서 개인이 누릴 수 있는 행복의 보편적 가치기준이 바로 돈으로 단정 지어지는 세태이고 보면, 누구나 자신의 행복을 위해서 돈을 벌고자 하는 것은 당연한 이치라고 할 것이다.

그렇다면 우리는 어떻게 돈을 벌고 있는가? 그것은 단순하다. 즉 월급을 받아서, 장사 또는 사업을 해서, 그리고 이를 통해 모은 종자돈(seed money)으로 재테크를 해서 돈을 불려나가고 있다. 그럼, 이렇게 모은 돈을 어떻게 관리해야 할까? 이때 필요한 것이 바로 회계이다. 회계의 역할에 대해 구체적으로 살펴보자.

첫째, 장사(사업)를 하는 데 필요하다.

사업을 하는 가장 일차적인 목적은 이익을 남기기 위한 것이다. 그리고 일정한 기간 동안 장사를 해서 얼마의 이익을 남겼는지는 직접 계산을 해보아야 알 것이다. 즉, 장사를 하면서 일정 기간 동안 얼마의 이익을 보았고, 현재의 재무상태가 어떠한지는 장부를 기록하고 결산을 해 보면 알 수 있다. 결산을 통해 재무제표라는 것이 만들어지는데, 사업주는 이러한 재무제표를 읽음으로써 자신이 운영하는 회사의 현재 상태를 정확하게 알 수 있으며, 회사 운영상의 여러 가지 문제점을 파악하여 이를 경영에 반영할 수 있게 된다.

둘째, 재테크를 하는 데 필요하다.

재테크의 방법에는 여러 가지가 있지만 가장 대표적인 것이 주식투자이다. 증시격언에 "주식투자란 주식을 사는 것이 아니라 그 회사를 사는 것과 마찬가지이다"라는 말이 있다. 즉, 주식을 사게 되면 주주가 되는 것이고 주주(株主)란 말 그대로 주식회사의 주인인 셈이다. 따라서 주식투자의 성과는 채권처럼 확정적으로 이자를 받는 것이 아니고, 그 회사가 이익을 많이 남겼을 때 그 이익의 일부를 배당이라는 형태로 분배받는 것이다. 그러므로 미래에 이익을 많이 낼 수 있는 회사에 투자하는 것이 투자의 기본원칙인 셈이다.

현재의 회사가 어떤 상태이고 미래에 어떻게 될 것인지 역시 회계의 결과 산출되는 재무제표에서 그 해답을 얻을 수 있다. 따라서 내가 투자하고자 하는 회사의 재무제표를 들여다 보고 이를 분석해 보면 그 기업의 현재의 가치와 미래의 가치가 어느 정도 보이게 되니, 이런 경우에는 적어도 주식에 투자해서 망했다는 소리는 듣지 않을 것이다.

셋째, 투명한 사회를 건설하는 데 필요하다.

우리는 외환위기를 맞아 IMF로부터의 구제금융이라는 초유의 사태를 경험한 바 있다. 국가의 유동성 부족은 결국 개별 경제주체들의 유동성 부족을 의미한다. 언제부터인가 우리나라의 모든 회사들과 가계들이 자신의 상환능력은 무시한 채 외부로부터 아무런 대책 없이 빚을 끌어다 무리하게 사업을 확장하고 소비하는 사이에, 이미 IMF 구제금융의 원인이 발생하고 있었던 셈이다. 그리고 이처럼 방만한 차입경영과 계열회사를 통한 회사 부풀리기가 가능했던 것은, 바로 투명하지 못했던 우리 사회의 비합리적인 구조에도 그 책임의 일부분이 있다는 점을 인정하지 않을 수 없다.

재무분석 교과서에서는 회사의 유동성비율은 최소한 150% 이상을, 그리고 부채비율은 200% 이하를 안전한 수준으로 정하고 있는데, 우리 기업들 중에서 이 비율을 충족시키는 회사가 과연 몇이나 되었을까? 과거의 잘못된 관행으로 인하여 우리 기업들은 거의 무제한적으로 금융기관의 돈을 끌어다 썼고, 이는 바로 기업의 재무구조를 악화시키는 요인으로 발전하고 말았다. 재무분석의 기본조차도 받아들여지지 않았던 우리 사회가 이제 그 대가를 톡톡히 치루고 있는 셈이다. 어찌됐건 이제는 우리 사회가 투명해짐으로써 그와 같은 불건전한 경영관행이 자리 잡지 못하도록 해야 하는데, 이를 가능하게 하기 위해 우리 모두가 회계를 알아야 하는 것이다. 즉, 21세기 복지국가는 투명한 사회여야 하며, 투명한 사회건설에는 회계가 큰 역할을 할 수밖에 없다.

2. 회계지식의 활용

얼마 전까지만 해도 회계나 재무제표는 공인회계사나 기업의 경리부서・총무부서・재무부서・기획부서 담당자에게나 필요한 것이었다. 그러나 최근 들어서는 각 부서에서 회의나 의사결정을 할 때 영업실적보고서, 지출보고서, 채권・채무 현황 등의 회계자료를 활용하고 있다. 이제 더 이상 회계지식은 특정 전문가집단의 전유물이 아니다. 회계지식은 경제활동을 하는 사람이라면 반드시 알아야 할 경제상식이 되어버린 것이다. 특히 승진이나 자기개발을 위해서라도 반드시 회계를 알아야 한다. 회계정보에는 기업경영과 관련된 모든 내용이 요약되어 있어 기업의 내부 의사소통 수단으로 매우 유용하다. 매일 매일 정확한 의사결정을 해야 하는 기업으로서는 회계자료를 제대로 이해하고 분석하는 사람을 선호할 것이다. 우리 주변에서 회계지식이 어디에 활용되고 있는지 알아보자.

1) 기 업

기업은 신규 프로젝트를 실행할 때, 현재 투입한 자금과 이를 통해 미래에 들어올 현금흐름을 예측하여 현재가치로 환원한 후, 후자가 전자보다 크면 투자하고 그렇지 않으면 투자하지 않는다. 이 경우 회계지식을 기반으로 현금흐름을 예측한다.

다른 기업과 신용거래를 하거나 다른 기업에 투자하거나 인수・합병을 할 때에도 회계자료가 기본이다. 일반적으로 기업은 다른 기업으로부터 신용거래를 제안 받을 경우 그 기업의 회계자료를 토대로 의사결정을 내린다. 이 경우 회계자료는 해당 기업으로부터 직접 제공받거나, 신용평가기관에 일정한 수수료를 지급하고 입수한다. 또 다른 기업에 투자를 하거나 인수・합병할 때에도 회계자료를 토대로 직접 실사하여 판단한다.

2) 지방자치단체・국가기관・비영리법인

시청・구청 등 지방자치단체나 기타 국가기관, 학교・병원 등 비영리법인에도 회계지식은 필수이다. 그간 대부분의 국가기관이나 지방자치단체, 비영리법인은 자금의 수입과 지출만 나타내는 가계부 형태의 단식부기를 사용하고 있었다. 그러나 지방자치단체는 2005년 복식부기를 도입하였고, 중앙정부도 2007년 국가회계법을 제정하여 복식부기를 도입하였다. 궁극적으로는 모두가 복식부기 형태로 바뀌어야 한다. 이를 통해 이제까지 소홀히 했던 자산과 채권·채무 현황을 철저히 관리해야 한다.

3) 정 당

정당도 회계지식 수준을 높여야 한다. 그동안 법을 피하기 위해 불투명하게 처리되어 왔던 수입과 지출을 이제는 투명하게 처리해야 한다. 수입에서는 기부금 납부자와 기부금액 등 내역을 정확하게 기록해야 하고, 지출에서는 지출 내역에 대해 세법에서 정한 증빙자료를 수취하여 회계투명성을 높여야 한다. 또 회계담당자가 독자적으로 활동할 수 있도록 독립성을 보장해야 한다.

4) 제 2 금융권

신용보증기금이나 기술신용보증기금은 보증해준 업체를 실사할 때 반드시 회계자료를 검토한다. 이들 보증기관은 보증을 해준 후 기업의 자금상태를 파악하기 위해 예금거래 내역, 차입금 현황, 어음내역, 채권·채무 현황, 최근의 현금출납장·결산자료·부가가치세신고서·4대 보험료 등의 회계자료를 정기적으로 검토한다.

다음의 [그림 1-1]은 회계지식을 활용하는 집단들을 나타낸 것이다.

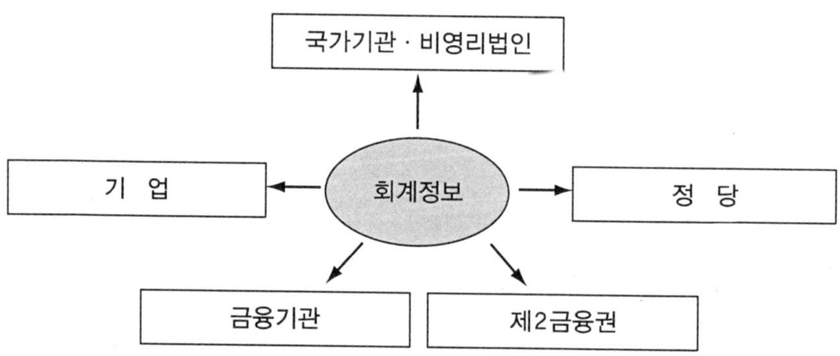

그림 1-1 회계지식의 활용

3. 회계정보이용자

회계정보의 이용자는 크게 내부이용자와 외부이용자로 구분할 수 있는데, 내부이용자는 기업 내부에서 그들의 경제적 의사결정을 합리적으로 수행하려고 하는 모든 의사결정자들을 말한다. 즉, 경영자로부터 모든 사원에 이르기까지 기업의 목표를 달성하는 데 필요한 책임과 권한을 가진 자를 말한다.

외부이용자는 기업 외부에서 그들의 경제적 의사결정을 합리적으로 수행하려고 하는 모든 의사결정자들을 말한다. 즉, 주주, 채권자, 정부규제기관, 종업원, 지역주민, 소비자, 일반대중 등의 이해관계자를 말한다.

이들 회계정보의 이용자들은 기업과 직·간접적인 이해관계를 가지고 있는 자들로 기업의 이해관계자 집단과 회계정보이용자와의 관계를 보면 [그림 1-2]와 같다.

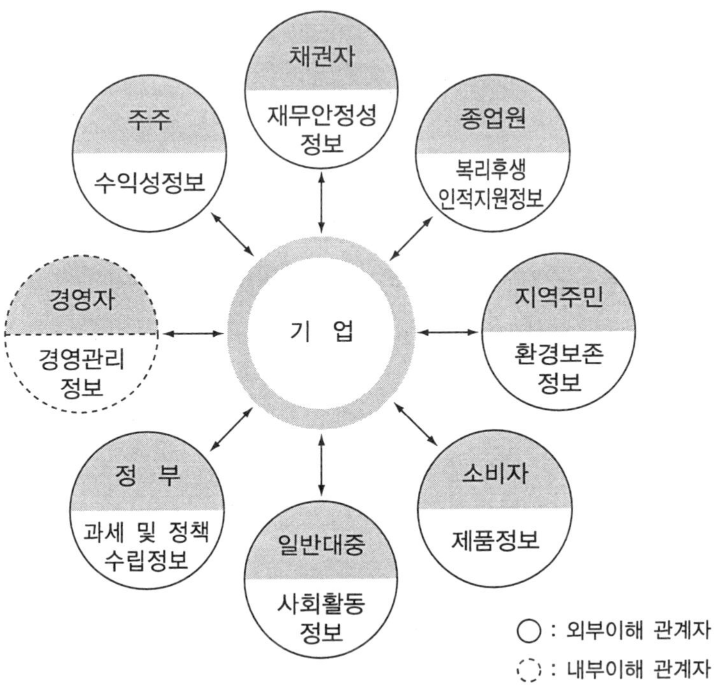

그림 1-2 기업의 이해관계자집단과 회계정보이용자

주요 정보이용자를 좀 더 구체적으로 살펴보자.

1) 경 영 자

경영자는 합리적인 기업경영을 위해 기업의 재무상태와 경영성과를 파악하고, 예산과 실적의 차이를 분석하며, 과거의 경영활동에 대한 성과를 평가한다. 또한 신제품 개발과 설비투자 여부 등 여러 가지 의사결정을 하는데 그 기초 자료로 회계정보를 활용한다.

2) 투 자 자

현재 및 잠재적 주식・채권 투자자는 기업의 미래 현금창출능력을 평가하기 위해 회계정보가 필요하다. 예를 들어, 현재의 주식 투자자는 배당수익과 매매차익을 얻기 위해 기업의 주식을 보유한 이들이다. 따라서 그들은 현재 소유하고 있는 주식을 처분할 것인지, 계속 보유할 것인지 결정해야 한다. 또 앞으로 기업에 투자하고자 하는 잠재적 투자자는 어느 기업의 주식에 얼마만큼 투자할 것인지 결정해야 한다. 이와 같은 의사결정을 할 때 판단의 기초 자료로 회계정보를 활용한다.

3) 채 권 자

채권자는 기업에 필요한 자금을 빌려주고 이자를 받는다. 그들은 어떤 기업에 자금을 빌려줄 것인가, 빌려준다면 이자율을 얼마로 받을 것인가를 결정해야 한다. 또 이미 빌려준 경우에는 기간을 연장할 것인가, 연장한다면 조건을 어떻게 조정할 것인가를 결정해야 한다. 이와 같은 의사결정을 할 때 판단의 기초 자료로 회계정보를 활용한다.

4) 정부기관

정부기관은 기업의 이익에 대해 세금을 부과하고, 기업의 경영활동에 대해 각종 규제와 관리를 한다. 이와 같은 의사결정을 할 때 판단의 기초 자료로 기업에 관한 회계정보를 활용한다.

5) 종 업 원

종업원은 자신이 회사에 공헌한 정도와 회사의 지급능력을 고려하여 회사와 근로조건에 대해 협상한다. 이에 따라 그 회사에서 계속 근무할 것인지, 아니면 다른 회사로 옮길 것인지를 결정한다. 이와 같은 의사결정을 할 때 판단의 기초 자료로 회계정보를 활용한다.

6) 기타 정보이용자

기타 정보이용자는 기업의 미래 현금창출능력에 관심을 갖는다. 예를 들면, 투자자나 채권자에게 투자정보와 신용정보를 제공하는 재무분석가나 신용평가기관도 회계정보를 활용한다. 일반 대중은 특히 기업의 재무상태에 관심을 가지고 회계정보를 활용한다.

제 4 절 회계의 분류

회계를 분류하는 기준은 일반적으로 회계주체의 성격에 따라 영리회계와 비영리회계, 그리고 회계정보의 이용자에 따라 재무회계와 관리회계 및 세무회계로 분류된다.

1. 영리회계와 비영리회계

이윤추구를 목적으로 하는 개인 또는 조직을 기업이라 하는데, 이와 같이 영리활동을 하는 기업을 대상으로 하는 회계가 영리회계(기업회계)이다. 영리회계에는 상업회계, 은행회계, 보험회계, 리스회계, 공업회계 등이 있다.

비영리회계는 비영리사업이 요구하는 회계이며, 소비경제를 중심으로 하여 소비액 계산에 중점을 둔다. 따라서 예산의 집행 및 수입과 지출의 계산이 주가 되며 손익계산을 필요로 하지 않는 회계이다. 비영리회계에서는 가계회계, 병원회계, 정부회계, 학교회계 등이 있다.

2. 재무회계와 관리회계 및 세무회계

재무회계(financial accounting)는 회계정보의 외부이용자(주주, 채권자, 투자자 등)들이 그들의 경제적 의사결정을 하는 데 필요한 정보제공을 목적으로 하는 회계로서 일반목적회계라고도 한다. 즉, 거래의 기록 · 분류 · 요약에 의해 재무상태와 경영성과를 파악하여 이를 외부에 공표할 목적인 외부보고(external reporting) 목적의 회계이다. 외부이용자를 위한 재무회계정보는 정보의 처리과정을 거쳐 요약된 형태로 보고되며, 이러한 보고서를 재무제표라 한다.

관리회계는 경영자가 조직의 목표를 달성하는 데 도움이 되는 재무적 및 비재무적 정보를 측정하고 보고하는 것으로 내부보고에 초점을 둔다. 관리회계는 경영자의 다양한 요구에 따라 다양한 형태로 정보를 제공하게 된다. 이는 조직 내 구성원들만 이용하기 때문에 경영자 및 구성원들의 요구에 맞춰서 회계정보를 제공하게 된다. 따라서 관리회계는 모든 기업에 공통적으로 적용되는 회계기준을 설정하는 재무회계와는 달리 경영자의 필요에 따라 특수한 관리회계 원칙이 세워질 수 있다.

원가회계(cost accounting)는 원가대상의 원가를 결정하기 위한 기법 혹은 방법으로 정의된다. 일반적으로 다양한 투입물의 추적과정이라고 할 수 있다. 원가회계는 재무회계와 관리회계를 위한 정보를 모두 제공한다. 원가회계는 기업 외부에 보고하는 재무제표를 작성하는 데 필요한 정보를 제공하며, 또한 기업 내부의 경영관리자의 의사결정에 필요한 정보를 제공하는 중요한 회계분야이다.

세무회계(tax accounting)는 조세부담의 공평성 원칙과 충분성의 원칙에 입각하여 규정된 세법에 따라 각 소득에 대한 정확한 과세표준과 세액을 산출하여 주로 경영자나 조세당국에 보고하는 회계이다. 즉, 기업의 외부 이해관계자인 세무서에 세법의 규정에 따라 적법하게 세금을 부과하고 납부했는가에 대한 정보를 제공하는 분야이다. 국세청에서는 개인이나 기업으로부터 세금을 걷어 정부의 각종 예산 집행을 위한 재원을 마련한다. 소득이 많은 개인이 소득세를 많이 내듯이, 이익을 많이 낸 기업은 세금을 그만큼 많이 내고 손실을 본 기업은 세금이 면제되기도 한다. 조세당국에서 기업에게 공평한 세금을 부과하려면 객관적인 기준이 있어야 하는데 회계정보가 이러한 역할을 한다. 따라서 세금을 내기 위해 세법에 의한 정확한 이익을 계산하는 절차를 다루는 회계 분야가 세무회계이며, 납세자들 사이에서 소득계산의 통일성과 조세부담의 공평성을 유지하는 것이 주된 목적이다.

세무회계는 재무회계가 그 근간이 되기는 하지만, 기업의 바람직한 행동을 유발하기 위해 재무회계와는 다소 다른 원칙을 적용하는데 이를 세법이라고 한다. 따라서 세무회계 분야에서는 재무회계기준과 세법과의 차이를 조정하는 것 등에 대해 공부하게 된다. 다음의 [표 1-1]은 이들 회계의 영역을 서로 비교한 것이다.

표 1-1 재무회계 · 관리회계 · 세무회계 비교

구 분	재 무 회 계	관 리 회 계	세 무 회 계
목 적	재무제표 작성	경영자에게 정보 제공	세금 납부의 적정성 결정
이용자	외부 이해관계자 (투자자, 채권자 등)	내부 이해관계자 (경영자, 관리자 등)	세무서
규 정	기업회계기준	내부 규정	세 법
보고서	재무제표	정해진 보고서 없음	세무조정계산서
강제성	있음	없음	있음
정보내용	재무상태, 경영성과, 현금흐름 등	미래 현금흐름 등	재무상태, 경영성과
정보본질	객관성, 신뢰성	예측성	객관성, 신뢰성
정보특성	과거 자료	현재와 미래 예측 자료	과거 자료

제 5 절 회계의 기본가정

회계학이라는 학문도 사회과학의 한 분야로서 다른 사회과학의 모든 분야가 다 그렇듯이 그 이론을 전개하는 데는 약간의 가정이 필요하다. 자연과학이야 가정이라는 것이 개입될 여지가 전혀 없는 것이지만, 사회과학은 그 특성상 결론을 이끌어내는 데 영향을 미치는 변수가 너무나도 많기 때문에 이론 전개의 단순화를 위해서 때로는 비현실적인 가정들을 어쩔 수 없이 받아들여야만 하는 경우가 많다.

그렇다면 회계하는 데는 또 어떤 가정이 등장하는 것일까? 모두 4가지를 가정해야만 하는데 이를 회계공준이라고 한다. 따라서 회계공준이란 회계가정과도 같은 말이며, 우리가 회계를 하기 위해서 불가피하게 받아들여야만 하는 논의 이전의 자명한 명제를 말하는 것이다.

한국채택국제회계기준(Korean International Financial Reporting Standards: K-IFRS)에서는 발생기준과 계속기업을 들고 있다. 이러한 가정은 회계처리를 할 때 실무지침으로 사용되는 회계원칙을 도출하기 위해 필요한 개념이다. 이들을 살펴보면 다음과 같다.

1. 발생주의 가정

발생주의 가정
현금의 수입 및 지출과는 상관없이 중요한 사건이 완성되면 회계사건으로 인식한다는 가정

기업에서 일상적인 거래에서 사건이 일어나게 되는데, 예를 들어 상품을 구입하여 보유하고 있다가 고객에게 상품을 외상으로 건네주고 1달 뒤에 대금을 받는다고 가정할 경우 이 거래로 인한 수익과 비용을 인식할 때 어느 시점을 기준으로 할 것인지를 결정하여야 한다.

현금이 유입될 때 수익으로 보고하고 현금이 유출될 때 비용으로 인식하는 방법의 현금주의 회계에서는 현금의 수입이 있을 때까지 수익의 인식을 기다려야 하지만, 사건의 영향을 발생한 기간에 인식하여 거래과정상 벌어지는 일련의 사건 중 상품인도에 초점을 맞추는 발생주의 회계에서는 현금을 받을 권리가 확정되었으므로 판매한 시점에서 수익으로 인식하게 된다. 기업의 존속기간 전체에 걸쳐 수익과 비용을 측정한다면 현금주의 회계와 발생주의 회계는 아무런 차이가 없지만, 기업의 재무상태와 성과를 정기적으로 보고해야 하는 회계원칙 때문에 어느 시점을 기준으로 기간을 구분해서 수익과 비용을 인식하여야 한다.

수익과 비용을 어느 기간에 귀속시키느냐에 따라 성과가 달라지므로, 현행 회계원칙에서는 수익과 비용을 발생주의를 기본으로 하고 있으며, 발생주의에 의해 작성된 재무제표는 과거의 거래뿐 아니라 미래에 현금을 지급해야 하는 의무, 현금의 수취가 기대되는 자원에 대한 정보를 이용자에게 제공한다.

2. 계속기업의 가정

> **계속기업의 가정**
>
> 기업은 반증이 없는 한 경영 활동을 영구적으로 수행한다는 가정

기업은 목적과 의무를 이행하기에 충분할 정도로 경영활동을 영구적으로 수행한다고 보고, 조만간 청산되지 않을 것이라는 가정이 계속기업의 가정이다. 기업은 일정기간의 경영성과와 재무상태를 이해관계자에게 보고하기 위해 인위적으로 구분하여 기말에 회계기록을 마감하게 되고, 계속기업의 가정이라는 전제 하에 건물이나 비품을 구입할 때 소요된 원가를 자산으로 계상했다가 그 자산을 실제로 영업활동에 사용함으로써 소모된 부분을 비용으로 계상할 수 있다. 이 외에도 유형자산의 감가상각, 각종 충당금의 설정과 같은 회계도 가능하게 된다.

기업은 자산을 취득할 때 원가 또는 가치를 측정하기 위해 역사적 원가, 공정가치 또는 실현가능가치 등으로 평가할 수 있으며, 자산을 재판매할 목적으로 보유하는 것이 아니라면 계속기업의 가정 하에 따라 역사적 원가로 평가하는 것이 일반적이다. 계속기업의 가정은 자산, 부채 및 자본 등의 평가에 기초가 되는 가정이라고 할 수 있다.

경영진은 계속기업으로서의 존속가능성을 평가해야 하며, 계속기업을 전제로 재무제표를 작성한다. 계속기업으로서 존속능력에 의문이 제기될 만한 사건이나 상황과 관련된 중요한 불확실성을 알게 된 경우 경영진은 이를 공시하여야 한다.

한편, 계속기업의 가정 외의 기본적 가정은 다음과 같다.

첫째, 기업실체의 가정이라는 것인데, 이는 예를 들어 주식회사의 경우 기업을 주주와는 별개로 존재하는 독립적인 회계단위로 간주하고, 이 회계단위의 경제활동에 따른 재무정보를 측정하고 보고하는 것을 말한다. 일반적으로 개별기업은 하나의 독립된 회계단위로서 재무제표를 작성하는 기업실체에 해당한다.

둘째, 기간별 보고의 가정이란 기업의 경영활동을 일정한 기간단위로 분할하여 각 기간별로 재무제표를 작성하는 것을 말한다. 기업의 이해관계자는 지속적으로 의사결정을 하므로 적시성 있는 정보가 필요하다. 기간별 보고를 통해 회계기간별로 재무제표를 작성하여 재무상태·경영성과·현금흐름 등에 대한 정보를 제공한다.

셋째, 화폐단위측정의 가정이다. 이는 회계가 화폐단위를 그 측정의 단위로 사용한다

는 것과, 측정단위로 사용하는 화폐의 가치는 절대 변하지 않는다는 것을 가정하는 것이다. 그러나 세월이 지나도 변하지 않는 것이 어디 있을까? 10년이면 강산이 변한다는 것은 이제 옛말로 쳐야 할 만큼 변화의 속도는 날이 갈수록 빨라지고 있다. 길도 변하고 사람도 늙어가고 보이지 않는 마음도 세월이 지남에 따라 변하는 게 세상이치이다. 하물며 물가의 변동에 따라 변하기 마련인 화폐가치야 더 이상 무슨 말이 필요하겠는가? 10년 전에 5억원에 구입한 토지는 재무상태표에 아직도 5억원으로 표시된다. 가정대로만 된다면 얼마나 좋을까? 그렇다면 회계는 왜 이처럼 무모한 가정을 하는 것일까?

만약에 화폐가치가 변한다는 것을 인정한다면 우리는 원가주의에 의한 회계보고서를 매년 시가로 수정하는 작업을 해야만 한다. 이것이 물가변동회계라는 것이다. 그러나 취득원가를 현재의 시가로 수정한다는 것이 그리 간단한 일은 아니다. 뿐만 아니라 시가로 수정하는 과정에서 회계에서 가장 중시하는 정보의 객관성에 흠집이 생길 우려도 있다. 결국 화폐가치가 불변이라고 하는 가정은 역사적 원가주의를 정당화하기 위한 수단인데, 이로 인해서 회계정보의 정보로서의 가치는 상당부분 제약을 받을 수밖에 없다. 다만, 인플레의 영향을 가장 크게 받는 자산인 토지는 그 공시지가를 별도로 주석으로 공시하여 주도록 함으로써 이러한 문제점을 부분적으로나마 보완하고 있다.

3. 일반적으로 인정된 회계원칙(GAAP)

1997년에 아시아 경제위기로부터 촉발된 세계 경제위기는 상당 부분 기업들이 준비한 불투명한 회계정보 때문이라는 지적이 있다. 즉, 왜곡된 회계정보 때문에 투자자나 금융기관의 자금이 자격이 없는 부실기업에 투자되어 결국 이들 기업에 자금을 제공한 주주가 막대한 피해를 보고 금융기관마저 동반 부실화되어 경제위기가 발생했다는 것이다.

재무보고서의 작성을 회사에게만 전적으로 맡기면, 회사는 회사에게 유리한 정보만 제공하고 불리한 정보는 숨긴다거나, 될 수 있으면 이익을 많이 내는 방향으로 회계처리하는 등 회계정보를 왜곡할 가능성이 높다. 따라서 대부분의 국가에서는 외부보고를 위한 재무보고서의 투명성을 확보하기 위해 재무제표를 작성하는 데 필요한 규정과 지침을 정부의 규제기관에서 책임지고 만들고 있으며 이를 '일반적으로 인정된 회계원칙(Generally Accepted Accounting Principles: GAAP)'이라고 한다. 일반적으로 인정된 회계원칙은 회계정보의 신뢰성과 비교가능성을 높여 정보이용자의 효율적인 의사결정을 돕는 역할을 하며, 이는 광범위한 연구조사와 해당 전문가의 의견을 종합하고, 회계규정 등에 의하여 일반적 지침으로 준수될 것이 요구되는 것이라 할 수 있다.

우리나라에서는 일반적으로 인정된 회계원칙(GAAP)으로 기업회계기준서와 주석이 중심이 되며, 그 외 각종 회계처리준칙들이 GAAP를 구성하고 있다. GAAP의 제정기구로서, 우리나라의 경우 재경부 및 금융감독위원회가 갖고 있던 권한을 민간기구인 회계기준위원회에 이양함에 따라 회계기준위원회와 이를 보좌하는 한국회계기준원이 GAAP의 제정 및 개정을 담당하고 있다. 미국의 경우 재무회계기준심의회(FASB)가, 일본의 경우 대장성 기업회계심의회가 담당한다. 일본은 정부가 GAAP 제정 주도권을 갖고 있으나, 한국과 미국의 경우에는 민간기구인 회계기준위원회와 FASB가 주도권을 갖고 있다.

기업회계기준은 우리나라의 중심적 회계규정으로서 회계규범이라고 할 수 있으며, GAAP의 중심적 규정도 되고 있다. 1981년 처음 제정된 기업회계기준은 1998년까지 8차의 개정이 있었으며, 1999년부터는 법조문 형식을 탈피하고 서술식의 회계기준이 작성되기 시작하였다.

이에 따라 2001년 3월에 최초로 공표된 기업회계기준서는 제1호 회계변경과 오류수정으로부터 제25호 연결재무제표에 이르기까지 총 25건의 기준서가 공표되었으며, 향후에도 계속 기업회계기준서가 제정될 예정이다. 발표된 기업회계기준서는 기업회계기준을 대체하고 있으며 기업회계기준서의 내용이 우선적 기준이 된다. 따라서 기업회계기준과 기업회계기준서에 서로 달리 규정된 사항은 기업회계기준서의 규정에 따라야 하며, 기업회계기준서에 규정되지 않은 사항에 대해서만 기업회계기준을 적용해야 한다.

제 6 절 회계정보의 질적 속성

재무회계 정보가 일정한 속성 내지는 성질을 충족해야 하는데, 이를 재무회계의 질적 특성이라 한다. 질적 특성은 이용자에게 유용하기 위해 갖추어야 할 속성을 말하며, 한국채택국제기준에서는 이해가능성, 목적적합성, 신뢰성 및 비교가능성을 들고 있다.

1. 이해가능성

회계정보가 유용하기 위해서는 기업이 제공하는 정보를 이용자가 이해할 수 있어야 한다. 이를 이해가능성(understandability)이라 한다. 회계보고서의 용어, 양식, 내용 등이 표준화되어 있어야 한다.

회계정보가 목적적합성과 신뢰성을 갖추고 있다 하더라도 의사결정자가 그것을 이해하지 못한다면 그 정보는 유용한 정보라고 할 수 없다.

2. 목적적합성

목적적합성(relevance)이란 회계정보를 이용하지 않고 의사결정을 하는 경우와 회계정보를 이용하여 의사결정을 하는 경우에 의사결정의 내용에 차이가 발생하는 속성을 말한다. 즉, 회계정보는 의사결정자가 정보를 필요로 할 때 즉시 정보를 제공하여야 하고, 정보를 얻기 전의 기대치와 정보를 얻은 후의 결과치를 비교하여 의사결정자의 기대를 확인시키거나 변화시켜줄 때 그 정보는 예측가치가 있다고 본다.

한편 회계정보의 목적적합성 판단은 중요성에 의해 판단하며, 의사결정을 하는 과정에서 정보가 누락되거나 왜곡 표시되어 의도한 바와 다른 의사결정을 하게 된다면 누락되거나 왜곡 표시된 정보는 중요한 정보이다.

3. 신 뢰 성

신뢰성(reliability)이란 회계정보에 부여할 수 있는 확신의 정도를 의미하는 것으로 회계정보는 믿을 수 있으며 또한 신뢰할 수 있는 것이어야 한다는 것이다. 신뢰성 있는 정보란 정보에 오류나 편견이 없고, 그 정보를 이용자가 믿을 수 있는 정보를 의미한다. 신뢰성을 갖기 위해서는 충실한 표현, 형식보다 실질의 우선, 중립성, 신중성, 완전성을 갖추고 있어야 한다.

충실한 표현이란 그 정보가 나타내고자 하거나 나타낼 것이 합리적으로 기대되는 거래나 그 밖의 사건을 충실하게 표현해야 한다는 것이고, 형식보다 실질의 우선이란 법률적 형식만이 아니라 그 실질과 경제적 현실에 따라 회계처리하고 표시해야 한다는 것이다.

중립성이란 이용자에게 특정한 행동양식을 유발하게 하는 편견을 가져서는 안된다는 속성이고, 신중성은 자산이나 수익이 과대평가되지 않고 부채나 비용이 과소평가되지 않도록 상당한 정도의 주의를 기울이는 것을 말한다. 재무제표 정보가 신뢰성을 갖기 위해서는 중요성과 원가를 고려한 범위 내에서 완전성을 갖추어야 한다.

4. 비교가능성

비교가능성(comparability)은 기업 내에 있어서 일정기간의 정보를 다른 기간의 유사한 정보와 비교할 수 있는 속성을 말한다. 또한 특정기업의 정보를 다른 기업의 유사한 정보와 비교할 수도 있는 속성으로 설명할 수도 있다. 비교가능성은 기간별 비교가능성과 기업 간 비교가능성으로 나누어 볼 수 있고, 이용자가 재무제표의 작성에 사용된 회계정책 및 회계정책의 변경과 그 영향에 대해 알 수 있다는 점에서 중요한 의미를 갖는다.

5. 신뢰성, 목적적합성의 제약요인

1) 적 시 성

적시성이란 의사결정자가 의사결정을 하는 시점에서 정보가 이용 가능해야 한다는 것이고, 그렇지 못할 경우 목적적합성을 상실할 수 있다. 적시에 정보를 제공하기 위해 특정 거래나 사건의 내용을 확인 전에 보고할 필요가 있을 수 있으며 이로 인해 신뢰성이 훼손될 수 있다. 반면 확인을 위해 보고를 지연할 경우에는 이용자에게 유용하지 않은 정보가 될 수 있다. 신뢰성과 목적적합성이 균형을 이루기 위해서는 이용자의 경제적 의사결정 요구를 어떻게 충족시킬 것인지 고려하여야 한다.

2) 질적 특성 간의 균형

회계정보는 질적 특성 간에 상충관계가 존재한다. 목적적합성을 높이면 신뢰성이 훼손되거나, 비교가능성을 높이려면 모든 기업이 동일한 회계처리방법을 적용해야 하므로, 기업마다 고유한 특성을 반영하지 못해 중요성이 손상될 수 있다. 일반적으로 재무제표의 목적을 달성하기 위해 질적 특성 간에 적절한 균형을 이루는 것을 목표로 한다.

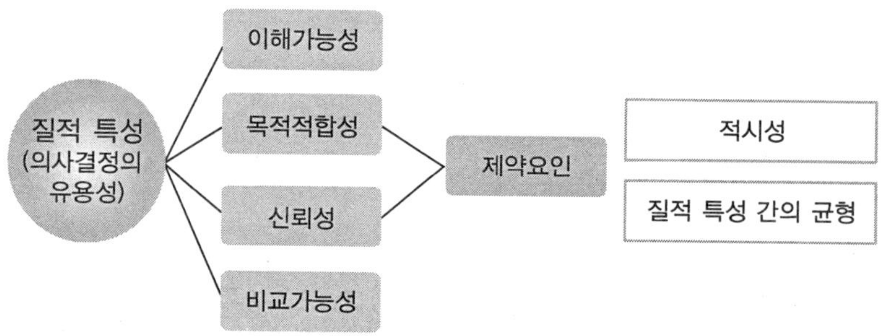

그림 1-3 질적 특성의 구성

제 7 절 재무제표와 회계감사

1. 재무제표란 무엇인가

1) 재무제표의 의의와 공시

회계를 하는 주된 이유가 정보를 전달하기 위한 것이었다면 정보는 어떻게 만들어져서 외부의 이해관계자들에게 전달되는 것일까? 회계를 통해 장부가 만들어지고 이 장부를 토대로 결산을 하여 재무제표(financial statements)라는 것을 만들게 되는데, 이 재무제표가 바로 정보를 제공하는 수단이 된다. 따라서 회사가 회계연도마다 주기적으로 재무제표를 만들어 이를 외부에 공개하면 이해관계자들은 그 재무제표를 보고 그 회사에 대해 필요한 정보를 얻게 된다.

재무제표를 외부에 공개하는 것을 공시(公示)라고 한다. 불특정 다수의 주주들이 자본을 투자해 설립된 주식회사는 1년간의 경영결과를 투자자인 주주들에게 보고할 의무가 있다. 상법에서도 주식회사는 결산기마다 재무상태표를 공시할 의무가 있다고 명시하고 있는데, 결산기가 지나고 나면 각 신문지상에 많은 회사들의 재무상태표가 「결산공고」라는 명칭으로 공개되는 것은 바로 이 때문이다.

회사는 주주, 은행, 종업원 등 다양한 이해관계자와 관계를 맺고 있기 때문에 재무제표 공시가 갖는 의미는 매우 중요할 수밖에 없다. 가령 주주, 은행을 비롯한 채권자는 회사의 재무상태에 대해 누구보다 많은 관심을 가지고 있으며, 종업원이나 노동조합은 회사가 얼마만큼 건전하게 경영되고 있고, 자기들에게 정당한 몫을 지급하고 있는지 나름대로 판단할 수 있는 자료를 얻고자 한다. 제품을 구매하는 소비자 또한 그 회사가 정당한 가격으로 제품을 판매하고 있는지를 평가하고자 하며, 지역사회 역시 그 회사가 얼마만큼 투명하게 운영되는지, 지역사회를 위해 투자하고 있는지 등을 판단할 수 있는 정보를 얻고자 한다.

따라서 회사는 이러한 이해관계자들의 정보욕구를 채워줄 뿐만 아니라 이들에게 적극적으로 회사를 홍보하기 위해서도 재무제표를 공시할 필요가 있다.

이와 같은 기업의 재무제표는 기업 내부에서 쉽게 접할 수 있고, 신용평가기관의 정보제공 서비스를 통해서도 볼 수 있다. 또한 증권거래소 상장기업이나 코스닥 등록기업의 경우에는 증권회사에서 요약하여 발간하는 상장기업분석 책자를 통해서도 볼 수 있으며, 회계감사를 받는 기업의 재무제표는 금융감독원 홈페이지(www.fss.or.kr)의 전자공시를 통해서 볼 수 있다.

재무제표는 기업경영에 관심을 가지고 있는 투자자, 채권자, 국가기관, 경영자, 종업원, 소비자 등 기업의 이해관계자에게 재무적인 정보를 제공할 목적으로 작성된다. 그러나 이들 이해관계자들의 회계정보에 대한 욕구는 각각 다르다. 예를 들면, 채권자는 자기 채권의 회수 여부에 가장 많은 관심을 갖기 때문에 재무상태를 표시한 재무상태표에 더 많은 관심을 갖게 되고, 투자자는 투자수익 획득이 주된 목적이므로 경영성과를 표현한 포괄손익계산서에 많은 관심을 갖게 된다.

재무제표는 기업의 광범위한 정보이용자들의 경제적 의사결정에 유용한 기업의 재무상태, 경영성과 그리고 재무상태 변동에 관한 정보를 제공하는 것을 목적으로 하는 회계보고서를 의미한다.

한국채택국제회계기준에서는 재무상태표, 포괄손익계산서, 현금흐름표, 자본변동표, 주석 등을 기본 재무제표로 규정하고 있다. 기존의 대차대조표를 재무상태표로, 손익계산서는 포괄손익계산서로 명칭을 변경하였다.

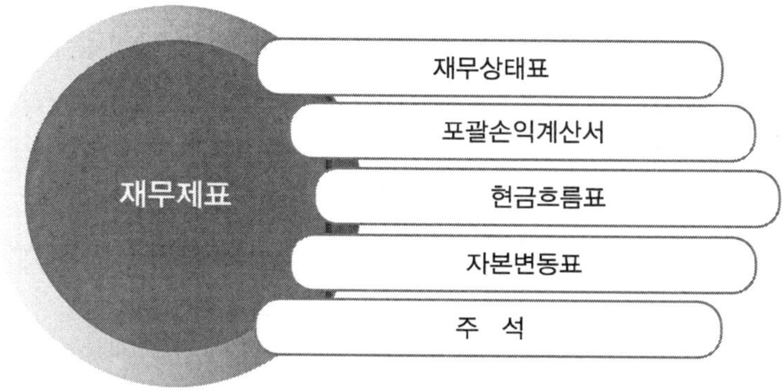

그림 1-4 재무제표의 구성

(1) 재무상태표

재무상태표는 일정 시점의 기업의 재무상태를 나타내는 재무제표이다. 여기서 재무상태란 자산, 부채, 자본의 구성 내역과 크기를 의미하는 것이다. 따라서 재정적으로 튼튼한가? 부도 징후가 있는가? 등을 알 수 있으며, 회사의 자금이 어떻게 조달되었고 현재 어디에 사용되고 있는지를 나타내준다.

○○○○년 ○월 ○일 현재

차변	대변
자산	부채
	자본

(이렇게 운용하고 있습니다) (이렇게 조달해서)

그림 1-5 재무상태표 예시

한편, 재무상태표에서 오른쪽은 회사운영에 필요한 자금이 외부로부터 어떻게 조달되었는지를 나타내게 되는데, 은행 등 외부에서 빌린 돈이나 갚지 않은 돈은 부채로 표시하고, 주주들로부터 거둔 자금은 자본으로 표시한다. 또한 왼쪽에는 이렇게 조달된 자금이 현재 어떤 형태의 자산에 운용되고 있는지를 보여준다. 그러므로 재무상태표는 항상 다음과 같은 등식이 성립한다.

자 산 = 부 채(남의 돈) + 자 본(자기 돈)

정보이용자는 재무상태표를 통해서 구체적으로 다음과 같은 재무상태에 관한 정보를 얻을 수 있다.

① 회사의 총자산 규모가 얼마나 되는가?
② 자기 돈(자본)에 비해 남의 돈(부채)이 너무 많지 않은가?
③ 재무구조가 양호한가?
④ 과거의 이익(이익잉여금)이 많이 누적되어 있는가?
⑤ 적절한 유동성(유동자산 대 유동부채의 비율)을 확보하고 있는가?
⑥ 회사의 순자산가치(자산 − 부채)는 얼마인가?

따라서 기업의 이해관계자들은 재무상태표를 통하여 기업의 유동성, 지급능력 및 재무구조의 안정성에 관한 정보를 얻을 수 있다. 유동성은 자금의 보유상태 또는 동원능력을 표시하므로 예기치 않은 경영위험에 대처하거나 경영기회를 활용할 수 있는 능력을 말한다.

(2) 포괄손익계산서

회사를 운영하는 일차적인 목적은 이익을 많이 내는 것이다. 포괄손익계산서는 일정 기간 동안에 발생한 기업의 경영(영업)성과를 나타내는 재무제표로, 여기서 영업성과란 순이익의 크기를 의미하는 것이다. 즉, 이익이 발생했는가, 손실이 발생했는가를 포괄손익계산서를 통해 알 수 있다.

이익은 일정 기간 동안 회사에서 벌어들인 금액(매출액)을 의미하는 수익에서 그 수익을 얻기 위해 소요된 비용을 차감하여 계산되므로 손익계산서에서는 항상 다음의 등식이 성립된다.

$$수익 - 비용 = 이익$$

그리고 포괄손익계산서도 재무상태표와 마찬가지로 왼쪽과 오른쪽으로 나누어 오른쪽에는 수익을, 왼쪽에는 비용을 나타낸다.

200×년 1월 1일부터 200×년 12월 31일까지

차변	대변
비용	수익
이익	

(이렇게 쓰고 남았습니다) (이만큼 벌어서)

그림 1-6 포괄손익계산서 예시

정보이용자는 포괄손익계산서를 통해서 다음과 같은 경영성과에 관한 정보를 얻을 수 있다.

① 경영성적(당기순이익)이 어떠한가?

② 회사의 비용관리가 효율적으로 이루어지고 있는가?

③ 회사가 계속 성장하고 있는가?

④ 회사의 영업활동 성과(영업이익)와 재무활동 성과(경상이익)는 어떠한가?

포괄손익계산서는 기간손익을 산정해줄 뿐만 아니라 재무제표 이용자로 하여금 손익 발생의 요인분석까지 가능케 하는 것으로 기업의 경영성과 분석의 기초자료가 된다. 따라서 포괄손익계산서는 회계정보이용자로 하여금 기업의 수익성을 판단하는 데 유용한 정보를 제공해 주며, 경영자 및 조직의 효율성을 평가하는 데도 유용한 정보를 제공해 준다.

(3) 자본변동표

자본변동표는 자본의 규모와 변동에 관한 정보를 한 눈에 알아볼 수 있도록 작성하는 재무제표이다. 구체적으로 자본변동표는 재무상태표에 표시되어 있는 자본의 변동내용을 설명하는 재무보고서로서, 자본을 구성하고 있는 모든 항목의 변동내용에 대한 정보를 제공하게 된다. 즉, 자본을 구성하고 있는 자본금, 자본잉여금, 자본조정, 기타포괄손익누계액, 이익잉여금(또는 결손금)의 변동에 대한 포괄적인 정보를 제공한다.

한편, 회사를 경영한 결과 이익이 생기면 그 이익을 어떻게 사용(처분)할 것인지를 결정해야 한다. 이익은 여러 가지 용도로 사용될 수 있겠지만 가장 대표적인 것은 주주에 대한 배당이 될 것이다. 회사는 주주로부터 회사운영에 필요한 자금을 제공받았기 때문에 이에 대한 보상이 필요한데, 채권자로부터 빌린 돈에 대해서는 경영성과에 관계없이 미리 약속한 이자를 주어야 하지만, 주주에게는 경영성과가 좋아서 이익이 발생한 경우에만 이와 같은 배당금 지급을 통해 자금 사용의 대가를 지불하게 된다. 그런데 매 연도에 발생한 이익이 그때그때마다 전액 배당금 지급으로 빠져나가는 것이 아니므로 처분하고 남은 이익은 회사 내부에 계속 쌓이게 되는데 이를 이익잉여금이라고 한다. 즉, 과거에 벌어놓은 이익 중 처분되지 않고 남은 부분(이를 전기이월이익잉여금이라고 한다)에다 당기에 새로 벌어들인 이익을 합한 것이 처분 전 이익잉여금이 되고 그 중 일부 금액이 여러 가지 용도로 처분되고 남게 되는데 이를 차기이월이익잉여금이라고 한다.

처분 전 이익잉여금 − 잉여금 처분액 = 차기이월이익잉여금

이처럼 기업이익의 처분내용이 담겨진 재무제표가 이익잉여금처분계산서(statement of appropriation of retained earnings: R/E)이며, 이는 이익잉여금의 처분사항을 명확히 보고하기 위해 이익잉여금의 총 변동사항을 표시한 재무제표라고 할 수 있고, 주주에게 잉여금을 얼마나 배당하고, 임직원에게 성과배분을 얼마나 하는가 등에 대한 정보를 나타낸다.

(4) 현금흐름표

회계를 통해 제공하는 정보의 종류는 여러 가지겠지만 그 중에서도 가장 중요한 정보는 무엇일까? 기업의 가장 일차적인 목적이 이익추구라는 점을 생각하면 역시 이익을 측정하는 것이 무엇보다도 중요하다. 이익이야말로 경영성과를 나타내주는 주된 지표가 되기 때문이다. 그리고 이익은 포괄손익계산서를 통해서 파악된다는 점도 이미 알았다.

그렇다면 포괄손익계산서의 이익과 기업의 현금흐름은 어떤 관계가 있는 것일까? 예를 들어 당기의 이익이 1억원이라면 당기 중에 1억원의 현금이 늘어났다는 의미일까? 물론 그렇지 않다. 실제로 우리 주위에서도 경영성적이 양호한 회사가 유동성(현금)이 부족하여 부도를 맞는 경우를 가끔 볼 수 있다. 그렇다면 왜 이런 현상이 생기는 것일까?

첫째는, 포괄손익계산서의 이익이 현금기준으로 측정되는 것이 아니라 발생기준으로 측정된다는 사실이다. 예를 들어 제품을 외상으로 매출한 경우 현금기준에 의하면 당기의 수익이 될 수 없으나, 발생기준으로는 이미 수익이 발생한 것과 마찬가지이므로 현금의 수입과는 관계없이 당기의 수익(매출액)에 포함된다.

여기서 잠깐!! ☞ 발생기준과 현금기준

재무제표는 발생주의 기준에 따라 작성한다. 현금주의에 반대되는 발생주의 기준은 재무회계의 기본적인 특징으로, 수익과 비용을 현금이 들어오고 나가는 기간이 아니라 자산・부채・자본이 변동하는 기간에 발생된 사실에 기초하여 인식하고 측정하는 것을 말한다. 반면, 현금기준은 현금이 들어올 때 수익을 인식하고 현금이 나가면 비용을 인식하는 것이다. 현금흐름표는 발생주의 기준이 아니라 현금주의 기준에 따라 작성한다.

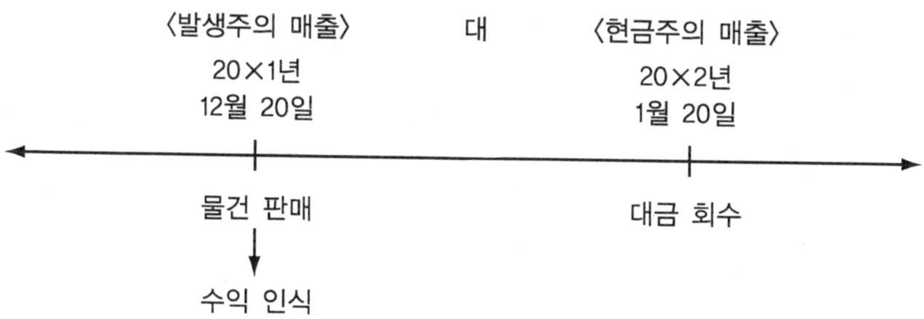

둘째는, 포괄손익계산서의 이익은 회사의 경상적인 영업활동에 의한 이익만을 그 측정대상으로 하고 있는데, 실제 회사의 현금흐름에 영향을 미치는 요인에는 이외에도 투자활동과 재무활동 등이 있다는 점이다. 예를 들어 투자활동에 의해 새로 비품을 산다든지, 재무활동에 의해 은행에서 돈을 빌린 경우 손익계산서에는 이와 같은 거래가 전혀 반영되지 않지만 이 두 거래 모두 회사의 현금상태에는 변화를 주게 된다.

따라서 포괄손익계산서의 이익정보 외에 회사의 현금상태의 변화에 대한 정보를 추가로 제공할 필요가 있는데, 이와 같은 이유에서 작성되는 재무제표가 현금흐름표이다.

현금흐름표가 제공하는 정보는 당해 연도 중에 현금이 어떠한 이유에 의해서 얼마나 증감이 되었는지를 보여주는 것인데, 이는 기존의 포괄손익계산서나 재무상태표가 제공하는 정보보다도 훨씬 더 중요한 의미를 지니는 정보이다. 왜냐하면 기업에 자금을 제공한 집단인 주주와 채권자의 최대 관심사는 바로 그 기업의 현금흐름 상태이기 때문이다. 현금흐름 상태가 양호해야만 주주는 배당을 받을 수 있고 채권자도 자신이 빌려준 원금과 이자를 제때에 받을 수 있기 때문이다.

이와 같이 현금흐름표(cash flow statement)는 일정 기간 동안에 일어난 기업 현금흐름의 증가와 감소, 그리고 이것이 발생한 원인을 표시하는 재무제표로, 기업의 현금흐름을 영업활동, 투자활동, 재무활동으로 구분하여 각 활동의 현금 변동사항을 나타낸다. 예를 들어, 영업활동으로 인한 현금흐름이 플러스인 기업은 재무적으로 탄탄하지만, 마이너스인 기업은 자금 압박에 시달리거나 심지어 부도 위험에 처하게 된다.

현금흐름표를 통하여 제공되는 현금흐름 정보는 포괄손익계산서의 당기순이익과 함께 미래에 유입될 현금을 예측하는 데 유용한 정보를 제공한다. 물론 현금흐름 그 자체만으로는 경영성과 지표로서 활용되기 힘들지만, 당기순이익 정보의 보완자료가 될 수 있다는 점에서 유용한 것이다.

(5) 주 석

각 재무제표에 표시된 계정금액의 이해에 도움을 주는 정보에는 주기, 주석, 부속명세서 등이 있다. 주기는 본체의 계정과목을 괄호의 형태로 부연설명하고, 주석은 본체의 하단에 번호순서로 부연 설명한다. 부속명세서는 각 계정과목의 계산(도출)과정이나 세부내용을 나타내는 명세표이다. 이 중에서 가장 중요한 역할을 하는 것이 주석이며, 재무제표의 본체에 표시된 수치들은 주석에 있는 추가적인 정보 없이는 의미 있게 해석될 수 없다.

주석은 다음의 사항을 포함한다.

첫째, 재무제표 작성기준 및 중요한 거래와 회계사건의 회계처리에 적용한 회계정책, 둘째, 기업회계기준에서 주석공시를 요구하는 사항, 셋째, 재무상태표, 포괄손익계산서,

현금흐름표 및 자본변동표의 본문에 표시되지 않는 사항으로서 재무제표를 이해하는 데 필요한 추가적인 정보를 포함한다.

여기서 잠깐!! ☞ 재무제표 주석의 이해

주석의 해석은 일반인에게는 벅찬 작업이다. 일반인이 봉착하는 가장 큰 문제는 주석의 수가 너무 많다는 점이다. 예컨대, 기업의 연말보고서에는 흔히 수십 장의 주석을 포함하지만, 주석을 읽지 않으면 중요한 정보를 놓칠 수 있다. 주석의 복잡성 때문에 많은 개인투자자들은 투자전문가(정보전문가)의 도움을 구하기도 한다. 주석을 읽기 어려운 몇 가지 이유가 있다.

첫째, 주석은 종종 매우 복잡한 정보를 포함한다. 예를 들면, 주석은 회사의 연금제도와 관련한 채무를 상세히 설명한다. 둘째, 주석은 법률적 용어로 쓰여진다. 예를 들어, 소송으로 인해 발생한 우발채무를 설명하는 주석에 "당사는 소송을 제기 당했으며, 소송에 패할 경우 큰 손실이 발생할 수 있다"라고 쓰지는 못한다. 즉, 패소로 회사에게 손해를 가져다 줄 수 있는 경우의 주석은 손실의 발생가능성과 손실금액 등에 대한 세부적이고 법률적인 내용을 담아야 한다.

2) 재무제표의 활용

재무제표는 기업 외부의 이해관계자인 투자자, 은행 등 금융기관, 신용평가기관, 회사 인수자 등의 그룹들이 각자의 목적을 달성하기 위한 수단으로 활용한다. 또한 기업 내부에서는 경영자들이 올바른 의사결정을 하기 위해서 재무제표를 활용하는 경우가 많다. 이를 구체적으로 살펴보자.

(1) 유능한 경영자의 조건

재무제표는 회사의 살림살이를 한 눈에 볼 수 있도록 나타낸 표로, 재무제표를 이해하지 못한다면 회사를 전체적으로 파악할 수 있는 능력이 부족하다는 것을 나타낸다. 기업에서 부서회의나 전체회의의 경우, 회의 자료의 많은 부분이 숫자로 되어 있는데, 회의 참석 시 이와 같은 자료를 이해하지 못한다면 본인의 의견을 제시할 수 없을 뿐만 아니라 의사결정을 내릴 수도 없으므로 유능한 경영자가 될 수 없는 것은 자명한 일이다. 따라서 실무자에서 경영자가 되기 위해서는 여러 가지 덕목과 자질을 갖추어야 하지만, 그 중에서도 회사를 전체적으로 파악할 수 있는 능력을 기르기 위해서는 재무제표에 대한 이해는 필수적이라 할 수 있다.

재무제표를 충분히 이해할 수 있으면 각종 사업계획서나 보고서를 제대로 이해하고 올바른 의사결정을 내릴 수가 있으며, 또한 돈 잘 버는 회사, 위험한 회사에 대한 판단도 내릴 수가 있고, 흑자도산[1]의 가능성이 있는 회사도 알 수 있다.

(2) 성공적인 주식투자를 위해 활용

투자할 때는 반드시 재무제표를 참조해야 한다. 그러나 재무제표는 현재 시점이 아니라 이미 지난 과거 시점을 기준으로 작성한 것이다. 따라서 재무제표가 투자의 결정적인 요소는 아니지만, 재무제표를 참조해서 일정 조건을 충족하는 회사들을 투자 가능한 대상으로 선택하는 것이 필요하다. 특히 투자자의 입장에서 회사에 대한 추세를 정확하게 분석하기 위해서는 과거의 재무제표뿐 아니라, 현재를 설명하거나 미래를 예측하는 자료가 있다면 이를 함께 검토해야 한다.

재무제표에서 자산 가치[2]를 볼 때는 주당 순자산가치나 주당 순자산비율을 참조할 수 있는데, 주당 순자산비율의 경우 비율이 낮을수록 좋다고 할 수 있다. 예를 들어 이 비율이 1 이라면 투자를 한 뒤 회사가 청산을 하더라도 원금 정도는 건질 수 있음을 의미한다.

그리고 수익성으로는 몇 년 동안 계속 매출이 성장하고 계속 이익이 났는지를 살펴보아야 한다. 또한 영업이익으로 이자를 갚을 수 있는지를 나타내는 이자보상비율이 1 이상이 되는지, 주당 순이익은 얼마인지, 주가수익비율(PER)[3]은 얼마인지, 자기자본순이익률(ROE)[4]은 시중 금리보다 높은지 파악해야 한다. 더불어 배당수익률의 경우 주식의 시장가치 대비 배당액이 금리 이상이 되는지를 파악해야 하는데, 이 모든 지표들을 고려할 때

1) 흑자도산: 일반적인 도산은 과중한 적자로 인해 일어나지만, 흑자도산은 기업의 재무제표상 건전하게 보이는데도 현금수입보다 지출이 많은 경우의 자금 부족으로 발생한다.
2) PBR(주가 / 1주당 순자산): 주가가 1주당 순자산의 몇 배인가를 나타내는 지표로 자산가치에 대한 주가의 상대적인 수준을 알 수 있다.
3) PER(주가 / 1주당 순이익): 주가수익비율이라고 하며, PER의 크기는 주가가 내재가치에 비해 고평가 또는 저평가되어 있는가의 판단 기준으로 이용된다.
4) ROE(당기순이익 / 자기자본 × 100): 주주의 돈인 자기자본을 사용해 연간 벌어들인 세후 순이익이 어느 정도인가를 나타내는 지표다.

재무제표의 사용은 필수적이라고 할 수 있다.

(3) 은행의 기업 대출시 활용

은행에서 대출 담당자는 기업에의 대출시, 회사 아이템의 성장성, 대표자의 이력 및 경력, 임직원 현황, 재무제표 상 매출 수준이나 이익 수준, 재무비율 등을 고려해 점수로 평가하고, 또한 담보가 부동산인지 신용보증서인지 순수 신용인지를 고려해서 대출을 결정한다.

은행이나 신용보증기관은 원금 회수가 주 관심사인데, 이 때 재무제표는 대출을 실행하게 하는 결정적인 요소는 아니지만 재무제표 상 평가점수가 좋지 않으면 대출을 거절당할 확률이 높다. 금융기관에서는 재무제표를 통해 보통 전체 차입금, 외상채권, 외상채무가 얼마나 되는지를 검토하며, 매출이 계속 증가하고 이익이 계속 발생하는지도 파악하는데 재무제표를 활용한다. 또한 재무비율분석을 통해 부채비율(부채 / 자본 × 100%)은 200% 미만인지를 중점적으로 검토하고, 유동비율(유동자산 / 유동부채 × 100%)이 100% 이상이 되는지, 영업이익으로 이자를 갚을 수 있는 이자보상비율(영업이익 / 이자비용)은 1 이 넘는지를 검토한다.

최근 금융기관의 대출금 회수에 대한 공통적인 기준은, 경영실권자의 변경으로 정상적인 거래가 어려운 경우, 외부 감사의견이 부적정의견 또는 의견거절인 경우, 신용등급이 2단계 이상 하락한 경우 등으로, 대부분 재무제표와 관련한 사항이라는 점은 주의 깊게 보아야 한다.

(4) 회사의 인수 및 합병시 활용

통상 합병(M&A)[5]의 경우, 회사 인수자는 회사를 자세히 파악하고 재무제표를 검토한 후 인수금액을 계산하고, 그 후 당사자 간의 협의에 의해 인수금액이 결정된다. 인수계약이 체결되면 공인회계사들이 회사를 실사하게 된다. 이 때 회사가 제출한 재무제표를 토대로 계정잔액 수정 등의 사항을 체크하게 되는데, 재무제표의 경우 대부분 구입원가로 작성된 것이므로 현재 처분한다면 얼마나 받을까 하는 관점에서 시가로 조정한다.

---

5) M&A(Merger & Acquisition; 인수 및 합병): 인수란 다른 회사를 사는 것이고, 합병이란 두 회사를 합치는 것이다. 이에 따라 최대주주 및 경영권의 변동이 생긴다.

이렇게 수정된 재무제표 금액은 인수금액 결정시 중요한 역할을 하게 되므로 회사를 인수할 때 재무제표에 대한 검토 없이는 인수가 불가능하게 된다.

3) 재무제표의 한계점

재무제표는 기업의 이해관계자들에게 다양한 정보를 제공하는 유용한 수단이다. 그러나 재무제표는 이해관계자들이 현실세계에서 활용하는 데에는 다음과 같은 몇 가지 한계점을 가지고 있다.

첫째, 재무상태표의 자산은 현재의 기업회계기준에 의하여 원가주의에 의하여 평가되고 있으며 자산의 정확한 시가는 알 수 없다는 점이다. 따라서 재무상태표상의 재무상태는 재무상태표 작성시점에서 자산의 현행가치를 반영시키지 못할 수 있으며, 또한 지분내역도 오도할 수 있다.

둘째, 재무제표 작성에 있어서 대체적 회계처리방법이 인정된다는 점이다. 기업회계기준에서 회계처리 과정에서 두 가지 이상의 선택가능한 방법이 있는 경우에는 재무적 기초를 견고히 하는 관점에 따라 처리하도록 하고 있다. 따라서 이렇게 대체적인 회계처리방법이 허용되는 경우 기업별로 다른 방법을 선택하거나 혹은 회계기간 중에 방법을 변경하는 경우, 재무제표를 포함한 회계자료의 기업 간 혹은 기간 간 비교가능성이 저해되고 이익조작에 이용될 수도 있다.

셋째, 재무제표는 질적인 정보를 제공해 주지 못한다는 점이다. 재무제표는 화폐액으로 표시된 정보만을 나타내 줄 뿐 종업원의 자질과 경영진의 능력 등과 같은 인적자원에 대한 질적 정보는 해당 기업의 장래 경영여건에 대한 중요한 정보를 제공함에도 불구하고 제공해 주지 못한다.

넷째, 회계 기록시 여러 가지 주관적 추정을 하고 있다는 점이다. 회계기록의 출발점이 되는 자산가치의 측정과 부채가액의 평가는 본질적으로 불확실성하의 가치평가가 되는 것이다. 즉, 자산의 경우 미래사용가치의 현가를 판단하는 것이며, 부채는 미래 지급예정액의 현가를 판단하는 것이다. 이렇듯 미래의 자원흐름을 현재가치로 전환시키는 과정에서 필연적으로 추정이 필요하게 된다. 따라서 이러한 추정이 합리적이지 못한 경우에는 결과적인 재무제표 역시 유용한 정보를 제공하지 못하게 된다.

이와 같이 한계점들이 있음에도 불구하고 현행 기업회계기준에 따라 작성되는 재무제표는 앞에서 지적되었듯이 기업관련 의사결정에 도움이 되는 많은 유용한 정보를 제공하고 있다. 앞으로 이러한 한계점들을 극복하기 위한 노력이 계속 진행되어야 할 필요가 있으며, 이러한 과정에서 재무제표의 유용성은 더욱 커질 것이다.

2. 회계정보의 투명성과 회계감사

1) 감사보고서

(1) 감사보고서의 이해

회계감사인은 감사업무를 완료하면 이를 정리하여 감사결과에 대한 전문가로서의 의견을 의뢰인에게 문서로서 표명하여야 하는데, 이를 감사보고서(auditor's report)라고 한다.

감사보고서는 감사인이 감사증거를 수집하고 평가한 결과를 재무제표 이용자에게 전달하는 수단이 된다. 따라서 감사인은 감사보고서 작성에 있어서 재무제표에 대한 결론과 그 결론을 도출한 논거를 분명히 하여야 하며, 경영자가 작성한 재무제표가 일반적으로 인정된 회계원칙을 계속적으로 준거하지 않았다고 판단될 때는 피감사회사에 대해 재무제표의 수정을 요구하여야 한다. 이때 회사 측이 수정을 거부한다면, 감사인은 감사보고서에서 재무제표 이용자에게 당해 재무제표가 적정하게 표시되어 있지 않음을 전달하여야 한다. 또한 재무제표의 적정성 판단을 위하여 충분한 증거를 얻지 못한 경우에도 재무제표 이용자에게 적당한 방법으로 전달하여야 한다.

다음의 [표 1-2]는 우리나라에서 현재 공통적으로 사용되고 있는 적정의견 감사보고서의 형식을 예시한 것이다. 감사보고서 양식에서 알 수 있듯이 감사보고서에는 감사인이 수행한 감사의 범위, 재무제표에 대한 감사의견과 특기사항을 간결·명료하게 기술하고, 감사보고서 일자, 수신인, 감사인의 명칭과 주소 등을 기재하고 기명·날인한다.

표 1-2 감사보고서의 예시

재무제표에 대한 감사보고서

○○주식회사
주주 및 이사회 귀중

본 감사인은 첨부된 ○○주식회사의 20××년 12월 31일과 20××년 12월 31일 현재의 재무상태표와 동일로 종료되는 양 회계연도의 포괄손익계산서, 자본변동표 및 현금흐름표를 감사하였습니다. 이 재무제표를 작성할 책임은 회사 경영자에게 있으며 본 감사인의 책임은 동 재무제표에 대하여 감사를 실시하고 이를 근거로 이 재무제표에 대하여 의견을 표명하는 데 있습니다.

본 감사인은 대한민국의 회계감사기준에 따라 감사를 실시하였습니다.
이 기준은 본 감사인이 재무제표가 중대하게 왜곡 표시되지 아니하였다는 것을 합리적으로 확신하도록 감사를 계획하고 실시할 것을 요구하고 있습니다. 감사는 재무제표상의 금액과 공시내용을 뒷받침하는 감사증거에 대하여 시사의 방법을 적용하여 검증하는 것을 포함하고 있습니다. 또한 감사는 재무제표의 전반적인 표시내용에 대한 평가뿐만 아니라 재무제표 작성을 위해 경영자가 적용한 회계원칙과 중요한 회계추정에 대한 평가를 포함하고 있습니다. 본 감사인이 실시한 감사가 감사의견 표명을 위한 합리적인 근거를 제공하고 있다고 본 감사인은 믿습니다.

본 감사인의 의견으로는 위 재무제표가 ○○주식회사의 20××년 12월 31일과 20××년 12월 31일 현재의 재무상태와 동일로 종료되는 양 회계연도의 경영성과 그리고 자본의 변동과 현금흐름의 내용을 한국채택국제회계기준에 따라 중요성의 관점에서 적정하게 표시하고 있습니다.

서울특별시 ○○구 ○○로 ○○가 ○○번지
○○ 회계법인
대표자 ○○○
20××년 ×월 ×일

(2) 감사의견의 종류와 의미

감사인은 감사가 완료되면 지금까지 수집한 감사증거를 기초로 하여 이에 합당한 감사의견을 감사보고서에 표명한다. 감사의견은 재무제표에 대한 감사인의 판단이나 확신의 표명으로서, 비교적 규모가 큰 회사의 경우 많은 지면을 할애하여 재무제표를 보다 상세히 공시하면서 재무제표 아래에 공인회계사의 '감사의견'을 덧붙이는 것을 볼 수 있다.

공인회계사의 감사의견이 첨부된 회사는 모두 상장회사로서, 이들 회사는 많은 사람들이 주주로 참여하고 그 규모가 커서 사회적인 영향 또한 매우 크다. 따라서 재무상태를 공개할 때 더욱 신뢰성 있는 정보를 제공할 의무가 있다. 이를 위해 '주식회사 외부감사에 관한 법률'에서는 상장법인과 일정 규모 이상의 주식회사(자산 규모 100억 이상[6])는 반드시 공인회계사의 감사를 받도록 규정하고 있다. 일반적으로 공인회계사는 정해진 절차인 회계감사기준(會計監査基準)에 따라서 감사를 하고 그 결과를 다음 네 가지 가운데 한 가지 의견으로 나타낸다.

① 적정의견(unqualified opinion)

적정의견은 회사가 작성한 재무제표가 기업회계기준에 따라서 잘 작성되어 회사의 경영성과와 재무상태를 적정하게 표현하고 있다는 의견이다. 공인회계사의 감사목적은 재무제표 정보의 신뢰성을 높이는 것으로, 바꾸어 말하면 적정의견을 얻는 것이라고 할 수 있다. 적정의견의 정확한 의미를 이해하기 위해서 다음과 같은 몇 가지 주의가 필요하다.

첫째, 적정의견이라는 의미는 기업의 경영성과나 재무상태가 양호하다는 의미가 아님을 알아야 한다. 경영성과는 나쁘더라도 그러한 회계정보가 기업회계기준에 따라 재무제표에 사실대로 표현되어 있으면 그 재무제표는 적정하다는 평가를 받을 수 있다.

둘째, 재무제표 감사의 목적은 경영자가 저지른 부정이나 오류를 발견하는 데 있는 것이 아니며, 회계감사에 있어서 정밀감사기법이 적용되는 것이 아니라 표본감사기법을 행하고 있어 표본감사가 갖는 한계점 때문에 적정의견을 받은 재무제표에도 부정이나 오류가 발견되지 않고 그대로 남아 있을 가능성이 존재한다.

---

6) 2009년부터 외부감사 대상기준이 자산 70억원 이상에서 100억원 이상으로 상향 조정됐다.

② 한정의견(qualified opinion)

한정의견은 어떤 특정 사실이나 특정 부분을 제외하고는 재무제표가 기업회계기준에 따라 적정하게 표시되어 있음을 나타내는 의견이다. 즉, 회계처리 방법이나 재무제표 표시방법 중의 일부가 기업회계기준을 위반하였거나 감사범위 중의 중요한 부분이 제한된 경우에 표명되는 의견으로, 회사가 작성한 재무제표가 기업회계기준을 약간 벗어나므로 회사의 경영성과와 재무상태를 다소 왜곡되게 전달할 우려가 있음을 나타내는 의견이다.

한정의견은 감사보고서의 중간문단에서 특정 사실들의 위반을 설명한 후, 의견문단에서 "~을 제외하고는 적정하게 표시하고 있습니다."라는 의견을 표명하게 되므로, 재무제표 이용자는 한정사항을 참고해 재무제표를 활용하는 것이 바람직하다. 기업이 한정의견을 받을 때도 금융감독원으로부터 이에 대한 규제를 받게 된다.

③ 부적정의견(adverse opinion)

부적정의견은 회사가 작성한 재무제표가 기업회계기준에서 크게 벗어나 회사의 경영성과와 재무상태를 잘 표현하지 못하고 있다는 의견이다. 이는 재무제표에서 발견된 기업회계기준 위반사항이 극히 중대하기 때문에, 그 위반사항으로 인하여 재무제표가 전체적으로 잘못 작성되어 있다고 판단될 경우에 표명된다. 예를 들어, 기업회계기준의 위배사항으로 인하여 당기순이익이 70% 정도 과소 또는 과대계상되는 결과를 초래하였을 경우에는 손익계산서 자체가 의미를 상실하게 되므로 부적정의견이 표명된다.

부적정의견도 중간문단에 위반사항의 내용과 손익에 미치는 영향을 기술하고, 의견문단에 "위의 문단에서 설명한 사항이 재무제표에 미치는 영향이 특히 중대하므로 재무상태와 경영성과를 적정하게 표시하고 있지 않습니다."라는 의견을 표명하게 된다. 부적정의견이 표명된 기업은 증권거래소에서 특별관리종목으로 지정되어 증자나 사채발행 등과 같은 유가증권 발행이 제한되고 금융기관으로부터 자금을 차입할 수 있는 길도 봉쇄되는 등 기업운영에 막대한 손실을 입힐 수 있다.

④ 의견거절(disclaimer of opinion)

의견거절은 감사의견을 형성하는 데 필요한 합리적인 증거를 입수하지 못하여 재무제표 전체에 대한 의견표명이 불가능한 경우, 기업의 존립에 의문을 제기할 만한 객관적인 사항이 중요한 경우 또는 감사인이 감사를 수행함에 있어서 독립성이 결여되어 있는 등 재무제표의 적정성에 대하여 의견표명을 하지 못하는 경우에 제시된다. 예컨대 당해 회사가 현재 소송 중이고 그 재판의 결과에 따라 재무상태에 큰 영향을 받을 때가 있다. 이렇게 회사의 재무상태에 막대한 영향을 미칠 수 있는 사건이 전개되고 있거나, 회사가 어떤 중요한 부분에 대한 감사를 제한해 감사내용만으로는 그 회사의 전체적인 경영성과나 재무상태를 평가하기 매우 어려운 상황일 경우 감사인은 의견제시를 유보하는 의견거절을 표시하게 한다.

한편, 의견거절이 부적정의견과 다른 점은 부적정의견은 충분한 감사증거를 입수해 본 결과 재무제표가 무의미하다는 사실을 확인한 것이고, 의견거절은 감사범위가 원천적으로 제한됨으로 인하여 재무제표를 판단하기에 충분한 증거자료를 수집할 수 없었다는 데에 차이가 있다. 의견거절도 감사의견의 일종이지 감사인의 의견이 없다는 사실을 나타내는 것은 아니다.

3. 분식회계와 부실감사

1) 분식회계와 재무제표의 투명성

재무제표가 투명하다는 말은 재무제표에 오류가 하나도 없다는 말일까? 일반적으로 재무제표가 투명하다는 것은 재무제표를 작성하는 담당자나 이를 승인하는 경영자 모두가 어떤 의도도 가지지 않고 모든 거래를 있는 그대로 증빙을 통해 재무제표에 반영한다는 의미다. 따라서 재무제표에는 오류가 없다.

많은 사람들은 기업이 회계감사에서 적정의견을 받으면 그 기업은 100% 투명하고 우량한 기업이라고 생각한다. 그러나 적정의견은 회계감사인이 회계감사기준과 절차에 따라 기업의 재무제표를 감사하고 재무제표를 왜곡할 만한 기업회계기준 위배사항이 없는 경우에 내리는 결론이지, 재무제표가 100% 투명하거나 기업이 우량하다고 해서 내리는 결론이 아님에 주의해야 한다.

최근 사회적으로 문제가 되고 있는 분식회계는 회계감사 당시에는 기업이 적정의견을 받았는데 나중에 분식사실이 발견된 경우이다. 주원인은 기업이 객관적인 사실을 속이고 회계감사인이 이런 사실을 제대로 확인하지 않은 데 있다. 만일 회계감사인이 회계감사기준과 절차에 따라 회계감사를 하고 의견을 낸다면 재무제표의 투명성은 높아질 것이다.

분식회계 개념에 대해 좀 더 자세히 살펴보자. 누구나 알고 있는 것처럼 기업은 이윤을 창출하기 위해 존재한다. 이를 위해 기업은 기업의 내·외부에서 자금을 조달하여 투자를 해야 한다. 만일 현재의 재무상태와 경영성과로는 내·외부에서 자금을 조달하기가 힘들고 기존의 대출금마저 만기가 연장되지 않는다면, 기업은 자금조달 목적으로 재무상태와 경영성과를 좋게 보이게끔 분식회계를 할 것이다.

이와 같은 분식회계(window dressing)는 기업이 실적을 좋게 보이려고 고의적으로 장부를 조작하여 자산이나 이익을 부풀리는 것을 말한다. 즉, 재무상태표에서는 자산을 과대계상하거나 채무를 과소계상하는 경우, 손익계산서에서는 매출을 허위로 계상하거나 비용을 적게 계상하는 경우 등이 이에 해당한다.

분식회계를 함으로써 기업은 은행 등의 금융기관과 주식시장에서 자금조달을 원활하게 할 수 있고, 신용평가기관에서 높은 등급을 받아 사채를 쉽게 발행할 수 있으며, 세무서에서도 성실한 납세자로 인정받을 수 있다. 또한 이러한 일련의 행위를 함으로써 기업의 경영자와 회계담당자는 그 지위가 보장될 수 있다. 그러나 분식회계는 기업의 재무상태와 경영성과를 사실과 다르게 조작하는 행위이다. 한번 분식결산을 하면 그 영향은 다음해에 나타나는데, 이를 감추기 위해 기업은 또다시 분식결산을 한다. 이것이 수년간 반복되면 결국 기업은 파산하여 자금을 빌려준 금융기관이나 수많은 투자자에게 엄청난 재산상의 피해를 입히게 된다. 이러한 분식회계의 폐단은 또 자원의 합리적 배분을 막아, 우수한 기업에 투자되어야 할 자원이 투자되지 못하는 자원배분의 왜곡을 초래한다.

2) 분식회계의 예

분식회계는 실제보다 자산을 과대계상하거나 채무를 과소계상하고, 매출을 허위로 계상하고 비용을 적게 계상하는 방법으로 기업의 자산이나 이익을 부풀리는 행위이다. 이를 구체적으로 살펴보자.

첫째, 재고자산 부풀리기와 매출원가 낮추기가 있다. 기업의 예금이나 매출채권, 유형자산은 상대방이 있는 거래이므로 외부에서 확인이 가능하지만, 재고자산 평가는 외부인과 무관하게 내부에서 처리할 수 있으므로 손쉽게 분식할 수 있다.

둘째, 매출과 매출채권 부풀리기가 있다. 예로 매출채권에 대해서 장기간 미회수 상태이거나 부도가 나서 회수가 불가능한 경우 이를 제대로 평가하여 대손을 설정해 놓지 않으면 이익이 과대계상된다.

셋째, 유형자산 과대계상하기가 있다. 기계 등 유형자산을 구입하는 거래처에서 실제 가격보다 높은 금액으로 계약서와 증빙을 처리하여 비자금을 마련하기도 한다. 이 경우에는 유형자산의 과대계상과 동시에 감가상각비도 실제보다 크게 나타난다.

이상과 같은 유형의 분식회계는 당사자뿐만 아니라 사회 전반적으로 막대한 피해를 입힌다. 기업의 경영자는 분식회계를 하면 그 피해가 가족, 친척, 동료들에게 영향을 미친다는 인식을 가져야 하고, 또 기업의 사회적 책임에 대한 의식을 높여야 한다. 또한 기업의 회계담당자와 회계감사인의 독립성을 확보하고 전문성과 도덕성을 지속적으로 키워야 한다. 사후적으로는 국가적인 차원에서 회계감사를 받아야 하는 기업의 범위를 넓히고, 기업이 자청해서 회계감사를 받는 환경을 만들어가야 한다. 은행, 투자자 등 이해관계자는 재무제표에 대해 올바르게 이해하고 활용해야 하며, 회계감사인을 감독하는 금융감독원과 한국공인회계사회는 회계감사인이 회계감사절차에 따라 제대로 감사를 하고 의견을 표명하는지 철저하게 감독해야 한다. 또한 기업이 분식회계를 하여 파산한 경우 분식된 재무제표와 감사보고서를 토대로 대출을 해주거나 투자한 이해관계자가 소송을 내는 것도 활성화되어야 분식회계를 방지할 수 있을 것이다.

〈쉬어 가기 코너〉

국제회계기준 2010년 도입

오는 2010년부터 모든 상장사는 국제기준에 따라 회계처리를 해야 한다. 이에 따라 상장사들은 종속회사와 해외법인을 포함한 연결재무제표를 작성해야 하고 금융상품과 부동산 등 투자자산 가치는 시가로 공시해야 한다. 융감독위원회의 한 관계자는 "오는 2010년부터 모든 상장사를 대상으로 연결재무제표를 핵심으로 한 국제회계기준을 도입하되 희망기업에 대해서는 2009년부터 실시할 방침"이라며, "초기에는 시스템 구축비용이 들겠지만 결국 외국인 투자유치와 기업 자금조달 활성화에 기여할 것"이라고 말했다. 금감위가 마련한 국제회계기준 수용을 위한 로드맵 내용에 따르면 모든 상장사는 재무제표를 작성할 때 종속회사와 해외법인을 포함한 연결기준으로 해야 한다. 현재는 기업들이 해외 사업장 등을 제외한 개별 재무제표를 주로 쓰고 있고 자산 2조원 이상 기업들만 결산일이 지난 뒤 뒤늦게 전년도 연결재무제표를 내놓고 있다. 또한 기업들은 금융상품과 부동산 등 보유하고 있는 자산과 부채 등을 장부가치가 아닌 공정가치(시가)로 공시해야 한다. 종업원의 퇴직급여도 미래에 발생할 내용을 현재가치로 계산해 내놔야 한다.

국제회계기준은 전 세계적으로 100여개국이 채택하고 있으나 EU와 호주 등이 국제회계기준위원회(IASB)가 제시한 기준을 완전 수용해 쓰고 있다. 중국은 회계 불투명성을 극복하기 위해 내년부터 상장기업에 대해 국제회계기준을 일부 적용하기로 했다.

금감위는 기업들에 미치는 비용부담을 감안해 국제회계기준을 2010년부터 상장사를 대상으로 전면 도입하되 희망기업에 대해서는 2009년부터 적용하기로 했다. 하지만 비상장기업에 대해서는 추가적인 비용부담을 감안해 의무화하지 않기로 했다.

김용환 금감위 감독정책 2 국장은 "국제회계기준이 전면 도입되면 우리기업의 회계 투명성이 크게 높아져 코리아 디스카운트 요인이 줄어들 것"이라고 강조했다. 한편 금감위는 오늘 21일 공청회를 열어 여론을 수렴한 뒤 연내 최종안을 확정할 방침이다.

(자료원: 서울경제신문 2006. 11. 19)

진위 문제

1. 회계와 부기는 동일한 개념으로 보아도 무방하다.

2. 회계의 목적은 법인과 개인의 법인세 및 소득세 산출이 주목적이다.

3. 회계는 기업의 경영활동에서 발생하는 경제가치의 변동을 일정한 회계양식에 의하여 기록·분류·정리하고, 그 결과를 정확·명료하게 표시함으로써 기업경영의 실태를 파악하여, 기업의 법인세를 정확히 산출하기 위한 학문이다.

4. 회계정보 이용자는 주주, 채권자, 정부규제기관, 종업원, 지역주민, 소비자, 일반대중이 포함되고, 경영자는 정보이용자로 분류하고 있지 않다.

5. 주주 및 투자자는 관리회계 정보보다 재무회계 정보에 관심이 많다.

6. 이윤추구를 목적으로 하는 개인 또는 조직을 기업이라 하는데, 이와 같이 영리활동을 하는 기업을 대상으로 하는 회계가 영리회계(기업회계)이다.

7. 세무회계(tax accounting)는 회계정보의 외부이용자(주주, 채권자, 투자자 등)들이 그들의 경제적 의사결정을 하는 데 필요한 정보제공을 목적으로 하는 회계로서 일반목적회계라고도 한다.

8. 세무회계와 재무회계는 서로 보완적인 관계이다.

9. 관리회계는 조세부담의 공평성 원칙과 충분성의 원칙에 입각하여 규정된 세법에 따라 각 소득에 대한 정확한 과세표준과 세액을 산출하여 주로 경영자나 조세당국에 보고하는 회계이다.

10. 회계공준은 논의 이전의 자명한 명제라고 할 수 있다.

정 답 1. F 2. F 3. F 4. F 5. T 6. T 7. F 8. T 9. F 10. T

객관식 문제

다음 문제를 보고, 가장 올바른 답을 고르시오.

1. 다음 중 회계의 주된 목적은 무엇인가?
   ① 일정기간 동안의 경영활동에 대한 증빙자료를 제공
   ② 과세의 근거자료로 활용
   ③ 미래의 투자의사결정에 필요한 자료 제공
   ④ 일정시점의 재무상태와 일정기간의 경영성과를 파악

2. 기업회계의 일반적인 주체는?
   ① 주주와 채권자　　② 대주주
   ③ 경영자　　④ 기업실체

3. 다음은 재무보고의 대상이 되는 것이다. 가장 관계가 적은 것은?
   ① 일정시점의 경제적 자원과 그 청구권에 관한 정보
   ② 일정기간의 경영성과에 관한 정보
   ③ 일정기간의 특정 실체가 속한 산업 전반에 관한 예측정보
   ④ 일정기간의 현금흐름 및 자본변동에 관한 정보

4. 회계연도를 설명한 것으로 옳은 것은?
   ① 사업개시부터 청산시까지의 기간
   ② 투하자본의 회수시까지의 기간
   ③ 한 결산기말부터 다음 결산기말까지의 기간
   ④ 채권과 채무가 발생하여 소멸할 때까지의 기간

5. 회계의 근간은 복식부기를 바탕으로 하고 있다. 다음 중 복식부기의 특징이 아닌 것은?
   ① 원리와 원칙을 가지고 작성하여야 한다.

② 거래를 이중으로 기록하기 때문에 자기검증기능이 있다.
③ 모든 재산과 자본의 증감변화를 기록한다.
④ 기록방법이 간편하여 손익의 원인을 쉽게 알 수 있다.

6. 다음 중 회계상의 거래에 해당하는 것은?
① 토지 등의 담보설정
② 건물의 임대차계약
③ 상품가격의 하락
④ 상품의 매매계약

7. 회계는 주체의 성격에 따라 영리회계와 비영리회계로 구분할 수 있다. 다음 중 영리회계가 아닌 것은?
① 가계부기
② 농업부기
③ 은행부기
④ 수산업부기

8. 기업의 재산과 자본주의 재산은 구별하여 별개의 장부에 기록하여야 한다. 이와 같은 장부기록의 범위를 설명한 것으로 옳은 것은?
① 회계연도
② 회계단위
③ 회계기간
④ 보조부

9. 재무회계정보가 일정한 속성 내지는 성질을 충족해야 하는데 이를 재무회계의 질적 특성이라 한다. 다음 중 질적특성에 해당하지 않는 것은?
① 이해가능성
② 적시성
③ 비교가능성
④ 신뢰성

10. 한국채택국제회계기준의 '재무제표 작성과 표시를 위한 개념체계'에서 제시하고 있는 재무제표의 기본과정은?
① 발생기준과 계속기업
② 기업실체와 계속기업
③ 계속기업과 회계기간
④ 회계기간과 화폐평가

11. 상장기업의 재무제표 감사결과 표명되는 감사의견으로 해당되지 아니하는 것은?

① 한정의견 ② 부분의견

③ 의견거절 ④ 적정의견

정 답

1. ④ 2. ④ 3. ③ 4. ③ 5. ④ 6. ③ 7. ① 8. ② 9. ② 10. ①
11. ②

해 설

1. 회계는 경제주체의 경제활동에 따른 재산의 증감변화를 일정한 원리에 따라 정확히 기록, 계산, 정리하는 것을 주된 목적으로 한다.

2. 기업회계의 일반적인 주체는 자본주로부터 경제적인 관점에서 독립된 인격체로서의 '기업실체'이며, 재무보고의 책임은 '경영자(경영진)'에게 있다.

3. 재무보고는 일정시점의 재무상태(경제적 자원과 그 청구권)와 경영성과 및 현금흐름, 자본변동에 관한 정보를 제공한다. 그러나 특정 실체가 속한 산업 전반에 관한 정보를 제공하지는 못한다.

4. 회계연도 또는 회계기간이라고도 하며, 정기적인 성과계산과 정기적인 보고를 위하여 인위적으로 구분한 기간적 단위로서 특정 결산일로부터 다음 결산일까지의 기간이다. 현행 「상법」에 의하면 회사의 회계기간은 1년을 초과하지 못하도록 규정하고 있다.

5. 복식부기는 손익의 원인 및 재산의 현재상태와 변화과정을 파악하기 쉬우나 기록하는 방법은 쉽지 않다.

6. 상품가격의 하락은 자산이 감소한 것으로 보기 때문에 이를 거래로 보는 것이다.

7. 영리회계=생산경제회계 = 기업회계: 상업, 공업, 농업, 금융업 등 기업의 회계
   비영리회계 = 소비경제회계: 가계회계, 사회복지법인회계, 학교회계 등 비영리 조직회계

8. 장부기록의 범위를 회계단위라고 하고, 성과계산을 위한 기간적 단위를 회계기간(회계연도)이라고 한다.

9. 적시성이란 의사결정자가 의사결정을 하는 시점에서 정보가 이용가능 해야 한다는 것으로 질적특성이 아닌 제약요인이다.

10. 한국채택국제회계기준의 '재무제표 작성과 표시를 위한 개념체계'에서는 발생기준과 계속기업의 두 가지를 기본가정으로 제시하고 있다.
    - 발생기준: 재무제표는 그 목적에 부합하기 위하여 발생기준을 적용하여 작성한다.
    - 계속기업: 재무제표는 일반적으로 기업이 계속기업이며 예상 가능한 기간 동안 영업을 계속할 것이라는 가정 하에 작성된다.

11. 감사의견에는 적정의견, 한정의견, 부적정의견, 의견거절이 있다.

제 2 장

기업의 재무상태

본 장에서는 기업의 재무상태인 자산, 부채,
그리고 자본에 대해 학습한다.

제 2 장

기업의 재무상태

일정 시점의 기업의 재무상태를 나타내는 재무제표인 재무상태표는 기업이 소유하고 있는 경제적 자원인 자산과 경제적 자원에 대한 의무인 부채, 그리고 자본에 관한 정보를 제공한다. 따라서 재무상태표를 제대로 이해하기 위해서는 자산, 부채, 자본의 개념과 그 구성내역을 명확하게 파악해야 한다. 다음의 [표 2-1]은 기업회계기준서 제21호 재무제표의 양식에서 제시한 재무상태표를 나타낸 것이다.

표 2-1 재무상태표의 표준 양식

재무상태표

(차　　변)		(대　　변)	
자　산		**부　채**	
Ⅰ. 유동자산	×××	Ⅰ. 유동부채	×××
(1) 당좌자산		Ⅱ. 비유동부채	×××
(2) 재고자산		**자　본**	
Ⅱ. 비유동자산	×××	Ⅰ. 자본금	×××
(1) 투자자산		Ⅱ. 자본잉여금	×××
(2) 유형자산		Ⅲ. 자본조정	×××
(3) 무형자산		Ⅳ. 기타포괄손익누계액	×××
(4) 기타비유동자산		Ⅴ. 이익잉여금	×××
자산총계	×××	**부채와 자본총계**	×××

제 1 절 자 산

1. 자산의 의의

기업은 경영활동을 하기 위하여 현금뿐만 아니라 은행예금·건물·비품 등 재화를 소유하여야 하며, 경영활동을 하는 과정에서는 상품을 외상으로 판매한다든가 현금을 대여한다든가 하는 등의 채권이 발생하기도 한다. 이상과 같이 기업이 소유하고 있는 기업경영에 유용한 경제적 자원(economic resources), 즉 재화 및 채권 등을 화폐액으로 표시한 것을 자산(assets)이라고 한다. 자산은 과거 거래나 사건의 결과로서 현재 기업이 보유하고 있고 미래에 경제적 효익을 창출할 것으로 기대되는 자원이다.

그러므로 회계학상의 자산이 되기 위해서는 첫째, 경제적 자원이어야 하고, 둘째, 경제적 자원은 기업이 소유하고 있어야 하며, 셋째, 자원의 가치는 반드시 객관적, 즉 화폐액으로 측정·표시가 가능하여야만 한다.

2. 자산의 분류

한국채택국제회계기준에서는 자산을 1년 이내에 현금화가 가능한 정도 즉, 유동성(환금성)의 정도에 따라 유동자산과 비유동자산으로 분류된다. 유동자산(current assets)은 현금및현금성자산, 상품, 매출채권, 대여금 등과 같이 단기간 내에 현금화가 가능한 자산을 말하며, 비유동자산(non-current assets)은 건물, 토지, 기계장치 등과 같이 경영활동의 기초가 되며 장기간에 걸쳐 사용할 목적의 자산을 말한다.

비유동자산은 다시 목적에 따라 여러 가지 내용으로 분류할 수 있다. 형태의 유무에 따라 외형적으로 형태가 있는 유형자산과 형태는 없으나 법률상의 권리나 가치가 있는 무형자산, 그리고 장기적인 투자목적으로 취득한 투자자산으로 분류된다.

마지막으로 물가변동에 따른 영향 여부를 기준으로 화폐성자산과 비화폐성자산으로 분류할 수 있다. 화폐성자산(monetary assets)은 자산의 가치가 항상 일정화폐액으로 고정되어 있어 자산가액이 물가변동에 따라 변동되지 않는 자산으로, 현금및현금성자산, 매출채권, 대여금이 이에 속하며, 비화폐성자산(non-monetary assets)은 자산의 가치가 물가수준에 따라 평가되어 자산가액이 물가변동에 따라 변동하는 자산으로서, 재고자산, 토지 및 건물 등이 이에 속하는 자산이다.

1) 유동자산

① **현금및현금성자산**: 통화 및 통화대용증권(은행에서 발행한 자기앞수표, 타 은행이 발행한 당좌수표, 취득당시 만기가 3개월 이내에 도래하는 금융상품 등). 본래 당좌예금이나 보통예금은 이자수익을 목적으로 하는 예금이 아니므로 금융상품으로 볼 수가 없으며 단지 현금을 은행에 보관해 놓은 것에 지나지 않는다고 보아 현금으로 분류한다. 또한 취득당시 만기가 3개월 이내인 금융상품도 불과 몇 달 뒤 현금화가 예정된 것이므로 현금성자산으로 분류한다.

② **매출채권**: 매출채권에는 외상매출금과 받을어음이 있다. 외상매출금이란 상품과 같은 영업목적물을 외상으로 판매한 금액으로 받을 권리를 말하며, 받을어음이란 상품과 같은 영업목적물을 판매하고, 그 대가를 어음으로 수취한 경우를 말한다. 외상매출금과 받을어음을 합하여 재무상태표에서는 매출채권으로 보고한다.

한편, 매출채권의 경우도 그 회수기간에 따라 결산일로부터 1년 이내에 회수가 가능한 것은 유동자산으로 분류하지만, 1년 이후에 회수가 되는 것은 장기성 매출채권이라 하여 비유동자산으로 분류해야 한다.

매출채권은 나중에 물건대금이 회수되면 없어지는 것이 당연한데, 문제는 떼일 가능성이 있다는 점이다. 즉, 거래처가 망한다든지 아니면 고의적으로 갚지 않는다든지 하는 경우 낭패를 볼 수밖에 없다. 따라서 매출채권은 100% 전액이 회수된다고 볼 수 없으니 미리 미리 준비하고 각오를 해야 하는데, 마음의 준비만으로는 부족하고 실제 행동으로 이를 보여 주어야 한다. 즉, 거래처의 신용상태를 정기적으로 따져보아 장래에 회수가 어려울 것으로 예상되는 금액은 과감하게 미련 없이 장부에서 떨어버려야 하는데 이를 '대손처리한다'라고 한다.

③ **단기대여금**: 타사 또는 타인에게 1년 이내의 범위에서 빌려준 금액을 말한다.

④ **미수금**: 영업목적물 이외의 물건을 외상으로 판매한 금액으로 받을 권리를 말한

다. 예를 들어 회사에서 사용하던 비품이나 부동산 등을 매각하고 대금을 아직 받지 않은 경우, 이는 일반적인 상거래에서 발생한 것이 아니므로 매출채권이 아니라 미수금이라는 계정으로 처리하는 것이다.

⑤ **단기금융상품**: 금융기관이 취급하는 정형화된 상품으로 단기적 자금운용목적의 상품이다. 이에는 1년 이내에 도래하는 정기예금, 정기적금, 양도성예금증서(CD: certificate of deposits) 등이 있다.

> **여기서 잠깐!! ☞ 양도성예금증서와 어음관리계좌**
>
> 양도성예금증서(CD)란 은행이 정기예금의 예금자에게 무기명으로 발행하는 예금증서를 말한다. 예금자는 원금 및 확정이자를 받거나, 중도에 자유롭게 제3자에게 양도할 수 있다.
>
> 어음관리계좌(CMA)란 금융기관이 직접투자가 어려운 소액투자자를 대신해 맡긴 돈을 국공채나 기업어음, 양도성예금증서에 투자한 후 이를 통해 얻은 수익을 이자형태로 고객에게 지급해주는 것을 말한다. 인별 최저한도가 있으며, 기간은 보통 6개월이다.

⑥ **상품**: 판매를 목적으로 타사가 제조한 물건을 매입하여 보유하는 것을 말한다.

⑦ **제품**: 판매를 목적으로 원재료 등을 투입하여 완성한 완성품을 말한다.

> **여기서 잠깐!! ☞ 상기업과 제조기업의 차이**
>
> 상기업은 도·소매하는 회사로서 직접 자체에서 제조(생산)하지 않고 외부에서 물건을 매입해서 이윤을 붙여 파는 것을 주된 영업활동으로 하는 매매회사라고 할 수 있다. 따라서 상기업에서는 상품(goods)만이 재고자산으로 존재한다.
>
> 제조기업은 물건을 만들기 위해 직접 원재료를 구입해서 이를 공장에서 제조(가공)하여 완제품을 생산해 내고, 이를 직접 판매까지도 할 수 있는 회사이다. 따라서 제조기업에서는 상품이라는 용어 대신 제품(products)이라는 계정이 재고자산으로 존재한다.

⑧ **재공품**: 제품 또는 반제품의 제조를 위하여 제조과정에 있는 것을 말한다.

⑨ **원재료**: 제품을 만들기 위하여 소요되는 원료, 재료 등을 말한다.

⑩ **선급금**: 상품 등을 매입하기 위해 선금이나 계약금으로 지불한 금액을 말한다. 회사에서 원재료나 상품을 매입하는 경우에는 그 대금의 일부를 미리 지급하는 것이 일반적

이다. 어디 회사뿐이랴! 학생들이 MT를 가기 위해 숙소를 미리 정하면 항상 선금인 계약금을 숙박업소에서 요구하지 않던가? 이와 같이 거래의 이행을 확실하게 하기 위하여 매매대금의 일부를 계약금으로 지불했을 때 이를 선급금이라는 계정으로 처리한다. 이는 돈을 미리 준 만큼 후일에 그만큼의 누릴 수 있는 권리를 가지게 되므로 자산으로 취급한다.

⑪ **미수수익**: 기업이 외부에 용역을 제공하고 그 대가로서 당기에 이루어져야 하는 수익 중 수취하지 못한 수익을 말한다.

⑫ **선급비용**: 선급비용은 아직 제공되지 않은 용역에 대하여 지급된 대가로서 일정 기간 동안 특정서비스를 받을 수 있는 권리 또는 청구권을 말한다. 예를 들어 보험회사에 보험을 드는 이유는 보험료를 내고 일정 기간 동안 서비스(재난보장)를 받기 위한 것인데, 만약 10월 1일에 1년치의 보험료를 120만원 납입했다면 내년도 9개월분은 아직 서비스의 제공을 받지 않은 부분이므로 당기의 비용이 될 수 없다. 따라서 미리 지급한 90만원은 선급비용이라는 자산계정으로 처리해야 한다. 결국 손익계산서에 당기의 보험료는 당해기간 경과분 30만원만 포함되는 셈이다.

⑬ **유가증권**: 유가증권은 주식(지분증권)과 채권(채무증권)으로 나누어지는데, 보유목적에 따라 만기보유금융자산, 당기손익인식금융자산, 그리고 매도가능금융자산 중의 하나로 분류한다. 만기보유금융자산은 만기가 확정된 채무증권으로서 만기까지 보유할 의사가 있는 것을 말하며, 당기손익인식금융자산은 주로 단기간 내의 매매차익을 목적으로 취득한 것으로서 시장성이 있는 것을 말한다. 한편 만기보유금융자산과 당기손익인식금융자산 이외의 유가증권은 모두 매도가능금융자산으로 분류된다. 이들 유가증권 중 만기가 1년 이내에 도래하는 것과 1년 내에 처분할 의사가 있는 것은 유동자산(대부분이 당기손익인식금융자산을 의미)으로, 그렇지 않은 것은 투자자산으로 분류된다.[1)]

2) 비유동자산

① **장기대여금**: 기업의 여유자금을 타인에게 대여하는 경우에 그 회수기간이 재무상

1) 기업회계기준서 제21호 재무제표 양식 중 재무상태표에서는 유가증권의 세 가지로 분류된 증권 중에 매도가능금융자산과 만기보유금융자산은 매도예정일(혹은 만기일)이 1년 이내일 경우 당기손익인식금융자산과 함께 **단기투자자산(유동자산)**으로 분류하고, 1년 이상일 경우에는 **장기투자금융자산(투자자산)**이라는 통합계정으로 분류하고 있다. 따라서 현재는 유가증권이라는 계정과목은 사용하지 않고 있다.

태표일로부터 1년 이내에 도래하지 않는 것을 말한다.

② 미수금: 기업의 주요영업활동 이외의 사업에서 발생되는 미수채권을 말한다(기업의 주요영업활동에서 발생하는 미수채권은 매출채권으로 처리한다).

③ 매도가능금융자산: 매도가능항목으로 지정한 비파생금융자산 또는 대여금 및 수취채권, 만기보유금융자산, 당기손익인식금융자산으로 분류되지 않는 비파생금융자산을 말한다.

④ 만기보유금융자산: 만기가 고정되고 지급금액이 확정되었거나 결정 가능한 비파생금융자산으로서 만기까지 보유할 적극적인 의도와 능력이 있는 경우의 금융자산을 말한다.

⑤ 투자부동산: 부동산을 취득하여 영업활동에 사용하는 것이 아니라 부동산의 가격이 상승하면 처분할 목적으로 보유하는 것을 말한다.

⑥ 토지: 영업활동에 장기적으로 사용할 목적으로 취득하여 보유하는 땅을 말한다. 따라서 투자목적이나 비업무용으로 취득하여 보유하는 땅은 투자부동산이라는 별도의 계정으로 하여야 한다.

⑦ 건물: 영업활동에 장기적으로 사용할 목적으로 취득한 건물을 말한다. 따라서 투자목적이나 비업무용으로 취득하여 보유하는 건물은 투자부동산이라는 별도의 계정으로 하여야 한다. 또한 건설회사가 분양할 목적으로 건물을 건설하였다면 이는 건물이 아니라 제품으로 기록하여야 한다.

⑧ 비품: 영업활동을 위해 사용할 목적으로 구입한 것을 말한다.

⑨ 기계장치: 동력 등의 힘을 이용하여 물리적・화학적으로 원・부재료를 가공제품으로 변환시키는 각종 제조설비 또는 작업장치로서 기계장치, 운송설비(콘베어 호이스트 기중기 등)와 기타의 부속설비 등을 말한다.

여기서 잠깐!! ☞ 유형자산과 감가상각비

유형자산은 회사가 영업활동에 사용할 목적으로 보유하는 영업용자산이며, 1년 이상의 장기에 걸쳐 보유하게 되는 장기자산이다. 물리적인 형체를 가지고 있는 실물자산인 유형자산은 회사를 운영하는 데 기본적으로 갖추어야 할 설비, 예를 들면 토지, 건물, 기계, 차량, 비품, 공구와 기구 등이 모두 유형자산에 속한다.

이러한 유형자산은 상당 기간 동안 회사가 이를 사용하고 또 사용을 통해 수익을 얻게 된다. 그러므로 유형자산의 취득에 들어간 금액은 취득 당시에 한꺼번에 비용으로 떨어버리는 것이 아니라 수익을 제공받을 수 있는 일정한 기간 동안에 걸쳐 매년도마다 조금씩 비용으로 배분하게 되는데, 회계에서는 이러한 비용배분 절차를 감가상각이라고 하고, 매년도마다 배분된 금액을 감가상각비라고 한다.

그러나 토지는 감가상각비를 계상할 수 없다. 왜냐하면 보통 토지는 사용으로 인한 가치 감소가 없고, 오히려 가치가 증가하는 것이 일반적이기 때문이다. 따라서 토지는 올라간 현재의 시세를 어떻게 나타내줄 것인지가 고민거리가 된다.

⑩ **특허권**: 발명을 독점적으로 이용할 수 있는 권리. 광의로는 특허법 · 실용신안법 · 의장법 및 상표법에 의하여 발명 · 실용신안 · 의장 및 상표를 독점적으로 이용할 수 있는 권리를 말한다.

⑪ **상표권**: 상표법에 따라 상표를 등록하여 독점적으로 상표를 사용할 수 있는 권리를 말한다.

⑫ **영업권**: 회계에서의 영업권은 통상 우리가 생각하는 영업권과는 차이가 있다. 민성이네 전자대리점은 민영이네 전자대리점보다 도로변에 위치해서 목이 좋아 그런지 훨씬 더 손님이 많다. 같은 업종이면서도 옆집보다 초과수익을 얻을 수 있는 능력을 금전으로 환산한 것이 흔히 말하는 영업권(또는 권리금)이다.

여기서 잠깐!! ☞ 산업재산권의 의미

회사의 영업활동에 관련된 각종 재산권이 이에 해당된다. 특허권, 의장권, 실용신안권, 상표권, 상호권 등 법적으로 그 사용권한을 보장받은 권리로서 그 권리를 따내기 위해 들어간 원가금액이 모두 자산으로 처리된다. 왜 그럴까? 이는 법적인 권리의 보장으로 인하여 미래의 수익이 기대되기 때문이다. 그리고 미래의 효익이 무한정 지속될 수는 없으니 일정기간(20년을 넘을 수는 없다) 이내에 상각하여(즉, 비용화하여) 장부에서 지워나가야 한다.

특허권은 회사가 가진 제조비법 등 새로운 발명에 대해 취득한 권리이며, 실용신안권은 형태나 구조의 고안에 대해 취득한 권리를 의미한다. 의장권이란 디자인에 대해 권리를 획득한 것이며, 상표권은 자신의 상품을 다른 상품과 구별하기 위해 사용하는 기호, 도형, 문자 또는 이들이 결합된 것에 대해 권리를 획득한 것이고, 상호권이란 자기를 나타내는 명칭에 대해 권리를 획득한 것이다.

기업회계기준에서는 자체적으로 평가하는 영업권(자기창설영업권)을 인정하지는 않는다. 따라서 영업권은 보통 인수, 합병과 같은 상황에서 피합병회사의 순자산에 대한 공정가액과 매수원가와의 차액분을 무형자산으로 처리한다. 즉, 다른 회사나 사업체를 인수하는 경우 그 회사의 실제 순자산(실제 자산가치에서 부채를 뺀 것)보다 웃돈을 얹어서 지불했다면 그 부분을 영업권으로 처리한다. 예를 들어 민영이네가 민성이네를 부러워한 나머지 실제 순자산은 3,000만원짜리인 민성이네 가게를 인수하면서 권리금을 포함하여 5,000만원을 지불했다면 2,000만원이 회계상으로 영업권인 셈이다.

⑬ 개발비: 개발비란 생산 전 개발단계에서 시제품 및 모형을 설계・제작・시험하는 활동에 지출된 비용을 처리하는 계정으로, 지출한 연도의 비용으로 처리하지 않고 무형자산으로 처리하며, 신기술・신제품 개발과 관련된 비용 및 소프트웨어 구입비용을 포함한다. 따라서 이 범주에 속하지 않는 것은 자산으로 인정받지 못하고 비용처리하도록 규정하고 있고, 그 과목은 연구비나 경상개발비로 처리한다.

제조기업의 경우 막대한 금액의 개발비가 매년 투입되는데, 이를 모두 당기의 비용으로 처리하면 손익계산상으로 상당한 적자를 볼 수밖에 없다. 또한 개발비투입의 성과는 당기에 나타나는 것이 아니고 향후 미래에 걸쳐서 나타나는 것이므로, 이 역시 수익비용대응의 원칙에 의해 미래기간(20년 이내)의 비용으로 배분함이 마땅하다. 단, 무형자산으로 계상할 수 있는 개발비란 비경상적이고 비반복적으로 발생한 개발비를 말하는 것이므로 늘상 반복해서 발생하는 경상개발비와 연구비성격의 지출은 포함되지 않는다. 따라서 이들은 모두 지출한 당해 연도의 비용으로 처리되어야 한다.

⑭ 선급금: 상품이나 제품 등의 재고자산 구입시 납품에 앞서 대금의 일부 또는 전부를 지급하는 금액.

K-IFRS에서는 자산을 [그림 2-1]과 같이 분류한다.

- 자 산
  - 유동자산
    - ① 현금및현금성자산
    - ② 매출채권 및 기타채권 : 매출채권, 대여금, 미수금
    - ③ 기타금융자산 : 1년 이내 만기도래 유가증권, 정기예금, 정기적금
    - ④ 재고자산 : 상품, 제품, 재공품, 원재료
    - ⑤ 기타자산 : 선급금(12개월 이내), 미수수익, 선급비용
  - 비유동자산
    - ① 대여금 및 수취채권 : 대여금, 미수금
    - ② 기타금융자산 : 매도가능금융자산, 만기보유금융자산
    - ③ 투자부동산
    - ④ 유형자산 : 토지, 건물, 비품, 기계장치 등
    - ⑤ 무형자산 : 특허권, 상표권 등
    - ⑥ 기타자산 : 선급금(12개월 이후), 임차보증금

그림 2-1 K-IFRS에 의한 자산 분류

제 2 절 부 채

1. 부채의 의의

기업은 경영활동을 하기 위하여 채권을 가짐과 동시에 채무를 지는 수가 흔히 있는데, 이와 같이 기업이 과거의 거래나 사건의 결과로서 장래에 타기업 실체에 대하여 재화 또는 용역을 제공해야 할 경제적 채무(economic obligations)나 의무(duties)를 부채(liabilities)라고 한다. 즉, 부채는 자산에 대한 채권자의 청구권으로서 기업은 채권자에 대해 채무 및 의무가 존재해야 하며, 채무 및 의무를 이행함으로써 기업의 미래 용역잠재력의 감소를 가져와야 한다.

오늘날 기업 활동을 위해 필요한 자금을 전액 자기자본만으로 충당한다는 것은 현실적으로 어렵고, 적정한 규모의 부채는 기업의 총자산규모를 늘려줄 뿐 아니라 경기가 좋아 자산수익률이 차입금의 조달 금리를 초과할 경우에는 이익이 확대되는 효과도 얻을 수 있다. 문제가 되는 것은 무리하게 남의 돈을 끌어다 써서 자산을 부풀렸는데, 부채를 너무 많이 쓴 대가로 이자비용이 너무 많이 발생하여 손실이 발생하고 이로 인해 자기자본(순자산)이 잠식되는 경우이다. 따라서 적정 규모의 부채는 기업 활동에 필요한 것이다.

이와 같은 부채는 첫째, 반드시 과거의 결과로서 현재시점에 존재하고 있는 것이어야 하고, 둘째, 현재의 시점에 존재하는 것으로 장래에 이행하지 않으면 안 될 채무 또는 의무이어야 하며, 셋째, 현시점에서 장래에 지급할 금액, 시기, 채권자 등이 명백히 정하여지는 것이 보통이나 장래의 특정시기에 지급할 필요가 있다고 예측할 수 있게 되는 것도 있다.

2. 부채의 분류

부채는 그 상환기간의 장단에 따라 유동부채와 비유동부채로 분류되는데, 이것은 1년 기준(one-year rule)에 따른 분류로서 상환기간이 1년 이내에 도래하는 부채를 유동부채라 하고, 1년 이상의 것을 비유동부채라 한다. 즉, 유동부채(current liabilities)는 매입채무, 단기차입금, 미지급법인세, 유동성장기부채 등을 말하며, 비유동부채(non-current liabilities)는 사채, 장기차입금, 장기성매입채무 등을 말한다.

그리고 물가수준의 변동과 관계하여 화폐성부채와 비화폐성부채로 분류할 수 있는데, 화폐성부채란 발생시점에서부터 일정금액이 확정될 뿐 아니라 미래의 일정시점에서 일정화폐액으로 지급될 것이 확실한 부채로서 매입채무, 차입금, 사채 등이 있다.

비화폐성부채는 미래의 일정시점에서 일정한 수량과 품질의 재화 또는 용역을 제공하기로 한 채무를 말하는 것으로 선수금, 외화표시부채, 선수수익 등이 있는데, 이들은 미래에 지급할 화폐액이 현재시점에서는 확정되지 않는 것이 특징이다.

K-IFRS에 의한 부채의 분류는 유동부채, 비유동부채로 분류되는데, 이는 자산의 분류와 마찬가지로 가장 실무적인 측면에서 분류한 것이다.

1) 유동부채

① 매입채무: 매입채무는 가장 상환요구가 빠른 부채로 외상거래로부터 발생하는 외상매입금과 지급어음을 의미한다. 외상매입금이란 판매를 목적으로 영업목적물인 상품 등을 외상으로 매입한 금액을 말한다. 따라서 미래에 현금으로 상환하여야 하며, 외상매출금과 반대되는 계정이다. 지급어음이란 판매를 목적으로 영업목적물인 상품 등을 외상

으로 매입하고, 어음을 발행해 주었을 경우를 말한다. 따라서 어음의 만기일에 현금으로 상환하여야 하며, 받을어음과 반대되는 계정이다. 외상매입금과 지급어음을 합하여 재무상태표에는 매입채무로 보고한다.

② **단기차입금**: 단기적으로 현금이 부족한 경우 1년 이내의 범위에서 남에게 현금을 빌린 금액으로 나중에 상환해 주어야 하는 의무로서 자산의 단기대여금과 반대되는 계정이다.

한편, 단기차입금 중 특이한 것이 당좌차월이다. 당좌차월이란 당좌예금과 반대되는 것으로 은행과 미리 약정을 통해 예금 잔고가 없어도 차월약정한도 내에서는 거래처에 발행한 어음이나 수표가 만기 때 결제되는 것을 의미한다. 개인의 경우 금융기관의 마이너스 통장으로 사용하는 마이너스 금액도 흔히 보는 차입금이라고 할 수 있다.

③ **미지급금**: 토지, 비품, 건물 등과 같이 영업목적물 이외의 자산을 외상으로 구입하였거나 어음을 발행해주고 구입한 금액을 말한다. 예를 들어 회사에서 사용할 공구나 비품, 차량 등을 구입하고 아직 그 대금을 지불하지 않았을 때 처리하는 계정을 말한다. 자산의 미수금과 상반되는 계정이다.

④ **예수금**: 타인으로부터 일단 금전을 받아 수취하고 그 후 타인을 대신하여 제3자에게 금전으로 반환하여야 할 채무이다. 즉, 예수금은 회사의 돈이 아닌데 회사가 임시로 받아서 보관할 경우에 사용하는 계정과목으로, 상거래와는 전혀 관련 없이 발생한 일시적인 자금수령액이다. 예를 들어 임직원에게 급여를 지급하면서 떼는 갑근세나 건강보험료, 국민연금보험료 등은 각각 세무서, 건강보험관리공단, 그리고 국민연금관리공단을 대신하여 수령한 것으로 다음 달에는 각각 위의 기관들에게 전달해야 하는 자금이다. 따라서 회사에서는 일시적으로만 자금을 보관하는 셈이므로 예수금으로 처리한다.

⑤ **미지급법인세**: 회계연도말 현재 당해 회계연도에 부담하여야 할 법인세와 소득할 주민세로서 미지급된 금액이다. 미지급법인세도 미지급비용의 일종으로 보면 된다. 어느 회사나 1년 동안 영업을 해서 돈을 벌면 번 돈에 대해 세금을 내야 하는데, 이를 법인세라고 한다. 법인세는 통상 사업연도(회계연도를 의미한다)단위로 내게 되는데, 결산일로부터 3개월 이내에 관할 세무서에 신고・납부해야 한다. 그런데 법인세의 신고와 납부는 비록 다음해에 이루어지지만 법인세는 분명히 당기의 영업활동에 따른 비용으로 보아야 한다. 따라서 당기의 결산 시에는 비록 아직 납부는 이루어지지 않았지만 이를 추정하여 포괄손익계산서에 비용(법인세)으로, 재무상태표에 부채(미지급법인세)로 기록해야 한다.

⑥ **제품보증충당부채:** 제품보증약정은 일정기간 이내에 판매한 제품 등의 품질이나 성능에 결함이 있는 경우 무상으로 수리 또는 교환해 주는 약정을 말한다. 제품보증은 제품의 보증판매라는 과거사건으로 인하여 법적 의무가 발생하며, 보증판매를 전체적으로 보면 의무발생 가능성이 높다. 따라서 제품보증예상액은 충당부채로 인식하고, 동 금액을 당기비용으로 처리한다.

⑦ **경품충당부채:** 기업은 상품의 판매 시마다 고객에게 경품권을 제공하고 고객이 경품권을 제시하는 경우 경품과 교환하여 주는 판매기법을 사용하기도 한다. 기업은 상품의 판매라는 과거사건으로 인하여 미래에 현금유출가능성이 높고, 금액을 신뢰성 있게 추정할 수 있으므로 경품권의 회수 시 제공할 경품금액을 추정하여 경품충당부채로 인식한다.

⑧ **선수금:** 상품을 구입하고자 하는 사람으로부터 선금이나 계약금의 형태로 미리 받은 금액을 말하며, 이후에 상품을 인도해 주어야 한다. 자산의 선급금과 반대되는 계정이다. 즉, 선급금이 우리 회사 입장에서 미리 대가를 지불한 것이라면, 선수금은 다른 회사나 개인이 우리 회사에 미리 대가를 지불한 것이라고 할 수 있다. 즉, 주체와 객체가 누구인지에 따른 차이인 것이다.

⑨ **미지급비용:** 미지급비용이란 이미 발생된 비용으로서 아직 지급되지 않은 것을 말한다. 즉, 이미 비용이 발생했음에도 불구하고 그 대가를 지급하지 않은 것으로서, 급여나 임차료, 이자비용 등 제반경비의 미지급분을 처리하는 계정이다. 이와 같은 비용이 아직 현금으로는 지출되지 않았다 하더라도 당해 연도에 서비스를 제공받았다면 당기의 비용으로 처리하는 것이 발생주의 회계에 부합되기 때문이다.

⑩ **선수수익:** 선수수익은 계약에 따라 대금을 수령하고 결산기말 현재 용역을 제공하지 않은 경우 동 금액에 대하여 처리하는 계정이다. 즉, 선수수익은 아직 제공하지도 않은 서비스에 대한 대가를 미리 받은 것으로서 임대료나 이자수익의 선수액을 말하는 것이다. 예를 들어 9월 1일 6개월분의 임대료 600만원을 받았다면 결산일인 12월말 현재로 2개월분에 대한 임대용역은 아직 제공되지 않은 것이므로 200만원을 선수수익으로 처리하여 당기의 수익에서 차감하고 부채로 기록해야 한다.

2) 비유동부채

비유동부채는 회사의 채무 중 1년 안에 갚지 않아도 되는 장기부채이다. 따라서 자금 사용기간이 길고 당장 갚아야 하는 부담이 없기 때문에 보통 장기시설자금이나 투자자산을 취득할 때 많이 이용된다.

① **장기차입금**: 현금이 부족한 경우, 1년보다 긴 기간 이후에 변제하기로 하고 남에게 현금을 빌린 금액으로, 나중에 상환해 주어야 하는 의무이다. 자산의 장기대여금과 반대되는 계정이다.

② **퇴직급여부채**: 미래에 예상되는 퇴직급여를 보험 수리적 가정을 사용해 시장이자율로 할인한 금액이다.

③ **사채**: 사채는 회사가 일정 기간 후에 갚기로 약속한 증서(사채권)를 발행하여 자금을 조달하는 것으로서 회사채를 말한다. 사채는 주식회사가 자금을 조달하기 위해 가장 많이 사용하는 방법 중 하나로, 대중으로부터 장기로 자금을 조달하고 이에 대한 반대급부로 채권자들에게 발행하는 유가증권이다. 사채의 발행은 상법상 엄격히 제한하고 있는데, 주식회사만 발행할 수 있고, 액면금액은 1만원 이상으로 해야 하며, 발행총액은 최종 재무상태표 순자산액의 4배 이내여야 한다.

사채는 사채권자의 청구가 있을 경우, 주식으로 전환할 수 있는 권리가 부여된 전환사채(convertible bonds)와 사채의 상환기간 중에 채무회사가 발행하는 신주에 대한 인수권이 부여되어 있는 신주인수권부사채(stock warrant)와 같이 종류가 다양하다.

여기서 잠깐!! ☞ 전환사채 vs 신주인수권부사채

전환사채는 사채와 주식의 성격을 둘 다 가진 것이다. 사채를 산 사람이 만기 전에 주식으로 전환할 수도 있고, 아니면 만기에 원금을 받을 수 있는 유리한 것이기 때문에 일반 사채보다 이율이 낮다.

신주인수권부사채는 사채를 산 사람이 만기에 원금을 돌려받으면서 추가로 신주도 받을 수 있는 권리가 부여된 사채이다. 우량회사가 일시적으로 자금이 어려울 때 발행하는데 구입자나 발행자 모두에게 유리하다고 할 수 있다.

사채는 회사가 자기자본인 주식을 발행하는 것이 힘들거나, 경영권의 침해 등을 이유로 주식을 발행하지 않고 자금을 조달하기 위해 많이 사용된다. 따라서 사채의 발행은 보통 액면가액대로 발행되는 것이 일반적이지만 경우에 따라서는 액면가액보다 낮게(할인발행), 또는 액면가액보다 높게(할증발행) 발행되기도 한다.

그렇다면 어떤 경우에 사채가 할인발행되는 것일까? 회사가 사채를 발행하여 자금을 끌어다 쓰려면 최소한 현재의 시중금리만큼은 이자를 지급해 주어야 한다. 그런데 약정금리가 시중금리보다 낮다면 사채를 액면가액보다 싸게 발행해서 그 차이를 보상해주게 된다. 이럴 경우 사채의 액면가액과 발행가액의 차이를 사채할인발행차금이라고 하며, 이는 본질적으로 사채이자와 다름없으므로 사채의 상환기간 동안에 매 연도에 이자비용으로 배분하게 된다. 그러므로 손익계산서의 사채이자는 현금으로 지급된 이자에다 사채할인발행차금의 상각액을 더한 금액이 표시된다.

K-IFRS에서는 부채를 [그림 2-2]와 같이 분류한다.

- 부 채
  - 유동부채
    - ① 매입채무
    - ② 기타금융부채 : 차입금(12개월 이내), 미지급금(12개월 이내), 예수금, 미지급법인세
    - ③ 충당부채 : 제품보증충당부채, 경품충당부채
    - ④ 기타부채 : 선수금, 미지급비용, 선수수익
  - 비유동부채
    - ① 기타금융부채 : 차입금(12개월 이후), 미지급금(12개월 이후)
    - ② 퇴직급여부채
    - ③ 기타부채 : 선수금(12개월 이후), 임대보증금

그림 2-2 K-IFRS에 의한 부채 분류

제 3 절 자 본

1. 자본의 의의

자본(capital)이란 기업이 보유하고 있는 자산에 대한 기업주 또는 주주의 청구권(지분)을 말한다. 자본은 구체적인 실체로 기업내부에 존재하는 것이 아니라 추상적이고 계수적인 개념이다. 회계에 있어서 자본이란, 기업이 보유한 자산에서 부채(채권자청구권)

를 차감한 잔액(순자산액)으로 나타낸다. 자본은 독립적으로 측정할 수 있는 성질의 것이 아니라 먼저 자산총계와 부채총계를 각각 측정하고, 자산총계에서 부채총계를 차감하여 측정된다.

자 본 = 자 산 − 부 채

위의 식을 자본방정식(capital equation)이라 한다.

2. 자본의 분류

자본은 크게 납입자본과 이익잉여금으로 구성된다. 납입자본은 주주들이 출자한 금액을 말하며, 이익잉여금은 주주들이 출자한 자본금을 이용하여 영업활동을 수행하는 과정에서 창출된 이익을 기업내부에 적립해 놓은 금액을 말한다.

자본의 분류는 기업의 형태에 따라 다른데, 개인기업은 자본금 항목으로 일괄 표시되며, 이는 자본금, 인출금, 순손익으로 구별된다. 그리고 조합기업은 개인기업의 경우와 같지만 조합원별로 자본을 분할하여 표시한다.

또한, 현대의 자본주의 경제체제에서 가장 널리 이용되는 기업 형태는 주식회사인데, 주식회사의 자본금에 대해서는 투자자 보호의 측면에서 법률에 의해 엄격히 규제되고 있다.

K-IFRS에서는 자본을 [그림 2-3]과 같이 분류한다.

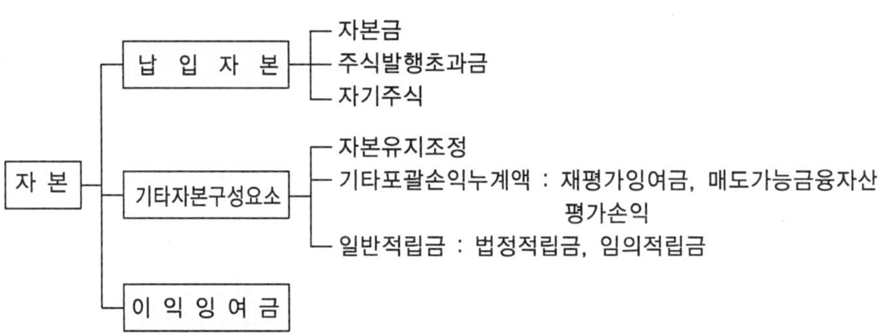

그림 2-3 K-IFRS에 의한 자본 분류

1) 자 본 금

자본금은 회사가 주주에게 발행한 주식의 액면가에다 발행주식수를 곱한 금액을 나타낸다. 즉, 회사의 주주들이 기업에 투자한 돈이라고 할 수 있다. 주주들은 주식을 사서 회사에 투자를 하는데 이렇게 주주들이 가지고 있는 주식의 액면총액이 자본금이다. 주식의 액면은 100원, 500원, 1,000원, 5,000원 등 회사마다 다른데, 회사의 발행주식이 5,000주이고 1주의 액면이 5,000원이라면 이 회사의 자본금은 2,500만원이 된다.

한편, 주식을 보유함으로써 가지는 권리에 따라 주식은 보통주와 우선주로 나눌 수 있다. 보통주는 흔히 말하는 주식으로 보통주에 투자하면 이익배당과 의사결정에 참여할 권한이 생긴다. 따라서 매년 초 기업이 주최하는 주주총회에서 제시하는 의사결정사항에 주식을 보유한 액수만큼 의사결정권을 행사할 수 있다. 이에 반해 우선주는 배당과 잔여재산분배 등에서 보통주보다 우선권을 가지지만, 보통주와는 달리 의사결정에 참여하는 것이 거의 제한되어 있는 것이 특징이라 할 수 있다.

2) 자본잉여금

잉여금이란 '남은 돈'을 의미한다. 기업회계기준에서 자본잉여금과 이익잉여금을 구분하는 이유는 잉여금의 발생원천이 다르기 때문이다. 즉, 자본잉여금은 주주와 자본거래를 하는 과정에서 남은 돈을 의미하고, 이익잉여금은 순수한 영업활동에서 남은 돈을 의미한다.

자본잉여금은 주주가 회사에 출자한 금액 중에서 자본금을 제외한 금액을 뜻하며, 발생하는 원인이 자본거래이기에 그 발생빈도가 아주 낮고, 보통 주주들과의 거래이기 때문에 증자(자본을 증가시키는 것)나 감자(자본을 감소시키는 것)와 관련된 거래에서만 발생한다.

기업회계기준서 제21호 재무제표의 양식에서는 자본잉여금을 주식발행초과금, 감자차익으로, 기타자본잉여금을 자기주식처분이익으로 분류하고 있다.

① 주식발행초과금[2)]

주식발행초과금은 주식을 발행할 때 액면가 이상으로 발행된 금액을 처리하는 계정이다.

---

2) 과거 벤처붐이 한창일 때, 벤처기업들은 자본금의 수십 내지 수백 배에 달하는 주식발행초과금을

우리나라 기업들의 주식의 액면가는 대부분 ₩5,000으로 정해져 있는데, 실제로는 액면가보다 큰 금액으로 발행되는 것이 일반적이다. 즉, 회사의 전망이 좋거나 자산가치가 높은 경우에는 증자 시에 주식을 액면가의 몇 배로 발행하는 것이다. 예를 들어 액면 ₩5,000의 주식이 ₩9,000에 발행되는 경우, ₩5,000은 자본금으로 ₩4,000은 주식발행초과금이란 자본잉여금 항목으로 재무상태표에 보고된다.

② 감자차익

감자차익은 자본감소의 경우에 감소시킨 자본금의 금액이 주주에게 되돌려준 회사자본을 초과하는 차액을 말한다. 즉, 주식의 소각, 주금의 반환에 필요한 금액과 결손의 보전에 충당한 금액을 초과한 때에 그 초과금액을 의미하는 것이다. 감자차익의 사용은 주식발행초과금과 마찬가지로 자본에의 전입(무상증자)이나 결손보전의 목적 이외에는 사용할 수 없다.

감자란 회사의 자본금을 줄이는 것을 말한다. 자본금을 줄인다는 것은 경영규모가 그만큼 작아지는 것을 뜻하는데, 그렇다면 회사는 어떤 경우에 감자를 할까? 회사의 적자가 누적되어 빚(부채)이 자산보다 많다면 여러분은 상상이 가는가? 이런 경우 회사에 출자한 주주들은 자의반 타의반으로 보유 주식을 없애 버리게 되는데 이를 주식의 소각(消却)이라고 한다. 주주에게는 당초에 출자 받았던 돈을 돌려주어야 하지만, 이와 같이 회사의 결손을 충당하기 위한 목적으로 이루어지는 감자는 아무 대가없이 그저 주식만 없어질 뿐이고, 그 결과 회사는 살아나게 된다. 왜냐하면 주주의 희생에 의해 발생한 감자차익을 가지고 결손을 충당할 수가 있기 때문이다.

3) 이익잉여금

이익잉여금은 유보이익이라고도 하는데, 이는 영업활동이나 재무활동 등 기업의 이익창출활동에 의해 획득된 이익으로서 배당금 등으로 사외 유출되거나 또는 무상증자에 의해 자본금에 대체되지 않고 기업내부에 유보되어 있는 금액을 말한다. 즉, 회사 설립 이

보유하고 있었지만, 지금은 대부분의 기업들이 그 많은 돈을 다 까먹고 껍데기만 남아 있는 경우가 많다. 이 경우 회사는 재무상 구조조정 차원에서도 주식발행초과금으로 결손금을 상계해 재무구조를 튼튼하게 하는 것이 필요하며, 재무제표 검토자는 주식발행초과금을 포함한 자본 규모만큼 회사에 자금이 남아 있는지 눈여겨 보아야 회사를 제대로 판단할 수 있다.

후 벌어들인 이익 중에서 주주들에게 배당의 형태로 빠져 나가지 않고 회사 내부에 남아 있는 금액을 말한다.

이익잉여금을 증가시키는 가장 중요한 원천은 당기순이익이며, 감소시키는 가장 큰 요인은 배당금 지급과 당기순손실이라고 할 수 있다. 이익잉여금은 손익계산서와 재무상태표를 연결시키는 중추적인 역할을 담당한다. 즉, 손익계산서상의 마지막 수치인 당기순이익 또는 당기순손실은 마감과정을 통해 재무상태표의 자본 항목인 이익잉여금 계정으로 대체된다. 따라서 손익계산서와 재무상태표를 연결시키는 항목이 바로 이익잉여금이라고 할 수 있다. 기업회계기준서 제21호 재무제표의 양식에서는 이익잉여금을 크게 이익준비금, 기타법정적립금, 임의적립금, 차기이월이익잉여금으로 분류하고 있다.

① 이익준비금

이익준비금은 상법 제458조의 규정에 의해 적립된 법정적립금으로, 상법은 자본금의 2분의 1에 도달할 때까지 매기 결산시의 금전에 의한 이익배당액의 10분의 1 이상의 금액을 이익준비금으로 강제적으로 기업 내부에 유보하도록 하고 있다. 그리고 이익준비금의 적립액이 자본금의 2분의 1 이상을 초과한 금액은 임의적립금으로 본다.

이는 회사의 지속적인 유지를 위한 것으로서 이익이 났다고 마구 배당을 해버리면 회사가 온전할 수 없으니 상법에서 강제로 준비금을 적립하도록 하여 무절제한 배당을 규제하는 것이다. 이렇게 적립된 이익준비금은 먼 훗날 회사가 어려울 때 자본에 전입을 시키든지 아니면 결손을 보충하는 데 사용된다.

② 기타법정적립금

기타법정적립금은 상법 이외의 법령의 규정에 의하여 적립된 금액으로서 이에는 기업합리화적립금과 재무구조개선적립금이 있었으나, 기업합리화적립금은 폐지되고 재무구조개선적립금만 남아 있다.

재무구조개선적립금은 상장법인의 경우 상장법인재무관리규정에 따라 자기자본 비율이 100분의 30 미만인 기업은 30%에 달할 때까지 매 사업연도마다 일정액을 적립하도록 하고 있는데, 이때의 적립액을 의미한다.

③ 임의적립금

임의적립금은 강제적이 아니라 정관이나 주주총회의 자발적인 결의로 특정한 목적을 위해 기업 내에 비축하는 것이다. 따라서 특정한 용도로 사용이 제한되지 않은 것이니 차후 언제라도 배당금 지급에 사용될 수 있는 부분이다. 임의적립금은 그 목적이 달성된다 하더라도 그 자체는 소멸되지 않고 이월이익잉여금으로 환원시킬 수도 있는 적극적 적립금과, 어떤 특정사건이 발생하면 해당 목적을 위해 사용됨으로써 장부상에서 제거되는 소극적 적립금으로 분류할 수 있다. 적극적 적립금에는 장래의 사업 확장을 목적으로 적립한 사업확장적립금, 장래에 새로운 건물이나 공장을 신축하기 위해 적립한 신축적립금, 사채의 상환을 목적으로 이익을 사내에 유보한 감채적립금 등이 있다. 또한 소극적 적립금에는 결손금을 보전하여 재무구조를 양호하게 하기 위해 적립한 결손보전적립금, 이익배당을 평균적으로 일정한 수준을 유지하도록 하기 위해 적립한 배당평균적립금 등이 있고, 이 외에 자가보험적립금, 재해손실적립금 등이 소극적 적립금에 해당된다.

제 4 절 재무상태표

1. 재무상태표의 의의

재무상태표(statement of financial position)란 특정일 현재 기업의 재무상태를 명백하게 표시하기 위한 회계보고서로서 기업의 자산·부채·자본의 상호관계를 표시한 재무제표를 말한다.

자산은 부채와 자본의 합계액으로 좌측의 면(차변)에 기업의 구체적인 재산을 표시하고 우측의 면(대변)에는 부채와 자본에 관한 사항을 기입하여 기업에 투자된 자본이 어떤 형태로 쓰여지고 있으며 어떠한 원천으로 조달되는가를 밝혀 준다.

이러한 관계를 이용하여 다음과 같은 식을 만들 수 있는데, 이 식을 재무상태표 등식이라고 한다.

$$자산 = 부채 + 자본$$

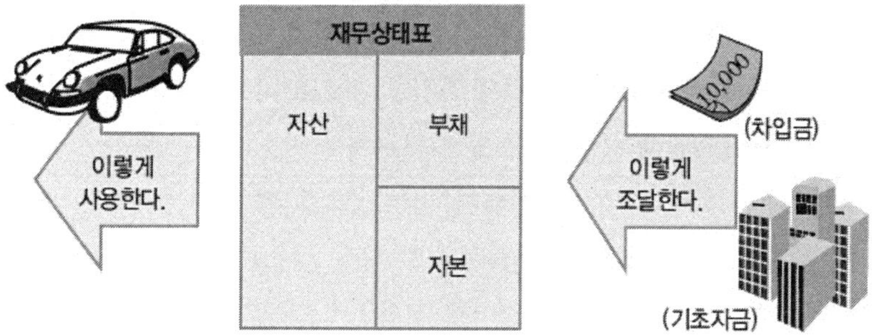

그림 2-4 재무상태표의 구성

그리고 재무상태표는 작성양식에 따라 보고식, 계정식, 표준식이 있다. 재무상태표에는 ① 재무상태표라는 표의 명칭, ② 상호, 즉 기업의 명칭, ③ 작성 시점, 즉 작성 연월일을 명기해야한다.

재무상태표

(차 변) (20××년 ××월 ××일 현재) (대 변)

자 산	×××	**부 채(남의돈)**	×××
		자 본(자기돈)	×××
합 계	×××	합 계	×××

(자금의 운용) (자금의 원천)

그림 2-5 재무상태표의 구조

〈예제 2-1〉 재무상태표 작성

전자(주)의 2010년 ××월 ××일 현재의 재무상태가 다음과 같다고 할 때 계정식과 보고식에 의한 재무상태표를 작성하시오.

현금및현금성자산	300	매입채무	250
단기금융상품	500	당기손익인식금융자산	350

상품	400	사채	450
선수금	150	단기대여금	200
건물	350	단기차입금	300
미지급금	250	매출채권	300

[해 답]

재무상태표(계정식)

전자(주) (2010년 ××월 ××일 현재)

자 산	금 액	부 채·자 본	금 액
현금및현금성자산	300	매입채무	250
단기금융상품	500	단기차입금	300
당기손익인식금융자산	350	미지급금	250
매출채권	300	선수금	150
단기대여금	200	사채	450
상품	400	자본금	1,000
건물	350		
	2,400		2,400

전자(주)의 자본금은 다음과 같은 자본방정식에 의하여 계산된다.

자산(2,400) - 부채(1,400) = 자본(1,000)

재무상태표(보고식)

전자(주) (2010년 ××월 ××일 현재)

자 산	
Ⅰ 유동자산	
현금및현금성자산	300
단기금융상품	500
당기손익인식금융자산	350
매출채권	300
단기대여금	200
상품	400
Ⅱ 비유동자산	
건물	350
자산총계	2,400
부 채	
Ⅰ 유동부채	
매입채무	250

단 기 차 입 금	300
미 지 급 금	250
선 수 금	150
Ⅱ 비 유 동 부 채	
사 채	450
부 채 총 계	1,400
자 본	
자 본 금	1,000
자 본 총 계	1,000
부 채 · 자 본 총 계	2,400

〈예제 2-2〉 재무상태표 작성

컴퓨터공학(주)의 2010년 ××월 ××일 현재의 재무상태가 다음과 같을 때 재무상태표를 작성하시오.

현금및현금성자산	200	외 상 매 출 금	200
받 을 어 음	300	미 수 금	150
상 품	200	비 품	150
건 물	450	외 상 매 입 금	250
지 급 어 음	250	차 입 금	250
미 지 급 금	300		

[해 답]

재무상태표

컴퓨터공학(주) (2010년 ××월 ××일 현재)

자 산	금 액	부 채·자 본	금 액
현금및현금성자산	200	매 입 채 무	500
매 출 채 권	500	차 입 금	250
미 수 금	150	미 지 급 금	300
상 품	200	자 본 금	600
비 품	150		
건 물	450		
	1,650		1,650

2. 순손익의 계산

기업은 경영활동의 결과 자산, 부채, 자본이 증가하거나 감소하게 되는데, 일정기간에 있어서 자본의 순증가분을 순이익이라 하고 순감소분을 순손실이라 한다. 그러므로 1회계연도의 순손익은 회계연도말의 자본(기말자본)과 회계연도초의 자본(기초자본)을 비교함으로써 계산할 수 있는데, 손익을 계산하는 방법으로는 순자산비교법과 총거래기록법으로 구분할 수 있다. 순자산이란 기업의 총자산에서 총부채를 차감한 것으로 순자산비교법은 재무상태표에 나타난 정보를 이용하여 기말순자산에서 기초순자산을 차감하여 순이익을 계산하는 방법이다. 기초순자산보다 기말순자산이 증가된 경우 그 증가된 부분을 당기순이익이라 하고, 기초순자산이 기말순자산보다 큰 경우 그 차액을 당기순손실이라 한다.

자산 - 부채 = 자본(순자산)
기말순자산 - 기초순자산 = 순이익(순손실)
기말순자산 = 기초순자산 + 당기순이익 + 기중 순추가출자금액

순자산비교법에 의한 이익산출방법의 단점을 극복하고, 이익이 어떠한 영업활동을 통해 발생되었는지, 즉 그 과정과 결과를 동시에 밝히는 방법으로 총수익과 총비용을 비교하여 순이익을 산출하는 방법을 총거래기록법이라고 한다.

총수익 - 총비용 = 순이익
총비용 - 총수익 = 순손실

〈예제 2-3〉 순손익의 산출

생명과학(주)의 2010년 1월 1일과 12월 31일의 재무상태는 다음과 같다.

(1) 기초자본을 계산하시오.

(2) 기말자본을 계산하시오.

(3) 순손익을 계산하시오.

(4) 12월 31일 현재의 재무상태표를 작성하시오.

1월 1일의 재무상태

현금및현금성자산	200	단기금융상품	200
건물	450	당기손익인식금융자산	250
상품	550	매출채권	100
단기대여금	150	매입채무	450
미지급금	500	단기차입금	350

12월 31일의 재무상태

현금및현금성자산	350	단기금융상품	150
매입채무	450	당기손익인식금융자산	200
매출채권	250	토지	500
선수금	350	건물	300
미지급금	250	선급금	300
단기차입금	150		

[해 답]

(1) 기초자산(현금 및 현금성자산 200 + 단기금융상품 200 + 당기손익인식금융자산 250 + 건물 450 + 매출채권 100 + 상품 550 + 단기대여금 150) = 1,900

기초부채(매입채무 450 + 단기차입금 350 + 미지급금 500) = 1,300

기초자본 = 기초자산(1,900) - 기초부채(1,300) = 600

(2) 기말자산(현금 및 현금성자산 350 + 단기금융상품 150 + 당기손익인식금융자산 200 + 매출채권 250 + 선급금 300 + 토지 500 + 건물 300) = 2,050

기말부채(매입채무 450 + 선수금 350 + 미지급금 250 + 단기차입금 150) = 1,200

기말자본 = 기말자산(2,050) - 기말부채(1,200) = 850

(3) 순이익 = 기말자본(850) - 기초자본(600) = 250

(4)

재무상태표

생명과학(주) (2010년 12월 31일 현재)

자 산	금 액	부 채·자 본	금 액
현금및현금성자산	350	매입채무	450
단기금융상품	150	선수금	350
당기손익인식금융자산	200	미지급금	250
선급금	300	단기차입금	150
매출채권	250	자본금	600
토지	500	순이익	250
건물	300		
	2,050		2,050

〈예제 2-4〉 재무상태표 작성

화공생명(주)의 2010년 1월 1일과 12월 31일 재무상태는 다음과 같다. 다음 자료를 이용하여 12월 31일 현재의 재무상태표를 작성하시오.

1월 1일의 재무상태

현금및현금성자산	500	단기금융상품	200
매출채권	800	건물	450
당기손익인식금융자산	750	매입채무	1,550
토지	1,000	상품	650
미지급금	850	단기차입금	500
미수금	550		

12월 31일의 재무상태

현금및현금성자산	400	매출채권	900
당기손익인식금융자산	650	건물	1,000
매입채무	2,100	미수금	350
선수금	900	단기차입금	800
단기금융상품	350	상품	450
토지	800		

[해 답]

재무상태표

화공생명(주) (2010년 12월 31일 현재)

자 산	금 액	부 채·자 본	금 액
현금및현금성자산	400	매 입 채 무	2,100
당기손익인식금융자산	650	단 기 차 입 금	800
매 출 채 권	900	선 수 금	900
단 기 금 융 상 품	350	자 본 금	2,000
미 수 금	350		
상 품	450		
토 지	800		
건 물	1,000		
순 손 실	900		
	5,800		5,800

참 고

회계에 사용되는 각종 약자 및 기호

- A(assets): 자산
- L(liabilities): 부채
- C(capital): 자본
- R(revenue): 수익
- E(expense): 비용
- (check mark): 대조완료
- Cr(creditor): 대변
- Dr(debtor): 차변
- a/c(account): 계정
- #(number): 번호
- W/S(working sheet): 정산표
- T/B(trial balance): 시산표
- F/S(financial statement): 재무제표
- @(at): 단가
- (won): 원
- "(ditto mark): 위와 같음
- 원면: 원장면수
- 분면: 분개장면수

〈쉬어 가기 코너〉

빚 없는 10대그룹 '삼성 · 현대重 뿐'

지난해 10대그룹(자산총액 기준)이 순수하게 진 빚은 39조원이며, 전년도(19조원)보다 20조원 이상 늘어난 것으로 집계됐다. 특히 SK그룹은 지난해 순차입금이 6조원 이상 늘었으며, GS그룹은 순차입금 증가율이 무려 821.9%에 달했다. 하지만 삼성그룹과 현대중공업은 현금성 자산을 각각 8조 638억원, 5,491억원 보유해 '탄탄한 재무력'을 자랑했다.

23일 재계와 재벌닷컴에 따르면 자산총액 기준 10대 그룹 산하 비금융 상장기업의 재무상태를 조사한 결과, 지난해 말 현재 순차입금 총액은 39조 3,553억원으로 전년도 말의 19조 918억원보다 20조 2,635억원(106.1%) 급증했다. 순차입금은 장·단기 차입금과 사채, 유동성 장기부채 등을 합친 총차입금에서 현금성 자산을 뺀 금액으로, 기업이 순수하게 진 빚이라고 할 수 있다. SK그룹은 지난해 17조 3,436억원의 순차입금을 기록, 10대 기업 중 빚이 가장 많았다. 특히 SK는 지난 한해 동안 6조 2,000억원의 빚이 순수하게 늘었다. SK 관계자는 "SK에너지가 인천정유를 합병하면서 대규모 차입금을 떠안은 데다 하나로통신 인수자금 조달을 위해 차입금을 크게 늘렸기 때문"이라고 설명했다.

한진그룹과 금호아시아나그룹도 지난해 순차입금 규모가 각각 6조 7,555억원, 6조 7,506억원에 달해 빚이 많은 기업으로 분류됐다. 현대자동차와 한화그룹도 지난해 순차입금이 5조 8,792억원, 3조 4,463억원에 달했다.

반면 삼성그룹은 지난해 현금성 자산만 8조 638억원을 보유하고 있는 것으로 나타났다. 현대중공업 역시 전년도(3조 8,360억원)에 비해 큰 폭으로 줄긴 했지만 여전히 5,400억원 이상의 현금성 자산을 갖고 있는 것으로 집계됐다.

롯데그룹은 2007년 무차입기업에서 지난해에는 466억원 순차입금 기업으로 전환됐다. 최근 오비맥주 등 인수자금 확보를 위한 회사채 발행 등에 나선 게 원인으로 풀이된다.

LG그룹은 순차입금이 2007년 6조 2,100억원에서 지난해에는 4조 5,806억원으로 줄었다. 한편, GS그룹은 2007년 3,434억원에 불과했던 순차입금이 지난해 3조 1,658억원으로 무려 821.9%나 급증했다. GS관계자는 "주력사인 GS칼텍스가 지난해 국제유가 급등과 원화가치 급락으로 원유 도입에 필요한 자금이 크게 늘어난 데다 대규모 설비투자를 단행했기 때문"이라고 설명했다.

(자료원: 아시아경제 2009. 3. 23)

진위 문제

1. 재무제표는 기업의 외부정보이용자에게만 정보를 제공한다.

2. 기업이 소유하고 있는 기업경영에 유용한 경제적 자원(economic resources), 즉 재화 및 채권 등을 화폐액으로 표시한 것을 자산(assets)이라고 한다.

3. 한국채택국제회계기준에 의한 자산은 유동자산과 비유동자산으로 크게 분류되며, 이것은 자산항목을 가장 실무적인 측면에서 분류한 것이다.

4. 기업은 경영활동을 하기 위하여 채권을 가짐과 동시에 채무를 지는 수가 흔히 있는데, 이와 같이 기업이 과거의 거래나 사건의 결과로서 장래에 타기업 실체에 대하여 재화 또는 용역을 제공해야 할 경제적 채무(economic obligations)나 의무(duties)를 자본(liabilities)이라고 한다.

5. 기업의 이익 발생 시 가장 대표적인 사용 용도는 주주들에게 배당을 주는 것이다.

6. 자산이란 기업이 보유하고 있는 자본에 대한 기업주 또는 주주의 청구권(지분)을 말한다. 자산은 구체적인 실체로 기업내부에 존재하는 것이 아니라 추상적이고 계수적인 개념이다.

7. 재무상태표(statement of financial position)란 특정일 현재 기업의 재무상태를 명백하게 표시하기 위한 회계보고서로서, 기업의 자산·부채·자본의 상호관계를 보고하기 위하여 작성하는 재무제표를 말한다.

8. 경영자가 회사운영을 잘하는지의 여부를 조사하는 것이 회계감사이다.

9. 자본은 부채와 자산의 합계액으로 좌측의 면(차변)에 기업의 구체적인 재산을 표시하고 우측의 면(대변)에는 부채와 자산에 관한 사항을 기입하여 기업에 투자된 자본이 어떤 형태로 쓰이고 있으며 어떠한 원천으로 조달되는가를 밝혀 준다.

10. 차입금을 줄이거나 유형자산을 과대계상하는 것이 분식회계의 예라고 할 수 있다.

정 답 1. F 2. T 3. T 4. F 5. T 6. F 7. T 8. F 9. F 10. T

객관식 문제

다음 문제를 보고, 가장 올바른 답을 고르시오.

1. 일정시점의 재무상태를 나타내는 정태적 재무제표로서 기업이 소유하고 있는 경제적 자원, 그 경제적 자원에 대한 의무 및 소유주지분에 관한 정보를 제공하는 재무제표를 무엇이라 하는가?

① 자본변동표 ② 현금흐름표
③ 손익계산서 ④ 재무상태표

2. 재무상태표의 구성요소 중에서 과거의 거래나 사건의 결과로서 현재 기업실체에 의해 지배되고 미래에 경제적 효익을 창출할 것으로 기대되는 자원을 무엇이

라 하는가?

① 자산 ② 부채 ③ 자본 ④ 수익

3. 재무상태표에 관한 설명으로 가장 거리가 먼 것은?
① 자산과 부채 및 자본항목들이 역사적 원가로 표시된다.
② 재무상태표 작성과정에 회계담당자의 주관적 판단이 개입될 수 있다.
③ 기업의 미래가치에 중대한 영향을 주는 모든 사상이 반영되어 있다.
④ 재무상태표는 기업의 유동성 수준 및 재무구조의 건전성 여부를 판단할 수 있는 정보를 담고 있다.

4. 현금및현금성자산에 해당하지 않는 것은?
① 유가증권 및 단기금융상품으로 취득당시 만기가 3개월 이내에 도래하는 것
② 당좌예금, 보통예금
③ 사용이 제한되어 있는 예금
④ 보통예금, 타인발행수표

5. 2010년 1월 1일 ₩1,500을 출자하여 개업한 공학상사의 12월 31일 재무상태가 다음과 같을 때 순손익은?

현금및현금성자산	₩250	외상매출금	₩500
외상매입금	300	건물	800
상품	500	선급금	200
선수금	150	단기차입금	100

① ₩100 ② ₩200 ③ ₩300 ④ ₩400

6. 기초자산총액 ₩400 기초부채총액 ₩180 기말부채총액 ₩390이다. 기중에 경영활동으로 수익총액 ₩330 비용총액 ₩240 발생하였다면 기말자산총액과 기말자본총액은?

	기말자산총액	기말자본총액
①	₩700	₩310
②	₩610	₩310

③	₩700	₩220
④	₩610	₩220

7. 기말의 순이익은?

㉠ 기초재무상태

현금및현금성자산	₩100	건물	₩700
상품	50	매입채무	200
차입금	300	비품	30

㉡ 기말재무상태

현금및현금성자산	₩50	건물	₩600
상품	300	차입금	350
선급금	40	미지급금	200

① ₩40　② ₩60
③ ₩80　④ ₩100

8. 공학(주)의 자산과 부채가 다음과 같을 때 자본은?

상품	₩1,000,000	대여금	₩100,000
매입채무	120,000	비품	200,000
미지급금	50,000		

① ₩990,000　② ₩1,020,000
③ ₩1,070,000　④ ₩1,130,000

9. 컴퓨터도매업을 하고 있는 (주)기계의 2010년 12월 31일 시점의 재무상태가 다음과 같을 때, 자본금은 얼마인가?

12월 31일의 재무상태

현금및현금성자산	400	상품	900
토지	650	비품	500
매입채무	1,100	차입금	350

① ₩ 850　② ₩ 1,000

③ ₩ 1,500　　④ ₩ 2,450

10. 타인으로부터 자금을 조달하기 위해 일정한 형태의 증권을 발행하고, 장기적 자금을 조달한 금액을 말하며, 증권에 표시된 약정 이자와 만기일에 액면에 표시된 금액을 변제해주어야 하는 계정을 무엇이라 하는가?

① 차입금　　② 지급어음

③ 사채　　④ 받을어음

정 답 1. ④ 2. ① 3. ③ 4. ③ 5. ② 6. ① 7. ② 8. ④ 9. ② 10. ③

해 설

1. 재무상태표는 일정시점의 재무상태를 나타내는 재무제표로서 기업이 소유하고 있는 경제적 자원을 자산, 그 경제적 자원에 대한 의무를 부채, 소유주 지분에 관한 정보를 자본이라는 항목으로 제공하게 된다.

2. 부채: 과거의 거래나 사건의 결과로서 현재 기업실체가 부담하고 그 이행에 자원의 유출이 예상되는 의무

자본: 기업실체의 자산에서 부채를 차감한 잔여액 또는 순자산으로서 자산에 대한 잔여청구권

수익: 주요 경영활동으로서 재화의 생산·판매, 용역의 제공 등에 따른 경제적 효익의 유입으로서, 자산의 증가 또는 부채의 감소 및 그 결과에 따른 자본의 증가로 나타난다.

3. 과거 또는 현재 시점의 거래결과가 반영되므로 미래가치에 중대한 영향을 주는 모든 사상들이 반영되어 있다고 할 수 없다.

4. 정기예금, 정기적금, 사용이 제한되어 있는 예금은 만기에 따라 단기금융상품 또는 장기금융상품으로 분류된다.

5. 기말자산 : 250 + 500 + 800 + 500 + 200 = ₩2,250
   기말부채 : 300 + 150 + 100 = ₩550
   기말자본 : 2,250 − 550 = ₩1,700
   순이익 : 1,700 − 1,500 = ₩200

6. 기초자본 : 400 − 180 = ₩220
   기말자본 : 220 + 330 − 240 = ₩310
   기말자산 : 310 + 390 = ₩700

7. 기초자본 : (100 + 700 + 50 + 30) − (200 + 300) = ₩380
   기말자본 : (50 + 600 + 300 + 40) − (350 + 200) = ₩440
   순이익 : 440 − 380 = ₩60

8. 자산 = 상품 + 대여금 + 비품 = ₩1,300,000
   부채 = 매입채무 + 미지급금 = ₩170,000
   자본 = 자산 − 부채 = ₩1,130,000

9. 재무상태표를 이용하여 자본금을 구하면 된다. 자산을 구성하는 현금 및 현금성자산, 상품, 토지, 비품의 합계액은 부채와 자본의 합계액과 일치하여야 한다. 매입채무와 차입금은 부채항목이므로 자산합계액과 부채합계액의 차이가 자본항목인 자본금의 금액이 된다.

재무상태표

기계(주) (2010년 12월 31일 현재)

자 산	금 액	부 채·자 본	금 액
현금및현금성자산	400	매 입 채 무	1,100
상 품	900	차 입 금	350
토 지	650	자 본 금	1,000
비 품	500		
	2,450		2,450

10. 차입금: 남에게 현금을 빌린 금액으로 나중에 상환해주어야 하는 의무로 대여금과 반대되는 계정이다.

지급어음: 판매를 목적으로 영업목적물인 상품 등을 외상으로 매입하고 발행한 어음.

받을어음: 상품과 같은 영업목적물을 판매하고, 그 대가로 수취한 어음.

제 3 장

기업의 경영성과

본 장에서는 기업의 경영성과를 나타내기 위해 수익과 비용에 대하여 알아보고, 포괄손익계산서에 대하여 학습한다.

제 1 절 수 익

제 2 절 비 용

제 3 절 손익계산방법

제 4 절 포괄손익계산서

제 3 장

기업의 경영성과

포괄손익계산서는 일정기간 동안 기업의 경영성과를 한 눈에 나타내는 재무제표이다. 여기서 경영성과란 이익(income 또는 profit)의 크기를 의미하는데, 순이익이란 일정기간 동안 기업에서 벌어들인 수익과 수익을 창출하기 위해 발생된 비용 간의 차이를 말한다.

수 익 – 비 용 = 이 익 또는 손 실

표 3-1 기능별 손익계산서

포괄손익계산서

×××(주) :

매출액	×××
매출원가	(×××)
매출총이익	×××
기타수익	×××
판매비(물류원가)	(×××)
관리비	(×××)
금융비용	(×××)
기타비용	(×××)
법인세비용차감전순이익	×××
법인세비용	(×××)
당기순이익	×××

따라서 포괄손익계산서란 한마디로 기업이 어떤 활동을 통하여 발생된 이익과 그 이익을 발생하게 한 수익과 비용을 알기 쉽게 기록한 재무제표라고 할 수 있으며, 포괄손익계산서를 제대로 이해하기 위해서는 수익과 비용의 개념과 그 구성내역을 명확하게 파악해야 한다. [표 3-1]은 기능별로 분류된 포괄손익계산서 양식이다.

제 1 절 수 익

1. 수익의 의의

수익(revenue)이란 기업이 일정기간 동안 고객에게 제공한 재화나 용역을 화폐액으로 표시한 것으로서 상·공업에서는 상품이나 제품의 판매액을 말하고, 서비스업에서는 수수료수익, 금융업에서는 자금을 대여하고 이로부터 생기는 이자의 수취액을 말하며, 보험업에서는 수취한 보험료가 수익의 원천이 된다. 즉, 증자에 의하지 않고 자본이 증가되는 요인을 말한다. 이와 같이 일정기간 동안에 영업활동으로 얻은 수입 또는 수입으로 될 금액이 수익이다. 그렇다고 수입과 수익은 반드시 일치하는 것은 아니다. 왜냐하면 수입은 현금의 유입액을 뜻하는 데 비하여 수익은 반드시 현금의 유입을 수반하지는 않기 때문이다.

2. 수익의 분류

수익은 기업의 정상영업활동의 일환으로 발생하며 매출액, 수수료수익, 이자수익, 배당금수익, 로열티수익 및 임대료수익 등 다양한 명칭으로 구분된다. 다음의 [그림 3-1]은 K-IFRS에 의한 수익의 분류를 나타낸 것이다.

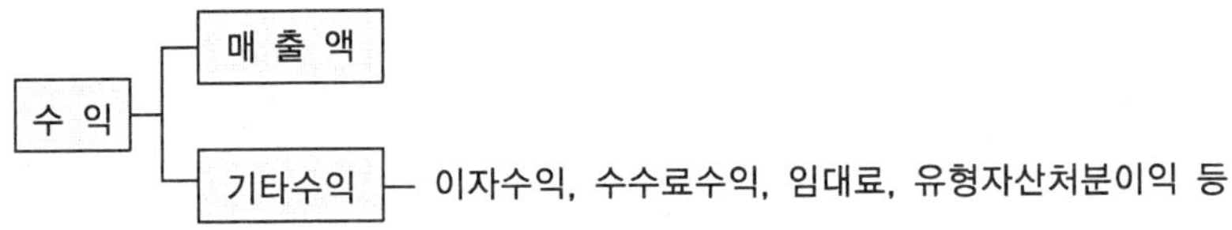

그림 3-1 K-IFRS에 의한 수익 분류

1) 매 출 액

매출액은 기업 본래의 주된 영업활동으로부터 나타난 수익(자산의 증가)을 말한다. 발생주의 회계에서 매출수익은 외상매출이든 현금매출이든 고객에게 재화나 용역을 제공하는 시점에서 인식되는 것이 일반적이다. 주된 영업활동의 경우, 컴퓨터 판매가 목적인 회사는 컴퓨터 판매가 주된 영업활동이며, 상품매매업이나 제조업은 본래 영업활동이 상품 또는 제품의 판매활동이기 때문에 상품 또는 제품의 매출액이 영업수익이 된다. 운송업의 경우에는 운송료수익, 보험업에서는 보험료수익, 보관업에서는 보관료수익이 영업수익이 된다.

2) 기타수익

기타수익은 기업 본래의 주된 영업활동 이외의 활동 즉, 영업활동을 지원하는 재무활동 등으로부터 나타나는 경상적이고 반복적인 순자산의 증가로서 성격상 비경상적이거나 비반복적인 항목들도 포함된다. 예를 들어, 상품매매업을 영위하고 있는 기업이 여유자금이 있어 이를 은행에 예금하고 수입이자를 받는 경우라든지, 국채 등 채권에 투자하여 이자를 받는 경우 등의 이자수익을 들 수 있다. 대표적인 기타수익은 다음과 같다.

① 이자수익

이자수익은 돈을 남에게 빌려주고 받는 이자 또는 은행에 예금하여 발생하는 이자를 처리하는 계정이다. 이는 국공채나 사채의 이자, 대여금의 이자, 정기예금이나 적금의 이자 등과 같은 이자수입액이 해당된다.

② 배당금수익

배당금수익은 기업이 주식이나 출자금을 보유함으로 인하여 받는 이익의 배당금으로 현금배당금 수입을 처리하는 계정을 말한다. 따라서 주식배당액은 배당금수익으로 처리하지 않는다.

③ 임대료

임대료는 부동산 또는 동산을 임대하고 타인으로부터 지대, 집세, 사용료 등의 대가로 수취하는 수입 금액을 말한다.

④ 유형자산처분이익

유형자산처분이익은 설비자산을 매각하는 경우 장부가액보다 비싸게 판 금액을 의미한다. 즉, 토지 등 유형자산의 처분으로 인한 이익으로서 유형자산의 처분 시 유형자산의 처분가액이 장부가액(취득가액 − 감가상각누계액)을 초과하는 경우 그 차액을 말한다.

제 2 절 비 용

1. 비용의 의의

비용(expense)이란 기업이 수익을 얻기 위하여 소비 또는 지출된 영업상의 원가 또는 소비액을 말한다.

수익과 비용에 관한 예를 들어 보자. 학교 구내식당에서 학생들이 가장 즐겨 찾는 메뉴인 백반의 가격이 2,500원이라고 하자. 식당 주인의 입장에서 보면, 백반 하나를 팔면 매출액인 수익이 2,500원 발생한다. 그러면 이 2,500원이 모두 식당의 이익이 되는가? 그렇지 않다. 백반 하나의 수익인 2,500원이 발생하기 위해서는 그에 상응하는 대가를 필히 지급해야 하는 것은 당연하다. 즉, 밥을 짓기 위한 쌀 값, 반찬 값 등등 이들 모두가 수익 발생을 위한 대가인 비용인 셈이다. 따라서 백반 하나의 수익(2,500원)을 위한 비용의 총계가 2,200원이라고 한다면 이익은 300원이 되어 식당업자는 백반을 하나 팔 때마다 300원의 이익이 발생하는 것이다.

또 다른 예를 들어 보자. 매입원가가 100,000원인 기계를 140,000원에 현금판매하였다고 하자. 이 때 수익은 매출액 140,000원이며 비용은 구입가격(매출원가) 100,000원이다. 또한 기계라는 제품판매의 결과로서 나타난 차액 40,000원을 상품판매이익 또는 매출총이익이라고 한다.

이와 같이 수익과 비용은 항상 필연적으로 친구같이 같이 움직인다고 할 수 있다. 회계에서는 이를 수익・비용 대응의 원칙이라고 한다.

이러한 비용은 결과적으로 자본을 감소시키게 되는 요인이 된다. 수입과 수익이 같지 않듯이 비용과 지출도 반드시 일치하지는 않는다. 왜냐하면 지출은 현금의 유출을 의미하지만 비용은 반드시 현금의 유출을 당장 수반하는 것이 아니기 때문이다.

2. 비용의 분류

비용은 크게 매출원가, 판매비, 관리비, 금융비용, 기타비용, 법인세비용으로 구분하는 것이 일반적이다. 매출원가는 상업기업의 경우 매출상품의 구입원가를, 공업기업(제조기업)에서는 매출제품의 제조원가를 말한다. 판매비와 관리비는 기업의 판매 또는 관리과정에서 발생하는 모든 비용을 말하며, 그 이외에 금융비용, 기타비용, 법인세비용 등이 있다. K-IFRS에 의한 비용의 분류를 나타낸 것이 [그림 3-2]이다.

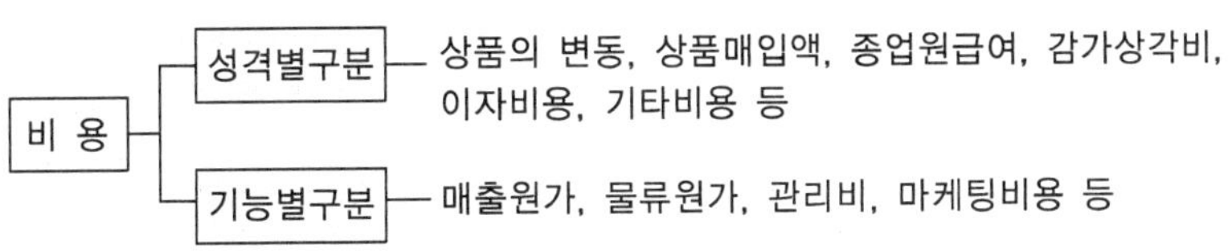

그림 3-2 K-IFRS에 의한 비용 분류

1) 매출원가

매출원가는 당기 중에 팔려나간 물건의 원가로 손익계산서의 비용 중에서 금액적으로 가장 큰 비중을 차지하는 것으로서 매출액과 인과관계가 가장 높은 항목이다. 즉, 매출액에 대응하여 발생하는 비용으로 매출원가 없이는 매출액도 있을 수 없다. 상기업의 경우에는 판매된 상품의 구입원가를 말하고, 제조기업의 경우에는 판매된 제품의 제조원가를 의미한다.

한편, 매출원가는 비용의 대표적인 항목으로 수익의 대표 주자인 매출액과 항상 같이 움직이는데, 매출액에서 매출원가를 차감하면 매출총이익이 산출됨은 이미 설명하였다. 예를 들어 800원짜리 상품을 1,000원에 팔았다면 매출총이익은 200원이고, 매출총이익율은 20%(200 ÷ 1,000)이다.

2) 판매비, 관리비, 금융비용, 기타비용

판매비와 관리비는 상품과 용역의 판매활동 또는 기업의 관리와 유지에서 발생하는 비용으로 매출원가에 속하지 않는 모든 영업비용을 말한다. 실제로 기업이 영업을 해서 이익을 남기려면 매출원가 이외에도 여러 가지 판매비와 관리비가 소요된다.

① 급 여

급여는 회사의 임원 및 직원이 근로를 제공하고 이에 대한 대가로서 지급받는 제 금액을 말하며, 임원급여, 급료와 임금 및 제 수당을 포함한다.

② 임차료

임차료는 건물 또는 토지 등의 부동산이나 기계나 운반구 등의 동산을 소유주와 임대차계약에 의하여 임차하고 이에 대한 사용료로서 지급하는 비용을 말한다.

③ 감가상각비

토지와 건설 중인 자산 같은 특수한 자산을 제외한 대부분의 유형자산은 그 사용으로 인하여 점차 가치를 잃게 되는데, 이 감가된 부분을 매 기간마다 비용으로 할당하는 가격을 감가상각비라고 말한다.

④ 광고선전비

광고선전비는 상품이나 제품 등의 재화 또는 용역의 판매촉진이나 기업이미지 개선 등의 선전효과를 위하여 불특정 다수인을 대상으로 지출하는 비용을 말한다.

⑤ 이자비용

이자비용은 회사가 외부로부터 조달한 차입금에 대해 지급하는 이자를 말한다. 즉, 남에게 돈을 빌려 쓰거나 금융기관으로부터의 대출의 대가로 지불하는 이자를 의미한다.

⑥ 법인세비용

주식회사와 같은 법인 기업이 그 법인이 획득한 소득에 대해 국가에 납부하여야 할 세금비용을 말한다.

제 3 절 손익계산방법

1. 손익의 의의

회계상의 손익은 이익과 손실을 말하는데, 이익은 기업의 경영활동의 결과로 자본이 증가하는 것을 말하고, 손실은 경영활동의 결과로 자본이 감소하는 것을 말한다.

그러나 영업활동 이외의 출자자의 자본증가에 의해서 자본이 증가하거나, 출자자의 투자액의 환불이나 감자 등에 의해서 자본이 감소하는 것은 손익 계산에서 제외되어야 한다.

따라서 기업 이익은 자본주의 출자 이외의 원인에 의한 자본의 증가부분이고, 기업 손실은 자본 감자 이외의 원인에 의한 자본의 감소부분을 의미한다.

2. 재 산 법

기업의 순이익은 앞의 제2장에서 서술한 바와 같이 자본방정식으로부터 도출된 기초자본과 기말자본을 비교하여 산출할 수 있는데, 이것을 재산법(inventory method)이라 한다. 기말자본이 기초자본보다 크면 그 차액이 순이익이고 반대로 기초자본이 기말자본보다 크면 그 차액이 순손실이 된다.

재산법에 의한 순손익은 총액에 의한 결과만 표시되기 때문에 순손익이 어떤 원인에 의해서 발생되었는지에 대한 상세한 내용을 알 수 없는 단점이 있다.

기말자본 - 기초자본 = 순이익 기초자본 - 기말자본 = 순손실	— 재산법

3. 손 익 법

손익법에 의한 손익의 계산은 일정기간 동안에 실현된 수익과 발생된 비용을 비교하여 순손익을 계산하는 방법이다. 이러한 손익계산방법을 손익법(profit and loss method)이라 한다. 즉, 총수익이 총비용보다 크면 순이익이 발생되고 반대로 총비용이 총수익보다 크면 순손실이 발생한다.

그러므로 재산법에서 순손익의 발생원인을 알 수 없는 단점을 손익법에 의한 손익으로써 그 발생원인을 명확히 분석할 수 있다는 장점이 있다.

총수익 - 총비용 = 순이익 총비용 - 총수익 = 순손실	— 손익법

〈예제 3-1〉 순손익의 산출

다음 내용으로 재산법에 의한 손익계산과 손익법에 의한 손익계산으로 순손익을 계산하시오.

기 초 총 자 산	3,950,000	기 초 총 부 채	2,600,000
기 말 총 자 산	4,840,000	기 말 총 부 채	1,900,000
총 수 익	5,850,000	총 비 용	4,260,000

[해 답]

(1) 재산법

기초자본 : 3,950,000 - 2,600,000 = 1,350,000

기말자본 : 4,840,000 - 1,900,000 = 2,940,000

순 이 익 : 2,940,000 - 1,350,000 = 1,590,000

(2) 손익법

순 이 익 : 5,850,000 - 4,260,000 = 1,590,000

4. 회계기간

회계기간(회계연도)은 경영성과를 계산하는 기간적 범위로서 일반적으로 6개월 또는 1년으로 구분된다. 상법에서는 1년에 1회 이상 결산을 하도록 규정하고 있으며, 회계기간을 1년으로 한 경우 6개월을 기준으로 상반기와 하반기로 구분하기도 한다.

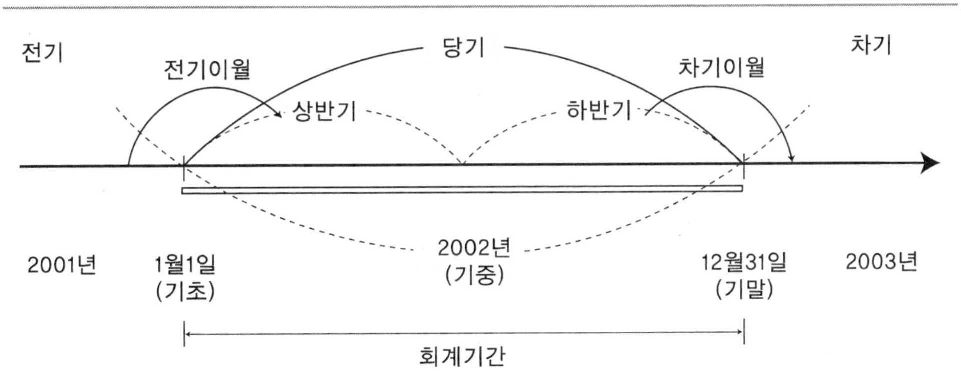

그림 3-3 회계기간

제 4 절 포괄손익계산서

1. 포괄손익계산서의 의의

포괄손익계산서(statement of comprehensive income)란 경상적인 당기순손익뿐만 아니라 모든 손익항목(자본주와의 거래만 제외)을 포함한 손익계산서를 말한다.

일반적으로 손익계산서라 함은 기업의 일정기간 동안의 경영성과를 명확히 보고하기 위한 회계보고서로서 총수익을 우측면(대변)에, 총비용을 좌측면(차변)에 각 항목별로 분류하고 대응 표시하여 순손익을 산정해 놓은 보고서를 말한다. 이 보고서를 분석함으로써 기업의 과거 경영활동의 내용을 파악하고 거래의 방향을 가늠할 수 있게 된다.

포괄손익계산서에서는 ① 포괄손익계산서라는 표의 명칭, ② 상호, 즉 기업의 명칭, ③ 회계기간을 명기해야 한다.

포괄손익계산서의 양식에는 성격별, 기능별 포괄손익계산서가 있다.

〈예제 3-2〉 포괄손익계산서 작성

공학(주)의 다음 자료에 의하여 순이익을 계산하고 포괄손익계산서를 작성하시오(회계기간은 2009년 1월 1일부터 12월 31일까지).

매출	400,000	매출원가	200,000
임차료	80,000	이자수익	35,000
접대비	50,000	임대료	50,000
급여	30,000		

[해 답]

포괄손익계산서

공학(주) (2009년 1월 1일부터 ~ 12월 31일까지)

비 용	금 액	수 익	금 액
매 출 원 가	200,000	매 출	400,000
임 차 료	80,000	이 자 수 익	35,000
접 대 비	50,000	임 대 료	50,000
급 여	30,000		
순 이 익	125,000		
	485,000		485,000

〈예제 3-3〉 포괄손익계산서 작성

공학(주)의 다음 자료에 의하여 순손실을 계산하고 포괄손익계산서를 작성하시오(회계기간은 2009년 1월 1일부터 12월 31일까지).

매 출	500,000	급 여	250,000
매 출 원 가	380,000	배 당 금 수 익	25,000
임 대 료	50,000	이 자 비 용	130,000
임 차 료	80,000	자 산 수 증 이 익	30,000
이 자 수 익	70,000	광 고 선 전 비	100,000

[해 답]

포괄손익계산서

공학(주) (2009년 1월 1일부터 ~ 12월 31일까지)

비 용	금 액	수 익	금 액
매 출 원 가	380,000	매 출	500,000
급 여	250,000	임 대 료	50,000
임 차 료	80,000	배 당 금 수 익	25,000
이 자 비 용	130,000	이 자 수 익	70,000
광 고 선 전 비	100,000	자 산 수 증 이 익	30,000
		순 손 실	265,000
	940,000		940,000

2. 재무상태표와 포괄손익계산서의 순손익 관계

재무상태표는 기업의 재무상태와 순손익의 현재액을 표시하고, 포괄손익계산서는 손익발생의 내용을 원천별로 표시하며, 재무상태표와 포괄손익계산서에서 산출된 순이익은 대차 반대로 같은 금액으로 일치한다.

즉, 재산법에 의한 손익계산이나 손익법에 의한 손익계산이나 순손익은 서로 일치하며, 그렇기 때문에 재무상태표와 포괄손익계산서도 상호 반대의 자리에서 순손익이 일치한다.

순이익이 발생했을 때

재무상태표

기말자산	600,000	기말부채	300,000
		기초자본	200,000
		순이익	100,000
	600,000		600,000

포괄손익계산서

총비용	400,000	총수익	500,000
순이익	100,000		
	500,000		500,000

(일치)

순손실이 발생했을 때

재무상태표

기말자산	500,000	기말부채	400,000
순손실	100,000	기초자본	200,000
	600,000		600,000

포괄손익계산서

총비용	500,000	총수익	400,000
		순손실	100,000
	500,000		500,000

(일치)

〈예제 3-4〉 포괄손익계산서 작성

공학(주)은 2009년 3월 1일 현금 5,000,000원으로 영업을 개시하고 1개월간 영업을 한 결과 다음과 같은 자료를 얻었다. 3월 31일을 기준으로 한 재무상태표와 포괄손익계산서를 작성하고 양 재무제표상의 순손익이 일치하는가를 보이시오.

현금및현금성자산	2,500,000	매 입 채 무	1,500,000
단 기 차 입 금	800,000	단 기 대 여 금	1,300,000
매 출 채 권	4,500,000	이 자 수 익	1,250,000
감 가 상 각 비	850,000	상 품	1,200,000
매 출	5,000,000	복 리 후 생 비	1,100,000
매 출 원 가	3,250,000	사 채	1,700,000
세 금 과 공 과	550,000		

[해 답]

재무상태표

공학(주) (2009년 3월 31일 현재)

자 산	금 액	부 채 및 자 본	금 액
현금및현금성자산	2,500,000	매 입 채 무	1,500,000
매 출 채 권	4,500,000	단 기 차 입 금	800,000
단 기 대 여 금	1,300,000	사 채	1,700,000
상 품	1,200,000	자 본 금	5,000,000
		순 이 익	500,000
	9,500,000		9,500,000

포괄손익계산서

공학(주) (2009년 3월 1일부터 2009년 3월 31일까지)

비 용	금 액	수 익	금 액
매 출 원 가	3,250,000	매 출	5,000,000
감 가 상 각 비	850,000	이 자 수 익	1,250,000
세 금 과 공 과	550,000		
복 리 후 생 비	1,100,000		
순 이 익	500,000		
	6,250,000		6,250,000

〈예제 3-5〉 재무제표상의 손익계산 파악

2009년 8월 1일 현금 3,000,000원으로 영업을 개시한 공학(주)는 1개월간 영업을 한 결과 다음과 같은 자료를 얻을 수 있었다. 8월 31일을 기준으로 한 재무상태표와 포괄손익계산서를 작성하고 양 재무제표상의 손익계산이 일치하는가를 보이시오.

현금및현금성자산	640,000	매입채무	900,000
단기차입금	400,000	상품	1,500,000
매출채권	680,000	광고선전비	700,000
이자비용	70,000	비품	1,800,000
매출	5,000,000	급여	1,200,000
매출원가	3,550,000	선수금	840,000

[해 답]

재무상태표

공학(주) (2009년 8월 31일 현재)

자산	금액	부채 및 자본	금액
현금및현금성자산	640,000	매입채무	900,000
매출채권	680,000	단기차입금	400,000
상품	1,500,000	선수금	840,000
비품	1,800,000	자본금	3,000,000
순손실	520,000		
	5,140,000		5,140,000

포괄손익계산서

공학(주) (2009년 8월 1일부터 2009년 8월 31일까지)

비용	금액	수익	금액
매출원가	3,550,000	매출	5,000,000
광고선전비	700,000	순손실	520,000
이자비용	70,000		
급여	1,200,000		
	5,520,000		5,520,000

〈쉬어 가기 코너〉

삼성전자 매출액 1위 기업 자리 6년 만에 내줘

우리은행이 삼성전자를 제치고 매출액 기준 1위 기업에 올랐다. 잡코리아(www.jobkorea.co.kr)가 대한상공회의소에 등록된 2008년 매출액 1000대기업을 분석한 결과, 우리은행의 매출액은 74조 9,013억원으로 전년(20조 7,886억원) 대비 260.3% 증가한 수치로 1위를 차지했다고 발표했다.

삼성전자는 2002년 대한상공회의소에 매출액 공시 이후 매년 1위 자리를 지켜왔으나 2008년 처음으로 우리은행에게 자리를 내줬다. 삼성전자는 매출액 순위 2위를 차지했고 매출액은 72조 9,529억원으로 전년(63조 1,759억원) 대비 15.5% 증가한 금액이다.

다음은 신한은행이 매출액 49조 5,072억원으로 3위를 차지했다. 이하 10위권 기업으로 △한국스탠다드차타드제일은행(47조 2,433억원) △에스케이에너지(45조 7,373억원) △국민은행(44조 3,795억원) △한국씨티은행(41조 7,673억원) △하나은행(35조 3,663억원) △지에스칼텍스(34조 4,242억원) △현대자동차(32조 1,897억원) 순으로 나타났다.

2008년 1000대기업의 전체 매출액은 1,833조 7,163억원이었으며, 이는 2007년 매출총액 1,320조 3,488억원보다 38.9% 증가한 수치다.

특히 2008년은 은행사의 매출이 높아 상위 매출액 10위권 기업 중 은행사가 6개나 포함됐으며, 이는 작년 국민은행, 우리은행, 신한은행 3개사에 그쳤던 것에 비해 2배 증가했다.

매출액 10위권 기업 중 상시종업원 1인당 매출액이 가장 높은 기업은 지에스칼텍스로 직원 1인당 112억 6,000만원의 매출을 올렸다. 이어 △한국씨티은행(88억 7,000만원) △에스케이에너지(81억 2,000만원) △한국스탠다드차타드제일은행(79억 4,000만원) △우리은행(50억원) 순으로 나타났다.

(자료원: 경향닷컴 2009. 9. 3)

진위 문제

1. 수익(revenue)이란 기업이 일정기간 동안 고객에게 제공한 재화나 용역을 화폐액으로 표시한 것으로서 상·공업에서는 상품이나 제품의 판매액을 말하며, 서비스업에서는 수수료수익, 금융업에서는 자금을 대여하고, 이로부터 생기는 이자의 수취액을 말한다.

2. 포괄손익계산서는 일정시점에서의 재무상태를 나타내는 표이다.

3. 비용(expense)이란 기업이 수익을 얻기 위하여 소비 또는 지출된 영업상의 원가 또는 소비액을 말한다. 즉, 상업에서 판매상품에 대한 매출원가나 판매비와 관리비는 비용의 대표적인 형태이다.

4. 회계상의 손익은 이익과 손실을 말하는데, 이익은 기업의 경영활동의 결과로 자본이 증가하는 것을 말하고, 손실은 경영활동의 결과로 자본이 감소하는 것을 말한다.

5. 수익과 비용은 전혀 별개로 움직인다.

6. 영업활동 이외의 출자자의 자본증가에 의해서 자본이 증가하거나, 출자자의 투자액의 환불이나 감자 등에 의해서 자본이 감소하는 것도 손익 계산에서 포함하여야 한다.

7. 주된 영업활동으로부터 나타나는 수익을 영업수익이라고 한다.

8. 포괄손익계산서(income statement: I/S 또는 profit and loss statement: P/L)란 기업의 일정시점의 재무상태를 명확히 보고하기 위한 회계보고서로서 총수익을 우측면(대변)에, 총비용을 좌측면(차변)에 각 항목별로 분류하고 대응표시하여 순손익을 산정해 놓은 보고서를 말한다.

9. 포괄손익계산서 작성 시, 수익과 비용은 총액으로 기재하고, 서로 상계해서는 안 된다.

정 답 1. T 2. F 3. T 4. T 5. F 6. F 7. T 8. F 9. T

객관식 문제

다음 문제를 보고, 가장 올바른 답을 고르시오.

1. 다음 등식 중 틀린 것은?
① 재무상태표 등식 : 자산 = 부채 + 자본
② 재산법 : 기말자본 - 기초자본 - 기중증자 + 기중감자 = 순이익
③ 손익법 : 총비용 - 총수익 = 순손실
④ 포괄손익계산서 등식 : 비용총액 = 수익총액 + 순이익

2. 기초자산이 ₩300,000, 기초부채가 ₩100,000, 기말자산이 ₩500,000, 기말부채가 ₩240,000이었다. 기중 총수익이 ₩400,000인 경우 기중 총비용은 얼마인가?
① ₩460,000 ② ₩360,000
③ ₩340,000 ④ ₩240,000

3. 다음 자료에 의한 ㉠, ㉡, ㉢의 합계액은?

기말자산	기말부채	기말자본	기초자본	총비용	총수익	순이익
₩610,000	₩230,000	㉠	₩290,000	㉡	₩770,000	㉢

① ₩1,150,000 ② ₩1,240,000
③ ₩1,330,000 ④ ₩2,140,000

4. 다음 자료에 의하여 기말자본, 총수익, 순손익을 계산하면?

기초자본	₩100,000	기말자산	₩250,000
기말부채	120,000	총비용	50,000

① 기말자본 ₩130,000, 총수익 ₩130,000, 순이익 ₩50,000

② 기말자본 ₩130,000, 총수익 ₩80,000, 순이익 ₩30,000

③ 기말자본 ₩150,000, 총수익 ₩80,000, 순이익 ₩30,000

④ 기말자본 ₩150,000, 총수익 ₩130,000, 순이익 ₩50,000

5. 다음은 甲주식회사의 자료이다. ( )에 알맞은 금액은?

기초자산	기초부채	기초자본	기말자산	기말부채	기말자본	총수익	총비용	순이익
₩1,500,000	㉠	₩800,000	㉡	₩500,000	㉢	₩1,000,000	㉣	₩400,000

	㉠	㉡	㉢	㉣
①	₩700,000	₩1,500,000	₩500,000	₩600,000
②	₩700,000	₩1,600,000	₩1,200,000	₩600,000
③	₩700,000	₩1,700,000	₩1,200,000	₩600,000
④	₩800,000	₩1,800,000	₩2,200,000	₩140,000

6. 다음의 자료와 회계등식을 이용하여 계산한 기말자본 총계는?

기초자산	기초부채	기말부채	총수익	총비용
₩30,000,000	₩18,000,000	₩19,000,000	₩20,000,000	₩17,000,000

① ₩6,000,000　　② ₩9,000,000

③ ₩12,000,000　　④ ₩15,000,000

7. 다음은 12월 31일이 재무상태표일인 공학(주)의 2009년초와 2009년말 재무상태표 자료이다.

	2009년 1월 1일	2009년 12월 31일
○ 총자산	₩500,000	₩900,000
○ 총부채	₩400,000	₩600,000

2009년 중 추가출자 ₩100,000과 현금배당 ₩50,000이 있었다면, 공학(주)의 2009년 포괄손익계산서에 보고되는 당기순이익은?

① ₩150,000 ② ₩200,000
③ ₩250,000 ④ ₩300,000

8. 다음 중 포괄손익계산서 계정과목이 아닌 것은?

① 이자비용, 법인세비용 ② 감가상각비, 광고선전비
③ 임대료, 임차료 ④ 미수임대료, 미지급이자

9. 현금 ₩500,000을 출자하여 영업을 시작한 공학(주)의 기말자본은 ₩600,000이다. 회계기간 동안 발생한 수익이 ₩750,000이라면 동일 회계기간 동안 발생한 비용은?

① ₩550,000 ② ₩600,000
③ ₩650,000 ④ ₩700,000

10. 공학(주)의 기말자산총액이 ₩245,000이고, 기말부채총액이 ₩110,000이며, 기중의 수익총액이 ₩650,000이고, 비용총액이 ₩665,000이며, 기초의 자산총액이 ₩250,000이었다고 하면, 기초의 부채 총액은?

① ₩85,000 ② ₩100,000
③ ₩115,000 ④ ₩135,000

정 답 1. ④ 2. ③ 3. ① 4. ② 5. ③ 6. ④ 7. ① 8. ④ 9. ③ 10. ②

해 설

1. 비용총액 + 순이익 = 수익총액 또는 비용총액 = 수익총액 + 순손실이다.

2. 기초자본: 300,000 − 100,000 = ₩200,000
   기말자본: 500,000 − 240,000 = ₩260,000
   순 이 익: 260,000 − 200,000 = ₩60,000
   총 비 용: 400,000 − 60,000 = ₩340,000

3. ㉠: 610,000 − 230,000 = ₩380,000
   ㉡: 770,000 − 90,000 = ₩680,000
   ㉢: 380,000 − 290,000 = ₩90,000
   ㉠ + ㉡ + ㉢ = ₩1,150,000

4. 기말자본 : 기말자산 − 기말부채 = ₩130,000
   순이익 : 기말자본 − 기초자본 = ₩30,000
   총수익 : 총비용 + 순이익 = ₩80,000

5. ㉠: 1,500,000 − 800,000 = ₩700,000
   ㉡: 800,000 + 400,000 = ₩1,200,000
   ㉢: 500,000 + 1,200,000 = ₩1,700,000
   ㉣: 1,000,000 − 400,000 = ₩600,000

6. 기초자본 = 기초자산 − 기초부채
   = 30,000,000 − 18,000,000 = ₩12,000,000
   기말자본 = 기초자본 +당기순이익(총수익 − 총비용)
   = 12,000,000 + 20,000,000 − 17,000,000 = ₩15,000,000

7. 기초자본: ₩500,000 − ₩400,000 = ₩100,000
   기말자본: ₩900,000 − ₩600,000 = ₩300,000
   당기순이익: ₩300,000 − (₩100,000 + ₩100,000 − ₩50,000)
   = ₩150,000

8. 미수임대료, 미지급이자는 재무상태표 계정이다.

9. 순이익 = 기말자본 − 기초자본
= 600,000 − 500,000 = ₩100,000
순이익 = 수익 − 비용
∴ 비용 = 수익 − 순이익
= 750,000 − 100,000 = ₩650,000

10. 기말자본: 245,000 − 110,000 = ₩135,000
순 손 실: 665,000 − 650,000 = ₩15,000
기초자본: 135,000 + 15,000 = ₩150,000
기초부채: 250,000 − 150,000 = ₩100,000

제 4 장

회계의 순환과정

본 장에서는 회계의 순환과정을 이해하기 위한 거래, 분개, 계정, 총계정원장에의 전기에 대해서 학습한다.

제 4 장

회계의 순환과정

제 1 절 거래의 개념

1. 거래의 의의

기업이 경영활동을 계속하는 동안에는 재무상태가 계속해서 변동하게 된다. 왜냐하면 계속기업에서는 자산, 부채, 자본을 변화시키는 경제적 사건과 수익과 비용을 발생시키는 경제적 사건이 계속해서 발생하기 때문이다.

회계에서 거래(transaction)라 함은 기업이 가지고 있는 자산, 부채 및 자본의 증감 변화를 일으키는 일체의 경제적 사건과 수익과 비용의 발생을 가져오는 모든 경제적 사건을 말한다. 회계에서 말하는 거래는 우리들의 일상생활에서 사용하는 거래의 뜻과 같지 않는 경우가 있다. 따라서 우리는 기업의 경영활동 결과로 발생하는 경제적 사건들을 식별할 수 있어야 하는데, 식별이란 회계정보의 대상이 되는 사건과 그렇지 않은 사건을 구분하는 것이다.

예를 들면 건물의 임대차계약을 체결한 경우나 상품의 매매계약을 체결한 경우 일상생활에서는 거래라고 하나 회계상에 있어서는 거래라고 하지 않는다. 반대로 일상생활에서는 거래라 할 수 없으나 회계상으로는 거래가 되는 것도 있다. 즉, 분실, 도난, 화재 등에 의한 현금, 상품, 비품, 건물 등 자산의 감소나 대손에 의한 채권의 소멸 등은 회계상의 거래이나 일상생활에서는 거래라고 하지 않는다. 또한 건물의 임대차계약을 체결한 경우, 일상적으로 보면 통상 거래라고 할 수 있으나, 회계에서는 원인을 막론하고 결과적으로 보아 자산, 부채, 자본에 아무런 증감 변화[1]가 일어나지 않았기에 거래로 보지 않는다. 그러나 5천만 원의 건물을 사고, 팔기로 계약하고 100,000원의 계약금을 주고, 받았다면 회계학적으로는 거래가 발생한 것이다. 그리고 과대표로 선출된 학생이 친구들에게 고마움의 표시로 햄버거를 사주기로 하고 전화로 주문을 하였다면, 일상적으로 제 3 자가 보면 거래라고 할 수 있으나, 회계에서는 주문만 한 상태에서는 아무런 재무적 영향이 없으므로 거래라고 하지 않는다.

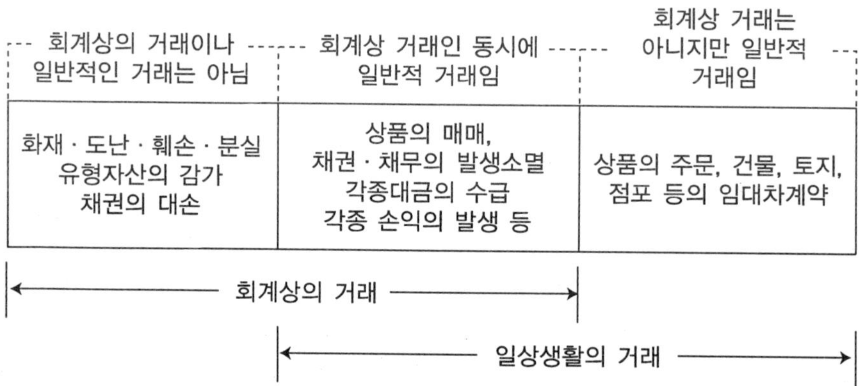

그림 4-1 일상생활의 거래와 회계상의 거래와의 관계

한편, 회사의 재무상태에 영향을 미치는 경제적 사건이라 할지라도 객관적 측정이 불가능한 경우에는 회계기록의 대상이 되는 회계적 거래가 될 수 없다. 예를 들어, 유능한 최고경영인의 퇴사, 경쟁기업의 출현, 경쟁기업의 신상품 개발 등과 같은 사건은 기업의 재무상태에 중대한 영향을 미치는 경제적 사건이지만 그 영향을 화폐단위를 사용하여 객관적으로 측정할 수 없기 때문에 회계적 거래의 대상에서 제외된다.

1) 회계에서 거래로 인식되기 위해서는 자산, 부채, 자본의 증감변화가 있어야 한다. 그러면, 수익과 비용 발생은 거래가 아닌가? 그렇지 않다. 통상 회계에서는 **수익을 자본의 증가**로, **비용을 자본의 감소**로 보기에 굳이 수익과 비용을 언급하지 않더라도 이들의 발생이 자본 항목에서 설명이 가능하다.

2. 거래의 분류

거래는 관점에 따라 여러 가지로 분류할 수 있다.

1) 거래발생 장소에 따른 거래 분류

(1) 외부거래

기업 대 고객, 공급자, 종업원, 은행, 기업주, 정부 등과의 관계에서 발생한 거래를 말한다. 통상 기업에서 행하는 영업활동은 외부거래에 속한다.

(2) 내부거래

기업 내부에서 회계자료를 분류 또는 재분류함으로써 발생된 거래를 말한다. 이는 주로 기말결산이나 원가계산에 의해서 발생된다.

2) 거래발생 시점에 따른 거래 분류

(1) 개업거래

개시거래라고도 하는 것으로서 회계기간의 초에 전기에서 이월된 자산, 부채, 자본항목을 장부에 기입하는 거래를 말한다. 그러나 때에 따라서는 기업이 개업할 때 나타나는 거래를 말하기도 한다. 예를 들면 주주 등의 출자자로부터 자금을 받는다든가 개업 준비를 위하여 비용을 지출하는 것 등이다.

(2) 영업거래

보통거래라고도 하는 것으로서 기업의 영업 중에 일어나는 상품매매, 각종 경비의 지급 등이 발생하는 거래를 말한다. 거래종류 중 영업거래가 기업에서 가장 많이 일어난다.

(3) 결산거래

기말에 자산, 부채, 자본, 수익, 비용을 확정하기 위해서 장부에 기입하는 거래를 말한다. 보통 이 거래는 자산, 부채, 자본, 수익, 비용이 실제로 증감, 발생하는 것이 아니라 장부에서만 증감, 발생하는 것으로 기록하기 때문에 의제거래라고도 한다. 이에 대해서 실제로 자산, 부채, 자본, 수익, 비용의 증감, 발생을 일으키는 거래를 실제거래라고 한다.

3) 손익과의 관계에 따른 거래 분류

(1) 교환거래

거래에 의하여 수익 또는 비용이 발생하지 않고, 자산, 부채, 자본이 서로 증감하는 거래를 말한다.

예컨대 현금으로 비품을 매입할 경우(자산교환거래), 외상매입금에 대하여 약속어음을 발행한 경우(부채교환거래), 상품을 외상으로 매입한 경우(자산, 부채 교환거래) 등은 모두 교환거래이다.

(2) 손익거래

자산, 부채 및 자본의 증감이 수익이나 비용의 발생에 따라 일어나는 거래를 말한다.

손익거래는 수수료나 이자를 현금으로 받는 수익거래와 급여, 집세 등을 지급하는 비용거래로 구분된다.

(3) 혼합거래

교환거래와 손익거래가 동시에 발생하는 거래를 말한다. 예를 들면 원가가 100인 상품을 120에 외상으로 판매한 경우가 혼합거래이다.

4) 현금수입에 따른 거래 분류

(1) 현금거래

거래발생시 현금을 수반한 거래를 말한다.

(2) 대체거래

거래발생시 현금을 수반하지 않은 거래를 말한다.

- 현금거래
  - 입금거래 : 현금이 기업에 유입되는 거래
  - 출금거래 : 현금이 기업에서 유출되는 거래
- 대체거래
  - 전부대체거래 : 거래발생시 전혀 현금을 수반하지 않는 거래
  - 일부대체거래
    - 일부입금거래 : 현금일부가 유입되고, 일부는 대체된 거래
    - 일부출금거래 : 현금일부가 유출되고, 일부는 대체된 거래

그림 4-2 현금수입에 따른 거래 분류

〈예제 4-1〉 거래형태 구분

다음의 거래를 그 형태에 따라 교환거래는 (교), 손익거래는 (손), 혼합거래는 (혼)으로 구분하시오.

(1) 상품 1,000을 외상으로 매입하다. ( )

(2) 임차료 150을 현금으로 지급하다. ( )

(3) 상품(원가 100)을 150에 매출하고 대금의 반은 현금으로 받고 잔액은 외상으로 하다. ( )

(4) 화재가 발생하여 상품 500이 소실되다. ( )

(5) 건물 1,000을 현금으로 구입하다. ( )

(6) 은행에서 2,000을 차입하되, 이자 200을 제외한 나머지를 현금으로 받다. ( )

[해 답]

(1) (교), (2) (손), (3) (혼), (4) (손), (5) (교), (6) (혼)

3. 거래의 이중성

기업의 경제적 사건의 변화, 즉 자산, 부채, 자본 및 수익과 비용의 증감변동을 회계에서는 거래라고 하는데, 회계는 결과적으로 이 거래를 계정계좌에 기록하는 것이라고 말할 수 있다.

그런데 자산, 부채, 자본의 증감변화와 수익과 비용의 발생에는 반드시 양면적인 두 방면에서 서로 대립되는 관계를 보인다.

즉, 거래는 반드시 차변과 대변 양쪽에 같은 금액으로 변동된다. 이것을 회계에서는 거래의 이중성(dual aspect of an accounting transaction)이라고 한다. 거래의 이중성은 어떤 거래이든지 자산, 부채 그리고 자본에 변화를 초래하는 원인과 결과라는 속성이 함께 들어 있는 것을 말한다.

회계에서 모든 거래를 원인과 결과로 나누어 이중으로 회계장부에 기록하는 것은 회계학의 근간이 복식부기에 있기 때문이다. 이미 1장에서 설명한 복식부기는 거래가 발생할 때마다 항상 쌍(pair, 양면)으로 기록을 하는 것이다.[2] 즉, 복식부기라 함은 기업의 자산과 자본의 증감 및 변화하는 과정과 그 결과를 계정과목을 통하여 대변과 차변(양면)으로 구분하여 이중 기록, 계산이 되도록 하는 부기형식이라고 할 수 있다.

복식부기는 원인과 결과를 기록해야 되므로 시간과 노력이 요구되지만, 사건의 원인을 알게 해준다는 점과 원인에 기록된 금액과 결과에 기록된 금액이 일치하는 대차평형의 원리에 의해 스스로 오류를 점검해주는 자기검증기능이 작용한다.

독자들도 이후 배우게 될 분개를 잘 하기 위해서는 모든 회계학적 거래를 두 방면(차변과 대변) 이상으로 생각하는 훈련을 반복적으로 한다면 분개를 빠른 시간 내에 습득할 수 있을 것이다.

예를 들어 설명해 보자.

---

2) 회계에서 거래를 기록할 때 주체는 항상 기업의 입장에서 해야 한다. 즉, 독자들 본인들이 곧 기업이라고 생각하고 독자들의 입장에서 거래를 분석하면 된다.

[예 제] 상품 100,000원을 외상으로 매입하였다.

(분석) : 복식부기에서는 모든 회계적 거래를 쌍으로 기록해야 하기에 위의 거래를 두 방면에서 분석해 보면, 먼저 상품이라는 자산을 매입했다는 사건(자산의 증가)이 있고, 다른 한편으로는 외상으로 샀으니 나중에 갚아야 할 부채가 생겼다는 사건(부채의 증가)이 있다. 이를 회계등식으로 표현하면 다음과 같다.

자 산	=	부 채	+	자 본
상품 100,000(+)	=	매입채무 100,000(+)		

[예 제] 은행에서 예금이자 50,000원을 현금으로 받았다.

(분석) : 두 가지 방면에서 분석해 보면, 먼저 현금을 받았다는 사건(자산의 증가)이 있고, 다른 한편으로는 은행에서의 이자수익이 발생했다는 사건(수익 발생)이 있으므로, 이를 회계등식으로 표현하면 다음과 같다.

자 산	=	부 채	+	자 본
현금 50,000(+)	=			이자수익 50,000(+)

4. 거래의 구성요소와 결합관계

기업에서 일어나는 거래는 수많은 형태가 있으나, 이들을 분석해 보면 결국 자산의 증가, 자산의 감소, 부채의 증가, 부채의 감소, 자본의 증가, 자본의 감소, 수익의 발생, 비용의 발생 등 8가지 요소로 구성되는데, 이들을 거래의 8요소라 한다.

이 거래의 8요소 결합관계는 모든 거래를 장부에 기입함에 있어서 기본이 되는 법칙이라 할 수 있는데, 회계에서 결합관계의 왼쪽 항목은 차변요소, 오른쪽 항목은 대변요소라 한다. 거래는 어떠한 경우라도 차변요소 끼리 또는 대변요소 끼리의 결합은 발생하지 않는다.

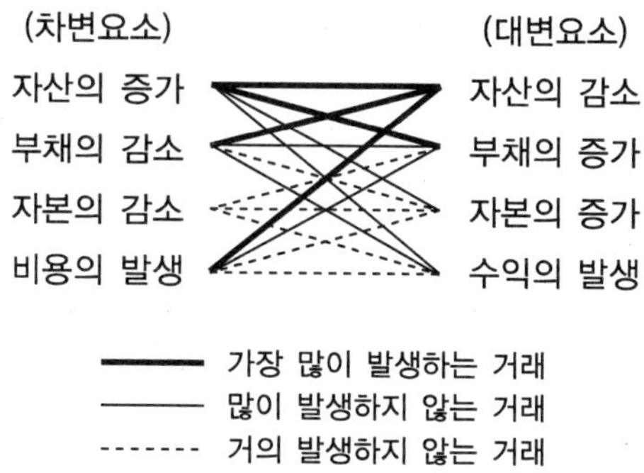

그림 4-3 거래 8요소의 결합관계표

위의 구성내용은 재무상태표 등식과 포괄손익계산서 등식을 기초로 하여 만들어졌다.

재무상태표등식:		자 산 = 부 채 + 자 본
포괄손익계산서등식:		비 용 + 당기순이익 = 수 익
	또는	비 용 = 수 익 + 당기순손실

이제 본격적으로 거래의 8요소 간 결합관계를 예를 들어 하나씩 살펴보자. 이를 뒤에 설명하겠지만 분개라고 하며, 학생들은 모든 거래를 쌍(양면)으로 생각하는 훈련을 많이 할수록 분개를 빨리 이해할 수 있을 것이다.

① 자산의 증가 ⇔ 자산의 감소를 가져오는 거래

- 상품 50,000원을 현금으로 매입하였다.

(차) 상품(자산)증가 50,000 (대) 현금[3](자산)감소 50,000

② 자산의 증가 ⇔ 부채의 증가를 가져오는 거래

- 상품 200,000원을 외상으로 매입하였다.

(차) 상품(자산)증가 200,000 (대) 매입채무(부채)증가 200,000

3) 기업회계기준이나 기업회계기준서 21호에 따르면 정확한 계정과목 명칭이 현금및현금성자산이지만, 실무에서는 편리하게 그냥 현금으로 기록하는 경우가 많다. 그러나 재무제표 작성시에는 현금및현금성자산으로 정확히 기록되어져야 한다.

③ 자산의 증가 ⇔ 자본의 증가를 가져오는 거래

- 현금 1,000,000원을 출자하여 영업을 시작하다.[4)]

(차) 현금(자산)증가 1,000,000 (대) 자본금(자본)증가 1,000,000

④ 자산의 증가 ⇔ 수익의 발생을 가져오는 거래

- 건물에 대한 1개월분 임대료 100,000원을 현금으로 받았다.

(차) 현금(자산)증가 100,000 (대) 임대료(수익)발생 100,000

⑤ 부채의 감소 ⇔ 자산의 감소를 가져오는 거래

- 은행에서 빌린 돈 500,000원을 현금으로 상환하였다.

(차) 단기차입금(부채)감소 500,000 (대) 현금(자산)감소 500,000

⑥ 부채의 감소 ⇔ 부채의 증가를 가져오는 거래

- 미지급금 80,000원을 상환하기 위해 어음을 발행[5)]하였다.

(차) 미지급금(부채)감소 80,000 (대) 매입채무(부채)증가 80,000

⑦ 부채와 감소 ⇔ 자본의 증가를 가져오는 거래

- 사채 40,000원을 자본금으로 전환하였다.

(차) 사채(부채)감소 40,000 (대) 자본금(자본)증가 40,000

⑧ 부채의 감소 ⇔ 수익의 발생을 가져오는 거래

- 컴퓨터 수리비로 미리 받은 현금 50,000원에 대한 서비스를 완료하였다.

(차) 선수수익(부채)감소 50,000 (대) 용역수익(수익)발생 50,000

⑨ 자본의 감소 ⇔ 자산의 감소를 가져오는 거래

- 자본주가 사적인 목적을 위해 자본금 중에서 현금 500,000원을 인출해 가다.

(차) 자본금(자본)감소 500,000 (대) 현금(자산)감소 500,000

---

4) 영업을 시작하다, 영업을 개시하다, 사업을 시작하다, 회사를 창업하다 등은 모두 유사한 문장들로, 대부분의 일련의 거래에서 맨 처음 시작되는 거래의 유형이다.

5) 상품거래와 관련된 외상매입금과 지급어음을 합쳐서 매입채무라는 계정으로 한다.

⑩ 자본의 감소 ⇔ 부채의 증가를 가져오는 거래

• 주주총회에서 주주에게 배당금 1,000,000원을 주기로 결의하였다.

(차) 이익잉여금(자본)감소 1,000,000 (대) 미지급배당금(부채)증가 1,000,000

⑪ 자본의 감소 ⇔ 자본의 증가를 가져오는 거래

• 주식발행초과금 50,000원을 무상증자하여 자본금을 증가시켰다.

(차) 주식발행초과금(자본)감소 50,000 (대) 자본금(자본)증가 50,000

⑫ 자본의 감소 ⇔ 수익의 발생을 가져오는 거래

• 자본주 갑이 퇴사하는데 갑의 출자금 300,000원의 상환면제를 받다.

(차) 자본금(자본)감소 300,000 (대) 잡이익(수익)발생 300,000

⑬ 비용의 발생 ⇔ 자산의 감소를 가져오는 거래

• 은행 차입금에 대한 이자 100,000원을 현금으로 지급하다.

(차) 이자비용(비용)발생 100,000 (대) 현금(자산)감소 100,000

⑭ 비용의 발생 ⇔ 부채의 증가를 가져오는 거래

• 금융기관 차입금에 대한 이자 50,000원을 원금에 가산하였다.

(차) 이자비용(비용)발생 50,000 (대) 차입금(부채)증가 50,000

⑮ 비용의 발생 ⇔ 자본의 증가를 가져오는 거래

• 종업원 급여 500,000원을 현금으로 주지 않고 주식 발행하여 주다.

(차) 급 여(비용)발생 500,000 (대) 자본금(자본)증가 500,000

⑯ 비용의 발생 ⇔ 수익의 발생을 가져오는 거래

• 차입금에 대한 이자 60,000원을 대여금의 이자와 서로 상계하였다.

(차) 이자비용(비용)발생 60,000 (대) 이자수익(수익)발생 60,000

〈예제 4-2〉 거래의 8요소

다음거래를 거래의 8요소 중 어떤 요소간의 결합으로 이루어진 거래인가 차변, 대변 요소로 구분하여 답하시오.

(1) 임차료 150을 현금으로 지급하다.

(2) 건물 1,000을 현금으로 구입하다.

(3) 상품 500을 매입하고 대금의 반은 현금지급하고 잔액은 외상으로 하다.

(4) 화재로 인하여 건물 1,000이 소실되었다.

(5) 원가 300의 상품을 330에 판매하고 대금 중 반은 현금으로 받고 잔액은 외상으로 하다.

(6) 자본주가 자본금 200을 인출해 가다.

[해 답]

	차 변	대 변
(1)	비용발생 (임 차 료)	자산감소 (현 금)
(2)	자산증가 (건 물)	자산감소 (현 금)
(3)	자산증가 (상 품)	자산감소 (현 금) 부채증가 (매 입 채 무)
(4)	비용발생 (재 해 손 실)	자산감소 (건 물)
(5)	자산증가 (현 금) 자산증가 (매 출 채 권) 비용발생 (매 출 원 가)	수익발생 (매 출) 자산감소 (상 품)
(6)	자본감소 (자 본 금)	자산감소 (현 금)

제 2 절 분 개

1. 분개의 의의

기업의 경제적 현상의 변화인 거래가 발생하면 그것을 각 계정에 기입하기 전에 준비단계로서 분개를 하게 된다. 분개(journalizing)란 어떤 계정의 대차 어느 쪽에 얼마의

금액을 기입할 것인가를 결정하는 것을 말한다. 즉, 분개는 거래를

(1) 어느 계정에 기입할 것인가(계정과목의 결정)

(2) 그 계정의 차변인가, 대변인가(대차의 결정)

(3) 그 금액은 얼마인가(금액의 결정) 등을 결정하는 것을 말한다.

거래를 분개하면 거래의 이중성에 따라 차변금액과 대변금액은 반드시 일치하게 된다.

분개는 회계정보를 식별, 측정하는 회계과정의 첫단계로서 분개가 잘못되면 그 다음 과정이 모두 잘못되어 최종적 재무제표가 잘못 작성되게 된다. 따라서 분개는 적절한 계정과목과 금액으로 정확하게 이루어지도록 유의하여야 하며 회계원리 학습의 지름길이 된다.

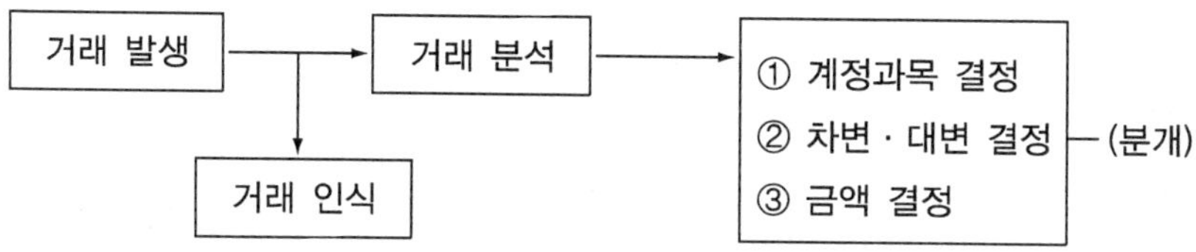

그림 4-4 분개의 과정

2. 분개의 법칙

분개는 기업의 경제적 현상을 변화시키는 거래를 해당계정으로 분류하여 각 계정계좌에 집합시키기 위한 기초수단이므로, 거래를 분개할 때에는 전술한 바와 같이 어느 계정을 차변에 두고 어느 계정을 대변에 두어야 할 것인가를 구분하는 기준이 필요한데, 회계에서는 이러한 것을 분개법칙이라고 한다. 그러므로 분개의 법칙은 후술하게 될 계정기입의 원칙과 같은 것이라고 할 수 있다.

〈분개법칙〉

(1) 자산의 증가는 차변에 자산의 감소는 대변에

(2) 부채의 감소는 차변에 부채의 증가는 대변에

(3) 자본의 감소는 차변에 자본의 증가는 대변에

(4) 비용의 발생은 차변에 수익의 발생은 대변에

분개를 마치면 해당되는 각 계정에 옮겨 적게 되는데 이러한 절차를 전기(posting)라 한다.

〈예제 4-3〉 거래의 분개

공학(주)의 다음 1개월간의 거래를 분개하시오

4/1 공학(주)는 2005년 4월 1일 현금 5,000으로 영업을 개시하다.
3 건물 1,000을 구입하고 대금은 현금으로 지급하다.
5 공학(주)는 은행으로부터 현금 500을 차입하다.
11 토목상회로부터 상품 1,500을 매입하고 대금은 어음으로 지급하다.
15 토목상회로부터 수수료 50을 현금으로 받다.
19 건설상회에 상품 800(원가 500)을 외상으로 판매하다.
21 서울종합금융에 어음관리구좌를 개설하고 현금 1,000을 예탁하다.
23 건설상회의 매출채권 중 500을 현금으로 회수하다.
25 직원의 급여 250을 현금으로 지급하다.
30 단기차입금에 대한 이자 60을 현금으로 지급하다.

[해 답]

4/1	(차) 현금	5,000	(대)	자본금	5,000
3	(차) 건물	1,000	(대)	현금	1,000
5	(차) 현금	500	(대)	단기차입금	500
11	(차) 상품	1,500	(대)	매입채무	1,500
15	(차) 현금	50	(대)	수수료수익	50
19	(차) 매출채권	800	(대)	매출	800
	(차) 매출원가	500	(대)	상품	500
21	(차) 단기금융상품	1,000	(대)	현금	1,000
23	(차) 현금	500	(대)	매출채권	500
25	(차) 급여	250	(대)	현금	250
30	(차) 이자비용	60	(대)	현금	60

3. 분 개 장

회계상의 거래가 발생하면 분개를 통하여 우선 분개장(journal)에 기입하게 되는데 기업실무에서는 일반적으로 분개장의 역할을 전표(slip)가 대신하고 있으며, 그 본질적인 내용에 있어서는 분개장이나 전표가 동일하다. 따라서 분개장은 기업의 일기장이라 할 수 있으며, 거래를 발생순서에 따라 계정에 기입하는 데 있어 기초자료가 되는 장부(books)이다. 즉, 거래를 분개장에 기입하지 않고 원장의 각 계정에 기입하면 오류가 발생하기 쉬우므로 먼저 거래를 분개장에 기입하고, 다음에 이것을 원장의 각 계정에 옮기는 방법을 사용해야 오류가 발생하지 않는다.

그리고 분개장은 다음과 같은 기능을 가지고 있다.

(1) 거래를 발생순서대로 기록하므로 영업일지의 역할을 한다.

(2) 총계정원장의 각 계정기록을 위한 준비와 매개기능을 가지고 있다.

분 개 장

일	자	적 요	원면	차변	대변
9	3	(상 품)	3	100	
		(현 금)	1		100
		대정상회로부터 상품매입			

그림 4-5 분개장의 구조

〈예제 4-4〉 분개장 기입

공학(주)의 다음 1개월간의 거래를 분개하고 분개장에 기입하시오.

4/1 공학(주)는 2010년 4월 1일 현금 50,000으로 영업을 개시하다.

5 공학(주)는 서울은행으로부터 현금 3,000을 차입하다.

6 공학(주)는 국민은행에서 양도성예금증서 액면 20,000을 매입하고 선이자 400을 차감한 19,600을 현금으로 지급하다.

7 당기손익인식금융자산 18,000을 현금으로 구입하다.

9 소모품 200을 현금으로 구입하다.

10 건설상회로부터 상품 5,000을 외상으로 매입하다.

12 토목상회로부터 수수료 650을 현금으로 받다.

18 식품상회에 상품 4,500(원가 3,000)을 외상으로 판매하다.

20 건설상회의 매입채무 중 2,500을 현금으로 지급하다.

23 식품상회의 매출채권 중 2,000을 현금으로 회수하다.

25 종업원 급여 800을 현금으로 지급하다.

27 동부종합금융에 개설한 CMA 5,000이 만기가 되어 이자 100과 함께 3개월 만기의 새로운 CMA를 개설하다.

30 단기차입금에 대한 이자 150을 현금으로 지급하다.

[해 답]

일자	차변	계정과목	금액	대변	계정과목	금액
4/1	(차)	현금	50,000	(대)	자본금	50,000
5	(차)	현금	3,000	(대)	단기차입금	3,000
6	(차)	단기금융상품	20,000	(대)	현금	19,600
					이자수익	400
7	(차)	당기손익인식금융자산	18,000	(대)	현금	18,000
9	(차)	소모품	200	(대)	현금	200
10	(차)	상품	5,000	(대)	매입채무	5,000
12	(차)	현금	650	(대)	수수료수익	650
18	(차)	매출채권	4,500	(대)	매출	4,500
	(차)	매출원가	3,000	(대)	상품	3,000
20	(차)	매입채무	2,500	(대)	현금	2,500
23	(차)	현금	2,000	(대)	매출채권	2,000
25	(차)	급여	800	(대)	현금	800
27	(차)	단기금융상품	5,100	(대)	단기금융상품	5,000
					이자수익	100
30	(차)	이자비용	150	(대)	현금	150

공학(주)

분개장

2010년 4월 30일 현재

2010년		적 요	원면	차 변	대 변
4	1	(현 금)	1	50,000	
		(자 본 금)	9		50,000
		현금을 출자하여 영업개시하다.			
	5	(현 금)	1	3,000	
		(단 기 차 입 금)	8		3,000
		은행으로부터 현금을 차입하다.			
	6	(단 기 금 융 상 품) 제좌	2	20,000	
		(현 금)	1		19,600
		(이 자 수 익)	12		400
		양도성예금증서를 매입하다.			
	7	(당기손익인식금융자산)	3	18,000	
		(현 금)	1		18,000
		당기손익인식금융자산을 구입하다			
	9	(소 모 품)	6	200	
		(현 금)	1		200
		소모품을 구입하다			
	10	(상 품)	5	5,000	
		(매 입 채 무)	7		5,000
		상품을 외상으로 구입하다.			
	12	(현 금)	1	650	
		(수 수 료 수 익)	11		650
		토목상회에서 수수료를 받다.			
	18	(매 출 채 권)	4	4,500	
		(매 출 원 가)	13	3,000	
		(매 출)	10		4,500
		(상 품)	5		3,000
		식품상회에 상품을 외상으로 매출하다.			
	20	(매 입 채 무)	7	2,500	2,500
		(현 금)	1		
		건설상회의 매입채무를 변제하다.			
	23	(현 금)	1	2,000	
		(매 출 채 권)	4		2,000
		식품상회의 외상대금을 회수하다.			
	25	(급 여)	14	800	
		(현 금)	1		800
		급여를 현금으로 지급하다.			
	27	(단 기 금 융 상 품) 제 좌	2	5,100	
		(단 기 금 융 상 품)	2		5,000
		(이 자 수 익)	12		100
		CMA를 재예치하다.			
	30	(이 자 비 용)	15	150	
		(현 금)	1		150
		이자를 현금으로 지급하다.			
4	30			114,900	114,900

제 3 절 계 정

1. 계정의 의의

거래가 발생하면 자산·부채·자본의 증가와 감소 및 수익과 비용이 발생하는데, 이들 경제적 사항의 증감변화를 분개하여 표시한다 하여도 일정기간을 통하여 여러 개의 거래가 나타나는 경우, 이들을 거래요소만으로 구분하여 기록·계산한다면 세부사항을 알기가 힘들다.

따라서 이들 성격에 따라 조금 더 세분하여 기록·계산하게 되는데, 이러한 회계기록의 계산단위를 계정(account: a/c)이라 한다. 즉, 계정이란 동일한 성격이나 동일한 종류의 자산·부채·자본·비용·수익을 항목별로 일정기간 동안 그들의 증감변동 내용을 기록·계산하기 위한 회계상의 특수양식을 말한다.

그리고 계정의 명칭을 계정과목(title of accounts)이라 한다.

2. 계정의 분류

계정을 설정하는 목적은 결국 재무상태표와 포괄손익계산서를 작성하기 위한 것이기 때문에 계정의 분류도 재무상태표 계정과 포괄손익계산서 계정으로 분류할 수 있다. 그리고 이를 다시 자산·부채·자본계정과 비용·수익계정으로 분류한다.

한국채택국제회계기준에 규정된 계정을 요약하면 [그림 4-6], [그림 4-7]과 같다.

- 자 산
  - 유동자산
    - ① 현금및현금성자산
    - ② 매출채권 및 기타채권 : 매출채권, 대여금, 미수금
    - ③ 기타금융자산 : 1년이내 만기도래 유가증권, 정기예금, 정기적금
    - ④ 재고자산 : 상품, 제품, 재공품, 원재료
    - ⑤ 기타자산 : 선급금(12개월 이내), 미수수익, 선급비용
  - 비유동자산
    - ① 대여금 및 수취채권 : 대여금, 미수금
    - ② 기타금융자산 : 매도가능금융자산, 만기보유금융자산
    - ③ 투자부동산
    - ④ 유형자산 : 토지, 건물, 비품, 기계장치 등
    - ⑤ 무형자산 : 특허권, 상표권 등
    - ⑥ 기타자산 : 선급금(12개월 이후), 임차보증금
- 부 채
  - 유동부채
    - ① 매입채무
    - ② 기타금융부채 : 차입금(12개월 이내), 미지급법인세 미지급금(12개월 이내), 예수금
    - ③ 충당부채 : 제품보증충당부채, 경품충당부채
    - ④ 기타부채 : 선수금, 미지급비용, 선수수익
  - 비유동부채
    - ① 기타금융부채 : 차입금(12개월 이후), 미지급금(12개월 이후)
    - ② 퇴직급여부채
    - ③ 기타부채 : 선수금(12개월 이후), 임대보증금
- 자 본
  - 납입자본
    - 자본금
    - 주식발행초과금
    - 자기주식
  - 기타자본구성요소
    - 자본유지조정
    - 기타포괄손익누계액 : 재평가잉여금, 매도가능금융자산평가손익
    - 일반적립금 : 법정적립금, 임의적립금
  - 이익잉여금

그림 4-6 재무상태표계정

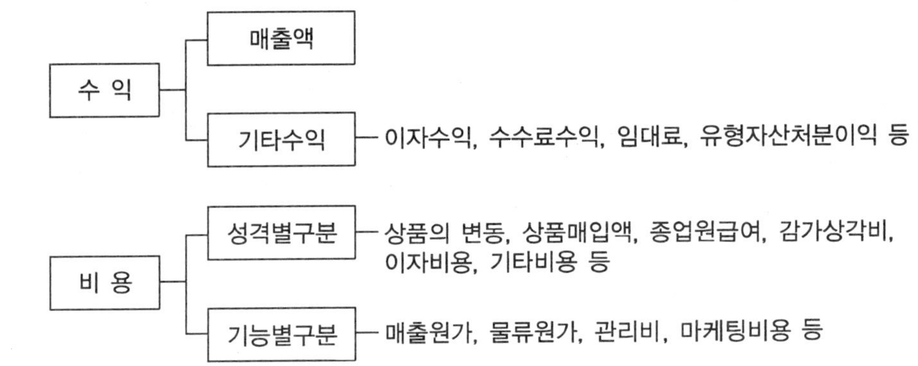

그림 4-7 포괄손익계산서계정

앞의 계정 분류는 기업에서 볼 수 있는 가장 보편적인 형태라고 할 수 있다. 참고로 한 가지 주의해야 할 점은 어떤 방법으로 계정과목의 분류가 이루어져 있다 하더라도 이것은 어디까지나 참고할 사항이지 반드시 이와 같은 계정을 설정하여야 한다는 것은 아니다. 원칙적으로 이를 준용하되 기업의 실정에 맞는 적절한 계정과목으로 삭제, 변경, 추가할 수 있다.

구체적인 계정과목에 대한 설명은 다음의 <보론>을 참조하기 바란다.

〈보 론〉

1) 자산계정

(1) 유동자산

한국채택국제회계기준에서는 자산을 유동자산과 비유동자산으로 구분하며, 유동자산은 일반적으로 기업이 1년 이내(재무상태일) 또는 정상영업주기이내에 현금화할 목적으로 보유하는 자산을 말한다.

① 현금및현금성자산

현금과 현금성자산을 하나로 묶어 현금 및 현금성자산이라는 단일계정으로 보고하도록 하고 있다. 현금에는 현금과 요구불예금이 있으며, 현금성자산이란 유동성이 매우 높은 단기 투자자산으로서 확정된 금액의 현금으로 전환이 용이하고 가치변동의 위험이 중요하지 않은 자산을 일컫는다.

② 매출채권 및 기타채권

a. 매출채권: 매출채권이란 기업이 상품을 매출하는 과정에서 발생한 채권으로, 외상매출금과 받을어음을 말하는 것이다. 외상매출금이란 상품을 매출하고 그 대금을 외상으로 하는 것이며, 받을어음이란 상품을 매출하고 그 대금을 동점으로부터 어음으로 받는 것이다.

b. 단기대여금: 단기대여금은 금전소비대차계약(금전을 빌려주고 받는 것을 내용으로 하는 계약)에 의하여 타인에게 대여한 금액을 처리하는 계정으로 관계회사 단기대여금, 주주・임원・종업원 단기대여금, 특수관계자 단기대여금, 기타 타인에 대한 단기대여금 등이 있다. 대여금에 대한 회수기간이 1년 내에 도래하는 것은 '단기대여금'으로 분류하고, 1년 이후에 도래하는 것은 '장기대여금'으로 분류한다. '회수기간이 1년 내'라고 하는 것은 그 기준일이 자금 대여가 일어난 시점(계약일)을 말하는 것이 아니라 결산기말(재무상태표일)을 기준으로 한다.

c. 미수금: 미수금이란 일반적인 상거래 이외에 발생한 미수채권으로 예를 들면, 기계장치 외상매각대금, 차량운반구 외상매각대금, 환급세금 미수금 등이 있다.

③ 기타금융자산[6)]

기타금융자산이란 현금및현금성자산과 대여금 및 수취채권을 제외한 금융자산 즉, 유가증권(지분상품, 채무상품)과 파생상품 및 금융기관이 취급하는 금융상품을 말한다.

a. 1년 이내 만기도래 유가증권

b. 정기예금: 이자수익을 목적으로 금융기관에 금전 등을 일정 기간 동안 예치한 예금을 말한다. 정기예금 중 재무상태표 작성일로부터 1년 이후에 만기가 도래하는 금액은 장기금융상품으로 분류한다.

c. **정기적금**: 일정한 기간을 정해 놓고 매 월 일정 금액을 불입하는 저축성 예금을 말한다.

④ 재고자산

재고자산이란 정상적인 영업과정에서 판매를 위하여 보유중인 자산(제품, 상품)과 정상적인 영업과정에서 판매를 위하여 생산중인 자산(재공품, 반제품) 및 생산이나 용역제공에 사용될 자산(원재료, 소모품)을 말한다.

a. **상품**: 기업의 정상적인 영업활동을 목적으로 구입한 상품, 미착상품, 적송품 등을 말하며, 부동산매매업에 있어서 매매를 목적으로 소유하는 토지·건물 기타 이와 유사한 부동산은 상품으로 처리한다.

b. **제품**: 판매를 목적으로 제조하여 판매가 가능한 상태에 있는 생산품 등을 말한다. 제품원가는 원가계산절차에 의하여 계산한다.

c. **재공품**: 재공품이란 제조과정 중에 있는 미완성품의 제조원가를 집계하는 계정이며 재공품은 재고자산의 일부가 된다. 재공품계정 차변에는 기초재공품 원가와 당기에 제조과정에 투입된 직접재료비, 직접노무비, 제조간접비가 기록된다.

d. **원재료**: 원료, 재료, 매입부분품, 미착원재료 등을 원재료라 한다.

⑤ 기타자산

a. **선급금**(12개월 이내): 선급금은 상품이나 제품 등의 재고자산 구입 시 납품에 앞서 대금의 일부 또는 전부를 지급하는 금액을 말한다. 상품이나 원재료 및 용역, 고정자산을 구입하고 대금을 먼저 지급한 경우이다. 선수금이란 물품 등을 인도하기 전에 그 대금 등을 미리 지급받은 금액을 말한다. 선급금 및 선수금과 관련하여 주의할 점은 이러한 성격의 자산과 부채는 미래에 재화나 용역을 주고받을 권리나 의무이며, 금융자산이나 금융부채를 발생시키는 권리나 의무가 아니므로 금융자산과 금융부채로 보지 않는다는 것이다.

b. **미수수익**: 기업이 외부에 용역을 제공하고 그 대가로서 당기에 이루어져야 하는 수익 중 수취하지 못한 수익을 말한다. 예를 들면, 미수임대료, 미수이자수익 등이 있다. 미수수익은 계약에 의한 계속적인 역무의 제공이라는 점에서 상품 등의 판매에 의

한 외상매출금, 또는 유가증권·토지·건물 등의 매각대금의 미수금과는 구별된다.

c. **선급비용**: 일정 계약에 따라 용역을 제공받기로 하고, 그 대가를 지급하였으나 결산시점에 그 용역제공의 기한이 종료되지 않은 경우 아직 남아 있는 용역제공 기간에 해당하는 비용은 선급한 것으로 기간 손익을 정확히 계산하기 위하여 선급한 비용을 계상하여 다음연도에 해당 비용으로 대체한다.

(2) 비유동자산

비유동자산은 기업이 1년 이후 또는 정상영업주기이후에 현금화할 목적으로 소유하는 자산을 말한다.

① 대여금 및 수취채권

a. **장기대여금**: 대여금 중 유동자산에 속하지 아니하는 장기의 대여금으로 그 기한이 1년을 초과하여 대여하는 대여금을 말한다.

b. **미수금**: 미수금이란 일반적인 상거래이외에 발생한 미수채권으로 예를 들면, 기계장치 외상매각대금, 차량운반구 외상매각대금, 환급세금 미수금 등이 있다.

② 기타금융자산

기타금융자산이란 현금및현금성자산과 대여금 및 수취채권을 제외한 금융자산 즉, 유가증권(지분상품, 채무상품)과 파생상품 및 금융기관이 취급하는 금융상품을 말한다.

a. **매도가능금융자산**: 매도가능금융자산이란 매도가능항목으로 지정한 비파생금융자산 또는 대여금 및 수취채권 · 만기보유금융자산 · 당기손익인식금융자산으로 분류되지 않는 비파생금융자산을 말한다.

b. **만기보유금융자산**: 만기보유금융자산이란 만기가 고정되고 지급금액이 확정되었거나 결정 가능한 비파생금융자산으로서 만기까지 보유할 적극적인 의도와 능력이 있는 경우의 금융자산을 말한다.

③ 투자부동산

투자부동산[7]이란 임대수익이나 시세차익을 얻기 위하여 보유하고 있는 부동산(토지, 건물 또는 그의 일부분)을 말한다.

④ 유형자산

유형자산(tangible assets)이란 재화나 용역의 생산이나 제공, 타인에 대한 임대 또는 관리활동에 사용할 목적으로 보유하는 물리적 형태가 있는 자산으로 한 회계기간을 초과하여 사용할 것이 예상되는 자산을 말한다.

a. 토지: 대지, 임야, 전답, 잡종지 등의 취득 시 토지계정으로 회계처리한다. 그리고 토지 구입시 소요되는 관련비용(취득세, 등록세, 중개수수료 등)은 토지에 포함한다.

b. 건물: 건물과 냉난방·조명·통풍 및 기타의 건물부속설비로 한다. 기타 전기시설, 배수, 급수, 위생, 세면대, 보일러 등의 설치비용도 건물부속설비로 그 취득 시 건물로 회계처리한다.

c. 비품: 비품이란 컴퓨터, 책걸상, 전화기, 복사기, 팩시밀리, 에어컨, 자동판매기, 냉장고, 사무용가구, 선풍기, 정수기, 세탁기, 침대, 비디오 등을 말한다.

d. 기계장치: 기계장치, 운송설비(콘베어·호이스트·기중기 등)와 기타의 부속설비 등을 말하며, 기계장치의 구입과 관련한 제비용은 기계장치의 취득원가에 포함한다.

⑤ 무형자산

무형자산(intangible assets)이란 물리적 형체가 없지만 식별가능하고 기업이 통제하고 있으며 미래 경제적효익이 있는 자산을 말한다. 무형자산으로 정의되기 위한 세 가지 조건으로 식별가능성, 통제 및 미래 경제적효익을 제시하고 있다.

a. 특허권: 특허권이란 특수한 발명이나 사실에 대하여 특허법상 그 발명인 및 소유자에게 일정 기간 동안 그 발명품의 제조 및 판매에 관하여 법률상 부여한 권리를 말한다.

b. 상표권: 특정 상표를 관계 법률에 의하여 등록하여 일정기간 동안 독점적/배타적으로 이용할 수 있는 권리를 말한다.

⑥ 기타자산

기타자산이란 지금까지 살펴본 재고자산, 금융자산, 유형자산, 투자부동산 및 무형자산에 속하지 않는 자산을 말한다.

a. 선급금(12개월 이후)

b. 보증금: 타인의 부동산이나 동산을 일정기간 동안 사용하기 위하여 채무의 담보로서 임대인에게 지급한 금액을 말한다(예: 전세권, 회원권, 임차보증금 등).

2) 부채계정

(1) 유동부채

유동부채란 보고기간(재무상태표일) 후 부터 12개월 또는 정상영업주기 이내에 결제될 것으로 예상되는 부채를 말한다.

① 매입채무

매입채무는 물건을 사고 일정기간 후에 돈을 주기로 하거나, 물건을 팔고 어음을 주었을 경우 사용하는 용어이다. 한국채택국제회계기준에서는 어음거래와 외상거래를 모두 매입채무로 계상하도록 하고 있으나 실무에서는 어음거래는 지급어음으로 외상거래는 외상매입금으로 처리를 한다.

② 기타금융부채

a. 단기차입금: 단기차입금은 금융기관 등으로부터 돈을 빌려오고 사용 후 1년 이내에 갚아야 하는 돈을 말한다. 금융기관 차입금, 주주 · 임원 · 종업원의 단기차입금, 어음 단기차입금, 당좌차월 등. 1년 이내에 갚아야 하는 돈은 단기차입금으로 1년 이후에 갚아야 하는 돈은 장기차입금으로 처리를 한다.

b. 미지급법인세(12개월 이내): 우리나라의 법인세법은 회계연도가 6개월을 초과하는 법인에 대하여 당해 회계연도 개시일로부터 6개월간을 중간예납기간으로 하여 당해 회계연도에 납부하여야 할 세액의 일부를 일정한 계산방법에 따라 납부하도록 규정하고 있는데, 이를 중간예납세액이라고 한다. 그리고 회계연도말에는 정확한 법인세를 계산하여 차액을 미지급법인세('당기법인세부채'라고도 함)나 선급법인세('당기법인세자산'이라고도 함)로 계상하게 된다.

c. **예수금**: 예수금은 궁극적으로는 제3자에게 지급하여야 할 금액을 기업이 거래처나 종업원으로부터 일시적으로 보관하는 경우에 사용하는 계정이다. 예수금의 대표적인 예로는 기업이 종업원의 급여에서 공제하여 해당기관에 납부하는 소득세, 소득할 주민세, 국민연금, 건강보험료, 고용보험료 등을 들 수 있다.

③ 충당부채

충당부채(appropriation liabilities)란 과거사건의 결과로 현재의무(법적의무 또는 의제의무)로 당해 의무를 이행하기 위하여 경제적효익이 내재된 자원이 유출될 가능성이 높고(일반적으로 발생확률이 50%를 초과하는 경우를 의미함) 당해 의무의 이행에 소요되는 금액을 신뢰성 있게 추정할 수 있는 부채를 말한다.

a. **제품보증충당부채**: 제품보증약정은 일정기간 이내에 판매한 제품 등의 품질이나 성능에 결함이 있는 경우 무상으로 수리 또는 교환해주는 약정을 말한다. 제품보증은 제품의 보증판매라는 과거사건으로 인하여 법적의무가 발생하며, 보증판매를 전체적으로 보면 의무발생 가능성이 높다. 따라서 제품보증예상액은 충당부채로 인식하고, 동 금액을 당기비용으로 처리한다.

b. **경품충당부채**: 기업은 상품의 판매 시마다 고객에게 경품권을 제공하고 고객이 경품권을 제시하는 경우 경품과 교환하여 주는 판매기법을 사용하기도 한다. 기업은 상품의 판매라는 과거사건으로 인하여 미래에 현금유출가능성이 높고, 금액을 신뢰성 있게 추정할 수 있으므로 경품권의 회수 시 제공할 경품금액을 추정하여 경품충당부채로 인식하여야 한다.

④ 기타부채

기타부채란 지금까지 살펴본 금융부채와 충당부채에 속하지 않는 부채를 말한다.

a. **선수금**: 선수금이란 수주공사 수주품 및 기타 일반적 상거래에서 발생한 선수액을 말한다. 즉, 거래처로부터 상품 또는 제품을 주문받고 제공하기 전에 수취한 대금을 말한다. 재무상태표일로부터 12개월 이내에 상품 등을 인도하기로 약정한 것을 말한다.

b. **미지급비용**: 미지급비용이란 이미 발생된 비용으로서 아직 지급되지 않은 것을

말한다. 즉 일정한 계약에 따라 계속적으로 용역을 제공받고 있는 경우에 이미 제공받은 용역에 대하여 결산일 현재 아직 그 대가의 지급이 끝나지 않은 경우 동 계정을 처리하는 계정이다.

c. 선수수익: 선수수익은 계약에 따라 대금을 수령하고 결산기말 현재 용역을 제공하지 않은 경우 동 금액에 대하여 처리하는 계정이다.

(2) 비유동부채

비유동부채란 보고기간(재무상태표일) 후부터 12개월 또는 정상영업주기 이후에 결제될 것으로 예상되는 부채를 말한다.

① 금융부채

금융부채란 부채의 정의를 충족하는 계약상 의무로서 현금 또는 자기지분상품 등의 금융자산으로 결제되는 부채를 말한다.

a. 장기차입금: 장기차입금은 금융기관 등으로부터 돈을 빌려오고 사용 후 1년이 지나서 갚아도 되는 돈을 말한다. 금융기관 차입금, 주주 · 임원 · 종업원의 장기차입금, 어음 단기차입금, 당좌차월 등이 있다.

b. 미지급금(12개월 이후): 상품이나 제품이 아닌 물품의 구입, 용역의 제공, 특별소비세, 광고료 등과 관련된 지출로서 기업의 일반적 상거래 이외에서 발생한 채무를 말한다.

② 퇴직급여부채

퇴직급여부채란 미래에 예상되는 퇴직급여를 보험수리적 가정을 사용해 시장이자율로 할인한 금액을 말한다.

③ 기타부채

a. 선수금(12개월 이후)

b. 임대보증금: 타인에게 부동산이나 동산을 일정기간 빌려주고 채무의 담보로서 임차인에게 수취한 금액을 말한다.

3) 자본계정

(1) 납입자본

납입자본이란 자본금과 주식발행초과금 등 소유주가 출연한 자본을 말한다. 주식회사의 경우에는 주식을 발행하여 대중으로부터 자본을 조달하게 되는데, 주식은 1주당 액면금액이 정해져 있다.

① 자본금

자본금은 발행주식의 액면금액을 말하는 것으로 1주당 액면금액에 실제 발행한 주식의 수를 곱하여 계산된 금액이다.

② 주식발행초과금

주식의 발행가액(신주발행수수료 등 신주발행을 위하여 직접 발생한 기타의 비용을 차감한 후의 가액을 말한다)이 액면가액을 초과하는 경우 그 초과금액을 말한다.

③ 자기주식

회사가 자기가 발행한 주식을 소각, 재 발행할 목적으로 매입 증여에 의하여 취득한 주식으로 공식적으로 소각되지 않은 주식을 말한다.

(2) 기타자본구성요소

① 자본유지조정

자본유지조정이란 자본거래 중 납입자본(자본금, 주식발행초과금, 주식할인발행차금, 자기주식)을 제외한 임시적인 자본항목으로서 자본에 차감 또는 가산되어야 하는 항목들을 말한다.

② 기타포괄손익누계액

기타포괄손익누계액이란 당기순손익에 포함되지 않는 수익과 비용항목의 누계액을 말한다. 즉, 기업이 영업활동의 결과로 창출한 총손익(이를 '총포괄손익'이라고 한다)은 소유주에게 분배할 수 있는 손익(이를 '당기순손익'이라고 한다)과 소유주에게 분배할 수 없는 손익(이를 '기타포괄손익'이라고 한다)으로 구분할 수 있는데, 기타포괄손익누계액은 총포괄손익 중 기타포괄손익의 누계액을 의미한다.

a. 재평가잉여금: 한국채택국제회계기준은 유형자산과 무형자산을 공정가치로 재평가할 수 있도록 규정하고 있는데, 재평가잉여금은 유형자산과 무형자산을 공정가치로 재평가함에 따라 발상한 재평가이익을 의미한다.

b. 매도가능금융자산평가손익: 한국채택국제회계기준은 장기보유목적으로 취득하고 만기까지 보유할 의도가 없는 시장성 있는 유가증권(주식, 국/공채, 회사채) 즉, 매도가능금융자산을 공정가치로 평가하도록 규정하고 있는데, 매도가능금융자산평가손익은 매도가능금융자산을 공정가치로 평가함에 따라 발생한 손익을 의미한다.

③ 일반적립금

일반적립금이란 법규나 기업 임의적으로 유보한 이익잉여금을 말한다. 일반적립금은 다음과 같이 법정적립금과 임의적립금으로 구분된다.

a. 법정적립금: 상법 등의 법규에 의하여 의무적으로 적립한 이익잉여금을 말한다.

b. 임의적립금: 기업 임의적으로 적립한 이익잉여금을 말한다.

④ 이익잉여금

기업이 벌어들인 이익 중 배당금이나 기타자본구성요소로 처분되지 않고 남아 있는 부분을 말한다. 이는 아직 사용목적이 정해져 있지 않은 금액으로서 배당금이나 기타자본구성요소로 처분이 가능한 금액이다.

4) 수익계정

(1) 매출액

매출액이란 기업의 가장 중요한 영업활동과 관련하여 재화나 용역을 제공함에 따라 발생하는 수익을 말한다. 일정기간 동안 소비자에게 판매한 상품가격 총계인 총매출액에서 매출에누리와 환입 및 매출할인을 차감하여 계산한다.

(2) 기타수익

기타수익이란 기업의 주요 영업활동과는 관련이 없으나 영업활동의 결과 부수적으로 발생하는 수익을 말한다. 기타수익의 예로서 이자수익, 수수료수익, 임대료, 유형자산 처분이익 등을 들 수 있다.

① 이자수익: 돈을 빌려주고 받는 이자를 말한다. 그 예로 예 · 적금, 국공채, 사채, 대여금, 대표이사 가지급금이자가 있다.

② 수수료수익: 수수료수익이란 상품매매에 따른 중개수수료 수입 등 용역을 제공하고 얻은 수수료를 말한다.

③ 임대료: 부동산 또는 동산을 임대하고 타인으로부터 지대, 집세, 사용료 등의 대가로 수취하는 금액을 말한다.

④ 유형자산처분이익: 유형자산의 처분시 처분가액이 장부가액(취득가액－감가상각누계액)을 초과하는 경우 동 차액을 말한다.

5) 비용계정

(1) 성격별구분

성격별 표시방법(classification by nature)은 비용을 상품의 변동, 상품매입액, 종업원급여, 감가상각비와 기타상각비, 이자비용, 기타비용 등 성격별로 구분하여 표시하는 방법이다. 따라서 이 방법은 비용을 기능별로 재분배할 필요가 없기 때문에 작성이 간편하고, 비용의 성격에 대한 정보를 제공함으로 미래현금흐름을 예측하는 데 유용하다는 장점이 있다.

① 상품의 변동

② 상품매입액

③ **종업원급여**: 급여란 특정인에게 근로를 제공하고 이에 대한 대가로써 지급받는 제 금액으로서, 급여에는 임원급여, 급료와 임금 및 제 수당을 포함한다. 임직원에게 지급을 하는 기본급, 제수당, 상여금 등이 있고, 일용직 근로자에게 지급을 하는 급여는 일반적으로 잡급으로 처리를 한다.

④ **감가상각비**: 유형자산이 시간이 지남에 따라 그 가치가 점차 감소되는 것을 그 자산의 내용연수에 따라 비용화 시켜주는 것을 말한다.

⑤ **이자비용**: 남에게 돈을 빌려 쓰고 지불하는 이자를 말한다.

⑥ **기타비용**

(2) 기능별구분[8)]

기능별 표시방법(classification by function)은 비용을 매출원가, 물류원가(물류비), 관리활동원가(일반관리비, 마케팅비용 등 기능별로 구분하여 표시하는 방법으로 매출원가를 반드시 다른 비용과는 분리하여 공시하는 방법이다. 따라서 기능별 표시방법을 매출원가법이라고도 한다.

① **매출원가**: 매출원가는 제품을 만들기 위하여 사용된 모든 비용을 말한다. 즉, 「기초재고액＋당기매입액－기말재고액」으로 매출원가를 계산한다.

② **물류원가(물류비)**: 기업 활동의 손익상태와 재무상태를 중심으로 회계제도의 범주에서 물류활동을 수행하기 위하여 발생하거나 소비한 경제가치이다.

③ **관리비(일반관리비)**: 기업의 유지를 위한 관리활동 부문에서 발생하는 제비용으로서 제조원가에 속하지 아니하는 모든 영업비용중 판매비 등을 제외한 비용을 말한다.

④ **마케팅비용**: 마케팅 활동에 소요되는 경비. 판매촉진비, 판매관리비, 판매인건비, 광고비, 시장조사비, 수송보관비 등이 포함된다.

---

6) ■ **양도성 예금증서(CD)**: 은행이 발행하는 예금증서의 일종으로 증서에 표시된 조건(지급일자, 표면금리 등) 만기일에 원리금을 지급한다. 무기명 양도성 예금증서는 만기 이전에 자유롭게 타인에게 양도가 가능하며, 유통시점의 시중금리에 따라 그 양도가액은 액면금액보다 증감될 수 있다.

■ **기업어음(CP)**: 기업어음이란 금리자율화정책에 따라 국내 우량기업이 금융시장 실세금리 수준으

성격별 표시		
수익		X
기타 수익		X
제품과 재공품의 변동	X	
원재료와 소모품의 사용액	X	
종업원급여비용	X	
감가상각비와 기타 상각비	X	
기타 비용	X	
총비용		(X)
법인세비용차감전순이익		X

기능별 표시	
수익	X
매출원가	(X)
매출총이익	X
기타 수익	X
물류원가	(X)
관리비	(X)
기타 비용	(X)
법인세비용차감전순이익	X

그림 4-8 비용의 성격별 · 기능별 표시방법

로 어음을 발행하고 있는데, 금융회사가 이를 인수하여 일반고객에게 매출하고 있다.

- MMF: 'Money Market Funds'의 약자로 투자신탁회사가 고객들의 자금을 모아 펀드를 구성한 다음 금리가 높은 만기 1년 미만의 기업어음(CP) · 양도성예금증서(CD) · 콜 등 주로 단기 금융상품에 집중 투자하여 얻은 수익을 고객에게 되돌려주는 만기 30일 이내의 초단기금융상품이다.
- 사용이 제한되어 있는 예금: 차입금에 대하여 담보로 제공된 예금, 당좌거래개설은행에 예치한 당좌개설보증금, 기타 사용이 제한된 예금 등을 말한다.

7) 투자부동산은 다음과 같은 특징이 있다.

(1) 투자부동산은 임대수익이나 시세차익을 얻기 위하여 보유하는 부동산이므로 기업이 보유하고 있는 다른 자산과 거의 독립적으로 현금흐름을 창출한다. 따라서 창출된 현금흐름이 당해 부동산뿐만 아니라 생산이나 공급과정에서 사용된 다른 자산에도 동시에 귀속되는 자가사용부동산과는 구별된다. 여기서 자가사용부동산이란 재화의 생산이나 용역의 제공 또는 관리활동에 사용하기 위하여 보유하고 있는 부동산 즉, 업무용부동산을 의미하는 것으로 유형자산으로 분류된다.

(2) 투자부동산은 시세차익을 얻기 위하여 보유하는 부동산이며, 정상적인 영업과정에서 판매를 목적으로 보유하는 부동산이 아니다. 따라서 정상적인 영업과정에서 판매를 목적으로 보유하는 부동산이라면 재고자산으로 분류되어야 한다.

8) 기능별 표시방법은 후술하는 성격별 표시방법보다 재무제표이용자에게 더욱 목적적합한 정보를 제공할 수 있지만, 비용을 기능별로 배분하는 데 자의적인 배분과 상당한 정도의 주관적 판단이 개입될 수 있다. 따라서 기업회계기준서는 비용을 기능별로 구분하여 표시하는 경우 감가상각비와 기타 상각비 및 종업원 급여 등을 포함하여 비용의 성격별 분류에 대해서 주석으로 공시하도록 규정하고 있다.

3. 계정기입의 원칙

거래를 각 계정들에 미치는 영향을 분석한 분개장의 기록은 적절한 계정에 옮겨져야 하는데, 분개장의 기록들을 각 계정에 옮겨 기록하는 절차를 전기(posting)라고 한다. 분개장에 기입되어 있는 모든 차변과 대변의 계정과목들은 정확한 금액과 함께 전기되어야 한다.

계정기입의 원칙은 이러한 전기의 원칙을 의미하는데, 구체적으로는 자산・부채・자본・수익・비용에 속하는 항목들을 각각의 계정에 기입할 때 그 증가와 감소가 계정의 차변과 대변에 어떻게 기입되는가를 나타내 주는 원칙이다. 계정기입의 원칙은 다음의 방정식의 원리에 따른다.

자산 + 비용 = 부채 + 자본 + 수익

자산과 비용에 속하는 계정들의 증가액 및 발생액은 해당계정의 왼쪽, 즉 차변에 기입하고, 감소하는 경우에는 동 계정의 오른쪽, 즉 대변에 기입한다. 부채, 자본 및 수익에 속하는 계정들의 증가액 및 발생액은 해당계정의 오른쪽인 대변에 기입하고, 감소액은 왼쪽, 즉 차변에 기입한다. 이 같은 계정기입의 원칙을 T계정에 요약, 표시하면 다음과 같다. T계정이란 원래 총계정원장을 말하는데 회계를 연습할 때 또는 표시할 때 총계정원장을 모두 그리면 번거로워 간단하게 표시한 것이 T자 계정이다.

또한 모든 거래는 거래의 이중성에 따라 어떤 계정의 차변에 기입된 금액과 동일한 금액이 다른 계정의 대변에 기입되게 한다. 그러므로 아무리 많은 거래가 기입되더라도 계정 전체를 통하여 본다면 차변합계와 대변합계는 반드시 일치하게 되는데, 이것을 대차평형의 원리(principle of equilibrium)라 한다. 이것은 복식부기의 기본원리의 하나이며, 복식부기에서는 이 원리를 이용하여 대차의 합계가 일치하는가를 확인함으로써 기장상의 오류를 자동으로 검증할 수 있다. 회계에서는 이와 같은 대차평형의 원리가 있기 때문에 복식부기는 자기통제 또는 자기검증의 기능을 갖는다고 말할 수 있다.

자산계정

증 가 (+)	감 소 (-)

부채계정

감 소 (-)	증 가 (+)

자본계정

감 소 (-)	증 가 (+)

비용계정

발 생 (+)	소 멸 (-)

수익계정

소 멸 (-)	발 생 (+)

따라서 거래의 8요소란 분개의 원리뿐만 아니라 계정기입의 원리에까지도 그대로 적용된다. 거래의 8요소에 따라 각 계정의 차변과 대변에 기재되는 내용을 좀 더 구체적으로 표시하면 다음과 같은데, 이들 잔액의 계정에 의해 재무상태표와 포괄손익계산서를 작성하는 원리가 된다는 것을 알 수 있다.

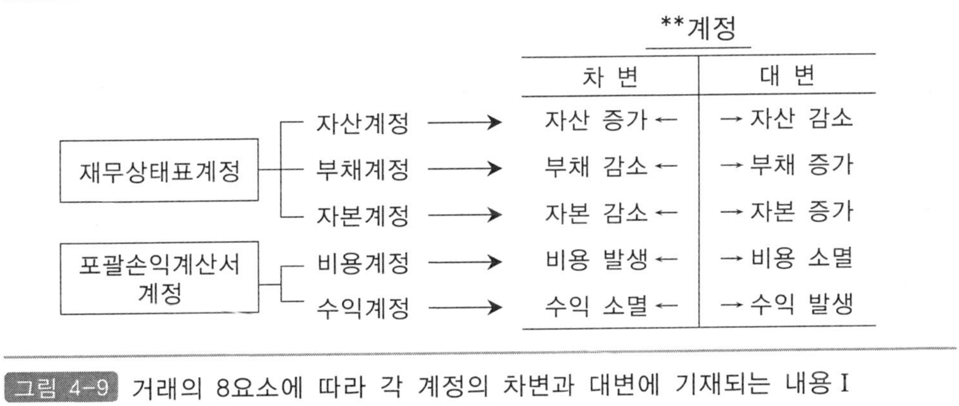

그림 4-9 거래의 8요소에 따라 각 계정의 차변과 대변에 기재되는 내용 I

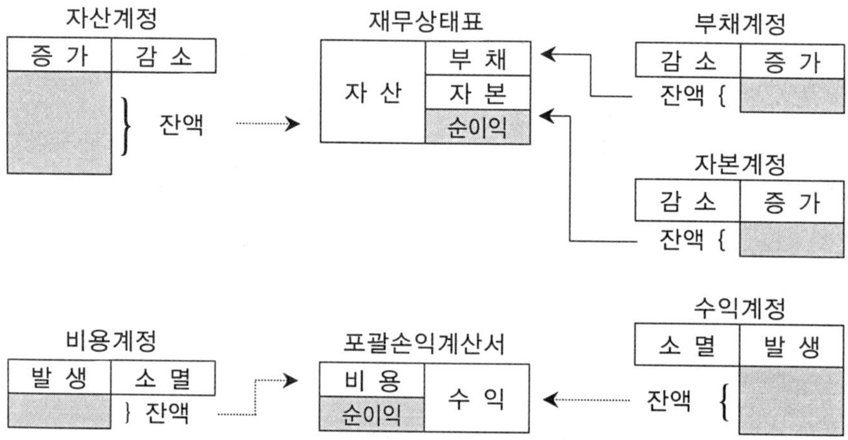

그림 4-10 거래의 8요소에 따라 각 계정의 차변과 대변에 기재되는 내용 Ⅱ

여기서 잠깐!! ☞ 차변과 대변의 의미

회계에서는 어떤 형태의 계정계좌이든 왼편을 차변(debit)이라 하여 (차) 또는 Dr이란 약자로 표시하고, 오른편을 대변(credit)이라 하여 (대) 또는 Cr이란 약자로 표시한다. 그리고 계정계좌의 왼편에 금액을 기입하는 것을 '차기한다'라고 하며, 오른편에 기입하는 것을 '대기한다'라고 한다. 차변합계액과 대변합계액과의 차액을 계정잔액(account balance)이라 하며, 차변합계액이 대변합계액보다 크면 차변잔액(debit balance), 반대의 경우는 대변잔액(credit balance)이라 한다.

〈예제 4-5〉 계정장 기입

<예제 4-4>를 이용하여 각 계정에 기입하시오.

[해 답]

현 금

4/1	50,000	4/6	19,600
5	3,000	7	18,000
12	650	9	200
23	2,000	20	2,500
		25	800
		30	150

단기금융상품

4/6	20,000	4/27	5,000
27	5,100		

당기손익인식 금융자산

4/7	18,000		

매출채권

4/18	4,500	4/23	2,000

상 품

4/10	5,000	4/18	3,000

소모품

4/9	200		

매입채무

4/20	2,500	4/10	5,000

단기차입금

		4/5	3,000

자본금

		4/1	50,000

급 여

4/25	800		

이자비용

4/30	150		

매 출

		4/18	4,500

수수료수익

		4/12	650

이자수익

		4/6	400
		27	100

매출원가

4/18	3,000		

제 4 절 총계정원장

1. 원장과 전기

분개장에 기입된 거래는 거래일자, 계정과목, 금액 등이 원장의 각 계정에 전기된다. 이러한 계정이 설정되어 있는 장부를 총계정원장(general ledger)이라 한다. 이러한 총계정원장은 자산, 부채 및 자본의 재무상태와 수익, 비용의 경영성과를 표시하는 일체의 계정계좌를 설정하고 분개장에서 분개한 거래를 전기하여 그 증감을 계산하는 장부이다.

거래에 해당하는 모든 계정이 포함되어 있기 때문에 총계정원장이라고 하며 단순히 원장(ledger)이라고도 한다. 따라서 총계정원장은 회계에 있어서 가장 중요한 장부로서 이 장부만 보면 기업의 일정시점의 재무상태나 일정기간의 경영성과를 알 수 있으며, 이것으로 회계의 주목적인 재무상태표와 포괄손익계산서를 작성할 수 있다.

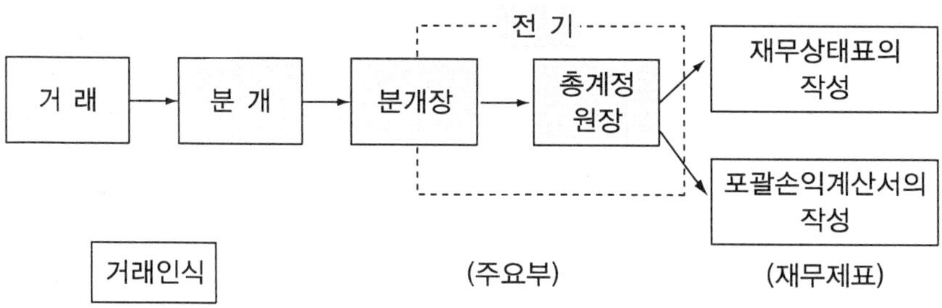

그림 4-11 전기의 과정

2. 총계정원장의 형식

총계정원장의 형식에는 표준식과 잔액식의 두 가지가 있는데 실무에서는 잔액식의 형식을 일반적으로 사용하고 있다.

총계정원장

(표준식)

**계정

월	일	적 요	분면	금 액	월	일	적 요	분면	금 액

(잔액식)

**계정

월	일	적 요	분면	차 변	대 변	잔 액

그림 4-12 총계정원장의 표준식 · 잔액식 구조

〈예제 4-6〉 총계정원장 전기

<예제 4-4>의 거래를 총계정원장에 전기하시오.

현 금 (1)

월	일	적 요	분면	금 액	월	일	적 요	분면	금 액
4	1	자본금		50,000	4	6	단기금융상품		19,600
	5	단기차입금		3,000		7	당기손익인식금융자산		18,000
	12	수수료수익		650		9	소모품		200
	23	매출채권		2,000		20	매입채무		2,500
						25	급여		800
						30	이자비용		150

단기금융상품 (2)

월	일	적 요	분면	금 액	월	일	적 요	분면	금 액
4	6	제 좌[9]		20,000	4	27	단 기 금 융 상 품		5,000
	27	제 좌		5,100					

당기손익인식금융자산 (3)

월	일	적 요	분면	금 액	월	일	적 요	분면	금 액
4	7	현 금		18,000					

매 출 채 권 (4)

월	일	적 요	분면	금 액	월	일	적 요	분면	금 액
4	18	매 출		4,500	4	23	현 금		2,000

상품 (5)

월	일	적 요	분면	금 액	월	일	적 요	분면	금 액
4	10	매 입 채 무		5,000	4	18	매 출 원 가		3,000

소모품 (6)

월	일	적 요	분면	금 액	월	일	적 요	분면	금 액
4	9	현 금		200					

매입채무 (7)

월	일	적 요	분면	금 액	월	일	적 요	분면	금 액
4	20	현 금		2,500	4	10	상 품		5,000

단기차입금 (8)

월	일	적 요	분면	금 액	월	일	적 요	분면	금 액
					4	5	현 금		3,000

9) 이것을 표시하는 방법에는 3가지가 있다. ① 제좌 20,000 ② 현금 19,600, 이자수익 400, ③ 현금 외 20,000

자본금 (9)

월	일	적 요	분면	금 액	월	일	적 요	분면	금 액
					4	1	현 금		50,000

매출 (10)

월	일	적 요	분면	금 액	월	일	적 요	분면	금 액
					4	18	매 출 채 권		4,500

수수료수익 (11)

월	일	적 요	분면	금 액	월	일	적 요	분면	금 액
					4	12	현 금		650

이자수익 (12)

월	일	적 요	분면	금 액	월	일	적 요	분면	금 액
					4	6	단 기 금 융 상 품		400
						27	단 기 금 융 상 품		100

매출원가 (13)

월	일	적 요	분면	금 액	월	일	적 요	분면	금 액
4	18	상 품		3,000					

급여 (14)

월	일	적 요	분면	금 액	월	일	적 요	분면	금 액
4	25	현 금		800					

이자비용 (15)

월	일	적 요	분면	금 액	월	일	적 요	분면	금 액
4	30	현 금		150					

〈쉬어 가기 코너〉

대기업들, IFRS 준비에 결산까지 "바쁘다 바빠"

지난 14일 산업은행은 국제회계기준(IFRS) 시스템구축 사업자로 삼성SDS를 선정했다. 이 사업은 제1금융권 마지막 대형 프로젝트로 지칭되며 수주경쟁이 상당했다. 산업은행은 내년 5월 시스템 가동을 목표로 삼고 있다. 산업은행에 앞서 국민은행, 신한은행, 기업은행, 외환은행, 하나은행 등 대다수 대형 은행들은 이미 회계법인 컨설팅(1단계) 등을 마치고 본격적인 시스템구축(2단계) 작업에 돌입했다.

은행권이 아닌 일반 대기업체들도 현재 IFRS도입과 관련한 준비 작업에 뛰어들 태세다. 대형 건설업체인 대림산업의 경우 지난해 회계법인과 컨설팅 계약을 맺고 현재 컨설팅 마무리 단계에 돌입한 상태다. 대림산업의 한 관계자는 "IFRS도입은 2011년이지만 사실상 내년부터 비교식 IFRS를 보고할 수 있도록 해야 하기 때문에 컨설팅 등을 발 빠르게 진행해 왔다"고 전했다. 이 관계자는 "컨설팅 종료 이후 연결 시스템, 통합공시 시스템 등 구축 작업도 예정되어 있다"며 "시스템을 구축하고 시범 실시 등에 최소한 6개월은 걸릴 것으로 본다. 2011년 IFRS의 안정적인 적용을 위해서는 적어도 2010년 상반기까지 시스템 구축이 완료되어야 하기 때문에 결산시즌이 겹치긴 했지만 속도를 내고 있다"고 강조했다.

한편 대형 유통업체인 신세계도 올해 상반기 중 컨설팅 업체 물색 등 준비 작업을 거친 후 하반기부터 회계법인 컨설팅 계약을 맺고 구축작업에 뛰어들 예정이다. CJ, 롯데, 현대 등도 컨설팅 계약을 맺고 IFRS도입을 진행하고 있다. 2011년 IFRS의 전면도입을 앞두고 IFRS 의무도입 대상 기업들의 '발등'에 불이 떨어졌다. 도입 시기는 2011년이지만 이 때까지 준비해야 할 사항이 한 두가지가 아니기 때문이다. 다시 말해 '시간적 여유'가 그다지 많지 않아 의무도입 대상 기업들이 좀 더 발 빠르게 움직여야 한다는 지적이다. 사실상 IFRS도입은 내년부터로 봐야 한다. 내년부터 '비교식 IFRS'를 보고할 수 있도록 준비를 해야 하기 때문. 즉 2011년 결산보고시에는 전년 분기/반기/연도 회계자료와 비교가 가능해야 한다는 것이다. 따라서 웬만한 대기업들의 경우 IFRS도입 준비작업은 늦어도 올 3월부터는 시작해야 한다는 것이 금융당국과 회계법인 업계의 대체적인 시각이다. 회계법인 컨설팅 및 시스템 구축도 문제지만 시범실시와 이후 변수가 될 수 있는 세법 등 법규 개정을 반영한 시스템 수정 등에도 상당한 시간이 투입될 수밖에 없기 때문.

대형 회계법인의 한 관계자는 이와 관련해 "외형 1000억원 이상 상장기업의 경우 IFRS 도입에 앞서 회계시스템 개선 및 회계 메뉴얼 작성 등 준비해야 할 부분이 많기 때문에 상반기부터 도입과 관련한 준비 작업에 착수할 필요가 있다"고 설명했다.

(자료원: 조세일보 2009. 1. 15)

진위 문제

1. 회계에서 거래(transaction)라 함은 기업이 가지고 있는 자산, 부채 및 자본의 증감변화를 일으키는 일체의 경제적 사건과 수익과 비용의 발생을 가져오는 모든 경제적 사건을 말한다.

2. 분실, 도난, 화재 등에 의한 현금, 상품, 비품, 건물 등 자산의 감소나 대손에 의한 채권의 소멸 등은 회계학상 거래로 보지 않는다.

3. 교환거래는 거래에 의하여 수익 또는 비용이 발생하지 않고, 자산, 부채, 자본이 서로 증감하는 거래를 말한다.

4. 혼합거래는 자산, 부채 및 자본의 증감이 수익이나 비용의 발생에 따라 일어나는 거래를 말한다. 수수료나 이자를 현금으로 받는 수익거래와 급여, 집세 등을 지급하는 비용거래를 구분된다.

5. 자산, 부채, 자본의 증감변화와 수익과 비용의 발생에는 반드시 양면적인 두 방면에서 서로 대립되는 관계를 보인다. 즉, 회계학상 거래는 대부분 차변과 대변 양쪽에 같은 금액으로 변동되지만, 모든 거래가 반드시 그렇지는 않다.

6. 기업에서 일어나는 거래는 수많은 형태가 있으나, 이들을 분석해 보면 결국 자산의 증가, 자산의 감소, 부채의 증가, 부채의 감소, 자본의 증가, 자본의 감소, 수익의 발생, 비용의 발생 등 8가지 요소로 구성되는데, 이들을 거래의 8요소라 한다.

7. 거래의 8요소에 있어 보통 차변항목과 대변항목의 결합으로 이루어지지만 특수한 경우에 한해서는 차변요소 끼리 또는 대변요소 끼리도 거래가 이루어지기도 한다.

8. 자산의 증가는 대변에 자산의 감소는 차변에 기록한다.

9. 부채의 감소는 차변에 부채의 증가는 대변에 기록한다.

10. 자산 + 비용 = 부채 + 자본 + 수익

정 답 1. T 2. F 3. T 4. F 5. F 6. T 7. F 8. F 9. T 10. T

객관식 문제

다음 문제를 보고, 가장 올바른 답을 고르시오.

1. 다음은 거래의 인식을 위한 기본요건을 설명한 것이다. 틀린 것은?
   ① 재무제표요소의 개념정의에 부합된다.
   ② 이중성의 원칙에 따라 교환이 성립되어야 한다.
   ③ 현금의 수입 또는 지출이 있어야 한다.
   ④ 거래의 금액을 신뢰성 있게 측정할 수 있어야 한다.

2. 다음 중 회계상의 거래가 아닌 것은?
   ① 거래처와 상품매입계약을 체결하다.
   ② 화재로 인하여 건물이 소실되다.

③ 거래처의 파산으로 외상매출금 ₩700이 회수불능되다.

④ 수재민돕기 성금 ₩100을 기탁하다.

3. 다음 중 회계상의 거래가 성립되지 않는 것은?

① 영업용 건물에 대하여 감가상각비를 계상하다.

② 외상매출금이 회수불능되다.

③ 전기요금 납부고지서를 받다.

④ 자본주의 사용(私用)으로 현금을 인출하다.

4. 다음 중 거래로 성립될 수 없는 경우는?

① 자산의 증가와 부채의 증가

② 부채의 증가와 비용의 발생

③ 수익의 발생과 자산의 증가

④ 자본의 감소와 부채의 감소

5. 다음 중 자산계정이 아닌 것은?

① 미수수익 ② 임차보증금

③ 개발비 ④ 미지급비용

6. 다음 중 계정잔액이 차변에 남는 것은?

① 상품권 ② 자본금

③ 급여 ④ 임대료

7. 다음 중 설명이 틀린 것은?

① 분개의 법칙과 계정기입의 법칙은 다른 뜻이다.

② 분개장의 기록을 총계정원장에 옮겨 적는 절차를 '전기'라고 한다.

③ 모든 거래를 분개하면 차변에 기입하는 금액과 대변에 기입하는 금액의 합계가 일치한다.

④ 분개장은 거래의 발생순서에 따라 기록하며, 총계정원장은 계정과목별 증감액

및 잔액을 표시한다.

8. 다음은 계정기입의 방법을 설명한 것이다. 틀린 것은?
① 분개장의 차변금액은 해당 계정의 차변에 기입한다.
② 분면란에는 해당 거래가 기록된 분개장의 면수를 기입한다.
③ 분개장의 대변금액은 해당 계정의 차변에 상대 계정과목명을 기입한다.
④ 상대 계정과목이 둘 이상인 경우에는 '제좌'라고 기입한다.

9. 다음 중 거래의 결합관계를 잘못 나타낸 것은 어느 것인가?
① 현금 200원을 출자하여 영업을 개시하다 : 자산의 증가 - 자본의 감소
② 상품 100을 현금으로 매입하다 : 자산의 증가 - 자산의 감소
③ 차입금 중 300을 현금으로 지급하다 : 부채의 감소 - 자산의 감소
④ 종업원급여 50을 현금으로 지급하다 : 비용의 발생 - 자산의 감소

10. 정상적인 회계의 순환과정에 해당하지 않는 것은?
① 정산표 작성 ② 재무제표의 작성
③ 결산분개 및 전기 ④ 수정전 또는 수정후 시산표 작성

11. 다음 거래에 대한 결합관계가 올바른 것은?
〈거래 예시〉 : 상품 100,000원을 외상으로 구입하다.
① 자산증가-부채증가 ② 자산증가-자본증가
③ 자산증가-수익발생 ④ 부채감소-자본증가

12. 다음 거래에 대한 결합관계가 올바른 것은?
〈거래 예시〉 : 은행 차입금에 대한 이자 50,000원을 현금지급하다.
① 자산증가-부채증가 ② 부채감소-자본증가
③ 자본감소-자산감소 ④ 비용발생-자산감소

13. 자산증가 / 수익발생이 결합될 수 있는 거래는?
① 상품 200,000원을 현금으로 매입하다.

② 차입금에 대한 이자 50,000원을 현금으로 지급하다.
③ 대여금에 대한 이자 100,000원을 현금으로 받았다.
④ 여유자금으로 현금 500,000원을 은행에 정기예금하다.

14. 자산증가 / 자본증가의 결합관계에 대한 올바른 거래 추정은?
① 현금을 출자하여 영업을 개시하다.
② 상품을 외상으로 판매하다.
③ 건물을 구입하고 대금은 현금지급하다.
④ 대여금에 대한 이자를 현금으로 수취하였다.

15. 현금 100,000원과 500,000원의 어음을 발행하여 비품을 구입하였다면 어느 계정에 영향이 있는가?
① 총자산과 총자본이 증가한다.
② 총부채가 증가하고, 총자본이 감소한다.
③ 총자산이 감소하고, 총부채가 증가한다.
④ 총자산과 총부채가 증가한다.

정 답
1. ③ 2. ① 3. ③ 4. ④ 5. ④ 6. ③ 7. ① 8. ③ 9. ① 10. ①
11. ① 12. ④ 13. ③ 14. ① 15. ④

해 설

1. 거래를 장부에 기록하기 위해서는 식별가능(재무제표요소, 이중성의 원칙)하고 측정 가능해야 한다. 모든 거래가 현금의 수입 또는 지출이 수반되는 것은 아니다.

2. 거래처와 매입 또는 매출계약을 체결한 것만으로는 거래가 성립되지 않는다. 계약금을 지급하거나 받은 경우 또는 상품을 인도하거나 인수한 경우에 거래가 성립된다.

3. 전기를 사용하는 것으로 거래가 성립되며, 일정기간의 전기 사용액을 측정하여 비용으로 배분하거나, 전기요금을 납부하는 것으로 거래가 성립된다. 따라서 납부고지서를 받은 것만으로는 거래가 되지 않는다.

4. 거래는 차변요소와 대변요소의 결합으로 성립될 수 있다. 자본의 감소와 부채의 감소는 모두 차변요소이기 때문에 거래로 성립되지 않는다.

5. ④ 미지급비용은 비용의 미지급액으로서 부채계정이다.

6. 자산계정과 비용계정은 차변잔액이고, 부채와 자본 및 수익은 대변잔액이다.

7. ① 분개의 법칙과 계정기입의 법칙은 동일한 원리에 따르지만, 분개와 전기는 다른 절차이다.

8. ③ 분개장의 대변금액은 해당 계정의 대변에 상대 계정과목명을 기입한다.

9. ① 자산의 증가 – 자본의 증가

10. 정산표는 기말에 수행되는 복잡한 결산과정을 하나의 표를 통해서 기록함으로써 기록상의 오류를 줄이기 위한 하나의 도구일 뿐 결산과정에서 반드시 수행해야 하는 절차는 아니다.

제 5 장

결 산 절 차

본 장에서는 결산에 대하여 알아보고, 결산과정과 결산보고서의 작성 방법에 대해 학습한다.

제 1 절 결산의 의의

제 2 절 시 산 표

제 3 절 결산보고서의 작성

제 5 장

결 산 절 차

제 1 절 결산의 의의

현대기업은 계속적인 경영활동을 전제로 하는 조직체이다. 회계기간 중에 발생한 모든 거래의 결과(자산, 부채, 자본의 증감변동)는 분개와 전기 과정을 통하여 총계정원장상의 해당 계정과목에 전부 기록되어 있다. 따라서 이 기록은 일정기간마다 결산·정리하여 그 기간 동안의 기업자산의 증감변동과 경영성과를 계산하여 순손익을 확정하고, 일정시점의 재무상태를 명백히 할 필요가 있다.

이와 같이 한 회계기간이 끝남에 따라 그 기간의 경영성과를 확정하고, 또 기말의 재무상태를 명백히 함과 동시에 장부의 형식을 금기와 차기로 명료하게 구분하기 위하여 이루어지는 제반절차를 결산(closing)이라 한다. 이러한 결산을 행하는 날을 결산일이라고 하며, 결산일의 익일부터 다음 결산기까지의 영업기간을 회계연도 또는 회계기간(accounting period)이라 한다.

현행 상법상으로는 상인에 대하여 적어도 1년에 1회 이상의 결산을 행할 것을 요구하고 있다.

결산의 절차는 다음의 [그림 5-1]과 같은 순서로 행해진다.

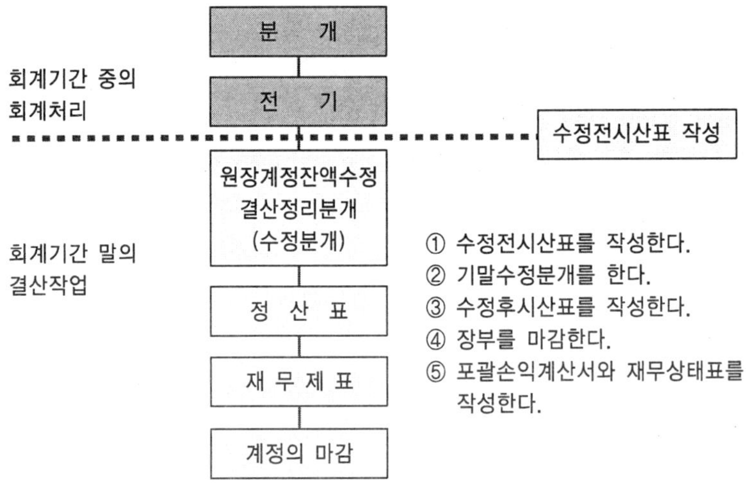

그림 5-1 결산의 절차

이와 같이 회계는 거래가 발생하면 이를 회계장부에 기록, 분류 및 요약하여 최종적으로 회계보고서인 재무제표를 작성하기까지의 일련의 절차를 매 회계기간마다 반복해서 수행하게 되는데, 이를 회계순환과정(accounting cycle)이라고 한다. 다음의 [그림 5-2]는 구체적인 회계순환과정이 예시되어 있다. 회계순환과정은 [그림 5-1]에서 보는 것처럼 크게 회계기간 중의 회계처리와 회계기말의 결산작업의 두 개의 과정으로 나누어진다.

첫 번째 과정인 회계기간 중의 처리과정은 발생된 모든 거래를 분개하고 원장에 전기하는 것이다. 두 번째 회계처리 과정은 회계연도 말에 일어나는데, 이 과정은 첫 번째 과정에서 기록된 거래를 계정별로 합산하고 기말잔액을 산출하여 시산표를 작성하고, 결산정리분개를 통하여 정산표와 재무제표를 작성하여 계정들을 마감하는 것이다. 따라서 회계정보는 분개, 전기, 결산, 계정 마감 등의 회계순환과정을 거쳐 재무제표의 형태로 생성된다.

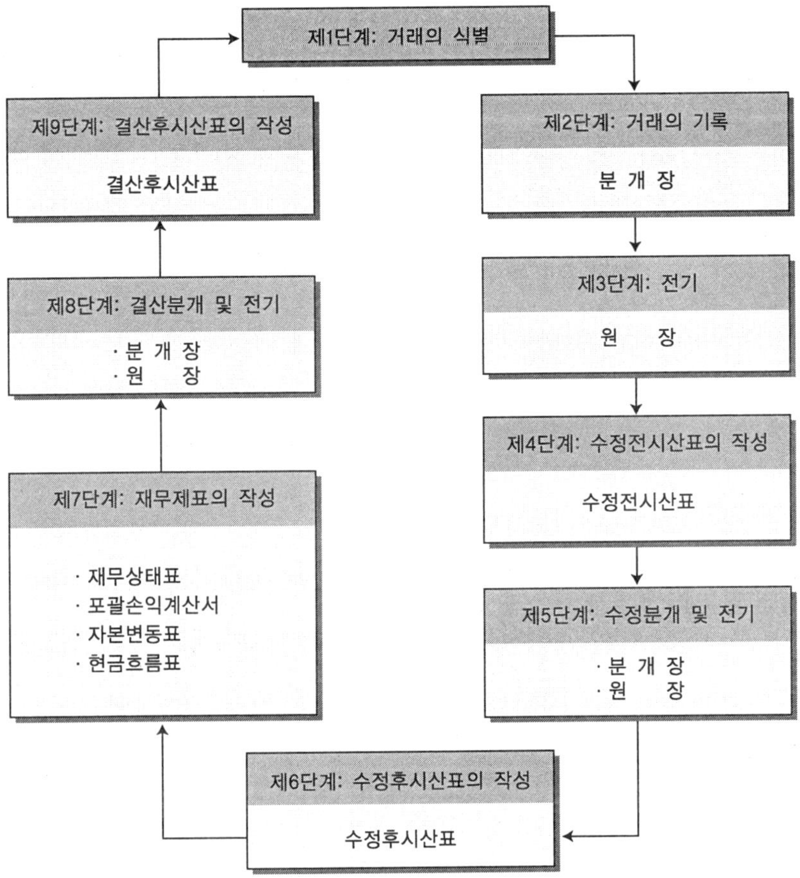

그림 5-2 회계순환과정

제 2 절 시 산 표

1. 시산표의 작성

시산표(trial balance: T/B)는 한 회계기간 동안 또는 일정기간 동안 총계정원장에 기록한 결과를 집계한 표로서 복식부기의 대차평형의 원리가 적용된다.

이와 같이 복식부기는 거래의 이중성과 대차평형의 원리에 의하여 아무리 많고 복잡한 거래가 발생하더라도 총계정원장의 모든 계정계좌의 차변과 대변의 합계는 언제나 일치하여야 하며, 각 계정의 잔액만을 집계하여도 마찬가지이다.

시산표는 이와 같은 원리에 의하여 작성된 표로서 대차의 금액이 일치하지 않으면 분개장에서, 총계정원장에의 전기과정에서 어떤 오류가 있음을 암시한다.

기업에서 시산표를 작성하는 목적은 첫째, 분개장에서 원장에의 전기가 정확한가 아닌가를 검증하고 판단하기 위해서 작성된다. 둘째, 결산 전에 경영성과와 재무상태의 개요를 파악하기 위해서 작성된다. 시산표는 작성하는 내용에 따라 ① 합계시산표, ② 잔액시산표, ③ 합계잔액시산표로 구분된다. 시산표의 작성원리를 보면 [그림 5-3]과 같다.

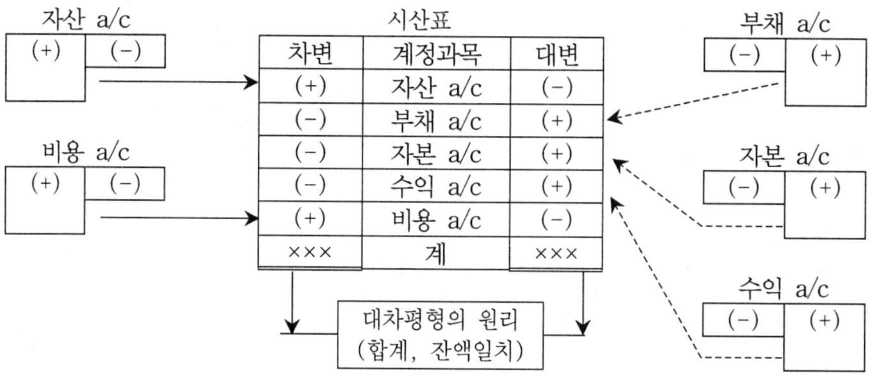

그림 5-3 시산표의 작성원리

1) 합계시산표

합계시산표(trial balance of total)는 원장 각 계정의 차변금액의 합계액과 대변금액의 합계액을 모아서 작성한 표이다. 합계시산표의 차변 합계금액과 대변 합계금액은 반드시 일치하여야 하며, 위 금액이 일치하지 않으면 전기를 잘못하였다든지 계산의 착오가 있었다든지 하는 잘못이 있는 것이다. 또한 합계시산표의 합계금액은 회계기간 중의 거래총액이 되므로 분개장의 합계총액과 반드시 일치해야 한다.

합계시산표(예시)

차 변	계정과목	대 변
1,700	현 금	1,200
200	매 출 채 권	100
300	상 품	200
450	매 입 채 무	700
	차 입 금	450
2,650		2,650

2) 잔액시산표

잔액시산표(trial balance of balances)는 차변란에는 원장 각 계정의 차변잔액을, 대변란에는 원장 각 계정의 대변잔액을 모아서 작성한 표이다. 잔액시산표는 자산, 부채, 자본, 비용, 수익 등 각 계정을 나타낸 것이므로 원장전기의 정확성 여부를 확인할 뿐만 아니라 기업의 재무상태와 경영성과를 대체적으로 파악할 수 있다는 장점이 있다.

잔액시산표(예시)

차 변	계정과목	대 변
500	현 금	
100	매 출 채 권	
100	상 품	
	매 입 채 무	250
	차 입 금	450
700		700

3) 합계잔액시산표

합계잔액시산표(trial balance of total and balances)는 합계시산표와 잔액시산표를 결합한 형태로서 번잡하나 두 시산표의 장점을 모두 가지고 있어서 사용하기가 편리하다.

합계잔액시산표(예시)

차변 잔액	차변 합계	계정과목	대변 합계	대변 잔액
500	1,700	현금	1,200	
100	200	매출채권	100	
100	300	상품	200	
	450	매입채무	700	250
		차입금	450	450
700	2,650		2,650	700

〈예제 5-1〉 시산표 작성

<예제 4-5>의 총계정원장을 이용하여 ① 합계시산표, ② 잔액시산표, ③ 합계잔액시산표를 작성하시오.

[해 답]

합계시산표

공학(주) 2010년 4월 30일

차 변	계 정 과 목	대 변
55,650	현금	41,250
25,100	단기금융상품	5,000
18,000	당기손익인식금융자산	
4,500	매출채권	2,000
5,000	상품	3,000
200	소모품	
2,500	매입채무	5,000
	단기차입금	3,000
	자본금	50,000
	매출	4,500
	수수료수익	650
	이자수익	500
3,000	매출원가	
800	급여	
150	이자비용	
114,900		114,900

잔액시산표

공학(주) 2010년 4월 30일

차 변	계 정 과 목	대 변
14,400	현 금	
20,100	단 기 금 융 상 품	
18,000	당 기 손 익 인 식 금 융 자 산	
2,500	매 출 채 권	
2,000	상 품	
200	소 모 품	
	매 입 채 무	2,500
	단 기 차 입 금	3,000
	자 본 금	50,000
	매 출	4,500
	수 수 료 수 익	650
	이 자 수 익	500
3,000	매 출 원 가	
800	급 여	
150	이 자 비 용	
61,150		61,150

합계잔액시산표

공학(주) 2010년 4월 30일

차 변		계정과목	대 변	
잔 액	합 계		합 계	잔 액
14,400	55,650	현 금	41,250	
20,100	25,100	단 기 금 융 상 품	5,000	
18,000	18,000	당 기 손 익 인 식 금 융 자 산		
2,500	4,500	매 출 채 권	2,000	
2,000	5,000	상 품	3,000	
200	200	소 모 품		
	2,500	매 입 채 무	5,000	2,500
		단 기 차 입 금	3,000	3,000
		자 본 금	50,000	50,000
		매 출	4,500	4,500
		수 수 료 수 익	650	650
		이 자 수 익	500	500
3,000	3,000	매 출 원 가		
800	800	급 여		
150	150	이 자 비 용		
61,150	114,900		114,900	61,150

2. 수정분개

시산표에 의해서 계정기입의 정확성을 확인했다 하더라도 자산과 부채 중에는 장부금액과 실제금액이 틀리는 것이 있다. 그러나 결산은 정확하여야 하므로 사실과 부합되도록 장부기록을 수정할 필요가 있다.

총계정원장에 나타난 장부잔액과 실제잔액이 일치하지 않는 경우에는 총계정원장 각 계정의 잔액을 실제잔액으로 수정해야 하는데, 장부잔액을 실제잔액으로 수정하기 위해 결산할 때에 하는 분개를 수정분개(adjusting entry)라 한다.

기업의 입장에서 보면, 결산 기말에 수정분개를 해야 하는 사항들이 상당히 있다. 경영활동을 수행하는 과정 중에는 비용이나 수익 중에서도 미리 주거나 받거나 해서 장부상의 기록과 실제 당기에 발생한 비용이나 수익이 일치하지 않는 경우가 많다. 이와 같은 경우에 원장의 각 계정잔액을 수정하지 않고 그대로 집계하여 포괄손익계산서와 재무상태표를 작성하면 포괄손익계산서는 일정기간의 경영성과를 정확하게 나타내지 못할 것이며, 재무상태표도 일정시점의 재무상태를 정확하게 반영하지 못할 것이다. 예를 들어, 2008년 7월 1일자로 공장 임대료 1년치 6,000,000원을 받았는데, 만약 2008년 12월 31일 결산을 한다고 할 때, 올해에 3,000,000원을 먼저 받은 경우가 된다. 이와 같은 경우에 6,000,000원을 임대료로 받은 것으로 기록하면 모순이 있다.

장부상의 금액 ≠ 실제금액 ≠ 효율적인 의사결정

만약, 이와 같은 경우에 공장 임대료 1년치를 받은 경우로 처리한다면 실제로 받은 금액과 달라서 효율적인 의사결정을 할 수가 없게 될 것이다. 이와 같은 이유에서 결산을 할 때, 장부상의 금액과 실제금액이 일치하지 않는 경우를 모두 조사해서 장부상의 금액을 실제의 금액으로 수정하는 절차가 필요한 것이다.

따라서 결산정리는 해당수익과 비용을 발생한 기간에 올바로 귀속시키는 과정(이를 발생주의라고 함)이며, 당기의 경영성과인 순손익을 정확하게 측정하고, 기말 현재 기업이 소유하고 있는 자산과 부채의 장부가액을 정확하게 보고하기 위해서 필요한 절차라고 할 수 있다.

결산정리분개를 해야 하는 대상은 먼저, 자산과 관련된 수정분개 사항으로, 상품계정의 수정, 유형자산의 감가상각, 대손충당금의 설정, 유가증권의 평가, 소모품의 회계처리, 현금과부족의 처리 등이 있다.[1] 그리고 손익과 관련된 수정분개 사항은 선급비용, 선수수익, 미지급비용, 미수수익 등의 항목들이 있다. 이하에서는 이들의 회계처리에 대해 구체적으로 살펴보자.

(1) 선급비용(prepaid expense)

선급비용은 해당 서비스에 대한 대가는 현금으로 지급되었으나 그 서비스는 아직 받지 않아 장래에 서비스를 받을 권리를 갖고 있기 때문에 미리 지급한 비용이다.

예를 들어, 9월 1일자로 보험계약을 맺고 1년분의 보험료 30만원을 미리 지급했다고 가정해 보자. 이때의 기중 분개는 다음과 같다.

9/1 (차) 보험료 300,000	(대) 현 금 300,000

9월 1일 1년치 보험료 30만원을 지급했을 때의 분개는 회사의 결산일이 12월 31일이라면 결산시점에서 볼 때, 보험기간은 아직 4개월밖에 지나지 않았다. 그런데 보험료는 1년분을 지급했으므로 8개월분을 미리 지급한 셈이 된다.

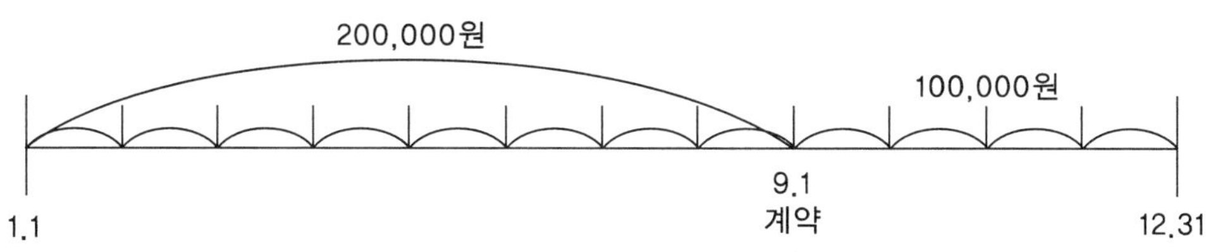

그러므로 12월말 결산에서 아무런 정리분개 및 전기를 하지 않는다면 30만원의 보험료는 전부 당기의 비용으로 기록되어 차기의 비용인 20만원 만큼 비용이 과대 기록되고,

1) 자산과 관련된 수정분개 사항은 본 교재에서는 다루지 않는다. 본 교재의 성격이 회계의 기초지식 전달에 있기 때문에 자산 관련 수정분개 사항은 회계학의 전공에서 학습하기 바란다.

차기의 보험료는 0이 되어 20만원 만큼 차기의 비용이 과소 기록되어 기간순이익이 잘못 계산되는 결과를 초래한다.

따라서 이 보험료를 기간별로 나누어 12월말 결산에서는 4개월분 10만원만을 당기의 비용으로 기록하고, 나머지 8개월분 20만원은 차기 이후 비용의 선(先)지급분(미리 지급한 비용(자산) = 선급비용(先給費用))으로 결산정리분개 및 전기를 행해야 한다.

12/31 (차) 선급보험료 200,000	(대) 보험료 200,000
(자산의 증가)	(비용의 감소)

선급비용에는 위의 선급보험료 외에도 선급임차료, 선급할인료, 선급이자 등이 있다.

(2) **선수수익**(deferred revenue)

선수수익은 수익이 실현되기 전에 현금을 받음으로 인해서 생겨나는 부채로서 기업이 상품을 인도하거나 용역(서비스)을 제공하기 전에 그 대가를 미리 받은 것을 의미한다. 기업은 재화를 인도하거나 용역의 제공이 완료될 때 수익으로 계상한다.

예를 들어, 대여금은 미리 이자를 받는 경우가 많다. 7월 1일로 대여금을 대여하고 1년분 이자 50만원을 받았다고 하자. 7월 1일 1년치 이자 50만원을 받았을 때의 기중 분개는 다음과 같다.

7/1 (차) 현　금 500,000	(대) 이자수익 500,000

그러나 회사의 결산일이 12월 31일이라면 결산시점에서 볼 때, 대여기간은 아직 6개월밖에 지나지 않았다. 그런데 이자는 1년분을 받았으므로 6개월분인 25만원을 미리 받은 셈이 된다.

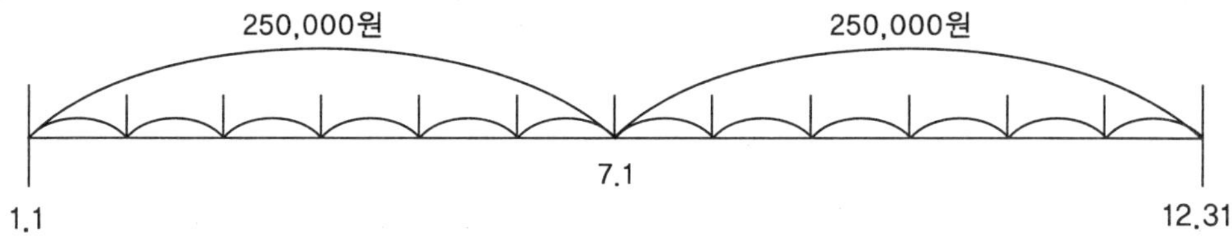

따라서 12월말 결산에서 아무런 정리분개를 하지 않는다면 50만원의 이자수익은 전부 당기의 수익으로 기록되어 25만원만큼 수익이 과다 기록되고, 차기의 이자수익은 0이 되어 25만원만큼 차기의 수익이 과소 기록됨으로써 기간순이익이 잘못 계산되는 결과를 초래한다.

그러므로 이 이자수익을 기간별로 나누어 12월말 결산에서는 6개월분 25만원만을 당기의 수익으로 기록하고, 나머지 6개월분 25만원은 차기 이후의 수익을 미리 받은 것(이를 '미리 받은 수익(부채) = 선수수익(先受收益)')으로 결산정리분개를 해야 한다.

12/31 (차) 이자수익 250,000	(대) 선수이자 250,000
(수익의 감소)	(부채의 증가)

선수수익에는 위의 선수이자 외에도 선수임대료, 선수수수료 등이 있다.

(3) 미지급비용(accrued expense)

미지급비용은 기업의 입장에서 용역을 제공 받았지만, 회사의 자금 상황이 어려워 대금 지급을 못하였을 때 발생하는 비용이다. 당기에 발생한 비용이 결산일까지 현금으로 지급되지 않은 금액은 해당 비용계정 차변에 기입하여 당기 비용에 포함시키고, 부채 계정인 미지급비용 대변에 기록한다.

예를 들어, 올해 7월초에 사무실을 빌리면서 임차료는 한 달에 20만원, 즉 1년분에 240만원을 지급하기로 하였다고 하자.

그런데 이 사무실을 빌린 후 3개월 동안은 임차료를 지급했지만 10월부터 12월 결산시까지 3개월간 임차료를 지급하지 않았을 경우, 비록 3개월분의 임차료는 당기의 결산기말까지 지급하지 못하였다고 하더라고 당기에 부담하여야 할 비용이므로 임차료라는 비용계정에 차변에 기록하고, 동시에 이것을 미지급임차료로서 미지급비용(未支給費用, 아직 지급하지 못한 비용)이라는 부채계정으로 기록하는 결산정리를 해야 한다.

12/31 (차) 임차료 600,000	(대) 미지급임차료 600,000
(비용의 발생)	(부채의 증가)

미지급비용에는 위의 미지급임차료 외에도 미지급급여, 미지급이자, 미지급수수료, 미지급세금과공과 등이 있다.

(4) 미수수익(accrued revenue)

미수수익은 용역을 제공하였지만, 아직 대금을 받지 못하였을 때 발생하는 수익이다. 당기에 실현된 수익이 결산일까지 현금으로 수입되지 아니한 금액은 해당 수익계정 대변에 기입하여 당기의 수익에 포함시키고, 미수수익이라는 자산계정 차변에 기입한다.

예를 들어, 대여금 500만원에 대한 당기분 이자 100만원을 결산기 말까지 받지 못한 경우에는 당기분 이자 100만원은 당기의 수익이므로 이자수익이라는 수익계정의 대변에 기록하고, 동시에 이것을 미수수익(未收收益, 아직 받지 못한 수익)이라는 자산계정으로 기록하는 결산정리를 해야 한다.

12/31 (차) 미수이자 1,000,000	(대) 이자수익 1,000,000
(자산의 증가)	(수익의 발생)

미수수익에는 위의 미수이자 외에도 미수임대료, 미수수수료 등이 있다.

이와 같은 과정을 거쳐야 비로소 일정기간의 경영성과와 일정시점의 재무상태를 정확하게 이해함으로써 의사결정시 유용한 정보로 이용할 수가 있다.

〈예제 5-2〉 수정분개

다음은 화학공학 주식회사의 결산정리사항이다. 이 자료에 의하여 수정분개를 하시오.

① 당기손익인식금융자산: K회사 주식 36주 장부가액 @50을 공정가액(시가) @40으로 평가하다.

② 사무용 소모품 중 이미 사용한 소모품은 180이다.

③ 단기차입금에 대한 이자 미지급액은 50이다.

[해 답]

①	(차)	당기손익인식금융자산 평가손실	360	(대)	당기손익인식금융자산	360
②	(차)	소모품비	180	(대)	소모품	180
③	(차)	이자비용	50	(대)	미지급이자	50

당기손익인식금융자산 평가손실 (16)

월	일	적 요	분면	금 액	월	일	적 요	분면	금 액
4	30	당기손익인식금융자산		360					

소모품비 (17)

월	일	적 요	분면	금 액	월	일	적 요	분면	금 액
4	30	소모품		180					

미지급이자 (18)

월	일	적 요	분면	금 액	월	일	적 요	분면	금 액
					4	30	이자비용		50

3. 수정후 시산표

수정후 시산표는 수정사항을 반영한 총계정원장 각 계정금액을 가지고 작성하기 때문에 기중거래 및 수정사항의 내역이 모두 포함된다. 이 시산표의 종류와 구조는 수정전 시산표와 동일하다.

〈예제 5-3〉 수정후 잔액시산표 작성

<예제 5-1>과 <예제 5-2>의 자료를 이용하여 공학주식회사의 수정후 잔액시산표를 작성하시오.

[해 답]

수정후잔액시산표

공학(주) 2010년 4월 30일

차 변	계 정 과 목	대 변
14,400	현금	
20,100	단기금융상품	
17,640	당기손익인식금융자산	
2,500	매출채권	
2,000	상품	
20	소모품	
	매입채무	2,500
	단기차입금	3,000
	자본금	50,000
	매출	4,500
	수수료수익	650
	이자수익	500
3,000	매출원가	
800	급여	
200	이자비용	
360	당기손익인식금융자산평가손실	
180	소모품비	
	미지급이자	50
61,200		61,200

4. 정산표의 작성

정산표(working sheet: W/S)는 잔액시산표를 기초로 하여 포괄손익계산서와 재무상태표를 작성하는 데 있어서 그 과정을 한 표에 모은 것을 말한다. 다시 말해서 정산표는 기업이 결산하기 전에 장부결산을 신속하고 정확하게 하여, 기업의 경영성과와 재무상태를 파악하기 위해서 작성되는 것일 뿐 반드시 작성할 필요는 없는 것이다.

정산표의 양식은 6위식 정산표, 8위식 정산표 및 10위식 정산표가 있는데, 6위식 정산표는 시산표란, 포괄손익계산서란, 재무상태표란으로 되어 있고, 8위식 정산표는 시산표란, 정리기입란, 포괄손익계산서란, 재무상태표란으로 되어 있고, 10위식 정산표는 정리기입란 다음에 수정후 시산표란을 더 두고 있다. 현재 실무에서 널리 사용되는 것은 8위식 정산표이다.

정산표에 설정되는 각 난에서 알 수 있는 것과 같이 정산표는 하나의 표에 결산절차 전체를 망라한 것으로 그 작성방법은 다음의 순서에 의한다.

(1) 잔액시산표의 각 계정은 금액을 대차 그대로 정산표의 잔액시산표란에 기입한다.

(2) 잔액시산표의 자산, 부채, 자본에 속하는 계정은 재무상태표란에, 수익과 비용에 속하는 계정은 포괄손익계산서란에 이동 기입한다.

(3) 재고조사표에 집계된 결산정리사항을 수정분개하여 정리기입란에 그대로 기입하게 되는데, 이때 본래 시산표상에 없었던 계정과목이 있으면 계정과목란에 추가하여 기입하고, 정리기입란의 대, 차변 일치여부를 검산한다.

(4) 시산표란과 정리기입란이 완료되면 시산표란의 금액에 정리기입란의 금액을 더하거나(같은 쪽일 때) 차감하여(반대쪽일 때) 수익, 비용의 금액은 포괄손익계산서란에 옮겨 적고 자산, 부채, 자본의 금액은 재무상태표란에 옮겨 적는다. 이때 정리기입이 없는 계정과목이나 신설된 계정과목은 잔액시산표란 또는 정리기입란의 금액을 그대로 옮겨 적는다.

(5) 포괄손익계산서란에 기입된 금액의 대변합계액에서 차변합계액을 차감하여 순이익을 계산하고 계정과목란에 당기순이익계정을 설정하여 포괄손익계산서란의 차변과 재무상태표란의 대변에 기입한다. 여기서 중요한 것은 이 기입에 의하여 재무상태표란의 차변합계액과 대변합계액은 반드시 일치하여야 한다는 것이다(거래의 이중성 및 대차평

형의 원리).

(6) 마지막으로 각 난의 대차합계액을 산출하면 대차가 일치되므로 두 줄을 그어 이를 마감한다.

〈예제 5-4〉 정산표 작성

<예제 5-1>과 <예제 5-2>를 이용하여 8위식 정산표를 작성하시오.

[해 답]

정산표 (8위식)

(단위: 천원)

공학(주) 2010년 4월 30일

계정과목	잔액시산표		정리기입		포괄손익계산서		재무상태표	
	차변	대변	차변	대변	차변	대변	차변	대변
현금	14,400						14,400	
단기금융상품	20,100						20,100	
당기손익인식금융자산	18,000			① 360			17,640	
매출채권	2,500						2,500	
상품	2,000						2,000	
소모품	200			② 180			20	
매입채무		2,500						2,500
단기차입금		3,000						3,000
자본금		50,000						50,000
매출		4,500				4,500		
수수료수익		650				650		
이자수익		500				500		
매출원가	3,000				3,000			
급여	800				800			
이자비용	150		③ 50		200			
	61,150	61,150						
당기손익인식금융자산평가손실			① 360		360			
소모품비			② 180		180			
미지급이자				③ 50				50
당기순이익					1,110			1,110
			590	590	5,650	5,650	56,660	56,660

5. 장부의 마감

장부기록 절차를 마무리하기 위해서는 자산・부채・자본 계정들은 차기(다음 회계연도)로 이월시키지만, 수익・비용 계정은 차기로 이월시키지 않고 이를 집합시켜 자본(이익잉여금)에 대체하는 절차가 필요하다. 이러한 절차를 마감이라고 한다. 수익 및 비용 계정들을 다음 연도로 이월시키면 금액은 누적되어 증가될 것이다. 따라서 수익 및 비용 계정은 다음 연도로 이월시키지 않고 그 순액 즉, 당기순이익을 재무상태표의 이익잉여금 계정으로 귀속시키는 회계처리를 하는 것으로 장부를 마감하게 된다.

자산, 부채 및 자본 계정은 차기로 이월되기 때문에 재무상태표 계정을 영구계정 또는 실질계정이라 하고, 수익과 비용 계정은 차기로 이월되지 않기 때문에 포괄손익계산서 계정을 임시계정 또는 명목계정이라 한다.

1) 포괄손익계산서 계정의 마감

손익계정(profit and loss a/c)은 순손익을 산출하기 위하여 손익에 속하는 각 계정의 잔액을 집합시킬 목적으로 기말결산에 즈음하여 새로 설정하는 계정으로 집합손익계정이라고도 한다. 즉, 수익의 각 계정의 잔액은 그 계정의 대변에 나타나므로 이것을 손익계정의 대변에 옮기고, 비용의 각 계정은 그 잔액이 차변에 나타나므로 이것을 손익계정의 차변에 옮긴다.

손익계정을 설정한 뒤에 수익계정에 속하는 계정의 잔액을 해당계정의 차변에 기입하여 마감하고 동시에 손익계정의 대변에 대체한다. 다음에 비용에 속하는 모든 계정의 잔액을 해당계정 대변에 기입하여 마감하고 동시에 손익계정의 차변에 대체한다. 이와 같이 어떤 계정의 금액을 다른 계정에 옮기는 것을 대체(transfer)라고 한다.

수익계정 :	(차)	(수익계정)	×××	(대)	집합손익	×××
비용계정 :	(차)	집합손익	×××	(대)	(비용계정)	×××

<예제 5-4>의 공학(주)의 수익과 비용계정의 잔액을 손익계정에 대체하면 다음과 같다.

4/30	(차)	매 출	4,500	(대)	집 합 손 익	4,500
30	(차)	수수료수익	650	(대)	집 합 손 익	650
30	(차)	이 자 수 익	500	(대)	집 합 손 익	500
30	(차)	집 합 손 익	3,000	(대)	매 출 원 가	3,000
30	(차)	집 합 손 익	800	(대)	급 여	800
30	(차)	집 합 손 익	200	(대)	이 자 비 용	200
30	(차)	집 합 손 익	360	(대)	당기손익인식금융자산평가손실	360
30	(차)	집 합 손 익	180	(대)	소 모 품 비	180

집 합 손 익 (18)

월	일	적 요	분면	금 액	월	일	적 요	분면	금 액
4	30	매 출 원 가		3,000	4	30	매 출		4,500
	〃	급 여		800		〃	수 수 료 수 익		650
	〃	이 자 비 용		200		〃	이 자 수 익		500
	〃	당기손익인식금융자산평가손실		360					
	〃	소 모 품 비		180					

집합손익 계정에서 결정된 이익을 이익잉여금 계정으로 대체하고 집합손익 계정을 마감한다. 집합손익 계정의 대변합계액이 차변합계액보다 크면 순이익이 발생하고, 차변합계액이 대변의 합계액보다 크면 순손실이 발생했음을 의미한다. 집합손익 계정에서 결정된 순이익은 주주들에 대한 배당 및 사내유보를 위해 이익잉여금 계정으로 대체되게 된다.

(차)	집합손익	×××	(대)	이익잉여금	×××

2) 재무상태표 계정의 마감

재무상태표의 계정을 마감하기 위해서는 잔액이 있는 반대편에 붉은색으로 적요란에 차기이월이라고 기입하고, 금액란에는 잔액과 동일한 금액을 적어 차변과 대변의 금액을 일치시켜 마감한다. 이러한 방법으로 장부를 마감하는 경우 자산계정은 대변에, 부채와

자본 계정은 차변에 차기이월이라고 기재한다.

한편 자산, 부채, 자본계정의 마감절차에서는 분개를 하지 아니하고 원장 내에서만 전기하므로 이기상 오류가 생길 소지가 있으므로 이기의 정확성을 검증하기 위하여 이월시산표(결산후시산표)를 작성할 필요가 있다. 이월시산표(post-closing trial balance)는 재무상태표를 구성하는 자산, 부채, 자본항목의 잔액들만을 집계한 표로 재무상태표를 작성하는 데 있어서 기초자료가 될 뿐만 아니라 재무상태표계정의 마감절차를 확인하기 위한 수단으로써 이용된다.

<예제 5-4>의 공학(주)의 총계정원장을 영미식 마감법으로 처리하면 다음과 같다.

현금 (1)

월	일	적 요	분면	금 액	월	일	적 요	분면	금 액
4	1	자본금		50,000	4	6	단기금융상품		19,600
	5	단기차입금		3,000		7	당기손익인식금융자산		18,000
	12	수수료수익		650		9	소모품		200
	23	매출채권		2,000		20	매입채무		2,500
						25	급여		800
						30	이자비용		150
						30	차기이월		14,400
				55,650					55,650
5	1	전기이월		14,400					

단기금융상품 (2)

월	일	적 요	분면	금 액	월	일	적 요	분면	금 액
4	6	제좌		20,000	4	27	단기금융상품		5,000
	27	제좌		5,100		30	차기이월		20,100
				25,100					25,100
5	1	전기이월		20,100					

당기손익인식금융자산 (3)

월	일	적 요	분면	금 액	월	일	적 요	분면	금 액
4	7	현금		18,000	4	30	당기손익인식금융자산평가손실		360
						30	차기이월		17,640
				18,000					18,000
5	1	전기이월		17,640					

매 출 채 권 (4)

월	일	적 요	분면	금 액	월	일	적 요	분면	금 액
4	18	매 출		4,500	4	23	현 금		2,000
						30	차 기 이 월		2,500
				4,500					4,500
5	1	전 기 이 월		2,500					

상 품 (5)

월	일	적 요	분면	금 액	월	일	적 요	분면	금 액
4	10	매 입 채 무		5,000	4	18	매 출 원 가		3,000
						30	차 기 이 월		2,000
				5,000					5,000
5	1	전 기 이 월		2,000					

소 모 품 (6)

월	일	적 요	분면	금 액	월	일	적 요	분면	금 액
4	9	현 금		200	4	30	소 모 품 비		180
						30	차 기 이 월		20
				200					200
5	1	전 기 이 월		20					

매 입 채 무 (7)

월	일	적 요	분면	금 액	월	일	적 요	분면	금 액
4	20	현 금		2,500	4	10	상 품		5,000
	30	차 기 이 월		2,500					
				5,000					5,000
					5	1	전 기 이 월		2,500

단 기 차 입 금 (8)

월	일	적 요	분면	금 액	월	일	적 요	분면	금 액
4	30	차 기 이 월		3,000	4	5	현 금		3,000
					5	1	전 기 이 월		3,000

자 본 금 (9)

월	일	적요	분면	금액	월	일	적요	분면	금액
4	30	차 기 이 월		50,000	4	5	현 금		50,000
					5	1	전 기 이 월		50,000

매 출 (10)

월	일	적요	분면	금액	월	일	적요	분면	금액
4	30	손 익		4,500	4	18	매 출 채 권		4,500

수 수 료 수 익 (11)

월	일	적요	분면	금액	월	일	적요	분면	금액
4	30	손 익		650	4	12	현 금		650

이 자 수 익 (12)

월	일	적요	분면	금액	월	일	적요	분면	금액
4	30	손 익		500	4	6	단 기 금 융 상 품		400
						27	단 기 금 융 상 품		100
				500					500

매 출 원 가 (13)

월	일	적요	분면	금액	월	일	적요	분면	금액
4	18	상 품		3,000	4	30	손 익		3,000

급 여 (14)

월	일	적요	분면	금액	월	일	적요	분면	금액
4	25	현 금		800	4	30	손 익		800

이 자 비 용 (15)

월	일	적 요	분면	금 액	월	일	적 요	분면	금 액
4	30	현 금		150	4	30	손 익		200
	30	미 지 급 이 자		50					
				200					200

당기손익인식금융자산 평 가 손 실 (16)

월	일	적 요	분면	금 액	월	일	적 요	분면	금 액
4	30	당기손익인식금융자산		360	4	30	손 익		360

소 모 품 비 (17)

월	일	적 요	분면	금 액	월	일	적 요	분면	금 액
4	30	소 모 품		180	4	30	손 익		180

미 지 급 이 자 (18)

월	일	적 요	분면	금 액	월	일	적 요	분면	금 액
4	30	차 기 이 월		50	4	30	이 자 비 용		50
					5	1	전 기 이 월		50

손 익 (19)

월	일	적 요	분면	금 액	월	일	적 요	분면	금 액
4	30	매 출 원 가		3,000	4	30	매 출		4,500
	〃	급 여		800		〃	수 수 료 수 익		650
	〃	이 자 비 용		200		〃	이 자 수 익		500
	〃	당기손익인식금융자산평가손실		360					
	〃	소 모 품 비		180					
	〃	이 익 잉 여 금		1,110					
				5,650					5,650

이 익 잉 여 금 (20)

월	일	적 요	분면	금 액	월	일	적 요	분면	금 액
4	30	차 기 이 월		1,110	4	30	손 익		1,110
					5	1	전 기 이 월		1,110

제 3 절 결산보고서의 작성

결산의 마지막 단계는 측정한 정보를 요약 정리하여 정보이용자에게 전달하기 위한 재무제표를 작성하는 것이다. 이 재무제표를 회계보고서 또는 결산보고서라고도 부른다.

1. 재무상태표

재무상태표는 일정시점의 재무상태를 표시하기 위하여 작성하는 것으로 기말의 자산, 부채 및 자본을 한 표에 나타낸 것이며 재무상태표 등식에 의하여 작성된다. 재무상태표 차변에는 자산을, 대변에는 부채와 자본을 표시하게 된다. 이때 차변에 잔액이 생기면 대변에 순이익이 발생하며, 반대로 대변에 잔액이 생기면 차변엔 순손실이 발생한다. <예제 5-4>에 의한 재무상태표를 작성하면 다음과 같다.

재무상태표

공학(주) 2010년 4월 30일 현재 (단위: 원)

자 산	금 액	부 채 및 자 본	금 액
현금및현금성자산	14,400	매입채무	2,500
단기금융상품	20,100	단기차입금	3,000
당기손익인식금융자산	17,640	미지급이자	50
매출채권	2,500	자본금	50,000
상품	2,000	당기순이익	1,110
소모품	20		
	56,660		56,660

2. 포괄손익계산서

포괄손익계산서는 일정기간의 경영성과를 알기 위하여 작성하는 것으로, 한 회계기간 중의 비용, 수익을 한 표에 나타낸 것이다. 비용을 차변에, 수익을 대변에 기입하여 대변 잔액이 생기면 차변에 순이익이, 차변잔액이 생기면 대변에 순손실이 발생한다. <예제 5-4>를 이용하여 포괄손익계산서를 작성해 보면 다음과 같다.

포괄손익계산서

공학(주) (2010년 4월 1일부터 ~ 2010년 4월 30일까지) (단위 : 원)

비용	금액	수익	금액
매출원가	3,000	매출	4,500
급여	800	수수료수익	650
이자비용	200	이자수익	500
당기손익인식금융자산평가손실	360		
소모품비	180		
당기순이익	1,110		
	5,650		5,650

〈쉬어 가기 코너〉

12월 결산법인 54% 사업보고서 오류 … 집단소송제 앞두고 '걱정'

12월 결산 상장사의 절반 이상이 여전히 사업보고서에 오류가 있는 것으로 드러났다. 내년부터 증권집단소송제가 전면 시행되면 사소한 사업보고서 오류가 소송으로 연결될 수 있다는 점에서 우려를 낳고 있다.

금융감독원은 1491개 12월 결산 상장법인이 제출한 2005 회계연도 사업보고서에 대해 재무 통계의 정확성, 형식 요건의 적정성 등을 살펴본 결과 전체의 54.5%인 813개사 사업보고서에서 1건 이상의 오류가 발견됐다고 25일 밝혔다. 이 같은 비율은 2004 회계연도 사업보고서의 60.6%에 비해선 다소 줄어든 수준이고 오류 내용도 주기사항 미기재 등 형식상 실수가 많지만 아직도 절반 이상의 상장사가 사업보고서를 제대로 작성하지 못하고 있다는 얘기로 충격적이다.

오류 내역별(항목별 중복)로는 대손충당금 설정방침 기재오류(393개사 · 26.4%)가 가장 많았고 이어 재무제표 주기사항 미기재(325개사 · 21.8%), 재고자산보유 및 실사내역 기재 오류(233개사 · 15.6%) 순이었다.

최진영 금감원 회계감독총괄팀 부국장은 "대손충당금 설정 방침이나 재고자산 실사내역 등 서술식으로 기재하는 부분에서 오류가 많이 발견됐다"고 말했다. 금감원은 484개사에 대해선 오는 6월 반기 보고서를 대상으로 한 번 더 점검을 실시키로 했다.

(자료원: 한국경제 2006. 05. 25)

진위 문제

1. 한 회계기간이 끝남에 따라 그 기간의 경영성과를 확정하고, 또 기말의 재무상태를 명백히 함과 동시에 장부의 형식을 금기와 차기로 명료하게 구분하기 위하여 이루어지는 제반절차를 결산(closing)이라 한다.

2. 수익과 비용의 발생은 회계상의 거래라고 할 수 없다.

3. 결산을 행하는 날을 결산일이라고 하며, 결산일의 익일부터 다음 결산기까지의 영업기간을 회계연도 또는 회계기간(accounting period)이라 한다. 현행 상법상으로는 2년에 1회 이상은 결산은 하도록 규정하고 있다.

4. 자산증가와 부채증가는 차변에 기입한다.

5. 합계시산표(trial balance of total)는 원장 각 계정의 차변금액의 합계액과 대변금액의 합계액을 모아서 작성한 표이다. 합계시산표의 차변 합계금액과 대변 합계금액은 반드시 일치해야 하는 것은 아니다.

6. 회계기간 중에 발생한 거래들이 정확하게 계정에 기록되었는지를 단순히 점검하는 표가 시산표이다.

7. 재무상태표는 차변에는 자산을, 대변에는 부채와 자본을 표시하게 된다. 이때 차변에 잔액이 생기면 대변에 순이익이 발생하며, 반대로 대변에 잔액이 생기면 차변엔 순손실이 발생한다.

8. 회계순환과정에서 정산표의 작성은 의무적이며 필수적이다.

9. 포괄손익계산서(income statement : I/S)는 일정기간의 경영성과를 알기 위하여 작성하는 것으로, 한 회계기간 중의 비용, 수익을 한 표에 나타낸 것이다. 비용을 차변에, 수익을 대변에 기입하여 대변잔액이 생기면 차변에 순이익이, 차변잔액이 생기면 대변에 순손실이 발생한다.

10. 수정후시산표는 결산 수정분개 후에 이루어진다.

정 답 1. T 2. F 3. F 4. F 5. F 6. T 7. T 8. F 9. T 10. T

객관식 문제

다음 문제를 보고, 가장 올바른 답을 고르시오.

1. 한 회계기간이 끝남에 따라 그 기간의 경영성과를 확정하고, 또 기말의 재무상태를 명백히 함과 동시에 장부의 형식을 금기와 차기로 명료하게 구분하기 위하여 이루어지는 제반절차를 무엇이라 하는가?

① 결산 ② 전기
③ 마감 ④ 분개

2. 다음은 결산의 순서를 나타낸 것이다. 올바른 것은?

㉠ 재무제표의 작성 ㉡ 시산표 작성 ㉢ 원장 및 기타장부의 마감 ㉣ 정산표 작성 ㉤ 수정분개

① ㉡→㉢→㉣→㉤→㉠

② ㉡→㉤→㉣→㉢→㉠
③ ㉠→㉡→㉢→㉣→㉤
④ ㉠→㉡→㉤→㉣→㉢

3. 다음 중 시산표에서 발견할 수 있는 오류는?
① 어느 거래의 분개를 이중으로 전기한 경우
② 어떤 계정의 차변에 전기할 것을 대변에 전기한 경우
③ 어떤 거래 전체를 이중으로 기입한 경우
④ 차변과 대변에 모두 똑같이 틀린 금액으로 전기된 경우

4. 시산표의 대차가 일치하지 않았다. 검토할 사항이 아닌 것은?
① 분개장의 합계를 검토한다.
② 시산표의 각 계정의 합계 또는 잔액의 계산이 올바른지 검토한다.
③ 원장에서 시산표로 이기가 바른지 검토한다.
④ 정산표의 합계가 일치하는지 검토한다.

5. 시산표에서 대차평형의 원리를 이용하여 오류를 적발할 수 있는 경우는?
① 특정 거래 전체를 이중으로 기입한 경우
② 분개할 때 잘못된 계정과목을 사용한 경우
③ 특정 거래 전체를 누락시킨 경우
④ 분개할 때 대변계정과목의 금액을 잘못 기입한 경우

6. 다음 중 이월시산표에 표시할 수 없는 항목은?
① 기말상품 ② 매출원가
③ 기말자본금 ④ 기말부채

7. 정산표의 양식은 6위식 정산표, 8위식 정산표 및 10위식 정산표가 있다. 다음 중 8위식 정산표의 구성이 아닌 항목은?
① 정리기입란 ② 수정 후 시산표란

③ 재무상태표란　　　　④ 포괄손익계산서란

8. 원장 각 계정의 차변금액의 합계액과 대변금액의 합계액을 모아서 작성한 표를 무엇이라 하는가?

① 총계정원장　　　　② 잔액시산표
③ 합계시산표　　　　④ 합계잔액시산표

9. 장부기록 절차를 마무리하기 위해서는 자산・부채・자본 계정들을 차기로 이월시키고, 수익・비용 계정은 차기로 이월시키지 않고 이를 집합시켜 이익잉여금에 대체하는 절차가 필요하다. 이러한 절차를 무엇이라 하는가?

① 결산　　　　② 전기
③ 분개　　　　④ 마감

10. 포괄손익계산서는 일정기간의 경영성과를 알기 위하여 작성하는 것으로, 한 회계기간 중의 비용, 수익을 한 표에 나타낸다. 비용을 (㉠)에, 수익을 (㉡)에 기입하여 대변잔액이 생기면 (㉢)에 순이익이, 차변잔액이 생기면 (㉣)에 순손실이 발생한다. 다음 ㉠ ~ ㉣에 들어갈 말을 올바른 것은?

	㉠	㉡	㉢	㉣
①	차변	대변	차변	대변
②	대변	차변	대변	차변
③	차변	대변	대변	차변
④	대변	차변	차변	대변

정 답 1. ① 2. ② 3. ② 4. ④ 5. ④ 6. ② 7. ② 8. ③ 9. ④ 10. ①

해 설

1. 한 회계기간이 끝남에 따라 그 기간의 경영성과를 확정하고, 또 기말의 재무상태를 명백히 함과 동시에 장부의 형식을 금기와 차기로 명료하게 구분하기 위하여 이루어지는 제반절차를 결산(closing)이라 한다.

2. ① 수정전시산표를 작성한다. (㉡ 시산표 작성)
   ② 기말수정분개를 한다. (㉤ 수정분개)
   ③ 수정후시산표를 작성한다. (㉣ 정산표 작성)
   ④ 장부를 마감한다. (㉢ 원장 및 기타장부의 마감)
   ⑤ 포괄손익계산서와 재무상태표를 작성한다. (㉠ 재무제표의 작성)

3. 시산표에서 발견될 수 없는 오류
   - 거래 한 개를 차변과 대변에 모두 누락한 경우
   - 거래 한 개를 차변과 대변에 모두 중복 전기한 경우
   - 어떤 거래를 대차 반대로 전기한 경우
   - 계정과목을 잘못 설정하거나 타계정에 전기한 경우
   - 동일한 금액의 대차가 우연히 상계되는 경우 등

4. ④ 시산표의 대차가 일치하지 않으면 정산표는 작성할 수 없다. 시산표의 대차금액이 일치하지 않는 경우에는 시산표 작성 이전의 오류가 그 원인이다. 시산표 합계금액의 불일치원인은 시산표를 포함하여 이전의 장부기록을 검사해야 한다.

5. ④ 대변금액을 잘못 기록하면 차변합계금액과 대변합계금액이 불일치하는 원인으로 시산표에서 발견이 가능한 오류이다.

6. 이월시산표에는 기말자산, 기말부채, 기말자본이 표시되고, 수익, 비용 및 기초상품 등은 이월시산표에 표시되지 않는다.

7. 정산표의 양식은 6위식 정산표, 8위식 정산표 및 10위식 정산표가 있는데, 6위식 정산표는 시산표란, 포괄손익계산서란, 재무상태표란으로 되어 있고, 8위식 정산표는 시산표란, 정리기입란, 포괄손익계산서란, 재무상태표란으로 되어 있고, 10위식 정산표는 정리기입란 다음에 수정 후 시산표란을 더 두고 있다.

8. 합계시산표(trial balance of total)는 원장 각 계정의 차변금액의 합계액과 대변금액의 합계액을 모아서 작성한 표이다. 합계시산표의 합계금액은 회계기간 중의 거래총액이 되므로 분개장의 합계총액과 반드시 일치해야 한다.

9. 장부기록 절차를 마무리하기 위해서는 자산·부채·자본 계정들을 차기(다음 회계연도)로 이월시키고, 수익·비용 계정은 차기로 이월시키지 않고 이를 집합시켜 자본(이익잉여금)에 대체하는 절차가 필요하다. 이러한 절차를 마감이라고 한다.

10. 포괄손익계산서는 일정기간의 경영성과를 알기 위하여 작성하는 것으로, 한 회계기간 중의 비용, 수익을 한 표에 나타낸 것이다. 비용을 차변에, 수익을 대변에 기입하여 대변잔액이 생기면 차변에 순이익이, 차변잔액이 생기면 대변에 순손실이 발생한다.

제 6 장

재무제표 분석

본 장에서는 재무제표에 기록된 자료들을 이용하여 재무비율분석과 그 활용에 대해 학습한다.

제 6 장

재무제표 분석

제 1 절 재무제표 분석의 의의와 목적

1. 재무제표 분석의 의의

본장에서는 재무제표에 표시된 자료를 토대로 기업의 재무상태와 경영성과가 어떠한지를 관찰하여 판단하는 것을 목적으로 하는 재무제표분석에 대해서 설명하고자 한다. 왜냐하면, 회계정보이용자들이 합리적인 의사결정을 하기 위해서는 수많은 재무정보를 분류하고 변화하는 상황에 맞추어 분석해 나가는 능력을 필요로 하기 때문이다.

재무제표가 주는 정보는 그 자체로서도 상당한 의미를 갖지만, 어느 한 가지 정보만 가지고는 기업의 현상을 파악하기란 대단히 어렵다. 예컨대 순이익이 1,000만원이라는 정보만으로는 영업을 잘했는지, 못했는지 평가하기 힘들다. 가령 자본금이 1억원인 회사가 연 1,000만원의 순이익을 올렸다면 경영성과가 비교적 양호한 편이지만, 자본금이 100억원인 회사가 연 1,000만원의 순이익을 올렸다면 영업 성적이 부진하다고 평가할 수 있기 때문이다.

이와 같이 재무제표상의 정보를 서로 연관시켜 분석하면 보다 실질적인 정보를 얻을 수 있는데, 이를 '재무제표 분석'이라고 한다.

재무제표 분석(financial statement analysis)이란 기업이 공시한 재무제표를 기반으로 그 기업의 재무성과상 강점과 약점을 알아내 문제점을 파악하는 기법으로, 재무제표에 대한 체계적 분석을 통하여 정보이용자가 의사결정을 하는데 필요한 정보를 제공하는 것이다. 즉, 기업의 회계정보인 재무상태표, 포괄손익계산서, 현금흐름표 등을 비교・분석하여 기업의 재무상태와 경영성과를 파악하고 그 원인을 분석하는 것을 말한다.

재무제표 분석은 경영분석(business analysis) 또는 재무분석(financial analysis) 등의 용어로 지칭되기도 한다. 이들 용어 사이에 명확한 구분이 있는 것은 아니지만 분석의 범위와 방법에 있어서는 차이가 있다.

경영분석은 경영 자료를 수집・분석하여 경영실태의 파악과 미래성과를 예측하는 것으로, 경영 자료는 기업의 재무자료와 비재무자료를 포함한다. 초기의 경영분석은 재무제표 분석에서 시작되었으며, 최근에는 기업에 대한 이해관계자가 다양해짐에 따라 기업의 경영내용을 파악하기 위한 자료나 분석기법들도 광범위해지고 있다. 재무분석에 이용되는 재무 자료는 재무제표와 같은 회계자료 외의 주가자료 등을 포함한다. 따라서 경영분석이 가장 넓은 의미의 개념이고, 다음은 재무분석이며, 재무제표 분석은 가장 좁은 의미의 개념이라고 할 수 있다.

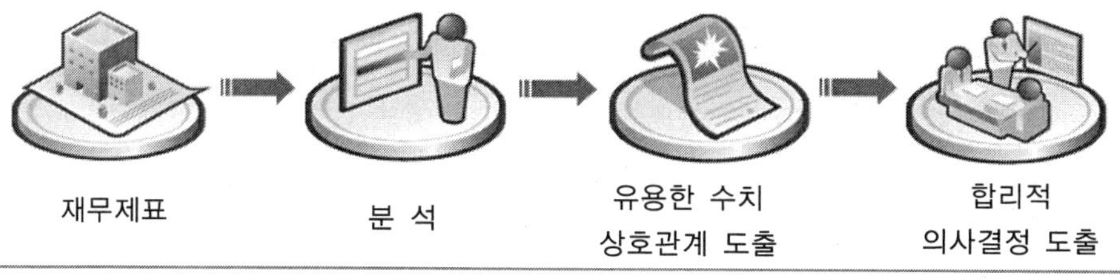

그림 6-1 재무제표의 분석

2. 재무제표 분석의 목적

재무제표 분석의 기본 목적은 이해관계자의 의사결정에 유용한 정보를 제공하는 것이다.

기업의 이해관계자들은 그들의 자원배분에 관한 합리적 의사결정을 위해 기업의 경영활동에 관한 정보를 필요로 한다. 즉, 이해관계자들은 자신의 의사결정에 기업의 재무 및 비재무자료를 활용하게 되는데, 이들 자료는 이용자들의 의사결정 목적에 적합하도록 다양한 분석기법을 통하여 가공되어 유용한 정보로 전환되는 것이다. 따라서 이해관계자가 누구냐에 따라 재무제표를 분석하는 목적이 달라질 수 있다.

재무제표 분석은 회계정보이용자들의 욕구를 충족시키기 위한 대표적인 수단이다. 재무제표 분석의 목적은 기업의 과거 경영성과와 현재 재무상태를 평가하고, 이를 토대로 기업의 미래 수익 잠재력과 관련위험을 예측하는 것이다. 즉, 정보이용자는 기업의 미래 수익 잠재력과 관련위험을 예측하기 위하여 과거의 자료인 재무제표를 분석한다.

1) 주 주

일반적으로 주주는 기업경영에 별로 관심이 없는 개인의 소액주주와 기업지배권을 행사하고 있는 대주주 그리고 투자신탁회사, 보험회사, 연금기금운용기관 등의 기관투자가들로 구분된다. 소액주주들은 주가의 매매차익이나 배당금수익을 목적으로 자신의 자금을 기업에 투자하는 주요 이해관계자이다. 따라서 주주는 어느 기업의 주식을 언제 매입하여 매도함으로써 투자수익을 극대화할 것인가에 관심이 집중되기 때문에 재무제표 분석을 통하여 기업의 장기적인 수익성과 재무상태 및 자본구조 등에 관하여 알고 싶어 한다. 특히, 기업의 미래 현금흐름의 금액, 시기 및 불확실성 등을 예측하고 평가하고자 한다.

2) 채 권 자

금융기관 등 채권자들은 기업에 장・단기 자금을 제공하고 약정된 조건에 따라 이자를 지급받고 원금을 상환 받는 주요 이해관계자이다. 단기채권자들은 주로 금융기관의 단기대출이나 기업어음의 인수를 통하여 자금을 제공하며, 장기채권자들은 금융기관의 장기대출이나 회사채의 인수 및 리스금융 등을 통하여 자금을 제공하게 된다.

채권자들은 기업의 채무상환능력 즉, 채무의 원금과 이자에 대한 상환능력을 파악하기 위하여 재무제표 분석을 실시한다. 단기채권자들은 기업의 단기적인 채무상환능력을 파악하기 위하여 기업의 유동성 즉, 단기적인 현금흐름을 분석하고자 한다.

3) 경 영 자

경영자는 기업 내부의 정보이용자로서 주주와 채권자와는 달리 기업의 자원을 효율적으로 관리하고 운용하여 기업의 부를 극대화하는 데 관심을 갖는다. 따라서 재무 및 투자의사결정이나 영업의사결정 등을 위해 재무분석을 필요로 한다. 경영자는 이러한 의사결정의 결과에 의하여 성과를 평가받고 보수도 결정된다.

4) 종 업 원

종업원이나 노동조합은 재무제표 분석을 통해 기업의 경영성과나 생산성, 미래의 성장가능성 등에 관한 정보를 필요로 한다. 이들 정보를 기초로 임금수준이나 복리후생, 근로여건 등의 평가 내지는 개선에 필요한 정보를 얻어 의사결정에 이용하게 되는 것이다.

5) 정부 및 기타

정부 및 규제기관은 세금의 부과, 공공요금이나 가격의 결정, 정부나 공공기관과의 계약체결, 경제관련 정책의 입안과 집행, 공정거래를 위한 규제 등의 활동을 하는데 필요한 정보를 재무분석을 통하여 얻고자 한다. 소비자들은 특정기업의 제품을 구입하거나 서비스를 제공받고 사후 서비스나 수선유지에 관심이 있을 뿐만 아니라, 제품에 관한 추가적인 정보를 필요로 한다. 이러한 지속적인 관계가 원활하게 유지될 수 있는가를 판단하는데 있어서 재무분석을 통하여 그 기업의 신용상태나 성장성, 경영자나 종업원의 능력 등에 관한 정보를 얻고자 한다.

제 2 절 재무제표 분석방법

재무제표에 나타나는 항목들은 그 자체로서는 별 의미가 없다. 보다 중요한 것은 다른 항목들과의 상관관계나 현재의 상태와 과거의 상태를 비교하였을 때 그 기간별 변동의 방향이나 크기이다. 재무제표분석을 통하여 재무제표항목들의 상관관계나 각 항목의 변동방향 또는 추세를 판단할 수 있다.

재무제표 분석의 방법에는 구성비분석, 추세분석(수평적분석), 비율분석 등이 있고,

이 중 비율분석이 가장 많이 사용되는 방법이다. 이들 방법에 대해 구체적으로 알아보자.

1. 구성비분석(component percentage analysis)

수직적 분석 또는 백분비 분석이라고도 하는 구성비 분석은 재무제표에 대한 각 구성항목별 구성비(백분비)를 평가하는 것이다. 즉, 재무제표의 각 항목이 전체에서 차지하는 구성 비율로 표시하여 재무상태나 경영성과를 파악하는 방법으로, 재무상태표에서는 총자산 중에서 각 항목이 차지하는 비율을 백분율로 나타낼 수 있으며, 포괄손익계산서에서는 매출액 중에서 각 항목이 차지하는 비율을 백분율로 나타낼 수 있다.

구성비 분석은 재무제표의 각 항목의 상호관계를 총액에 대한 백분율로 표시함으로써 각 항목의 상대적 중요도, 개별 항목의 크기와 변화추세, 기업 간의 영업실적 비교, 특정 기업의 기간별 영업실적 비교 등을 파악하는데 유용한 분석 방법이다. 그러나 상대적 비율에 대한 비교표준이 필요하지만, 기업의 특성을 고려한 최적 또는 최상의 비교표준을 설정하기 어려운 단점이 있다. 다음의 [표 6-1]과 [표 6-2]는 재무상태표와 포괄손익계산서의 구성비 분석을 예시한 것이다.

표 6-1 재무상태표에 대한 구성비 분석 예

	2009년 12월 31일	2010년 12월 31일
자 산:		
유동자산	58.2%	57.1%
투자자산	7.9	6.7
유형자산(순계)	26.8	29.8
무형자산	7.1	6.4
합 계	100.0%	100.0%
부채와 자본:		
유동부채	36.2%	41.5%
비유동부채	23.6	17.7
자본금	21.0	21.0
자본잉여금	6.0	6.0
이익잉여금	13.2	13.8
합 계	100.0%	100.0%

표 6-2 포괄손익계산서에 대한 구성비 분석 예

	2009년	2010년
수익(매출액)	100.0%	100.0%
매출원가	54.7	55.8
매출총이익	45.3	44.2
판매비와 관리비	24.7	25.6
영업이익	20.6	18.6
영업외수익	6.0	5.0
영업외비용	7.5	6.9
법인세비용차감전순이익	19.1	16.7
법인세비용	5.0	4.2
당기순이익	14.1%	12.5%

2. 추세분석(trend analysis)

수평적 분석이라고도 하는 추세분석은 기간비교의 방법으로서 둘 이상의 기간에 대하여 재무제표의 계정을 비교·평가하는 것으로 분석 항목에 대한 여러 기간의 변화 추세를 파악할 수 있게 한다. 2개 연도 또는 다년간의 계정 금액과 각 항목의 재무비율을 비교하거나 추세 재무제표(재무상태표, 포괄손익계산서)를 작성하는 방법으로 평가를 수행한다. 다음의 [표 6-3]은 2006년부터 2010년까지의 추세 포괄손익계산서를 예시한 것이다.

표 6-3 추세 포괄손익계산서의 예시

1. 연노별 금액(단위: 백만원)

	2006년	2007년	2008년	2009년	2010년
수익 (매출액)	₩1,000	₩1,050	₩1,100	₩1,200	₩1,320
순이익	25	28	32	60	40

2. 추세분석

	2006년	2007년	2008년	2009년	2010년
수익 (매출액)	100 %	105 %	110 %	120 %	132 %
순이익	100	112	128	240	160

추세분석은 장기간에 걸친 기업의 기본적인 변화를 살펴볼 수 있다. 즉, 위의 표에 나타난 추세분석에 의하면 수익(매출액)이 점차 상승하고 있고, 순이익도 점차 증가추세에 있으며, 또한 수익(매출액)의 증가율보다 순이익의 증가율이 더 크다는 것을 알 수 있다. 이는 제조원가 중에 고정비의 비율이 상대적으로 크다는 것을 의미하며, 기술개발에 따른 원가절감이 이루어졌다고도 해석할 수 있다. 여기서 2009년 이익이 다른 회계연도보다도 훨씬 큰 폭으로 상승하였는데, 수익(매출액)의 증가율이 예년과 비슷한 것으로 보아 비경상적인 이익이 발생한 것으로 추측할 수 있다. 전체적으로 볼 때 추세분석에 따르면 이 기업은 꾸준히 성장하고 있는 기업이라는 것을 알 수 있다.

그러나 추세분석의 결과인 변동률(증감률)을 해석함에 있어서 기준연도의 설정에 따라 그 의미가 크게 달라질 수 있는 점에 유의해야 한다.

3. 재무비율분석

재무제표의 구성항목은 다양하고 복잡하므로 각 항목의 실제 수치만으로는 의미 있는 정보를 찾아내기는 쉽지가 않다. 따라서 구성항목간의 유기적인 관계를 비율이나 지표로 산출하여 의사결정에 보다 의미 있는 정보로 활용하자는 의미에서 나온 것이 재무비율분석이다.

재무비율분석(financial ratio analysis)은 재무제표나 재무자료를 구성하는 항목간의 관계를 비율로 산출하여 그 의미를 파악함으로써 기업의 재무상태나 경영성과 등을 분석하는 것을 말한다. 즉, 재무제표의 계정별 대비에 의하여 재무비율을 산출하고, 산출된 재무비율의 산업표준 또는 다른 기업의 재무비율과 비교하여 기업을 평가하는 방법이다. 비율분석의 자료는 주요 재무제표인 재무상태표, 포괄손익계산서, 현금흐름표의 계정이고, 비회계자료인 주가, 부가가치, 종업원 수 등이 사용되기도 한다.

재무제표분석은 은행이 자금대출시에 기업의 신용분석수단으로 사용한 데에서 비롯되었으나, 오늘날에는 그 활용범위가 넓어져 투자자들의 투자분석수단으로도 많이 이용되고 있다. 재무비율분석은 기업의 유동성・안정성・수익성 등을 평가하는 데 유용한 정보를 제공하지만, 어떤 비율이든지 양・부를 결정하는 절대적인 기준치가 존재하지 않기 때문에 동종산업의 기업간 비교 및 특정 기업의 기간별 비교를 통하여 상대적으로 종합

판단하는 것이 바람직하다.

비율분석의 체계는 기업의 위험과 관련된 비율인 재무상태표 비율분석(재무상태 분석), 수익성과 관련된 비율인 포괄손익계산서 비율분석(경영성과 분석), 위험과 수익성을 동시에 고려한 비율인 시장가치 분석으로 구분된다. 여기서 재무상태표 항목간의 비율을 정태비율이라 하며, 포괄손익계산서 항목간의 비율을 동태비율이라고 한다.

재무비율의 종류에 대해서는 절을 바꾸어 이들에 대해 구체적으로 살펴본다.

표 6-4 재무비율분석의 체계

분 류	목 적	세부지표
유동성비율	단기 채무상환 능력을 측정	유동비율, 당좌비율 등
안정성비율	타인자본 의존도와 장기 채무상환 능력을 측정	부채비율, 자기자본비율 등
수익성비율	경영의 재무적(화폐적) 효율성을 측정	총자산순이익률, 자기자본순이익률, 매출액이익률 등
활동성비율	물리적 경영자원의 활용도 및 효율성을 측정	총자산회전율, 재고자산회전율, 유형자산회전율 등

제 3 절 주요 재무비율분석

1. 재무상태 분석

재무상태 분석은 주로 재무상태표의 항목 간 비교 분석을 통해 산출되는 것으로, 기업의 과거 재무상태를 분석하고 부채의 지급능력을 평가하는 것이 중심이 된다. 구체적으로 재무상태 분석은,

첫째, 일정시점에 있어서 기업의 재산규모, 재력, 재산의 구성이 어떠한가 등을 분석한다. 이의 분석에는 총자산규모, 총부채규모, 총자본규모가 중요할 수 있고, 총자산 중 유동자산·비유동자산간의 구성, 공장시설·설비투자의 정도, 타인자본(부채)과 자기자본(자본)간의 구성, 자본의 구성 등이 중요하다.

둘째, 기업의 위험과 관련된 비율인 단기지급능력을 나타내는 비율(유동성 비율)을 분석한다.

셋째, 기업의 위험과 관련된 비율인 장기지급능력을 나타내는 비율(안전성 비율)을 분석하는 것이다.

1) 유동성(liquidity) 분석

유동성은 단기간 내에 정상적인 가격으로 현금화할 수 있는 가능성(현금전환능력)을 의미하는 것으로, 단기채무(부채)를 상환하는 데 필요한 현금을 조달할 수 있는 능력을 나타낸다. 즉, 유동성 분석은 위험이 가장 큰 유동부채를 위험이 가장 작은 유동자산으로 변제할 수 있는 능력에 대한 분석이다.

기업은 단기부채를 상환하지 못하면 항상 도산의 위험이 있으므로 기업의 존속과 관련시켜 볼 때 유동성의 확보는 상당히 중요하다. 특히 경영자나 단기채권자들은 기업의 유동성에 깊은 관심을 가져야 한다. 유동성 분석에는 유동비율, 당좌비율, 순운전자본비율 등이 있다.

(1) 유동비율(current ratio)

유동비율은 기업의 유동성을 측정하는 가장 대표적인 비율이며, 단기부채의 상환능력을 판단하는 기본적인 비율로서 유동자산을 유동부채로 나누어 계산한다. 즉, 1년 내에 만기가 도래하는 유동부채를 상환하기 위하여 1년 내에 현금화할 수 있은 유동자산을 얼마나 보유하고 있는가를 나타낸다.

$$유동비율(\%) = \frac{유동자산}{유동부채} \times 100$$

이 비율이 높을수록 단기부채의 상환능력이 양호하다고 할 수 있으며, 전통적으로 유동비율은 200% 이상을 일반적 표준으로 한다. 예를 들어, 1년 내에 갚아야 할 단기채무(유동부채)가 100원이라면, 1년 안에 현금화될 수 있는 자산(유동자산)은 적어도 2배인

200원을 보유하고 있어야 재무적으로 안전하다는 의미이다. 그러나 유동비율이 200%가 넘는다 하더라도 유동자산 중 당좌자산이 적고 재고자산의 내용이 부실하다면 유동비율은 기업의 지급능력과는 아무런 관계가 없다. 또한 유동비율이 높은 경우에는 재고자산과 매출채권에 대한 투자가 과다하여 수익성이 낮아질 위험이 있음을 의미한다.

따라서 유동비율은 반드시 기업의 다른 지표들은 물론 동종 산업 내의 다른 기업들의 수치와 함께 평가되어야 한다. 그리고 유동비율의 수준은 산업요인의 영향을 매우 크게 받는데, 그 이유는 이 비율을 산출하는 공식의 분자에 재고자산과 외상매출금이 들어가 있기 때문이다.

(2) **당좌비율**(quick ratio)

당좌비율은 유동비율보다 엄격하게 유동성을 측정하는 비율로, 유동자산에서 재고자산을 차감한 당좌자산[1]을 유동부채로 나누어 계산한다. 즉, 당좌비율은 실제로 필요한 경우에 즉시 현금화가 상대적으로 어렵고, 매각에 따른 손실의 위험이 있는 재고자산을 제외한 유동자산으로 단기 채무의 변제 능력을 평가한다.

$$\text{당좌비율(\%)} = \frac{\text{당좌자산(유동자산} - \text{재고자산)}}{\text{유동부채}} \times 100$$

당좌비율은 기업의 유동성 분석을 위한 보조적인 비율로 이용되고 있으며, 전통적으로 100% 이상이면 이상적인 표준이라고 할 수 있다.

(3) **순운전자본비율**(net working capital ratio)

순운전자본을 총자산으로 나누어 산출되는 순운전자본비율은 전체 자산에서 순운전자본이 차지하는 비중을 평가한다. 순운전자본은 유동자산에서 유동부채를 차감한 것이므로 음, 양 또는 영의 값을 가질 수 있으며, 순운전자본비율은 주로 부실기업 예측모형에 투입변수로 활용된다.

---

1) 당좌자산은 쉽게 현금화 할 수 있는 현금 및 현금성자산, 단기금융상품, 매출채권, 유가증권 등을 의미한다.

$$순운전자본비율(\%) = \frac{순운전자본}{총자산} \times 100$$

2) 안정성(stability) 분석

안정성 분석은 레버리지(leverage) 분석이라고도 하며, 자기자본과 타인자본 간의 구성비를 통하여 기업의 재무구조의 안전성과 장기적인 지급능력을 나타내는 것으로, 기업의 타인자본 의존도, 자본의 고정화 및 장기부채의 상환능력 등에 관한 정보를 제공해 준다. 안정성 분석에는 부채비율, 자기자본비율, 이자보상비율, 고정장기적합률 등이 있다.

(1) 부채비율(debt ratio)

부채비율은 기업의 자본구조를 나타내는 대표적인 비율로서 재무구조의 양호 여부를 평가하며, 부채 총계를 자기자본 총계로 나누어 산출한다. 즉, 채권자지분인 타인자본과 주주지분인 자기자본과의 관계를 나타내는 비율로 기업의 타인자본 의존도를 표시해 준다.

$$부채비율(\%) = \frac{총부채(타인자본)}{자기자본} \times 100$$

부채비율은 채권자들에게는 그들의 채권에 대한 안전성을 파악하도록 하고, 주주들에게는 기업이 부채 사용에 따른 재무레버리지 효과를 평가하도록 해 준다. 호경기일 때에는 기업이 부채의 이자비용 보다 높은 투자수익률을 얻을 수 있기 때문에 부채를 사용하는 것이 유리할 수도 있다. 그러나 불경기일 때에는 부채를 많이 사용하게 되면 투자수익률이 부채의 이자비용보다 낮아지기 때문에 자금운용에 있어서 압박을 받게 된다. 일반적으로 부채비율은 100% 이하를 유지하는 것이 바람직하다.[2)]

기업의 안전도가 어느 수준인가를 평가하고자 할 때는 일반적으로 동일업종 기업의

---

2) 부채비율은 부채액과 자기자본의 비율인데, 부채가 자기자본 보다 많으면 100% 이상, 적으면 100% 미만이 된다. 적어도 자기 돈 이상의 남의 돈을 투입하여 사업을 한다는 것은 바람직하지 않으므로 100% 이상의 부채비율은 위험하다고 할 수 있다.

평균부채비율과 비교하여 판단하게 되는데 평가 결과, 동종 기업의 평균부채비율보다 높다면 일단은 상대적으로 위험한 수준에 있다고 보고 재무구조를 개선하기 위한 노력을 해야 한다.

다음의 [표 6-5]는 우리나라 기업의 최근 부채비율 동향을 나타낸 것이다. 과거 우리나라 대기업들의 부채비율을 보면 400%, 500% 심지어 1,000% 이상까지 육박하는 등 그야말로 사상누각의 연속이었다. 그러나 IMF 이후 기업들의 피나는 구조개혁의 결과 재무구조가 상당히 개선되었다.

표 6-5 우리나라 기업의 최근 부채비율 동향 (단위: %)

연 도	2004	2005	2006
대기업	91.68	86.13	85.5
중소기업	138.65	140.90	132.6

*자료원: 한국은행, <기업경영분석>, 2007.

(2) 자기자본비율(net worth total asset ratio)

자기자본비율(ratio of net worth to total assets)은 총자본에 대한 자기자본의 비율로 부채비율과 함께 자본구조의 안전성을 파악하는 비율이다. 즉, 기업의 자산 중에서[3] 주주에 의한 자기자본으로 조달된 부분이 어느 정도인가를 나타내는 비율이다.

$$\text{자기자본비율(\%)} = \frac{\text{자본(자기자본)}}{\text{총자본(부채+자본)}} \times 100$$

자기자본비율이 높을수록 재무위험이 감소하여 기업의 안전성이 높아지며, 건전한 재무구조를 유지하고 있다고 할 수 있다. 일반적으로 50% 이상 되는 것이 바람직하다.

한편, 자기자본비율은 은행의 대출심사의 주된 기준으로 삼고 있기 때문에 은행지도비율이라고도 하는데, IMF 이후 은행 중에서 국제결제은행(BIS) 기준 자기자본비율이 8%에도 이르지 못하는 곳은 결국 퇴출당하고 말았다.

3) 총자본은 타인자본인 부채와 자기자본인 자본의 합계액이다. 또한 총자본은 총자산과 일치하기 때문에 총자산을 의미하기도 한다.

2. 경영성과 분석

경영성과 분석은 주로 포괄손익계산서를 중심으로 이루어지며, 기업의 과거 영업성적을 분석하고 미래의 수익성을 예측·평가하는 것을 주요 과제로 한다.

구체적으로 첫째, 일정기간에 있어서 기업의 경영성과 또는 이익성과를 분석한다. 즉, 일정기간에 대한 순이익의 규모, 매출액 규모, 제조원가 규모, 영업비 규모 등과 수익·비용간의 비율, 수익과 비용(원가)의 구성 등을 중요하게 분석한다.

둘째, 수익성과 관련된 비율 즉, 수익성비율, 활동성비율, 성장성비율, 생산성비율 등을 분석한다. 투자자 등 정보이용자는 기업의 수익성 평가에 관심이 많은데, 그 이유는 투자자의 입장에서 수익성이 기대되면 미래에 배당금 또는 주가상승으로 인해 더 많은 현금 흐름의 유입이 있을 것으로 기대되기 때문이다.

셋째, 회전율을 분석한다. 기업이 소유하고 있는 자산을 얼마나 효과적으로 이용하였는가를 분석하는 것으로 보통 매출액에 대비시켜 회전율을 측정한다. 이 비율은 매출액에 대해 중요자산(예: 재고자산)을 대비시켜 중요 자산이 매출액에 대해 몇 번 회전하였는가를 계산하여 자산의 이용도를 분석하는 것이다. 통상 회전율이 빠를수록 수익성이 높다고 할 수 있다.

1) 수익성(profitability) 분석

수익성 분석은 기업이 특정기간 동안 어느 정도의 영업실적을 올렸는가를 측정하는 것으로, 기업 경영의 총괄적인 효율성을 판단하는 기준이 되며, 투하자본의 이익창출능력을 의미한다. 수익성 자료를 통해 경영자는 사업 확장 및 신규투자를 결정하고, 주주는 주식가치를 평가하여 주식을 선택하는 결정을 실행하며, 채권자는 장기적인 지급의 안정성을 판단하는 근거로 활용하고, 종업원은 임금교섭을 합리적으로 수행할 수 있도록 하는 판단자료로 사용한다. 이와 같이 수익성은 기업의 생존과 직결되는 것으로 모든 이해관계자의 주요 관심이 되며, 수익성비율은 기업의 과거 경영성과를 측정하고 또한 미래의 수익창출능력을 예측하기 위하여 사용된다. 수익성 분석에는 총자산순이익률, 자기자본순이익률, 매출액순이익률 등이 있다.

(1) 총자산순이익률(return on asset: ROA)

총자산순이익률(총자본순이익률)은 기업에 투하된 자산(자본)이 얼마나 효율적으로 이용되었는가를 나타내는 비율로 순이익을 총자산(총자본)으로 나누어 계산하며, 흔히 투자수익률(return on investment: ROI)[4]이라고 하여 재무비율 중에서 가장 중요시하는 비율 중의 하나이다.

$$\text{총자산순이익률(\%)} = \frac{\text{당기순이익}}{\text{총자산}} \times 100$$

$$\frac{\text{당기순이익}}{\text{총자산}} = \frac{\text{당기순이익}}{\text{매출액}} \times \frac{\text{매출액}}{\text{총자산}}$$

총자산순이익률의 분모인 자산은 자기자본과 타인자본의 합계인 총자본이 되나, 분자인 순이익에는 타인자본에 대하여 지급한 이자비용이 차감되므로 자본구조에 따라 순이익이 달라진다는 문제가 있다.

한편, 총자산순이익률은 수익성을 나타내는 매출액순이익률과 활동성을 나타내는 총자산회전율로 구분할 수 있다. 따라서 기업의 총자산순이익률이 높다면 이는 보유중인 자산에 비하여 자산 활용도가 높다는 것을 의미하지만, 낮은 경우에는 두 비율을 면밀하게 검토하여 총자산순이익률의 증대 방안을 강구하여야 한다.

(2) 자기자본순이익률(return on equity: ROE)

자기자본순이익률은 기업에 투하된 주주 지분인 자기자본이 얼마나 효율적으로 이용되었는가를 나타내는 비율로 순이익을 자기자본[5]으로 나누어 계산한다.

---

4) 투자수익률은 투자자본에 대한 투자이익의 효율성을 측정하는 비율(이익/투자액)이다. 여기서 투자자본이란 일반적으로 총 투자액을 의미한다. 기업의 총 투자액이란 자기의 돈으로 투자한 금액인 자기자본과 다른 사람의 돈을 빌려 투자한 금액인 부채의 합계이므로, 이는 회계상 자산과 같은 금액이 된다(재무상태표 등식을 생각하면 된다). 따라서 투자수익률을 좀 더 명확하게 표현하면 총자산순이익률이 된다.

5) 자기자본은 자본금뿐만 아니라 이익잉여금과 자본잉여금을 합계하여 계산한다.

$$\text{자기자본순이익률(\%)} = \frac{\text{당기순이익}}{\text{자기자본}} \times 100$$

자기자본순이익률은 주주에게 귀속되는 순이익을 주주지분인 자기자본으로 나누어 계산하기 때문에 주주의 입장에서 투자자금 단위당 얼마의 이익을 창출하였는가를 파악할 수 있는 지표가 되며, 통상 20%를 넘으면 양호한 것으로 본다.

(3) 매출액순이익률(net income to net sales)

매출액순이익률은 매출액 단위당 얼마의 이익을 창출하였는가를 나타내는 비율로 당기순이익을 매출액으로 나누어 산출한다. 이는 매출액에 대해 순이익이 얼마인가를 계산하여 매출액에 대한 수익성을 나타내며, 기업 경영활동에 대한 총체적인 수익성을 판단하는 지표인 총자산회전율과 함께 총자산순이익률을 결정하는 요소가 된다.

$$\text{매출액순이익률(\%)} = \frac{\text{당기순이익}}{\text{매출액}} \times 100$$

위의 식에서 분자의 순이익 대신에 영업이익을 대입하면 매출액영업이익률이 되며 이는 매출액 대비 영업이익의 효율성을 측정하는 비율이다.

매출총이익률(gross profits to net sales ratio)은 매출총이익을 매출액으로 나눈 비율로서 기업의 판매능력, 생산효율을 측정하는 비율이다.

$$\text{매출총이익률(\%)} = \frac{\text{매출총이익}}{\text{매출액}} \times 100$$

2) 활동성(activity) 분석

활동성 분석은 기업이 보유하고 있는 자산을 얼마나 활발하게 활용하였는가를 나타내 주는 비율로, 기업의 매출액을 분자로 하고, 주요 자산항목을 분모로 하여 계산한다.

즉, 특정자산이 일정기간 동안 몇 번이나 회전하였는가를 의미하므로 회전율(turnover ratio)이라고도 한다. 수익성분석이 화폐적 효율성을 측정하는 비율이라면, 활동성분석은 물리적자원의 효율성을 측정하는 비율이라고 할 수 있다. 활동성 분석에는 총자산회전율, 재고자산회전율, 매출채권회전율, 유형자산회전율 등이 있다.

(1) 총자산회전율(total assets turnover)

총자산회전율(총자본회전율)은 기업이 보유하고 있는 자산 활용의 효율성을 나타내는 비율로 당기 매출액을 당기 총자산 평균액으로 나누어 계산한다. 즉, 일정기간 동안에 기업의 총자산이 매출액으로 몇 번 회전하였는가를 의미하는 것인데, 통상 1.5회 이상을 양호한 것으로 본다. 이는 총자산금액의 1.5배에 해당하는 매출액을 달성했을 때 기업의 자산이 효율적으로 사용되었음을 의미하는 것이다. 총자산회전율이 높다는 것은 투하된 자산으로 비교적 많은 매출을 올리고 있다는 것이므로 자산을 효율적으로 활용하고 있다고 볼 수 있다. 반대로 이 비율이 낮다는 것은 자산에 과다 투자하고 있거나 자산을 비효율적으로 활용하고 있다는 의미이다.

$$\text{총자산회전율(회)} = \frac{\text{매출액}}{\text{평균총자산}}$$

(2) 재고자산회전율(inventory turnover)

재고자산회전율은 재고자산 투자의 효율성을 나타내는 비율로, 매출액을 재고자산으로 나누어 계산한다. 즉, 일정기간 동안에 재고자산이 얼마나 빨리 판매되어 당좌자산으로 변화(현금화 되는 속도)하는가를 나타내는 것으로 재고자산[6]의 회전속도를 의미한다.

$$\text{재고자산회전율(회)} = \frac{\text{매출원가}}{\text{평균재고자산}}$$

---

6) 재고자산은 계절적인 변동을 반영하기 위해 년 평균금액으로 측정한다. 따라서 재고자산의 월별 합계액의 평균을 계산하여야 하나, 실제로 재고자산의 년 기초재고와 년 기말재고의 평균액으로 산출하는 것이 보다 일반적이다. **이처럼 회전율 산출에 있어 관련 자산의 금액은 평균금액으로 한다.**

재고자산회전율이 높다는 것은 재고자산의 관리를 효율적으로 수행하고 있다는 의미이다. 즉, 그만큼 재고자산이 기업에 머무르는 기간(회전기간)이 짧다는 의미이며 재고자산이 빨리빨리 팔려나간다는 뜻이다. 재고자산회전율은 6회 이상이면 양호한 것으로 본다. 재고자산회전율을 알면 회전기간도 알 수 있는데 1년은 365일이므로 회전율이 6회이면 회전기간은 365 ÷ 6 = 60.8일이 된다. 즉, 재고자산이 구입되어 팔리기까지 평균 60.8일이 소요되었다는 의미이다. 따라서 회전율이 높을수록 회전기간은 단축되어 그만큼 재고자산이 활발하게 움직였음을 나타낸다.

반면, 이 비율이 낮다는 것은 재고자산에 과다 투자하고 있음을 의미하는 것이다. 재고자산회전율이 낮을수록 재고자산의 회전속도가 떨어져 재고자산에 자금이 묶여 있는 기간이 길어지며, 보관비용이나 보험료, 진부화 가능성 등으로 인하여 기업의 자금사정이 악화된다고 할 수 있다.

재고자산회전율의 분자를 매출액으로 하여 구할 수도 있으나 재고자산이 일반적으로 취득원가로 평가되기 때문에 매출액보다는 매출원가를 이용하는 것이 타당하다. 재고자산 평균회전기간(average turnover period)은 회계기간(365일)을 재고자산회전율로 나누어 산출한다.

$$재고자산회전기간(일) = \frac{365일}{재고자산회전율}$$

(3) 매출채권회전율(receivables turnover)

매출채권회전율(receivables turnover)은 매출액 대비 매출채권의 회전속도를 나타내며, 일정기간 동안에 매출채권이 몇 번 현금으로 전환되었는가 하는 매출채권의 유동성을 측정하는 비율로서 매출액을 매출채권으로 나누어 계산한다.

$$매출채권회전율(회) = \frac{순외상매출액}{평균매출채권}$$

매출채권회전율이 높으면 높을수록 매출채권의 현금화 속도가 빠르다는 것이므로 기업의 유동성이 양호하다는 것을 의미한다. 반면, 매출채권회전율이 낮으면 불량채권이 발생할 가능성이 높다고 할 수 있으며, 매출채권에 자금이 묶여 있어 자금사정이 원활하지 못할 수도 있다.

예를 들어 당기 중의 매출액은 10,000원인데 회사의 평균적인 매출채권 잔액이 2,000원이라면 회전율은 5회가 되는데, 이것 역시 365일 5회로 나누면 매출채권의 회수기간에 평균 73일이 소요되었음을 알 수 있다. 매출채권회전율도 재고자산과 마찬가지로 6회 이상이면 양호한 것으로 해석한다.

한편, 재고자산의 회전기간과 매출채권의 회수기간을 합치게 되면 재고자산이 구입되어서 판매된 후 매출채권이 최종적으로 현금으로 회수될 때까지의 기간을 의미하게 되는데, 이를 평균영업주기라고 한다. 위의 경우 영업주기는 60.8일 + 73일 = 133.8일이 된다.

매출채권회전율의 보조비율로서 매출채권회수기간(receivable collection period)이 있는데, 이는 회계기간(365일)을 매출채권회전율로 나누어서 산출된다.

$$\text{매출채권회수기간(일)} = \frac{365\text{일}}{\text{매출채권회전율}}$$

(4) 유형자산회전율(tangible assets turnover)

유형자산회전율은 일정기간 동안에 유형자산이 매출을 통하여 몇 번 회전하였는가 하는 유형자산의 효율성을 측정하는 비율로, 매출액을 평균 유형자산으로 나누어 계산한다.

$$\text{유형자산회전율(회)} = \frac{\text{매출액}}{\text{평균유형자산}}$$

유형자산회전율이 높으면 높을수록 유형자산을 효율적으로 활용하였다는 의미이다. 반면, 이 비율이 낮다는 것은 유형자산에 대한 투자액이 매출을 통하여 회수되는 데 기간이 오래 걸리므로 자본이 고정화되고 있고, 유형자산에 너무 과다한 투자가 되어 있다는 것을 의미한다.

3) 성장성(growth) 분석

기업의 가치는 현재의 재산적 가치에 의해서도 평가되지만 장래에 걸쳐서 발생될 이익의 크기, 즉 미래예상이익의 현재가치에 의해서도 평가된다. 따라서 현재의 수익성 못지않게 장래의 수익성 전망 즉, 성장성 또한 중요한 지표이다. 다만 장래를 예측한다는 것은 다분히 주관적이고 자의적일 수 있기 때문에 주로 회사의 규모나 경영성과가 전년도에 비해 어느 정도 증가하였는지를 가지고 성장성을 측정한다. 성장성 비율은 일반적으로 20% 이상이면 양호한 것으로 해석한다.

이와 같이 성장성 분석은 기업의 규모나 경영성과가 전년도 대비 얼마나 증대(혹은 감소)되었는가를 나타내는 비율로, 기업의 향후 수익창출능력, 성장잠재력, 시장에서의 경쟁력 등을 종합적으로 평가하여 나타내는 지표이다. 즉, 기업의 외형(경영규모)의 발전 정도를 나타내는 비율로서 성장성이 높다는 것은 투자자에게 미래 수익발생능력이 높아지는 것을 의미한다. 성장성 분석에는 매출액증가율, 순이익증가율, 총자산증가율 등이 있다.

(1) 매출액증가율(net sales growth ratio)

매출액증가율은 기업의 외형적인 신장세를 나타내는 대표적인 비율이다. 즉, 당해 연도의 매출액이 전년도의 매출액에 비하여 어느 정도 증가하였는가를 나타내는 비율로 당기매출액의 증가분을 전기매출액으로 나누어 계산한다.

$$\text{매출액증가율(\%)} = \frac{\text{당기매출액} - \text{전기매출액}}{\text{전기매출액}} \times 100$$

매출액증가율이 높다는 것은 그 업종이 성장업종이거나 기업의 시장점유율 증대로 시장에서의 지위가 확대된다는 것을 의미하므로 경쟁력 및 성장잠재력이 향상되고 있다고 할 수 있다. 매출액의 증가는 제품의 가격상승과 판매수량의 증가에 의하여 영향을 받으므로 이러한 요인을 고려하여 분석하여야 한다.

한편, 매출액증가율은 순이익증가율이나 매출총이익증가율과 비교함으로써 질적 수준을 분석할 수 있는데, 매출액증가율은 증가하고 있으나 매출총이익률이나 순이익률이 그에 미치지 못한다면 무리한 출혈매출(업계 매출액 1위를 고수하기 위해 원가 이하로 판매하는 것 등)을 하거나 또는 가격경쟁력을 잃고 있다고 생각할 수 있다.

(2) 순이익증가율(net income growth ratio)

순이익증가율은 내적인 성장지표로 기업 성장의 질적 요인이 된다. 이는 주주에게 돌아가는 순이익이 일정기간 동안 얼마나 증가하였는가를 나타내는 비율로 실질적인 성장을 평가하며, 당기순이익의 증가분을 전기순이익으로 나누어 계산한다.

$$\text{순이익증가율}(\%) = \frac{\text{당기순이익} - \text{전기순이익}}{\text{전기순이익}} \times 100$$

순이익은 기업의 영업활동뿐만 아니라 투자와 재무활동 그리고 비경상적인 활동까지도 모두 반영되어 나타나는 결과이므로 순이익증가율은 기업의 총괄적인 성과의 성장성을 파악할 수 있다. 그리고 위의 식에서 순이익 대신에 영업이익을 대입하면 영업이익증가율을 계산할 수 있다.

(3) 총자산증가율(total assets growth ratio)

총자산증가율은 기업의 전체적인 외적 성장규모를 나타낸다. 즉, 자산 규모의 성장성을 나타낸 비율로서 기업의 전기 대비 총자산의 증가 정도에 의해 기업의 경영규모의 발전정도를 나타내는 비율이며, 일정기간 동안 총자산의 증가분을 기초총자산으로 나누어 계산한다.

$$\text{총자산증가율}(\%) = \frac{\text{기말총자산} - \text{기초총자산}}{\text{기초총자산}} \times 100$$

총자산증가율은 기업이 경영활동을 수행하는데 투하하여 운용하고 있는 총자산이 얼마나 증가하였는가를 표시하는 비율로, 총자산증가율이 매출액증가율과 큰 차이가 발생할 때에는 그 원인을 주의 깊게 분석하여야 한다.

3. 시장가치 분석

시장가치 분석은 주식가격으로 나타나는 기업의 시장가치를 활용하여 재무상태, 성과, 위험, 성장가능성 등을 평가한다. 즉, 증권시장에서 형성되는 주가의 자료를 이용하여 기업의 가치를 평가해 보는 것으로, 회계정보와 비교해 볼 때 주가가 적정하게 형성되고 있는가를 나타내는 비율분석이다.

시장에서 형성되고 있는 특정 기업의 주가가 주식발행 기업의 재무상태나 경영성과를 반영한다고 할 때, 시장가치 비율분석은 주가가 과대평가되고 있는가, 또는 과소평가되고 있는가를 판단하는 기준을 제공해 줌으로써 투자자들에게 유용한 정보를 제공해 줄 수 있다. 대표적인 시장가치 비율분석에는 주가수익비율, 주가순자산비율, 배당수익률, 주가매출액비율 등이 있다.

1) 주가수익비율(price earnings ratio: PER)

주가수익비율(주가수익률)은 경영활동의 최종성과인 순이익과 관련하여 시장에서 특정 기업의 주식가치를 어떻게 평가하고 있는가를 나타내는 비율로, 기업의 현재시점의 주가를 주당순이익으로 나누어 계산한다. 이는 시장에서 주가가 주당순이익의 몇 배로 형성되고 있는가를 표시해 줌으로써 기업 가치와 주가의 적정성을 평가한다.

$$\text{주가수익비율(배)} = \frac{\text{1주당시장가격}}{\text{주당순이익}}$$

위험, 성장률, 배당성향 등에 의해 결정되는 주가수익비율을 평가할 때는 주가와 주당순이익의 상대적 위치를 함께 고려해야 하며, 일반적으로 클수록 미래 성장가능성이 높게 평가되어 주식의 시장가격이 높게 형성되었다는 것을 의미한다.

한편, 분모인 주당순이익(earnings per share: EPS)은 당기순이익을 발행주식 총수로 나누어 계산한다. 즉, 보통주 1주당 귀속되는 순이익을 의미하는 것이다. 따라서 주가수익비율이 높다는 것은 주당 순이익에 비하여 투자자들이 지불하는 대가가 크다는 것을 의미하므로 주가가 하락할 가능성이 있다. 반면, 주가수익비율이 시장평균이나 산업평균에 비하여 낮으면 상대적으로 저평가 되어 있다고 볼 수 있으므로 향후 주가가 상승할 가능성이 있는 것이다. 주당순이익은 특정기업의 경영성과를 기간별로 비교하는 데 유용하며, 특정기업의 주당순이익을 주당배당금지급액과 비교해 봄으로써 기업의 배당성향에 대한 정보를 쉽게 얻을 수 있다.

$$\text{주당순이익(원)} = \frac{\text{보통주당기순이익}}{\text{유통보통주식수}}$$

2) 주가순자산비율(price book-value ratio)

주가순자산비율(주가장부가치비율)은 주가가 주당순자산의 몇 배로 형성되고 있는가를 나타내는 것으로 현재시점의 주가를 주당순자산으로 나누어 계산한다. 주가수익비율은 기업의 경영성과인 순이익을 기준으로 평가하는 데 반하여, 주가순자산비율은 기업의 재무상태인 자산 가치를 기준으로 평가하는 것이다.

$$\text{주가순자산비율(배)} = \frac{\text{주가}}{\text{주당순자산}}$$

여기서 주당순자산은 재무상태표의 자산총계에서 부채총계를 차감한 자기자본 총계를 발행주식 총수로 나누어 계산한다. 즉, 주당순자산은 기업이 청산한다고 할 때 1주당 돌아갈 자산 가치를 의미하는 것이다. 주가수익비율과 마찬가지로 주가순자산비율이 낮다는 것은 기업의 자산가치에 비하여 주가가 저평가 되어 있다는 의미이므로 향후 주가가 상승할 가능성이 높다고 할 수 있다. 주가순자산비율은 1을 기준으로 과소(1보다 작음) 또는 과대(1보다 큼)평가를 결정한다.

3) 배당수익률(dividend yield ratio)

배당수익률은 현재 주식에 투자하여 몇 %의 배당수익을 얻을 수 있는가를 나타내는 비율로 주당 배당금액을 현재시점의 주가로 나누어 계산한다.

$$\text{배당수익률(\%)} = \frac{\text{주당배당금액}}{\text{주가}}$$

한편, 배당성향(dividend payout ratio)은 당기순이익 중에서 얼마만큼을 배당금으로 지급하는가를 나타내는 지표이다. 배당성향이 높은 기업일수록 당기순이익 중에서 배당금으로 지급하는 비율이 크므로 유보비율은 작아진다. 참고로 배당률은 주당 배당금을 주식의 액면가액으로 나누어 계산하는 것이다.

$$\text{배당성향(\%)} = \frac{\text{현금배당}}{\text{당기순이익}}$$

4) 주가매출액비율(price sales ratio)

주가를 주당매출액으로 나누어 산출되는 주가매출액비율도 기업 가치와 주가의 적정성을 평가한다. 주가매출액비율은 매출액, 배당, 성장성 등의 증가함수이고 위험의 감소함수이다.

$$\text{주가매출액비율(배)} = \frac{\text{주가}}{\text{주당매출액}}$$

제 4 절 사례 기업 비율분석

지금까지 학습한 것을 기초로 실제 기업의 재무제표 분석을 해보자. 다음은 우리나라 제일의 기업인 삼성전자의 재무제표(재무상태표와 포괄손익계산서)를 중심으로 비율분석을 수행한 것을 제시한 것이다. 특히 전자업계의 라이벌인 LG전자와의 비교를 통해 재무상태, 경영성과, 시장가치분석의 비율분석 결과를 나타낸 것이다.

2007년 삼성전자(주)의 개요

· 총자산: 65조 2천억원
· 연간 매출액: 631천억원
· 종업원수: 84천명
· 당기 배당액: 1조 1천억원
· 주요 제품: HP, 시스템, Memory, SYSTEM-LSI, HDD, CTV, 모니터, 컴퓨터, 에어컨 등

재무상태표

2007년 12월 31일 현재
2006년 12월 31일 현재
2005년 12월 31일 현재

회사명: 삼성전자 (단위: 천억원)

차 변	2005	2006	2007	대 변	2005	2006	2007
자 산				부 채			
Ⅰ. 유동자산	143	147	166	Ⅰ. 유동부채	83	96	108
(1) 당좌자산	114	115	133	1. 매입채무	19	19	19
1. 현금및현금성자산	11	10	20	2. 단기차입금			
2. 단기매매금융자산	19	21	9	3. 미지급금	29	33	30
3. 매출채권	15	18	18	4. 유동성장기부채			
4. 선급금	6	6	9	5. 기타	36	45	59
5. 선급비용	4	4	4	Ⅱ. 비유동부채	26	30	29
6. 기타	60	57	73	1. 사채	1	1	1
(2) 재고자산	29	32	33	2. 장기차입금			
1. 상품·제품등	6	6	5	3. 퇴직급여충당금	5	6	6
2. 재공품	11	13	14	4. 기타	20	23	22
3. 원부재료	10	10	11	부채 총계	109	126	137
4. 기타	3	3	3				
Ⅱ. 비유동자산	363	431	486	자 본			
(1) 투자자산	100	126	171	Ⅰ. 자본금	9	9	9
1. 장기금융상품				Ⅱ. 자본잉여금	64	64	64
2. 매도가능금융자산	10	11	19	Ⅲ. 자본조정	-54	-70	-87
3. 장기대여금	1	2	2	Ⅳ. 기타포괄손익누계액	4	6	20
4. 기타	89	113	150	Ⅴ .이익잉여금	373	444	510
(2) 유형자산	247	288	298	1. 법정적립금	7	7	5
1. 토지	26	28	29	2. 임의적립금	291	360	433
2. 건물·구축물	61	73	82	3. 미처분이익잉여금	75	77	72
3. 기계장치	341	421	489	(당기순이익)	-76	-79	-74
4. 차량운반구	2	2	3	자본총계	396	452	516
5. 공구·기구·비품	15	15	16				
6. 건설중인자산	38	31	24				
7. 미착기계	1	1	1				
(감가상각누계액계)	-237	-285	-346				
(3) 무형자산	5	5	6				
(4) 기타비유동자산	12	11	11				
자 산 총 계	505	578	652	부채와자본총계	505	578	652

포괄손익계산서

2007년 1월 1일부터 2007년 12월 31일까지
2006년 1월 1일부터 2006년 12월 31일까지
2005년 1월 1일부터 2005년 12월 31일까지

회사명: 삼성전자 (단위: 천억원)

과 목	2005	2006	2007
Ⅰ. 매출액	575	590	632
Ⅱ. 매출원가	402	424	468
기초제품재고액	5	6	6
당기제품제조원가	397	422	459
타계정에서대체	10	9	16
타계정으로대체	-6	-8	-7
기말제품재고액	-6	-6	-5
Ⅲ. 매출총이익	173	166	163
Ⅳ. 판매비와관리비	92	97	104
Ⅴ. 영업이익	81	69	59
Ⅵ. 영업외수익	27	34	42
이자수익	2	2	3
배당금수익			
단기매매금융자산처분이익		1	
외환차익	4	4	3
기타	20	27	35
Ⅶ. 영업외비용	19	11	15
이자비용			
단기매매금융자산처분손실			
외환차손	3	4	5
기타	14	7	10
Ⅷ. 법인세비용차감전순이익	89	92	86
Ⅸ. 법인세비용	13	13	12
당기순이익	76	79	74

〈 재무비율 분석 〉

1) 유동성 분석

재무비율	삼성전자 (주)			LG전자 (주)		
	05	06	07	05	06	07
유 동 비 율	172	153	154	77	65	64
당 좌 비 율	137	120	123	49	42	43

삼성전자의 경우 유동비율은 2005년 172%, 2006년 153%, 2007년 154%이였고 당좌비율은 2005년 137%, 2006년 120%, 2007년 123%로 나타났다. 이는 기업의 단기부채상환 능력이 꾸준히 개선되고 있음을 나타내는 것이다. 삼성전자는 유동비율은 이상적 비율인 200%에 미치지 못했지만 당좌비율은 100%보다 높았으며 경쟁업체인 LG전자의 비율에 비해 높게 나타났다.

2) 안정성 분석

재무비율	삼성전자 (주)			LG전자 (주)		
	05	06	07	05	06	07
부 채 비 율	28	28	27	128	123	99
자 기 자 본 비 율	78	78	79	38	44	47

부채비율은 기업의 재무구조의 장기안정성을 나타내 주는 지표로서 100%이하를 이상적인 표준비율로 보는데 삼성전자의 경우 자본구조의 안전성을 나타내는 부채비율이 2005년 28% ~ 2007년 27%로 경쟁업체인 LG전자에 비해서 재무구조의 안정성과 채권자들 입장에서 제공된 채권의 안전도가 상당히 높게 나왔다. 또, 다른 조건이 동일할 때 자기자본구성 비율이 크고 타인자본 구성비율이 작을 경우는 제공된 채권의 안전도는 높아지게 되는데 삼성의 자기자본 구성비율은 2005년 78%, 2006년 78%, 2007년 79%로 채무불이행위험이 낮다고 볼 수 있다.

3) 수익성 분석

재무비율	삼성전자 (주)			LG전자 (주)		
	05	06	07	05	06	07
총 자 산 순 이 익 률	15	14	11	5	2	9
자 기 자 본 순 이 익 률	19	17	14	13	4	19
매 출 액 순 이 익 률	13	13	12	3	1	5

삼성전자의 총자산순이익률은 LG전자보다 앞서 있지만, 수치가 05년에서 07년까지 점점 감소하고 있다. 이 경우 총자산순이익률을 높이기 위해서는 매출액순이익률을 높이거나 자산회전율을 높여야 한다.

삼성전자의 자기자본순이익률은 2007년에 들어서면서 LG전자보다 뒤처진 것을 볼 수 있는데 자기자본순이익률은 기업의 배당능력판단을 위한 기초 자료로 중요시되고 있어 투자자들의 투자결정시에 참고지표로 이용되고 있다. 이 수치가 높다는 것은 주식에서 투자수익률을 높여준다고 할 수 있어 투자자 입장에서 이익의 척도가 된다.

매출액순이익률은 기업경영활동으로 인한 성과를 총괄적으로 표시하는 대표적 지표이다. 삼성전자는 경쟁사에 비해 높은 수치를 가지고 있지만, 전년에 비해 수치가 감소한 것으로 생산 활동의 성과는 떨어지지 않았으나 다른 분야의 비효율적인 비용 지출로 영업 활동의 성과가 크게 나타나지 않았다.

4) 활동성 분석

재무비율	삼성전자 (주)			LG전자 (주)		
	05	06	07	05	06	07
총 자 산 회 전 율	1	1	1	2	2	2
재 고 자 산 회 전 율	20	18	19	15	18	23
매 출 채 권 회 전 율	39	32	35	20	20	32
유 형 자 산 회 전 율	2	2	2	6	5	6

삼성전자는 총자산회전율과 매출채권회전율로 보아 총자산운용효율성이 경쟁업체보

다 낮고, 매출채권의 회수가 빠르다. 기업의 총자산회전율이 경쟁업체에 비해 상당히 낮다는 것은 반도체사업으로 인해 비효율적인 자금운용이 이루어지고 있다는 것을 나타낸다. 그리고 매출채권의 회수가 빠른 것은 유동성비율에서 나타났듯이 단기자금 운용능력이 높다는 것을 보여주는 것이다. 또한, 위의 유형자산회전율을 통해 삼성전자의 유형자산회전율이 LG전자 유형자산회전율보다 낮음을 알 수 있는데 여기서 삼성전자가 자금운용능력은 우수하지만 유형자산에 과대 투자되어 활동성이 낮음을 알 수 있다.

5) 성장성 비율

재무비율	삼성전자 (주)			LG전자 (주)		
	05	06	07	05	06	07
매 출 액 증 가 율	-	3	7	-4	-3	1
순 이 익 증 가 율	-29	4	-6	-55	-66	411
총 자 산 증 가 율	15	14	13	6	-6	8

삼성전자는 기업의 외형적 신장세를 나타내는 매출액 증가 비율이 증가되고 있고, LG전자와 비교하면 삼성전자가 다소 높기는 하지만, 시장점유율이 증대하여 시장에서 경쟁력이 향상되었다고 판단할 수는 없다.

기업의 경상적인 생산, 판매, 투자, 재무활동의 성과만이 아닌 비경상적인 활동에서의 성과가 모두 반영되는 순이익증가율은 2005년도에 내림세였으나 2006년도에는 큰 폭으로 상승했고 2007년 다시 순이익증가율이 감소한 것을 볼 수 있다.

규모를 나타내는 총자산에 대한 투자는 경쟁업체에 비해 월등히 높은 것을 볼 수 있다.

결국 삼성전자는 외형을 나타내는 매출액은 증가하였지만 기업규모를 나타내는 총자산과 경영성과를 나타내는 이익은 감소하였다.

6) 시장가치 분석

주가수익비율이 낮게 책정되었다는 것은 그 기업의 내재가치(시장수준)가 저평가되어있다는 것을 나타낸다. 따라서 삼성전자가 시장에서 LG전자보다 상대적으로 저평가되어 있으므로 앞으로 주가가 상승할 가능성이 높다고 할 수 있다. 하지만 경쟁업체보다 낮

재무비율		삼성전자 (주)			LG전자 (주)		
		05	06	07	05	06	07
주가수익비율		15	13	13	20	37	13
주가순자산비율		2	2	2	2	1	2
배당수익률	보통주	1	1	1	1	1	1
	우선주	1	1	2	2	2	2
배당성향		11	10	16	28	57	11

은 PER을 가졌다고 반드시 주가가 오를 것이라 확신하는 것은 옳지 않다. 05년도에 비해 06년에는 소폭 감소한 것을 볼 수 있는데 05년의 매출액 감소에도 불구하고 소폭 감소한 것은 시장에서 삼성의 잠재력을 어느 정도 인정하고 있다고 볼 수 있을 것 같다. 따라서 경쟁업체에 비해 PER이 낮다고 하여 저평가되어 있다는 해석은 부족한 부분이 있다. 그렇다면 주가순자산비율(PBR)을 알아보자. 이 비율이 높으면 높을수록 해당 기업의 자산가치가 증시에서 고평가되고 있다고 볼 수 있다. PBR은 1과 같을 경우 주가와 자산의 가치가 같지만 1보다 클 경우에는 고평가되었다고 볼 수 있는데 삼성전자의 PBR이 경쟁업체에 비해 높고 1보다 크므로 시장에서 고평가되어 있음을 알 수 있다.

그리고 배당수익률은 2007년의 자료로 보아 경쟁기업에 비하여 적은 것을 알 수 있고, 배당성향은 2005년, 2006년에는 상대적으로 낮게 책정되었다 2007년에 이르러 경쟁기업보다 높게 책정된 것을 볼 수 있다.

〈쉬어 가기 코너〉

대기업들 다시 '문어발 확장'

외환위기 이후 핵심사업 위주로 구조조정을 단행했던 대기업들이 최근 들어 계열사와 자산규모를 크게 늘리면서 '문어발 확장'에 나서고 있는 것으로 나타났다. 특히 일부 대기업의 경우 대형 M&A(인수합병)를 통해 계열사를 불리는 과정에서 부채비율이 급증, 글로벌 경기가 둔화될 경우 금융 부담으로 인한 경영 악화 우려를 낳고 있다. 1일 대기업 전문 분석기관인 재벌닷컴이 국내 30대 그룹(일반자산총액 기준) 계열사를 토대로 분석한 결과, 30대 그룹의 계열사 수는 이 지난 3년간 664개에서 843개로 27%(179개) 증가했다. 또 30대 그룹 계열사의 전체 자산총액 규모는 2005년 3월 말 644조 1천 220억원에서 올해 3월 말 918조 5천 170억원으로 42.6%, 부채총액은 403조 4천 420억원에서 556조 7천 360억원으로 38% 각각 늘어났다. 조사 결과 계열사 수는 구조조정을 통해 사업 재편을 단행한 삼성, LG가 각각 3개와 2개가 줄었고, KCC와 부영은 3년 전과 같았다.

반면 나머지 26개 그룹은 모두 계열사가 늘어났으며 특히 부채총액이 급증한 그룹도 상당수인 것으로 나타났다. 이 중 금호아시아나그룹은 대우건설, 대한통운 등 초대형 M&A에 잇따라 성공하면서 18개였던 계열사 가 52개로 3년 새 무려 3배 가까이 급증, 30대 그룹 중 계열사가 가장 많이 늘어났다. 금호아시아나는 계열사가 늘면서 자산총액이 111.4% 증가했으나 M&A 자금의 상당부분을 부채에 의존하면서 같은 기간 부채총액도 96.4% 급증, 3월 말 현재 그룹 전체 부채비율이 229%에 달한다. 또 CJ그룹은 48개였던 계열사가 66개로 늘면서 자산총액이 71.2% 증가했으나 부채총액 증가율이 이보다 높은 79.2%에 달했다. 효성그룹 역시 계열사가 16개에서 30개로 늘면서 자산총액이 39.8% 증가했으나 부채총액이 55.2% 불어났다. 특히 이랜드그룹의 경우 12개던 계열사가 19개로 늘면서 자산총액이 99.2% 증가했으나 같은 기간 부채총액은 145.7%나 급증, 그룹 전체 부채비율이 174%에서 360%로 배 이상으로 높아졌다. 반면 LG의 경우 자산총액이 11.5% 증가했음에도 부채규모는 오히려 6.5%나 감소했다. 또 하나로통신 등을 인수한 SK도 계열사가 14개나 증가해 자산총액이 40.1% 불어났음에도 부채총액은 15.7% 증가하는 데 그쳐 내실경영을 하고 있는 것으로 분석됐다.

(자료원: 연합뉴스 2008. 06. 01)

진위 문제

1. 재무제표분석이란 재무상태표, 포괄손익계산서, 자본변동표, 현금흐름표와 같은 재무제표에서 경영성과와 재무상태에 관한 정보와 현금흐름정보를 추출하여 분석하는 것을 뜻한다.

2. 채권자들은 기업의 채무상환능력을 파악하기 위해 재무제표 분석을 실시한다.

3. 수평적 분석이라고도 하는 추세분석은 재무제표에 대한 각 구성항목별 구성비(백분비)를 평가하는 것이다. 즉, 재무제표의 각 항목이 전체에서 차지하는 구성비율로 표시하여 재무상태나 경영성과를 파악하는 방법으로, 재무상태표에서는 총자산 중에서 각 항목이 차지하는 비율을 백분율로 나타낼 수 있으며, 포괄손익계산서에서는 매출액 중에서 각 항목이 차지하는 비율을 백분율로 나타낼 수 있다.

4. 유동비율보다 엄격하게 유동성을 측정하는 비율이 순운전자본비율이다.

5. 유동비율은 기업의 유동성 분석을 위한 보조적인 비율로 이용되고 있으며, 전통적으로 100% 이상이면 이상적인 표준이라고 할 수 있다.

6. 자기자본비율과 부채비율은 자본구조의 안전성을 파악하는 비율이다.

7. 자기자본비율은 기업의 자본구조를 나타내는 대표적인 비율로서 재무구조의 양호 여부를 평가하며, 부채 총계를 자기자본 총계로 나누어 산출한다. 즉, 채권자 지분인 타인자본과 주주지분인 자기자본과의 관계를 나타내는 비율로 기업의 타인자본 의존도를 표시해 준다.

8. 매출액순이익률은 활동성 분석의 일종이다.

9. 총자산회전율은 재고자산 투자의 효율성을 나타내는 비율로, 매출액을 재고자산으로 나누어 계산한다. 즉, 일정기간 동안에 재고자산이 얼마나 빨리 판매되어 당좌자산으로 변화(현금화 되는 속도)하는가를 나타내는 것으로 재고자산의 회전속도를 의미한다.

10. 주가순자산비율(price book-value ratio)은 경영활동의 최종성과인 순이익과 관련하여 시장에서 특정 기업의 주식가치를 어떻게 평가하고 있는가를 나타내는 비율로, 기업의 현재시점의 주가를 주당순이익으로 나누어 계산한다. 이는 시장에서 주가가 주당순이익의 몇 배로 형성되고 있는가를 표시해 줌으로써 기업 가치와 주가의 적정성을 평가한다.

정 답 1. T 2. T 3. F 4. F 5. F 6. T 7. F 8. F 9. F 10. F

객관식 문제

다음 문제를 보고, 가장 올바른 답을 고르시오.

1. 재무보고의 목적으로 타당하지 않는 것은?
   ① 재무상태, 경영성과, 자본변동 및 현금흐름에 관한 정보의 제공
   ② 경영자의 수탁책임 평가에 유용한 정보의 제공
   ③ 투자 및 신용제공에 유용한 정보제공
   ④ 미래의 수익성가치와 현금흐름에 대한 유용한 정보의 제공

2. 다음 중 일정시점에서 기업의 재무상태를 나타내는 재무제표는 어느 것인가?
   ① 재무상태표 ② 포괄손익계산서
   ③ 이익잉여금처분계산서 ④ 현금흐름표

3. 포괄손익계산서의 영업외비용 중에서 가장 중요한 항목은 어느 것인가?
   ① 이자비용 ② 광고선전비
   ③ 법인세비용 ④ 감가상각비

4. 다음 중 현금흐름표에서 확인할 수 있는 사항이 아닌 것은?
   ① 경영활동으로 인한 현금흐름
   ② 영업활동으로 인한 현금흐름
   ③ 재무활동으로 인한 현금흐름
   ④ 투자활동으로 인한 현금흐름

5. 일반적으로 유동비율은 높은데, 당좌비율이 낮은 기업의 재무상태를 가장 적절하게 설명한 것은?
   ① 단기차입금이 상대적으로 많다.
   ② 당기순손실이 계속 발생하고 있다.
   ③ 매출채권이 조기에 회수되지 않고 있다.
   ④ 유동자산 중 재고자산 비중이 높다.

6. 기업의 단기부채에 대한 지급능력을 가장 확실하게 확인할 수 있는 재무비율은 어느 것인가?
   ① 당좌비율 ② 유동비율
   ③ 부채비율 ④ 자기자본비율

7. 다음 중 기업의 자본구조를 파악할 수 있는 재무비율은 어느 것인가?
   ① 총자산회전율 ② 유동비율
   ③ 매출액순이익율 ④ 부채비율

8. 총자산순이익율(ROA)은 두 가지 비율로 분해해서 분석할 수 있다. 이 두 가지 비율의 특성은 어느 것인가?
   ① 안전성과 수익성 ② 활동성과 수익성
   ③ 안전성과 활동성 ④ 성장성과 시장성

9. 주주의 입장에서 중요하게 분석해야 할 재무비율은 다음 중 어느 것인가?

① EPS ② ROA

③ ROE ④ PER

10. 한국기업은 100만주의 주식을 발행한 상태이다. 올해 50억원의 순이익이 예상되고 있다. 이 회사의 주가수익비율(PER)이 10배라면 이 회사의 주가는 얼마로 예측할 수 있는가?

① 40,000 ② 50,000

③ 60,000 ④ 70,000

정 답 1. ④ 2. ① 3. ① 4. ① 5. ④ 6. ① 7. ④ 8. ② 9. ④ 10. ②

해 설

1. 재무보고 중 재무상태표는 일정시점의 재무상태로서 자산가치를 평가하고, 포괄손익계산서는 일정기간의 경영성적을 나타내나, 미래의 수익성가치 보고는 재무보고의 한계임.

2. 재무상태표: 일정한 시점을 기준으로 기업의 재무상태를 자산, 부채, 자본으로 나타낸 것.

3. 영업외비용: 기업의 본래 수익모형이 아닌 다른 활동을 통해 얻는 수익이나 비용으로 그 중에서 가장 중요한 것은 이자수익과 이자비용이다.

판매비/관리비: 기업의 본래 수익모형을 실행하는 과정에서 발생하는 비용 중에서 제조활동 이외의 비용들을 말함. 예-급여, 감가상각비, 관리비, 광고선전비, 연구개발비 등.

4. 그 외, 현금의 증가(감소), 기초의 현금, 기말의 현금.

5. 재고자산은 유동비율 계산에는 포함되지만 당좌비율 계산에는 제외된다.

6. 당좌비율: 유동자산 중에서 재고자산은 정상적인 영업순환과정을 거쳐야 현금화되는 것이다. 따라서 재무상환에 즉각적으로 이용되는 자산만을 평가대상으로 안전성을 파악하기 위해서 당좌비율을 산출하여 이용한다.

7. 부채비율: 부채를 자본으로 나눈 비율을 말하는데 기업의 재무구조를 파악하는데 가장 많이 이용되는 지표이다.

8. 총자산순이익률: 회사에 투자된 총자본이 단위당 얼마의 순이익을 벌어들이는지를 파악하는 지표로서 다음 산식으로 산출 한다. 총자산순이익률(%) = 당기순이익/총자산 x 100. 이 비율의 변동요인을 좀 더 구체적으로 분석하기 위해서 활동성비율인 총자산회전율을 이용하면 위 식은 다음과 바꿀 수 있다. 당기순이익/총자산 = 당기순이익/매출액 x 매출액/총자산 = 매출액순이익률 x 총자산회전율

9. ROA(Return On Asset): 총자산순이익률
PER(Price Earnings Ratio): 주가수익비율
ROE(Return On Equity): 자기자본순이익률
EPS(Earnings Per Share): 기업의 1주당 순이익

10. ②
- PER(주가수익비율) = 현재주가/1주당 순이익

제 7 장

원가와 기업경영

본 장에서는 기업경영에 필수적인 요소인 원가의 개념, 제조원가의 요소, 원가의 분류 등에 대해 학습한다.

제 7 장

원가와 기업경영

제 1 절 원가란 무엇인가?

1. 원가의 개념

1) 원가의 의의

오늘날 일상 대화에서 원가라는 용어는 자주 사용되는 회계용어 중의 하나이다. 예를 들어, 사람들은 생활비, 자녀교육비, 음식값, 주택가격, 전셋값, 전기료, 교통비, 기름값, 그리고 휴가비용 등이 올라갔다고 이야기할 때 이들 비용이 모두 원가가 되는 것이다. 누구나 경제생활을 영위하는 데는 반드시 대가가 따르게 된다. 컴퓨터를 구입하려면 대금을 지급하여야 하며, 공인회계사의 회계자문을 받으려면 수수료를 지급하여야 한다. 자격증을 취득하기 위해서는 교재를 구입하고 시간과 노력을 기울여야 한다. 제품을 생산하려면 원재료를 구입하고 노동력과 여러 가지 설비를 투입하여야 한다. 이와 같이 필요한 재화나 용역을 얻기 위해서는 대가를 지급하거나 희생이 뒤따르게 된다.

기업에서의 회계담당자는 기업 활동에 관련된 모든 행태의 원가를 측정한다. 예를 들면, 제품을 제조하는 데 소요되는 원가, 서비스를 제공하는 데 소요되는 원가, 제품을 운송하는 원가 또는 전산부서를 운영하는 원가 등의 측정이 포함된다. 이와 같이 기업에는 많은 다양한 형태의 원가가 있지만 원가의 기본개념은 매우 단순하다.

'원가(cost)란 어떠한 제품이나 서비스를 생산하거나, 또는 특정 재화나 용역을 얻기 위해서 투입되는 경제적 자원을 희생·포기하는 것을 화폐가치로 평가한 것'이다. 즉, 어떤 재화나 서비스를 획득하기 위해 포기한 자원을 화폐가치로 나타낸 것이다. 흔히 포기된 자원은 현금인데, 가령 자동차 기름을 리터당 2,000원씩 40리터를 주유하고 현금 80,000원을 지불했다면 자동차 기름의 원가는 80,000원이 된다.

한편, 원가는 원가정보를 이용하는 목적에 따라 그리고 누구의 입장에서 보느냐에 따라 달라진다. 이를 관리회계에서는 '상이한 목적을 위해 상이한 원가(different costs for different purposes)'가 사용된다고 한다. 가령 대학 강의를 생각해 보자. '2시간 동안의 공학회계 강의'에 대한 원가는 학교, 교수, 학생 입장에 따라 모두 다르게 계산된다. 즉, 학교는 교수에게 지급하는 강의료·전기료·소모품비·감가상각비 등을 원가로 계산하는 반면, 교수는 강의 준비를 위해 투입한 돈·노력·시간 등을 원가로 계산한다. 그리고 학생은 등록금·책값·공책값·교통비 등을 원가로 계산할 것이다.

이처럼 원가는 마치 주위 환경에 따라 색을 바꿔가는 카멜레온과 같기 때문에, 거래관계에 있어서 원가를 이야기할 때는 그 개념을 분명히 하고 시작해야 한다. 즉, 원가의 개념은 반드시 원가정보의 이용목적과 관련하여 인식하지 않으면 안된다는 것이다.

(1) 원가의 조건

앞선 정의에서 원가는 제품 등을 생산하기 위해 소비된 경제적 가치를 화폐로 표시한 것이라고 하였다. 그렇다면 원가로 대접받기 위해서는 어떤 요소를 지녀야 하는가?

첫째, 제품 등을 생산하기 위하여 소비된 것이어야 한다. 즉, 제품을 만들기 위해 가동 중인 기계, 공장에 켜진 전등 등은 그 자체가 원가인 것이다. 따라서 제품을 생산하는 데 그 경제적 가치가 소비되지 않고 다른 일을 하는 데 그 가치가 소비된 경우, 예를 들어 재료를 도난당한 경우나 화재로 유실된 경우, 제조활동에 참여하지 않은 판매원에게 급여를 지급한 경우는 제조원가가 아니다.

둘째, 화폐가치로 측정 가능한 것이어야 한다. 예를 들어 재료는 구입수량과 구입가격이 있기 때문에 총 얼마나 구입하였는지를 측정할 수 있다. 또한 그 재료를 얼마나 제품생산에 소비하였는지도 측정가능하다. 예를 들어 지난 달 말에 총 10,000원의 재료를 보유하고 있었는데, 3,000원의 재료가 재고로 남아 있다면, 7,000원의 재료가 생산에 투입되었음을 알 수 있다. 그러나 종업원들의 능력이나 사기, 경영자의 조직관리 능력 등과 같은 것은 기업의 경쟁력이나 부가가치 창출에 기여하는 것이긴 하지만, 그것을 화폐가치로 측정하기는 현재로서는 거의 불가능하다. 따라서 화폐가치로 측정할 수 없는 것들은 제품원가에 포함되지 않는다.

셋째, 경제적 가치가 소비된 것이어야 한다. 앞서 예로 들었듯이 총 10,000원의 재료 가운데 제품원가에 포함되어야 하는 것은 제품생산에 소비된 7,000원이다. 반면에 제품생산에 사용되지 않고 재고로 남아 있는 재료 3,000원은 제품원가에 포함되어서는 안 되며, 재무상태표상의 재고자산에 포함되어야 한다. 그리고 원가는 경제적 가치가 소비된 것이기 때문에 경제적 가치가 없는 것은 소비되었다 하더라도 원가가 될 수 없다. 예를 들어 가격이 없는 햇빛, 공기 등이 여기에 해당된다.

(2) 원가, 자산, 비용과의 관계

원가의 개념을 좀 더 명확히 하기 위하여 원가와 자산과 비용을 비교하여 보자. 자산을 취득하였다면, 구입에 소요된 금액을 자산의 취득원가라고 한다. 취득된 자산은 제품제조나 그 이외의 목적으로 사용될 수 있을 것이다. 자산은 영업활동에 이용할 수 있는 미래의 용역잠재력(future service potentials)이다.

기업이 자산을 영업활동에 이용하면 가치가 소멸한다. 소멸된 원가는 비용이고 미소멸된 원가는 자산이다. 만약, 취득된 자산이 제품을 생산하는데 사용되었다면, 사용된 자산의 가격은 생산된 제품의 제조원가가 된다. 반면, 제품이 외부로 판매되면 판매된 제품의 원가(매출원가)는 비용이 되는 것이다. 또한 취득된 자산이 제품제조 이외의 판매·관리활동에 사용되었다면, 사용된 자산의 가격은 바로 비용이 된다.

이와 같이 자산을 어떤 목적으로 사용하느냐에 따라 자산은 직접비용이 되기도 하고, 원가로 변형되었다가 그 다음에 비용화되기도 한다. 어떤 경우이든 간에 소멸된 원가는 비용이고 미소멸된 원가는 자산이다. 그런데 비용은 수익을 얻기 위해 소비된 재화와 용역을 의미함을 명심하여야 한다. 비용과 손실은 둘 다 소멸된 원가이지만 비용은 수익을 얻기 위해 소비되었으나 손실은 그렇지 않다는 점에서 다르다. 다음의 [그림 7-1]은 이들 간의 관계를 도식화한 것이다.

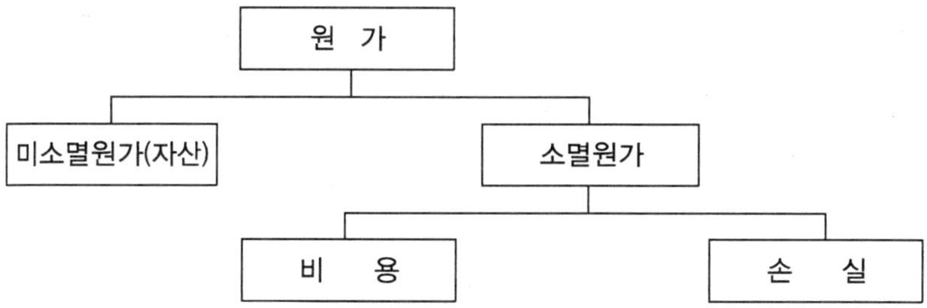

그림 7-1 원가, 자산, 비용간의 관계

한편, 회계를 잘 아는 사람도 자주 혼동하여 쓰는 용어가 원가와 비용이다. 실제 기업의 생산 현장에 가 보면 '원가를 절감하자' 혹은 '비용을 절약하자'라는 구호를 많이 보게 된다. 이는 기업 현장에서 두 용어가 거의 동의어로 사용되고 있음을 나타내고 있는 것이다. 현실적으로 양자가 많은 경우에 혼용되고 있고 구분의 실익도 별로 없지만 회계학적으로는 양자를 구분할 수는 있다. 본래 비용이란 손익을 계산하기 위한 용어로서 수익과 대응되는 개념이다. 반면에, 원가란 제품에 대한 경제적인 가치의 소비를 의미하기 때문에 제품과의 관계에서 사용되는 용어이다. 좀 더 구체적으로 살펴보면, 원가(cost)란 그 가치가 어딘가에 잠겨있는 것이다. 즉, 제품을 생산하기 위해 소비된 경제적 가치로 그 가치가 기업 내에 남아 있는 것이므로 경제적 희생이 미래가치를 가진다고 할 수 있다. 비용(expense)은 수익을 발생시키면서 그 가치가 밖으로 소멸되는 것이다. 즉, 수익을 얻기 위해 소비된 경제적 가치로 그 가치가 기업 밖으로 나간 것이므로 경제적 희생이 미래가치를 가지지 못하는 것이다. 한편, 비용과 유사한 용어로 손실(loss)이 있다. 손실은 아무런 수익도 발생시키지 못하면서 그냥 사라지는 가치를 의미한다. 예를 들어 창고에 있던 물건을 도난당했다든지, 재해로 인하여 망실된 경우에는 각각 재고자산감모손실과 재해손실이라는 계정을 사용하여 처리하는 것이다.

이들에 관한 간단한 예를 들어 보자. 공학(주)의 주식을 1주에 12,000원씩 100주를 샀다고 하자. 이 때 지급된 돈 1,200,000원은 공학(주)의 주식 100주의 가치로 남아 있게 되는 **원가**이다. 한 달 후, 이 주식을 모두 1,400,000원에 매각하였다면, 이 때 100주의 가치 1,200,000원은 수익 1,400,000원을 벌어들이면서 사라졌으므로 **비용**이 되는 것이다. 한편, 공학(주)이 파산하여 보유주식이 휴지조각으로 변해 버렸다면, 이 때 100주의 가치 1,200,000원은 수익도 내지 못하고 그냥 없어졌으므로 **손실**이라고 한다.

2) 원가정보의 유용성

그렇다면 우리는 원가를 왜 알아야 하는가? 그 이유는 다음과 같다.

첫째, 사업체는 자신이 파는 물건(상품이나 제품)의 원가가 얼마인지를 우선 알아야 그 물건의 가격을 정할 수 있다. 만약에 원가가 1,000원인지도 모르고 가격을 900원으로 정하면 장사를 해봐야 헛장사가 될 것임은 너무도 자명한 사실이다. 또는 반대로 원가가 1,000원인 제품의 가격을 3,000원으로 정하는 것도 나름대로 문제가 있다. 따라서 합리적인 방법에 의한 정확한 원가계산이야말로 적정 이윤을 보장해주는 가격책정을 위한 기본전제가 된다.

둘째, 제품이나 상품의 원가를 파악함으로써 사업체는 일정기간 동안의 매출에서 벌어들인 이익(이를 매출총이익이라고 한다)을 측정 할 수 있다. 매출총이익은 매출액에서 매출원가를 차감하여 계산하게 되는데 여기서 매출원가란 당기에 발생된 원가 중 매출된 부분의 원가를 의미한다. 그러므로 원가계산이 되지 않으면 매출원가의 산정이 안 되고 따라서 이익계산도 불가능하게 된다.

셋째, 사업체의 원가정보는 사업주나 경영자에게 여러 가지 도움이 되는 많은 정보를 제공해 준다. 회사의 원가구조나 원가발생상황 등을 그대로 경영관리에 반영할 수 있고 회사의 원가관리나 통제를 위한 목적에 사용할 수도 있다.

이외에도 원가정보는 재무상태표상의 제품, 재공품, 원재료 등 재고자산의 가액을 결정하고, 예산편성, 경영활동의 통제, 가격결정, 성과평가 등의 의사결정을 할 때도 필요하다.

2. 상기업과 제조기업의 원가

회계학을 처음 접하게 되는 회계원리에서 우리는 주로 일반 상기업에 대한 회계처리를 중심으로 공부하였다. 상기업은 외부로부터 상품을 구매하여 이를 소비자에게 재판매함으로서 이익을 발생시키는 기업을 말한다. 우리가 가장 자주 접하게 되는 도매상들이 상기업에 속한다고 보면 될 것이다. 이 상기업들은 제조시설을 가지고 있지 않다. 상기업은 제조시설을 가진 다른 기업에서 생산해 놓은 제품을 구매하여 재판매할 뿐이다. 따라서 상기업의 주요 경영활동은 구매와 판매가 핵심이다.

이에 반해 제조기업은 제조시설을 보유하고 제품을 생산하는 기업을 말한다. 제조기업이 상기업과 다른 것은 제조시설을 가지고 제품을 생산한다는 것이다. 따라서 제조기업의 주요 경영활동은 구매와 판매뿐만 아니라 생산 활동을 포함하고 있다. 원재료와 노무비 그리고 각종 용역 등 생산요소를 구매하여, 이를 생산 활동을 투입함으로써 제품을 완성한 후, 완성품을 판매하는 과정을 거치게 된다. [그림 7-2]는 상기업과 제조기업의 거래구조를 요약하였다.

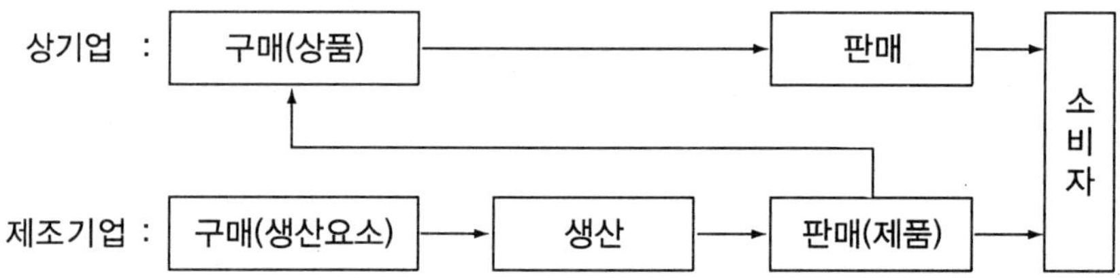

그림 7-2 상기업과 제조기업의 거래구조

[그림 7-2]를 보면 상기업(상품)과 제조기업(제품)이 서로 다른 거래구조를 가지고 있으며, 그 구조에 따라 재화의 원가도 서로 다르게 산출됨을 알 수 있다. 상기업의 경우 제조기업 등에서 상품을 구입해서 그 상품에 이익을 부과하여 고객에게 판매한다. 따라서 원가는 상품을 구입한 시점에서 이미 전부 알고 있기 때문에 상기업에서는 원가계산을 특별히 행할 필요가 없다. 예를 들어, 100,000원에 상품을 구입해서 이를 140,000원에 판매했다면, 매출원가는 100,000원 즉, 매출원가는 상품의 매입원가와 같기 때문에 상기업에서는 원가계산이 필요가 없다.

그러나 제조기업의 제품원가는 제품생산에 소비된 재료비, 노무비 그리고 경비 즉, 다양한 생산요소의 가치의 합이다. 즉, 제조기업의 경영활동은 매입처에서 원재료를 매입하여 생산 부문에서 인력, 기계 등을 사용하여 가공, 조립을 수행하는 제조 기능(생산 활동)을 가지고 있기에, 생산된 제품 1개당 생산비인 원가를 알기 위해서 원가계산이 절대적으로 필요하다고 할 수 있다. 또한 원가를 알아야 그 기업의 이익도 알 수 있는데, 이는 포괄손익계산서에서는 수익에서 비용(=원가)을 차감해서 이익을 구하기 때문이다.

예를 들어, 어느 기업이 매입처로부터 200,000원에 재료를 구입하여, 종업원 두 사람이 자사(自社)의 기계 설비를 사용해서 제품을 만들고 이를 300,000원에 판매했다고 한다면 이 기업의 이익은 얼마나 되겠는가? 매출액(수익)이 300,000원이라는 것은 바로 알 수 있지만, 매출에 대응하는 원가가 얼마인지는 원가계산을 하지 않고는 알 수가 없다. 즉, 상기업과 같이 외부에서 구입한 재료대금 200,000원이 제조업에서는 매출원가가 될 수 없다. 제조업에서의 매출원가는 판매된 제품에 대응하는 원가를 의미하기에 제품을 생산하기 위해 필요한 비용을 가산해야만 한다. 따라서 **재료구입대금 + 종업원 두 사람의 급여 + 기계설비의 감가상각비**를 가산한 것이 제품원가가 되는 것이다. 이와 같이 제품을 생산하기 위해 필요한 원가를 가산하는 것을 원가계산이라고 한다.

3. 제조원가 3요소

앞의 제조기업 예시에서 제조원가의 3요소가 이미 나타났다. 즉, 원가회계에서는 외부에서 구입한 원료나 재료 등을 **재료비**라고 하고, 공장에서 근무하고 있는 종업원들의 급여를 **노무비**라고 하며, 전력비나 감가상각비 등의 일반비용을 **경비**라고 한다. 이들을 제조원가의 3요소[1]라고 한다. 좀 더 구체적으로 예를 들어 보자.

공학(주)은 컴퓨터 제조회사로 데스크톱 컴퓨터를 생산하기 위해서는 어떤 자원들이 투입되어야 하는가? 우선 모니터, 하드디스크, 메모리 등의 부품이 필요하고, 이러한 부품들은 종업원들의 조립작업을 거쳐 데스크톱 컴퓨터로 생산되어 질 것이다. 그런데 종업원들의 작업은 일정한 조립 시설을 갖춘 공장안에서 행해지고, 이 때 기계 설비, 전기, 수도 등이 필요하게 된다. 즉, 일정한 공장안에서 종업원들이 부품을 조립하여 데스크톱 컴퓨터를 생산한다면, 부품, 노동력, 일정한 시설이 투입된다고 볼 수 있다.

이때 부품과 같이 물질 형태로 투입되는 자원의 가치를 재료원가(material costs), 인간의 노동 용역으로 투입되는 자원의 가치를 노무원가(labor costs), 그 밖

---

1) 제조원가 3요소를 재료비, 노무비, 경비로 표현한다면, 끝자리 비(費)는 비용을 의미하는 것이다. 그러나 엄밀히 이야기하면 비(費)가 아니라, 원가(原價)로 표현하는 것이 올바른 표현이다. 본서에서는 이미 설명했듯이 비용과 원가의 구분은 실무에서 큰 실익이 없기에 이들 두 용어를 혼용하여 사용하기로 한다.

에 컴퓨터를 생산하기 위해 투입되는 공장, 기계 설비, 전력 등 모든 자원의 가치를 제조경비(manufacturing overhead costs)라고 한다. 따라서 제품의 원가는 그 제품을 생산하는데 투입된 재료원가, 노무원가, 제조경비의 합으로 구성된다. 다음의 [그림 7-3]은 제조원가의 3요소와 비제조원가[2]를 도식화한 것이다.

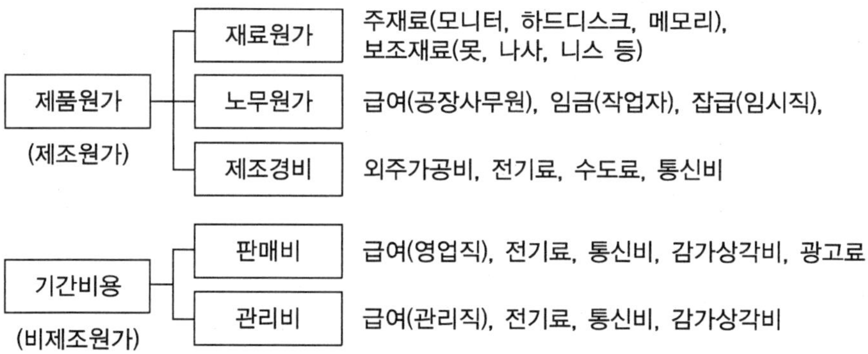

그림 7-3 제조원가와 비제조원가

한편, 원가가 최종적으로 집계되는 제품을 원가대상(cost objective)이라고 한다. 원가라는 용어 그 자체만으로는 아무런 의미가 없다. 원가는 반드시 하나 이상의 원가대상이 결합되었을 때 의미를 가진다. 제조기업에서 주요 원가대상은 생산되는 제품이다. 그렇지만 제품만이 경영자들이 관심을 갖는 유일한 원가대상은 아니다. 경영자가 어떤 것의 원가를 알고 싶다면 그 어떤 것이 바로 원가대상이 될 수 있다. 경영자들은 기업의 모든 측면을 효과적으로 효율적으로 관리해야 하기 때문에 다양한 원가정보를 요구하기 때문이다. 원가대상에는 제품뿐만 아니라 조직 내 부서, 고객, 특정 프로젝트 혹은 프로그램 등도 될 수 있다.

예를 들어 광고 캠페인을 벌이고 있다면 이것도 원가대상이 될 수 있다. 원가대상을 좀 더 정확하고 명료하게 정의하게 되면 의사결정에 사용되는 원가측정 결과는 보다 정확해진다. 원가대상이 불명료하면 그 대상의 원가측정은 부정확하게 될 것이다.

2) 비제조원가에 대해서는 제2절 제품원가와 기간비용에서 자세히 살펴볼 것이다.

제 2 절 원가의 분류

1. 추적가능성에 따른 분류

원가를 추적가능성에 따라 나누는 것은 직접원가와 간접원가로 분류하는 것이다. 원가는 각 원가대상별로 집계되어 원가대상별 원가를 산출하게 되는데, 원가대상이 제품이라면 제품별 원가계산이 이루어지게 된다. 그러나 모든 원가를 각 원가대상별로 추적할 수 있는 것은 아니다.

직접원가(direct cost)는 원가대상에 대하여 확연히 물리적으로 관련된 것으로 추적될 수 있는 원가이다. 예를 들어, 제품을 제조하는데 직접 부담되는 재료비와 노무비는 직접원가이다. 반면, **간접원가**(indirect cost)는 여러 원가대상에 공통적으로 발생되는 원가로 원가대상별로 추적할 수 없기 때문에 합리적인 배부기준에 따라 원가대상에 배부하여야 한다. 또한 어떤 원가가 특정 원가대상과 관련을 맺고 있다 하더라도 그 원가대상에 까지 실질적 또는 경제적으로 추적할 수 없는 경우에도 그 원가를 간접원가라고 한다. 간접원가는 공통원가(common costs)라고도 하며, 예를 들면 소모품비, 전력비, 기계수선비 등과 같은 제조간접원가는 간접원가이다.

예를 들어 설명하자. 앞에서 공학(주) 컴퓨터 제조회사는 데스크톱과 노트북 컴퓨터를 생산하는 라인을 각자 가지고 있고, 원가계산도 각각 한다고 가정하자. 원가 중에는 모니터, 하드디스크, 메모리, 각각의 생산라인에 배치된 종업원의 임금과 같이 데스크톱과 노트북 생산 라인별로 분명히 구별되는 원가가 있다. 이와 같이 특정 제품과 관련해서만 발생하기 때문에 그 제품의 원가를 쉽게 추적 가능한 원가를 직접원가라고 한다. 반면에, 데스크톱과 노트북 생산 라인의 작업 상황을 동시에 감독하는 감독자나 어느 라인에서든 고장이 발생하면 수선의 책임을 맡은 종업원의 임금, 그리고 공장건물과 기계 설비에 대한 감가상각비처럼 모든 라인에서 컴퓨터를 생산하는데 공통으로 발생하는 원가가 존재하게 된다. 이와 같은 원가는 여러 제품에 공통으로 발생하는 것이어서 특정 제품의 원가를 계산하는데 개별적인 추적이 어려우므로, 전체적으로 파악하여 적당한 기준을 이용해서 나누어 줄 수밖에 없는데 이런 원가를 간접원가라고 한다.

정리하면, 재료비에는 제품별로 추적 가능한 직접재료비와 추적 불가능한 간접재료비가 있다. 노무비와 경비[3]도 마찬가지로 추적 가능한 원가와 추적불가능한 원가로 구분된다. 간접재료비와 간접노무비 그리고 간접경비 등 간접비를 모두 집계하여 이를 제조간접비(manufacturing overhead costs)라고 한다. 제조간접비는 원가대상별로 추적 불가능한 원가만을 집계해 놓은 것이다. 따라서 제품원가는 직접재료비, 직접노무비 그리고 제조간접비로 구성되어 있음을 알 수 있다. 다음의 [그림 7-4]는 직접원가와 간접원가를 정리한 것이다.

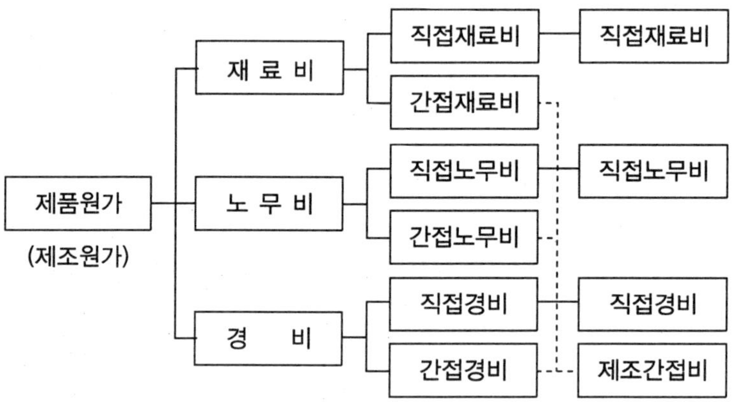

그림 7-4 직접원가와 간접원가

한편, 원가대상에 추적 가능하더라도 그 금액이 중요하지 않다면 보통 간접비로 분류된다. 예를 들어 책상과 의자를 만드는데 못이 사용되고 있는데, 그 못의 사용량을 책상과 의자별로 추적하는 것이 더 나을까? 못의 사용량을 원가대상별로 추적하는 것은 추가적인 인건비와 관리비용 등이 필요하다. 그러나 못의 사용량을 추적하여 직접비로 인식한다고 하더라도 제품원가의 정확성은 크게 개선되지 않는다. 왜냐하면 못 한 개의 가치가 높지 않기 때문이다. 따라서 자금을 투입하여 대부분의 원가를 직접비로 인식할 수도 있겠지만, 그것이 비효율적이기 때문에 오히려 간접비로 구분하여 사용하게 된다.

---

3) 경비는 거의 대부분이 간접비이다. 직접경비로 취급하는 원가는 외주가공비, 특허권사용료, 특정제품설계비 정도이고, 나머지는 간접비로 간주하여도 무방하다.

참고로, 최근의 경영환경 변화 즉, 치열한 기업 간 경쟁, 다양한 소비자의 욕구, 생산 자동화의 진척 등은 기업의 원가구조에 큰 영향을 미쳤다. 예를 들어 자동화가 진척됨에 따라 직접노동의 사용은 감소한 반면 프로그래밍이나 엔지니어링을 위한 지원은 보다 더 많이 필요하게 되었다. 이에 따라 직접노무비의 비중은 줄어드는 반면, 제조간접비의 비중은 점점 늘어나고 있다. 또한 생산기술의 발전에 따라 정밀한 작업이 가능해져 감손이나 불량률이 감소하게 되었고, 따라서 직접재료비의 비중도 상대적으로 감소하게 되었다. 그리고 소비자의 욕구가 다양하게 표출됨에 따라 다품종 소량생산이 필요하게 되었고, 원가대상이 되는 제품의 수가 그 만큼 증가하게 된 것이다. 따라서 최근의 경영환경 변화를 보면 직접비의 비중은 감소하는 반면 제조간접비의 비중은 늘어나게 되었다.

2. 제품원가와 기간비용

제품원가와 기간비용은 앞에서 학습한 제조원가, 비제조원가와 거의 같은 개념이다. 제조원가는 재료비, 노무비, 경비의 3요소로 이루어져 있고, 이를 다시 추적가능성에 따라 세분하면 직접재료비, 직접노무비, 제조간접비로 분류할 수 있으며, 이들 세 원가를 통칭하여 제품원가 또는 제조원가라고 한다. **제품원가(product costs)**는 제품을 제조하기 위해 소비된 경제적 가치로 제조원가이며, 판매를 목적으로 제조하거나 취득한 제품에 대해 부과할 수 있는 원가이다. 이는 재고자산의 원가로서 판매 또는 처분 시까지 이연된다는 점에서 재고가능원가(inventoriable costs)라고도 한다. **기간비용(period costs)**은 제품원가 이외의 모든 원가로서 그것이 발생한 기간에 비용으로 처리되는 원가이다. 기간비용은 제품의 제조와는 직접적인 관련 없이 소비된 경제적 가치로 비제조원가이며, 보통 판매비와 관리비라는 두 항목으로 구성되어 있다. 이는 재고자산의 원가로서 미래기간까지 이연되지 않는다는 점에서 재고불능원가(noninventoriable costs)라고도 한다. 예를 들어, 광고비, 판매원에게 지급한 판매수수료, 일반 사무직원의 급료 등은 발생하면 미래기간으로 이연하지 않고 발생시점에서 즉시 비용으로 처리된다.

제품원가와 기간비용의 근본적인 차이점은 공장(제품제조)과의 관련성 여부이다. 즉, 공장에서의 제품생산과 관련이 있는 모든 원가는 제품원가로 취급하지만, 비록 원가가 발생해도 제품생산과 관련이 없는 원가는 기간비용으로 분류한다. 예를 들어, 생산직 근로자가 야유회를 가면 그 비용은 제품원가로 분류되지만, 영업직 근로자가 야유회를 가면 기간비용으로 취급한다. 감가상각비의 예를 보자. 감가상각비는 공장건물에 대해서도 발생하고, 본사건물에 대해서도 발생한다. 이 가운데 제품원가에 포함되는 것은 공장건물에 대한 감가상각비이다. 만약 본사건물의 감가상각비를 제품원가계산에 포함시킨다면 실제보다 더 높은 원가가 산출될 것이다. 이를 좀 더 구체적으로 나타내면 [그림 7-5]와 같다.

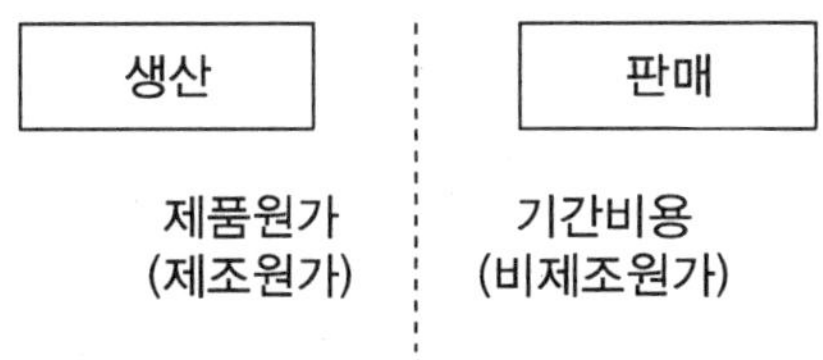

그림 7-5 제품원가와 기간비용의 구분

1) 제품원가의 구성요소

일반적으로 제품원가(제조원가)를 직접재료원가, 직접노무원가, 제조간접원가(간접재료원가, 간접노무원가, 제조경비)의 3가지로 구분한다.

직접재료원가(direct material cost)는 제품원가의 주요부분이 되며 그 제품에 직접 부담시킬 수 있는 주요재료의 원가를 말한다. 예를 들면, 자동차 생산에 사용되는 타이어나 엔진, 컴퓨터 제조회사의 모니터와 하드디스크, TV 제조업체의 브라운관 등의 원가가 이에 속한다. 그러나 어떤 재료들은 제품을 생산하는 데 중요한 부분이면서도 추적하여 제품에 부과하기 어려운 경우가 있다. 나사, 못, 단추 등이 이에 속하며, 이러한 소모품이나 보조 재료를 간접재료원가라고 하며 제조간접원가의 일부가 된다.

직접노무원가(direct labor cost)는 제품을 직접 생산하기 위해 투입된 직접공의 임금을 말하며 쉽게 추적할 수 있다. 예를 들면, 생산라인의 종업원, 목수 등의 임금이 이에 속한다. 제품에 실질적으로 추적할 수 없거나, 추적이 가능하더라도 효익이 없는 노무원가를 간접노무원가라고 하며 제조간접원가의 일부가 된다. 예를 들며, 공장감독자, 공장수위, 청소원 등의 급여가 이에 속한다.

제조간접원가(manufacturing overhead cost)는 제품의 제조활동에서 발생된 원가 중 직접재료원가와 직접노무원가를 제외한 모든 제조원가를 말한다. 간접재료원가와 간접노무원가, 그리고 임차료, 보험료, 감가상각비, 재산세, 수선비등 제조활동에서 발생한 모든 경비는 제조간접원가에 속한다.

한편 제조원가 중에서 직접노무원가와 제조간접원가는 재료를 완제품으로 완성하기 위해서 즉, 원재료를 제품으로 전환 또는 가공하기 위하여 투입된 원가이므로 전환원가 또는 가공원가(conversion cost)라고 한다. 다시 말하면 직접재료원가를 제외한 모든 제조원가는 전환원가이다. 그리고 제조간접원가 이외의 직접재료원가와 직접노무원가는 완성품에 직접 추적 가능한 원가이며, 제품의 기초가 된다고 하여 기본원가 또는 기초원가(prime costs)라고 한다. 다음의 [그림 7-6]은 이들을 나타낸 것이다.

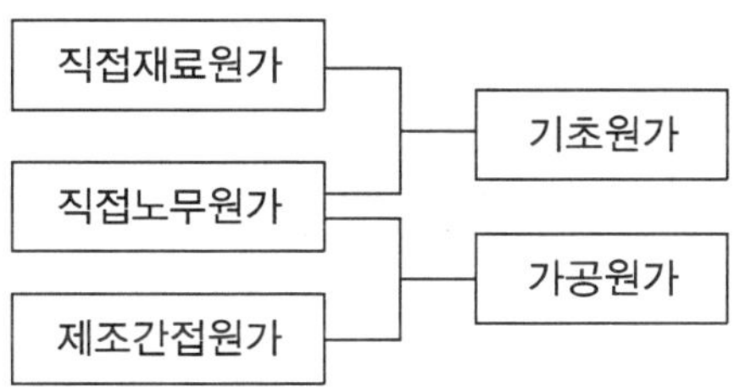

그림 7-6 기초원가와 가공원가의 구분

2) 기간비용의 구성요소

기간비용(비제조원가)은 기업의 생산 활동과 직접적으로 관계없이 발생한 원가로 발생하는 기간의 비용으로 처리되는 원가이다. 즉, 생산 활동 이외의 판매활동과 관리활동에서 발생하며 모든 판매비와 관리비가 이에 속한다.

판매비(marketing or selling costs)란 고객으로부터 주문을 받아 고객에게 제품을 제공하는데 소요되는 비용이다. 즉, 제품이나 용역의 판매활동에서 발생한 비용으로 광고선전비, 판매수수료, 운송비, 판매부서가 사용하고 있는 건물에서 발생하는 비용 등이 이에 속한다.

관리비(administrative costs)는 기업이라는 조직을 운영하고 스탭을 유지하기 위하여 소요되는 비용이다. 즉, 기업의 생산 활동과 판매활동 이외의 관리활동과 관련된 비용으로 경영자의 급여, 통신비, 감가상각비, 관리부서가 사용하고 있는 건물에서 발생하는 비용 등이 이에 속한다.

3. 원가와 가격 간의 관계

자판기의 커피 값은 200원이다. 시골다방의 커피 값은 2,000원이다. 호텔카페의 커피 값은 5,000원이다. 동일한 커피 값을 두고 왜 이리도 가격차이가 날까? 원두커피나 가공커피나 원가차이는 크지 않을 텐데 말이다. 분위기 값이겠지 라고 생각하는 이들도 있을 것이다. 비싼 커피 마시면 상류층 사람 같고, 자판기 커피마시면 아주 서민적인 사람 같고 그럴 것이다. 하지만 그 커피 값 속에는 다양한 비용들이 포함되어 있다. 예를 들어, 호텔카페의 커피 값에는 그 만큼 비싼 인테리어의 감가상각비가 포함되어 있다. 분위기를 만들려고 하니 비싼 인테리어가 필요할 것이다. 이는 모두 제조간접비로, 원가를 높이는 역할을 하여 결국 가격이 비싸지게 되는 것이다. 그렇다면 제품의 가격은 제조원가에 일정한 이익을 붙여 책정하면 되는 것일까?

예를 들어 보자. 공학(주) 컴퓨터 제조회사는 오랜 연구개발 끝에 최신형 노트북 컴퓨터를 신제품으로 출시하고 가격을 책정하기 위해 원가계산을 해 본 결과, 직접재료원가 400,000원, 직접노무원가 250,000원, 제조간접원가 150,000원으로 제조원가는 총 800,000원이 계산되었다. 공학(주)은 여기에 10% 이익을 붙여 최신형 노트북 제품의 판매가격을 880,000원으로 결정하고 시장에서 판매하기로 했다면, 과연 이 가격 결정은 아무런 문제가 없는 것일까? 판매가격이 원가를 보상하고 이익을 남겼으니 아무런 문제가 없어 보이지만, 사실 이 가격결정에는 중요한 원가들이 빠져 있어 모르긴 해도 공학(주)은 손해를 볼 지도 모른다. 어떤 원가들이 빠졌을까?

첫째, 제조원가는 아니지만, 비제조원가인 판매비가 계산되지 않았다. 즉, 공학(주)은 생산 활동 이외에 생산된 제품을 판매하기 위해 대대적인 광고비 지출, 판매점 개설과 판매원 고용 등의 판매비용이 발생되었지만 이들이 제품가격 결정에서 제외되었다. 둘째, 역시 비제조원가인 관리비가 빠져 있다. 즉, 신형 노트북 개발을 위해 몇 년간 투입된 연구개발 활동, 기획활동, 자금조달 및 운영활동 등과 같은 일반관리비가 가격 결정에서 제외되었다. 이와 같은 판매비와 관리비는 최신형 노트북 생산 활동에 직접적으로 기여하지는 않았지만, 분명히 제품에 필요한 활동에 수반되는 자원의 소비이므로 원가로 보아야 한다. 따라서 이를 고려하지 않고 책정된 판매가격은 잘못된 가격결정이라고 보아야 한다.

이처럼 우리가 알고 있는 가격은 제품의 제조원가에 단순히 이익을 붙여 결정되는 것이 아니다. 제품가격에는 제조원가뿐만 아니라 판매비와 관리비도 포함되어 있어서 이들을 고려한 가격결정이 되어야 한다.

신문이나 방송에서 유명 연예인이나 운동선수들을 보면 어느 대기업과 몇 억 혹은 몇 십억에 광고전속 계약을 체결하였다는 기사를 자주 보게 된다. 연예인들에게 지급되는 광고비는 누가 부담하는가? 모두 소비자 부담이다. 광고를 많이 하면 할수록 기업이 제품단위당 이익을 줄이지 않는 한 가격은 그 만큼 높아지게 된다. 중소기업들이 광고비 지출을 많이 할 수 없는 것은 자금부족도 원인이 있겠지만 가격이 그 만큼 높아지기 때문이다. 다음의 [그림 7-7]은 제품가격의 구성을 나타낸 것이다.

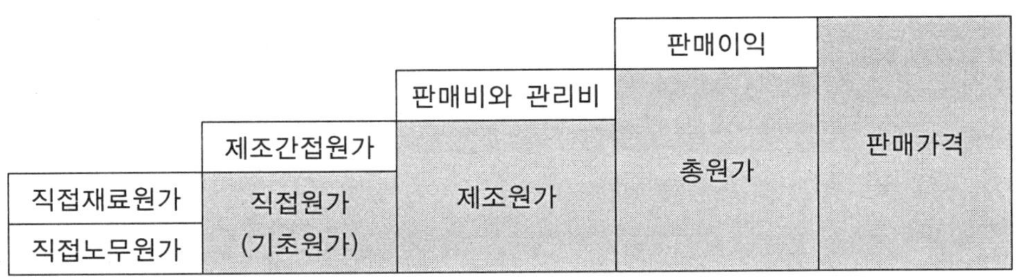

그림 7-7 제품 가격의 구성

[그림 7-7]을 간략히 살펴보면 제품의 가격은 판매이익, 판매비와 관리비, 제조간접원가, 직접재료원가 그리고 직접노무원가 등으로 구성된다. 이 가운데 직접재료원가와 직접노무원가 그리고 제조간접원가는 제조원가(제품원가)이다. 제조원가에 이익을 추가하여 제품가격을 결정해서는 안 된다는 것은 이미 살펴보았다. 여기에는 판매비와 관리비가 포함되어야 한다.

4. 의사결정을 위한 원가

관리회계의 목적은 경영자의 의사결정에 유용한 정보를 제공하는 것이다. 경영자의 의사결정 유형은 매우 다양하며, 경영자는 항상 의사결정 문제에 직면하고 있다. 잘못된 의사결정은 치명적인 타격을 가져다준다. 따라서 경영자의 의사결정은 힘들고 복잡한 업무이다. 이러한 의사결정시 원가를 알아야 어느 가격에서 얼마나 이익이 남는지, 어떠한 생산방식이 더 효율적인지 계산할 수 있다. 따라서 의사결정시 원가는 중요한 요인 중의 하나이다. 따라서 관리회계에서 산출되는 정보가 유용성을 갖기 위해서는 경영자의 다양한 의사결정 유형에 적합한 원가정보를 제공해주어야 한다. 경영자들이 의사결정을 내리는데 필요한 정보를 제공해 줌으로써 그들을 도와주는 것이 관리회계 담당자의 주요기능이다. 이하에서는 경영자 의사결정에서 필요한 원가유형에 대해 살펴보자.

1) 관련원가(relevant costs)

관련원가는 경영자 의사결정과 관련이 있는 원가로서 의사결정에 목적적합한 원가를 의미한다. 따라서 의사결정과 관련이 없는 원가는 비관련원가(irrelevant costs)가 된다.

많은 기업조직이 당면하고 있는 문제 가운데 하나는 회계정보시스템이 특정 사안에 대해선 별로 유용하지도 않은 수많은 유형의 자료를 산출한다는 것이다. 이러한 많은 관련이 없는 원가자료 때문에 회계담당자와 경영자간의 의사소통이 부적절해 진다. 경영자들은 그들의 직무수행에서 요구되는 의사결정을 내리는데 어떠한 유형의 원가가 유용한지를 알아야 한다. 그러한 원가는 경영자가 내리는 의사결정 및 평가와 관련이 있기 때문에 관련원가라고 불리어진다. 관련원가가 되기 위해서는 다음과 같은 두 가지 중요한 속성을 지닌다.

1. 미래에 발생될 원가이다.
2. 의사결정대안에 따라 다르게 나타나는 원가이다.

이를 정리하면, 관련원가는 경영자가 선택하는 대안과 관련이 있다는 의미에서 특정의 의사결정에 적용되는 원가로서 여러 가지 대안 사이에 차이가 나는 미래의 예상원가라고 할 수 있다. 즉, 의사결정에 결정적인 영향을 미칠 수 있는 원가로서 각 대안들 사이에 차이가 나는 회피 가능한 **미래원가(expected future costs)**를 의미한다. 따라서 역사적 원가는 과거에 이미 발생한 원가이기 때문에 그 자체로는 관련원가가 아니다. 단지 미래원가의 대용으로 사용한다면 역사적 원가도 관련원가가 될 수도 있다. 또한 어떤 원가가 관련원가가 되려면 의사결정 대안이 달라짐에 따라 원가도 달라져야 한다. 만약 의사결정 대안 간에 차이가 없다면 대안의 선택에 아무런 영향을 미치지 못하고, 이러한 원가는 비관련원가가 된다.

여기서 대안간의 원가의 차이를 **차액원가(differential costs)**라고 한다. 이와 유사한 원가로 많은 기업에서 단기의사결정을 내릴 때 증분원가(incremental costs)의 개념을 사용한다. 증분원가의 개념은 크게 두 가지로 분류할 수 있다. 단순히 조업수준이 증가함에 따라 이전 조업도 수준에 비해 증가된 원가를 의미하기도 하고, 어떤 의사결정 대안을 선택함으로써 증가하는 원가를 의미하기도 한다. 일반적으로 관리회계에서 사용되는 증분원가의 개념은 후자를 의미하는 경우가 많다.

예를 들어 설명하자. 공학대학교 앞에는 학생들이 자주 이용하는 전자카페와 건축카페가 서로 경쟁하며 영업을 하고 있다. 오늘은 컴퓨터공학과 학생들의 신입생 환영회가 있어 과대표는 이들 두 카페 중 하나를 선정하여 파티를 하기로 해서 가격조사를 하였다. 그 결과가 다음과 같다.

품 목	전자 카페	건축 카페
병맥주 1병당	2,500원	2,500원
과일안주 1접시	12,000원	10,000원

원래 두 곳의 과일안주 가격은 12,000원으로 동일하였으나, 오늘은 건축카페 사장님이 단체로 오면 안주 가격을 2,000원 싸게 해 주기로 하였다. 당연히 학생들은 건축카페로 가서 신입생 환영회를 재미있게 진행하고 끝냈다.

위의 사례에서 우리는 어떤 원가들이 학과 대표의 의사결정에 영향을 미쳤다고 생각하는가? 먼저, 위 사례에서 조사된 가격은 모두 지금 신입생 환영회를 간다면 얼마의 원가가 소요될 것인지를 계산한 미래원가(관련원가)라고 할 수 있다. 그러나 병맥주 1병의 가격은 두 곳이 모두 동일하여 학과 대표의 의사결정에 영향을 미치지 못하는 비관련원가지만, 안주 가격은 서로 차이가 나서 차액원가 2,000원으로 의사결정에 영향을 미치는 관련원가라고 할 수 있다. 한편, 이전에 건축카페에서 지불한 과일안주 가격인 12,000원은 과거에 발생한 역사적 원가로 이번의 의사결정에는 아무런 영향을 미치지 못하는 비관련원가라고 할 수 있다.

결국, 관련원가는 미래원가와 차액원가가 되고, 과거원가인 역사적 원가와 대체안간 차이가 없는 원가는 비관련원가가 된다.

2) 매몰원가(sunk costs)

매몰원가는 과거에 이미 발생한 원가로서 현재 또는 미래에 어떤 의사결정이 내려지더라도 변경할 수 없는 원가이다. 즉 경영자가 더 이상 통제할 수 없는 과거 의사결정으로부터 기인하는 역사적 원가로서 미래의 의사결정에는 전혀 관련성이 없는 비관련원가이다.

예를 들어, 기계장치의 교체를 검토하고 있는 경우, 구 기계장치의 취득원가는 새로운 기계장치의 취득에 따른 의사결정에 아무런 영향을 미치지 않는 비관련원가이다. 또 한 가지 예를 들면, 과거 주당 15,000원에 구입한 공학(주) 컴퓨터 제조회사의 주식이 현재 시장가격이 주당 12,000원이라 하자. 이때 과거 취득가격 15,000원은 역사적 원가로서 매몰원가이다. 이 매몰원가는 소유주식을 처분할 것인가? 혹은 계속 보유할 것인가? 의 의사결정에 전혀 영향을 미치지 않는다. 이 경우 의사결정에 영향을 미치는 것은 앞으로의 주식시장의 상황, 공학(주)의 재무상태와 수익성 예측에 의해 결정할 문제이지, 과거의 취득원가인 15,000원은 의사결정에 영향을 미치지 않는 비관련원가인 것이다. 즉, 현행가액 12,000원을 매몰원가인 15,000원에 견주어 주당 3,000원의 유가증권처분손실을 생각해서 주식처분 의사결정에 영향을 받게 된다면 이는 합리적이지 않다. 물론 재무보고 목적으로는 매몰원가인 취득가격 15,000원은 중요한 정보이다. 그러나 경영의사결정에서는 매몰원가는 유용한 정보가 아니다.

3) 기회원가(opportunity costs)

기회원가란 현재 기업이 보유하고 있는 자원을 둘 이상의 선택 가능한 대체안에 사용할 수 있는 경우, 최선의 안을 선택함으로써 포기하게 되는 차선의 대체안을 선택하였다면 얻을 수 있었던 최대 효익을 의미한다. 기회원가는 실제로 지출되지 않으면서 의사결정에 매우 중요하게 이용되는 관련원가이며, 재무회계 장부에는 기록되지 않지만, 한정된 자원을 여러 가지 대체안 중에서 최선의 용도에 사용하기 위한 원가분석 시에는 매우 유용한 개념이다. 또한 기회원가는 유한한 자원의 활용과 관련되어 나타나며, 가용자원이 무제한적이라면 기회원가는 발생되지 않을 것이다.

예를 들어 보자. 어떤 사람이 1억 원을 가지고 있다고 하자. 이 돈은 은행에 예금을 할 수도 있고, 부동산에 투자할 수도 있다. 만일 이 돈을 부동산에 투자한다면, 은행에 예금함으로써 얻을 수 있는 이자는 포기한 것이다. 이 포기된 이자는 선택한 부동산 투자의 기회원가가 된다. 은행이자율이 연 10%라고 하면, 기회원가는 1,000만원이 된다. 따라서 부동산 투자를 통해 적어도 포기한 예금이자 1,000만원보다는 더 벌 수 있어야 한다. 예금이자 1,000만원은 비록 장부에 기록되거나 지급되는 원가는 아니지만, 부동산 투자를 할 것인지 의사결정을 내리는 데는 분명히 중요한 원가로 고려해야 한다.

다른 예를 들어 보자. 국내 굴지의 대기업에 다니는 김공학 씨는 직장에서 받는 보수가 연봉 1억원이다. 그런데 김공학 씨는 이제 더 많은 능력을 개발하기 위해 미국의 유명한 MBA에 다니려고 한다. 총 유학비용은 1년에 4천만 원이 들고 학위를 받기 위해서는 2년을 다녀야 한다. 김공학 씨가 유학을 결정한다면, 기회원가는 얼마가 되겠는가? 기회원가는 유학을 가지 않고 계속 일을 할 경우 2년간 총 2억원의 수입을 벌어들일 수 있으므로 포기된 2억원이 기회원가가 된다. 물론 유학 가서 2년간 총 8천만 원을 소비하고 MBA 학위를 취득하는 것이 포기된 기회원가보다 효익이 더 크다면 이는 올바른 의사결정이라고 할 수 있다.

이와 같이 기회원가의 개념은 한정된 자원을 투입하여 최선의 효과를 얻고자 하는 의사결정에서 반드시 고려해야 할 중요한 원가개념이다.

〈쉬어 가기 코너〉

기업 원가절감 '발상의 전환'

고(高)원가 시대가 정착되면서 기업들의 비용 절감과 부품 조달 전략이 소프트 경쟁력을 확보하는 쪽으로 원가절감 패러다임을 바꾸고 있다.

◆ 협력업체와 협의하라

현대자동차 신차 개발의 산실인 남양연구소에서는 신제품 개발회의 일정이 잡히면 협력회사에 전화를 걸어 "회의에 참석해 달라"고 독려하고 있다. 불필요한 비용을 줄일 수 있는지를 협력사 연구. 개발(R&D) 담당자나 구매 담당자들로부터 미리 듣기 위해서다. 회사 관계자는 "원가의 80%가 설계 단계에서 결정돼 그 이후에는 비용을 아무리 줄이려고 해도 한계가 있다"고 설명했다. 현대차는 신제품 개발단계부터 원가절감 활동을 벌임으로써 올해 6000억원 가량의 비용 절감을 기대하고 있다.

◆ 연비를 향상시켜라

조선업계는 선박을 발주하는 선주들이 기름이 덜 드는 선박에 관심을 보이자 고연비 선박 개발에 힘을 쏟고 있다. STX 조선은 대형 컨테이너선엔 보통 프로펠러가 두 개 장착되는데, 이를 한 개 줄이면 기름 값을 40% 정도 절감할 수 있다고 회사측은 설명했다. 현대중공업은 엔진을 바꿨다. 필요할 경우 디젤연료와 전기를 번갈아 사용할 수 있도록 해 연료 효율성을 10% 이상 높였다. 현대중공업은 이 같은 방식의 엔진을 연간 100대 가량 생산해 선주들이 유가 부담을 덜 수 있도록 할 계획이다. 삼성중공업은 최적 항로를 자동으로 찾아주는 자동운항제어기기 등 디지털 기술을 개발했다. 대우조선해양은 배의 엔진에서 나오는 배기가스를 재활용하는 시스템을 개발해 약 6% 정도의 연료를 아낄 수 있도록 했다.

◆ 원가절감형으로 설계 바꿔라

삼성전자 프린터사업부는 레이저 프린터의 설계를 변경해 모터수를 줄임으로써 전기를 아낄 수 있도록 했다. 삼성전자 정보통신 총괄은 휴대폰 생산 방식을 아예 바꿨다. 여러 사람이 컨베이어 벨트를 따라 늘어서 있다 부품을 끼워 넣는 방식을 과감히

버리고 한 사람이 하나의 휴대폰을 처음부터 끝까지 만드는 셀(cell) 생산방식으로 전환했다. 회사 관계자는 “생산 라인당 8~9명이 하던 일을 1~2명으로도 해결할 수 있게 됐다”고 말했다.

(자료원: 한국경제 2008. 06. 19)

진위 문제

1. 경영자의 능력, 종업원의 사기와 같은 질적인 요소도 제품원가에 포함되어야 한다.

2. 미소멸원가는 다시 비용과 손실로 구분된다.

3. 수익을 발생시키면서 그 가치가 기업 밖으로 사라지는 것을 비용이라고 한다.

4. 제조기업과는 달리 상기업에서는 원가계산이 필요 없다.

5. 제조원가의 3요소는 재료원가, 노무원가, 관리비이다.

6. 추적가능성에 따라 원가를 분류하면, 직접재료비, 직접노무비, 제조간접비로 분류한다.

7. 직접경비로 취급하는 원가는 외주가공비, 특허권사용료, 특정제품설계비 정도이다.

8. 사무처 직원들의 야유회비는 기간비용으로 처리하여야 한다.

9. 직접재료비와 직접노무비를 합쳐 가공원가라고 한다.

10. 제조원가에 판매이익을 가산한 것이 판매가격이다.

정 답 1. F 2. F 3. T 4. T 5. F 6. T 7. T 8. T 9. F 10. F

객관식 문제

다음 문제를 보고, 가장 올바른 답을 고르시오.

1. 다음 중 원가회계의 목적이라고 할 수 없는 것은?
   ① 경영의사결정 목적
   ② 원가통제의 목적
   ③ 기업회계의 장부 기장의 목적
   ④ 재무제표 작성에 필요한 제품원가에 관한 자료제공 목적

2. 다음 중 관리회계의 특징이라고 할 수 있는 것은?
   ① 외부 보고회계이다.
   ② 과거의 경영활동의 결과를 보고서로 작성한다.
   ③ 취득원가주의를 주축으로 평가한다.
   ④ 경영자의 의사결정 목적을 위해서 이루어진다.

3. 다음 중에서 원가의 본질을 가장 적절하게 표현한 것은?
   ① 일정한 급부를 얻기 위하여 소비된 경제가치
   ② 화폐 또는 경제가치의 조달형태
   ③ 기업 활동을 위해 소비된 재화
   ④ 일정기간 동안에 소비된 모든 재화

4. 다음 중 원가의 조건에 부합하지 않는 것은?
   ① 제품 생산을 위해 재고를 가지는 것이다.
   ② 제품 등을 생산하기 위해 소비된 것이어야 한다.
   ③ 화폐가치로 측정 가능해야 한다.
   ④ 경제적 가치가 소비된 것이어야 한다.

5. 다음 중 제조원가 3요소에 포함되지 않는 것은?
   ① 재료원가　　② 판매비
   ③ 노무원가　　④ 제조경비

6. 원가를 추적가능성에 따라 분류한 것은?
   ① 소멸원가, 미소멸원가　　② 재료원가, 노무원가
   ③ 직접원가, 간접원가　　④ 기초원가, 가공원가

7. 기초원가의 개념을 가장 잘 표현한 것은?
   ① 직접재료비와 간접재료비　　② 직접노무비와 간접노무비
   ③ 직접노무비와 제조간접비　　④ 직접재료비와 직접노무비

8. 다음 중 기초원가와 가공원가 모두에 해당되는 원가는?
   ① 직접재료비　　② 직접노무비
   ③ 제조간접비　　④ 직접경비

9. 다음 중 제품원가에 대한 설명으로 잘못된 것은?
   ① 재고불능원가이다.
   ② 제품 재고액의 원가로 전환될 원가이다.
   ③ 제품이 판매될 때까지 자산으로 기재된다.
   ④ 판매시점에서 매출원가가 되어 수익・비용 대응이 된다.

10. 다음 중 기간비용에 대한 설명으로 잘못된 것은?
   ① 발생하는 기간의 비용으로 취급한다.
   ② 제품의 제조와 관련하여 발생한다.
   ③ 재무제표 상에는 판매비와 관리비로 계상된다.
   ④ 비제조원가라고도 한다.

11. 원가를 제품원가와 기간비용으로 구분할 때, 다음 중 기간비용에 속하지 않는 것은?
   ① 소모품비 ② 사장의 급여
   ③ 판매원의 급료 ④ 생산직 근로자의 임금

12. 원가구성에 관한 다음의 산식 중 잘못된 것은?
   ① 총원가 = 제조원가 + 판매관리비
   ② 판매가격 − 이익 − 판매관리비 = 제조원가
   ③ 기초원가 + 제조간접비 = 제조원가
   ④ 제2원가 + 제조간접비 = 제조원가
   ♠ hint: 제2원가는 제조원가를 의미한다.

13.～ 17. 다음 자료를 이용하여 요구사항에 답하시오.

직접재료비	200,000원	기타 제조간접비	70,000원
간접재료비	150,000원	판매비	40,000원
직접노무비	90,000원	관리비	20,000원
간접노무비	30,000원		

13. 직접비는 얼마인가?
   ① 290,000원 ② 285,000원
   ③ 295,000원 ④ 300,000원

14. 제조간접비는 얼마인가?

① 240,000원 ② 245,000원
③ 250,000원 ④ 255,000원

15. 제조원가는 얼마인가?

① 530,000원 ② 535,000원
③ 540,000원 ④ 545,000원

16. 총원가는 얼마인가?

① 590,000원 ② 600,000원
③ 610,000원 ④ 620,000원

17. 이익이 총원가의 20%일 때 판매가격은 얼마인가?

① 690,000원 ② 700,000원
③ 710,000원 ④ 720,000원

18.~19. 공학(주)의 월 생산량은 100단위이며, 원가자료는 다음과 같다. 제시되는 물음에 답하라.

단위당 직접재료비	200원
단위당 직접노무비	150원
단위당 변동제조간접비	100원
총고정제조간접비	5,000원

18. 단위당 기초원가는 얼마인가?

① 350원 ② 400원
③ 450원 ④ 500원

19. 단위당 가공원가는 얼마인가?

① 600원 ② 500원

③ 400원 ④ 300원

20. 관련원가가 되기 위한 조건이 아닌 것은?

① 미래원가 ② 차액원가

③ 역사적 원가 ④ 증분원가

21. 과거에 이미 발생한 원가로 미래 의사결정에 영향을 미쳐서는 안 되는 원가는?

① 증분원가 ② 매몰원가

③ 기회원가 ④ 차액원가

정 답

1. ③ 2. ④ 3. ① 4. ① 5. ② 6. ③ 7. ④ 8. ② 9. ①
10. ② 11. ④ 12. ④ 13. ① 14. ③ 15. ③ 16. ② 17. ④ 18. ①
19. ④ 20. ③ 21. ②

제 8 장

원가행태와 원가의 흐름

본 장에서는 원가의 행태와 제조기업 원가 흐름의 과정을 자세히 학습한다.

제 8 장

원가행태와 원가의 흐름

제 1 절 원가의 행태란 무엇인가

재무제표를 작성하는 데 사용되는 원가의 분류는 관리자가 미래를 계획하거나 조직을 통제하는 데는 적합하지 못하다. 계획과 통제를 목적으로 가장 유용한 원가 분류 방법은 원가행태에 의한 방법인데, 이는 원가를 변동원가와 고정원가로 구분하는 것이다.

원가행태(cost behavior)란 원가의 과거 흐름을 보고, 그 원가가 어떤 특성을 가지고 있는지를 파악하고자 하는 것이다. 즉, 조업도의 변화에 따라 총원가가 어떻게 증감변화하느냐를 나타내는 것이다. 여기서 조업도란 그 의미가 다양한데, 매출액, 생산량, 판매량, 작업시간, 기계 사용시간, 원재료 소모량, 서비스를 제공받은 고객 수 등 원가에 영향을 미치는 활동수준을 의미한다. 보통 원가행태는 다양한 조업도에서의 총원가를 분석하여 다양한 조업도간에 총원가가 어떻게 변화하였는지를 봄으로써 결정된다. 예를 들어 회계담당자가 월별로 광열비와 생산량을 기록하였다고 하자. 이때 회계담당자는 월별 광열비의 변화를 월별 생산량의 변화와 비교해 봄으로써 생산량의 변화에 따른 광열비의 원가행태의 패턴이 어떠한지를 알게 될 것이다. 이러한 원가행태를 이용하여 미래의 원가를 예측할 수 있으며, 과거에 발생된 원가를 분석할 수도 있다. 따라서 원가행태를 파악한다는 것은 미래의 계획 및 의사결정에 중요한 정보가 된다.

원가행태는 크게 변동원가(variable cost)와 고정원가(fixed cost)로 구분할 수 있다. 이하에서는 이들을 구체적으로 살펴보자.

1. 변동원가의 의미

1) (순수)변동원가

순수변동원가는 조업도의 변동에 비례하여 총원가가 변동하는 원가를 말한다. 즉, 조업도인 생산량이 두 배로 늘어나면 총변동원가도 정확하게 두 배로 증가하는 원가를 말한다. 순수변동원가의 특징을 정리하면 다음과 같다.

첫째, 조업도가 증가함에 따라 총변동원가도 비례적으로 증가한다. 직접재료원가는 순수변동원가의 대표적인 예이다. 일정기간 동안 제품제조에 소요된 직접재료원가는 그 기간에 생산된 제품의 수량에 비례한다. 예를 들어, 단위당 직접재료원가가 1,000원인 제품을 100단위 생산한다면 총변동원가는 100,000원이 될 것이며, 200단위를 생산한다면 200,000원이 될 것이다. 둘째, 조업도가 증가하면 총변동원가는 비례적으로 증가하지만, 단위당 변동원가는 일정하다. 제품을 100단위를 생산하든 200단위를 생산하든 직접재료원가 단위당 변동원가는 1,000원으로 변동이 없다는 것을 알아야 한다. 셋째, 조업도가 0 이면 변동원가의 발생액도 0 이다. 제품을 1단위도 생산하지 않으면 직접재료원가도 발생하지 않는다. 순수변동원가를 원가방정식으로 표현하면 [식 1]과 같이 나타낼 수 있다.

$$y = bx \qquad \text{[식 1]}$$

단, y = 총변동원가; b = 단위당 변동원가; x = 조업도

[식 1]에서 총변동원가(y)는 조업도(x)의 변화에 따라 b(총변동원가선의 기울기)배 만큼 발생한다. 조업도가 0 이면 총변동원가(y)도 0 이며, 조업도(x)가 10 이면 (b× 10) 만큼 총변동원가가 발생함을 알 수 있다. [식 1]을 보면 총변동원가는 관련범위[1]내의 조

1) 관리회계에서는 조업도와 원가간의 관계가 선형으로 나타나는 구간을 관련범위라고 한다. 즉, 관련범위(relevant range)란 한 기업이 단기간동안 효율적으로 활동을 수행할 수 있는 활동범위이다. 모든 원가행태는 관련범위를 전제로 하고 있음을 알아야 한다. 관련범위는 단기간의 활동을

업도(x)에 대해 선형함수를 가정하고 있다. 변동원가의 특성을 그래프로 나타내면 [그림 8-1]과 같다.

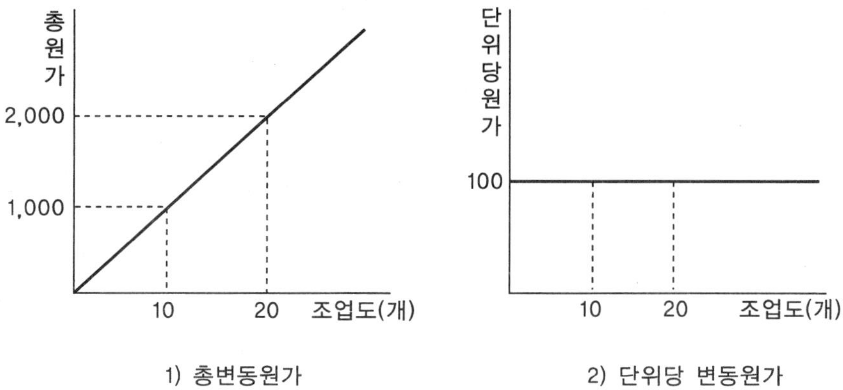

그림 8-1 순수변동원가의 행태

[그림 8-1]에서 보면, 조업도가 10개일 때 총변동원가는 1,000원이며, 조업도가 20개일 때는 2,000원이다. 제품 한 단위당 변동원가가 100원씩 발생한다는 것을 알 수 있다. 즉, 조업도가 10개일 때나 20개일 때 단위당 변동원가(b: 기울기)는 항상 100원이다.

순수변동원가의 예는 제조업의 경우 직접재료원가, 직접노무원가, 그리고 상품매매업의 경우에는 매출원가, 판매수수료 등이 속한다.

2) 준변동원가

준변동원가(semi-variable costs)는 조업도의 증감에 관계없이 일정하게 발생하는 고정원가와 조업도에 따라 비례적으로 변화하는 변동원가의 두 가지 요소를 모두 가지고 있는 원가를 말한다. 이를 혼합원가(mixed costs)라고도 한다. 전기요금, 전화요금, 판매원의 보상액, 수선비 등이 준변동원가의 좋은 예이다. 전화요금은 전화사용량에 관계없이 지불해야 하는 기본요금과 사용량에 따라 변화하는 사용요금으로 징수되고 있기 때문

전제로 하고 있기 때문에 관련범위 내에서는 조업능력을 확장할 수 없다고 가정한다.

이다. 기본요금은 고정원가, 사용요금은 변동원가의 성격을 가진다. 결국 준변동원가의 특성은 첫째, 조업도가 증가함에 따라 총변동원가는 비례적으로 늘어나지만, 단위당 변동원가는 감소한다. 이는 준변동원가에 변동원가 뿐만 아니라 고정원가가 포함되어 있기 때문이다. 즉, 단위당 고정원가는 조업도가 증가함에 따라 감소한다. 둘째, 조업도가 0 이더라도 고정원가 만큼은 항상 발생한다. 이러한 특성을 [식 2]와 [그림 8-2]로 나타낼 수 있다.

$$y = a + bx \qquad [식\ 2]$$

단, y = 총원가; a = 고정원가; b = 단위당 변동원가; x = 조업도

[식 2]와 다음의 [그림 8-2]에서 보는 바와 같이 조업도가 0 일 때에도 a 라는 고정원가는 항상 발생하고 있으며, 조업도가 증가함에 따라 총준변동원가는 기울기인 b만큼 비례적으로 증가하고 있다. 그러나 단위당 준변동원가는 조업도가 증가(감소)함에 따라 감소(증가)하고 있다. 그 이유는 준변동원가에 고정원가가 포함되어 있기 때문이다.

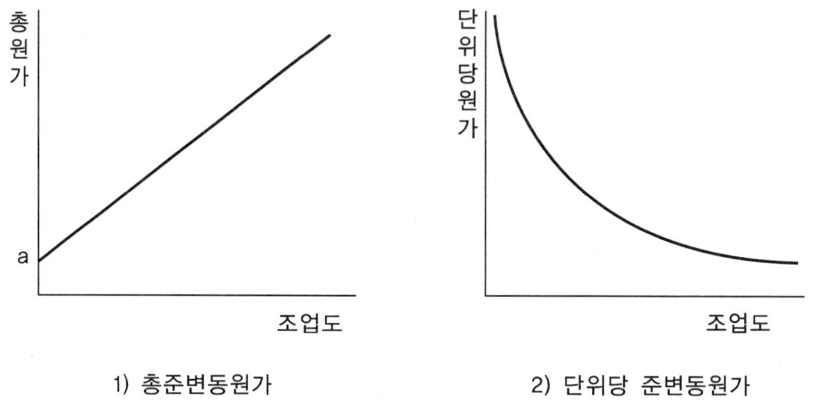

그림 8-2 준변동원가의 행태

2. 고정원가의 의미

1) (순수)고정원가

순수고정원가(fixed costs)는 조업도가 증가하더라도 총액의 변화가 없는 원가를 말한다. 즉, 조업도의 변동에 관계없이 총원가가 일정한 원가를 말한다. 관련범위 내에서는 생산량이 증가하더라도 고정원가는 항상 일정하게 발생한다. 제조간접비 중 순수고정원가인 감가상각비를 예를 들어 보자. 첫째, 조업도에 관계없이 총고정원가는 항상 일정하다. TV 10대를 생산하는데 기계감가상각비가 10,000원이 발생했다면 TV 20대를 생산하더라도 기계감가상각비는 10,000원 그대로 발생한다. 둘째, 조업도가 증가하더라도 고정비는 일정하게 발생하지만, 단위당 고정원가는 조업도가 증가(감소)하게 되면 감소(증가)하게 된다. 즉, TV 10대를 생산할 때 단위당 고정원가는 1,000원[=10,000원 ÷ 10대]이지만, TV생산량이 10대에서 20대로 증가하면 단위당 고정원가는 500원[=10,000원 ÷ 20대]으로 줄어든다. 즉, 생산이 증가할수록 고정원가는 더 많은 수량에 분산되므로 제품단위당 고정원가는 감소한다. 반대로, 생산이 감소하면 고정원가가 더 적은 수량에 부담되므로 제품단위당 고정원가는 증가한다. 셋째, 관련범위 내에서 고정원가는 조업도가 0 일 때도 일정하게 발생한다. 즉, 기계감가상각비는 제품생산이 전혀 이루어지지 않더라도 10,000원이 발생한다. 대표적인 순수고정원가는 감가상각비, 재산세, 임차료, 관리직의 봉급, 연구개발비, 광고비 등이 있다. 이러한 순수고정원가의 특성을 함수식으로 나타내면 [식 3]과 같고, 이를 [그림 8-3]과 같이 그래프로 나타낼 수 있다.

$$y = a \qquad [식\ 3]$$

단, y = 총고정원가; a = 고정원가

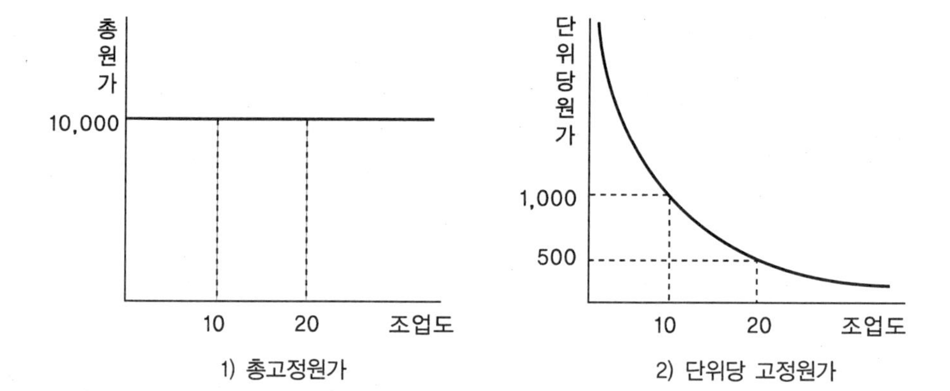

그림 8-3 순수고정원가의 행태

[식 3]의 a는 조업도와 관계없이 발생하는 상수항이다. 이는 [그림 8-3]에서 좌측 그래프인 총고정비 10,000원에 해당한다. 그러나 우측 그래프인 단위당 고정원가를 보면 조업도가 증가할 때 단위당 원가는 감소함을 볼 수 있다.

2) 준고정원가

준고정원가(semi-fixed costs)는 일정한 조업도 범위 내에서는 일정한 금액의 원가가 발생하지만 그 조업도를 벗어나게 되면 원가발생액도 변화하는 원가를 말한다. 즉, 총원가가 일정 조업구간 내에서는 고정원가의 행태를 보이다가 조업구간이 바뀌면 총원가가 점프하여 다시 고정원가의 행태를 보이는 원가이다. 이를 계단원가(step costs)라고도 한다. 생산감독자의 임금과 같은 것이 준고정원가의 좋은 예이다. 예를 들어 제품 10개를 생산할 때까지는 감독자가 1명이면 되지만, 10개를 초과하게 되면 1명의 감독자를 추가로 필요로 하는 경우이며, 이런 행태가 반복되면 감독자의 임금은 계단식 원가의 행태를 따르게 된다. 준고정원가의 특성은 [식 4]와 [그림 8-4]에서와 같이 나타낼 수 있다.

$$y = a_1 : x_0 \langle x \leq x_1 \qquad [식\ 4]$$
$$y = a_2 : x_1 \langle x \leq x_2$$
$$y = a_3 : x_2 \langle x \leq x_3$$

y = 총원가; a = 고정원가; x = 조업도

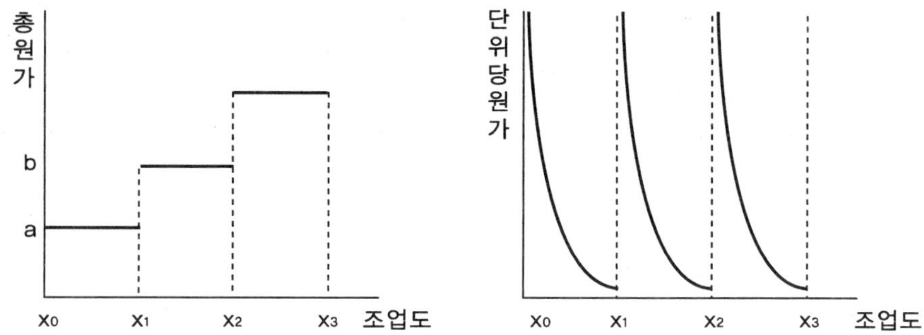

1) 총준고정원가 2) 단위당 준고정원가

그림 8-4 준고정원가의 행태

[식 4]와 [그림 8-4]에서 조업도가 x_0~x_1일 때 총준고정원가는 a 만큼 발생하며, 조업도가 x_1~x_2일 때 총준고정원가는 b 만큼 발생한다. 이와 같이 조업도 발생정도에 따라 원가의 발생이 계단모양을 하고 있다. 대부분의 고정원가도 관련범위를 벗어나게 되면 이와 같은 계단식 원가행태를 보여준다. 예를 들어 기계의 경우에도 최대생산능력을 초과하는 경우 새로운 기계를 새로 도입하여야 하고, 이 경우 새 기계구입에 따른 감가상각비도 이러한 계단식 행태를 보여줄 것이다.

[표 8-1]은 지금까지 학습한 변동원가와 고정원가의 행태를 요약한 것이다.

표 8-1 변동원가와 고정원가의 행태

원가행태	총원가	단위당 원가
변동원가	총변동원가는 조업도의 변동에 따라 **정비례하여 변동**한다.	단위당 변동원가는 조업도의 변동과 관계없이 **항상 일정**하다.
고정원가	총고정원가는 조업도의 변동과 관계없이 **항상 일정**하다.	단위당 고정원가는 조업도의 변동에 **반비례하여 변동**한다.

한편, 앞서 배웠던 제조원가와 비제조원가를 원가행태에 따라 변동원가와 고정원가로 구분하면 [표 8-2]와 같다.

표 8-2 제조원가와 비제조원가의 원가행태별 구분

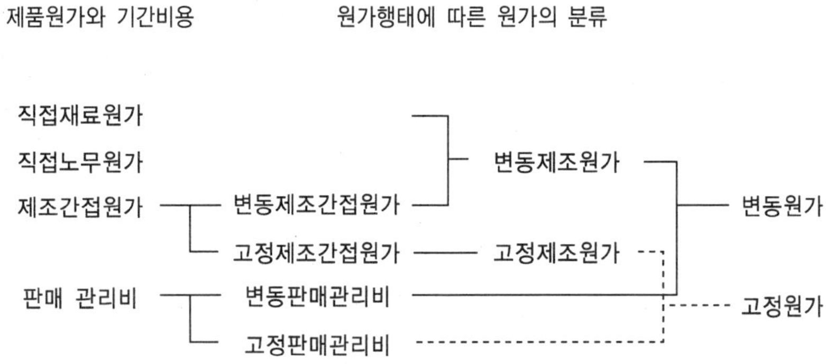

[표 8-2]에서 보면, 직접재료원가와 직접노무원가는 제품의 생산량에 비례하여 발생하는 변동원가이다. 제조간접원가는 다양한 항목으로 구성되어 있으며 원가행태도 다양하게 나타난다. 제조간접원가는 변동제조간접원가와 고정제조간접원가로 구분하며, 제조간접원가 가운데 생산량에 비례하여 변동하는 원가를 변동제조간접원가라고 한다. 간접재료원가, 간접노무원가, 소모품비 등이 이에 속한다. 반면에 제조간접원가 가운데 생산량의 변동에 관계없이 항상 일정하게 발생하는 원가를 고정제조간접원가라고 한다. 공장의 임차료, 재산세, 보험료, 기계의 감가상각비 등이 이에 속한다. 따라서 변동제조원가는 직접재료원가, 직접노무원가, 변동제조간접원가를 합한 것이며, 고정제조원가는 고정제조간접원가를 의미한다. 판매비와관리비도 마찬가지로 변동판매관리비와 고정판매관리비로 나눌 수 있다. 매출액의 변동에 따라 비례하여 발생하는 변동판매관리비로는 판매수수료, 수도광열비 등이 있고, 매출액의 변동에 관계없이 항상 일정하게 발생하는 고정판매관리비로는 사원의 급여, 건물의 감가상각비 등이 있다.

제 2 절 제품원가는 어떻게 흘러가나

1. 제조기업의 제품원가

서비스기업은 서비스를 판매하기 때문에 재고개념이 중요하지 않다. 제조부문이 없는 상기업은 제조된 상품을 외부에서 구매해서 고객에게 판매하고, 제조기업은 자체에서 제품을 생산해서 판매한다. 그러므로 상기업과 제조기업은 서비스기업과는 달리 재고자산이 존재하며 그 관리에 신경을 써야 한다. 여기서 제조기업은 통상 재고자산을 원재료(raw materials), 재공품(work in process), 그리고 완제품(finished goods)등 세 가지 유형으로 구분한다.

첫째, 완제품으로 전환되는 기본적인 자재투입물을 원재료라 칭한다. 원재료라고 해서 철강석, 목재등과 같이 아주 기본적인 자원일 필요는 없다. 생산되는 제품에 따라서는 이미 상당부분 가공이 끝난 제조물일 수도 있다. 따라서 직접재료원가의 비중이 통상 총제품원가의 60% 내외를 점유하는 것으로 나타난다. 둘째, 완제품으로 전환되는 과정에 있는 미완성인 제품을 재공품 이라고 한다. 많은 다양한 가공단계에 있는 제품들이 동시에 재공품이 될 수 있다. 또한 나중에도 설명하겠지만 재공품계정은 제품원가의 흐름에선 모든 발생된 제품원가가 누적·집계되는 수단으로 이용된다. 모든 제품원가는 일단 발생되면 재공품 계정에 모아졌다가 생산이 완료되면 완제품계정으로 넘어가게 된다. 셋째, 완성되어 판매할 수 있는 제품을 완제품 이라고 한다. 제조기업에 있어서 완제품재고는 상기업에 있어서 상품재고와 유사하다. 이와 같이 제조기업이 보유중인 재고자산인 원재료는 일정한 과정을 거쳐 재공품, 완제품으로 전환된다. 이를 구체적으로 살펴보자.

생산 공정의 흐름을 간단히 살펴보면, 제품을 완성하기 위하여 직접재료원가와 직접노무원가 그리고 제조간접원가 등을 생산 공정에 투입하여 가공이라는 과정을 거치면서 아직 제품으로 100% 완성되지 않은 재공품의 형태를 거쳐 최종적으로 제품이 완성된다. 최종 완제품은 직접재료원가와 직접노무원가 그리고 제조간접원가가 100% 투입이 완료되어 산출된 것이다. 이에 반해 재공품은 아직 원가가 100% 투입되지 않은 가공 중에 있는 것이다. 이 과정을 [그림 8-5]와 같이 나타낼 수 있다.

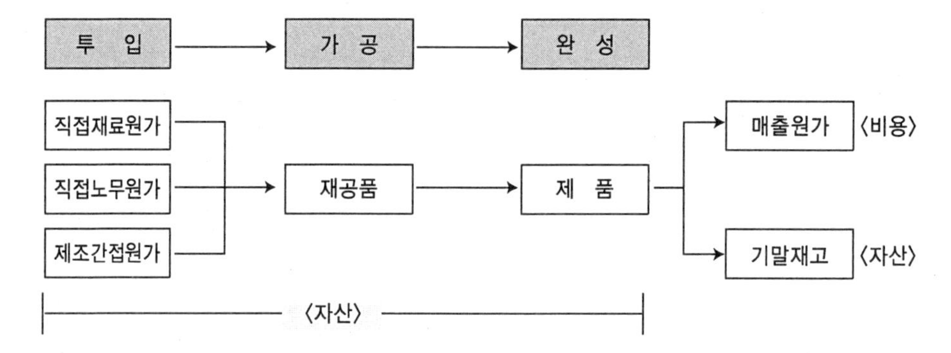

그림 8-5 생산요소의 투입과 제품완성

완성된 제품은 소비자에게 판매되기를 기다린다. 이 제품은 실제로 판매될 수도 있으며, 판매되지 않고 창고에 남아 있을 수도 있다. 판매된 제품의 원가는 매출원가라는 비용으로 처리되며, 판매되지 않고 남아 있는 제품은 기말재고라는 자산의 형태로 처리된다. 이때 제품원가는 투입요소인 직접재료원가, 직접노무원가 그리고 제조간접원가의 소비액을 집계하여 산출하며, 소비된 생산요소들은 일단 재공품이라는 가공형태를 거쳐 최종적으로 제품이 완성된다.

2. 원가요소별 계정과 제품원가의 흐름

1) 원가요소별 계정

제품의 제조를 위해서는 제조과정에 원재료가 투입되고, 여기에 인간의 노동력이 제공되어야 한다. 또 원재료를 제품으로 전환하는 과정에서는 기계장치 등의 설비나 전기, 수도 등의 용역도 필요하게 된다.

원가계산은 경영활동에 의하여 소비되는 경제가치의 흐름을 원가로써 추구하고, 이를 재료비, 노무비, 제조경비 등 원가 요소별로 분류·계산하여 원가가 발생하는 장소에 따라서 계산하는 것을 말한다. 따라서 원가를 요소별로 분류하여 집계하는 것은 제품 원가를 계산하기 위한 첫 번째 단계로, 원가를 발생형태에 따라 재료비, 노무비, 경비의 세

가지 원가요소로 분류하여 집계하는 것이다. 요소별로 각각 얼마의 원가가 소비되었는지를 파악하는 것은 제품의 원가를 계산하기 위한 기초 준비단계가 된다.

(1) 재료비 계정

재료(material)는 제품생산을 위하여 사용되는 물품을 말한다. 옷을 만드는 데는 옷감과 실, 단추 등이 재료이며, 책상을 만드는 데는 나무와 못 등이 재료가 된다. 이들 재료가 생산 공정에 투입됨으로써 제품화가 시작되는데, 이 때 제품의 재료비(material costs)가 발생하게 된다. 원가계산을 위하여 이 재료비를 각 제품별로 집계하게 된다. 즉, 물리적 형태를 갖춘 재료가 생산 공정에 투입됨과 동시에 원가 집계가 이루어지게 된다. 앞서 원가의 추적가능성에 따라 직접재료비와 간접재료비로 구분한 바 있다. 즉, 책상과 의자를 만드는데 재료를 얼마나 소비하였는지 파악할 수 있는 직접재료비는 각 제품의 재료비에 직접 부가하면 되지만, 추적 불가능한 간접재료비는 각 제품에 직접 부가할 수 없다.

직접재료비	주재료(목재), 부분품(책상의 자물통)
간접재료비	보조재료(못, 니스)

일반적으로 재료는 주재료와 보조재료, 부분품 등으로 구분할 수 있다. 주재료는 제품의 기본골격을 이루는 것으로 책상의 목재, 옷의 옷감 등이 주재료이다. 주재료들은 제품의 가치 가운데 중요한 한 부분을 차지하고 있기 때문에 직접재료비로 본다. 보조재료는 책상의 못이나 옷의 실 등과 같이 제품의 기본골격은 아니지만 간접적으로 사용되는 것들이다. 보조재료비는 일반적으로 간접재료비로 본다. 부분품은 책상의 열쇠나 옷의 단추 등과 같이 제품의 일부로 사용되는 것들을 말한다. 부분품은 일반적으로 직접재료비로 본다. 그러나 어떤 재료이든지 간에 직접재료비이기 위해서는 반드시 각 제품별로 그 소비정도가 추적가능 해야 한다. 다음의 [그림 8-6]은 재료비 계정의 흐름을 나타낸 것이다.

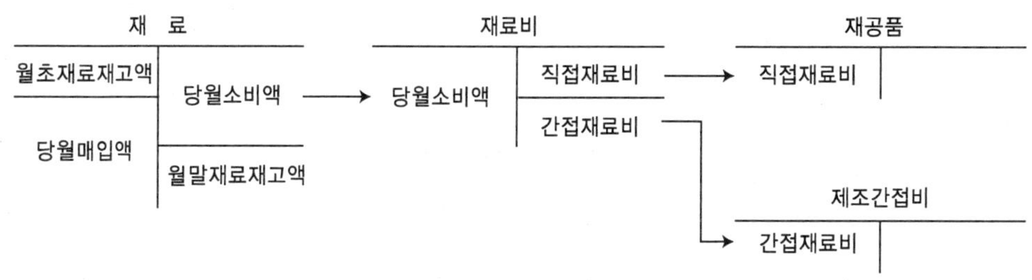

그림 8-6 재료비 계정의 흐름

[그림 8-6]에서 재료를 구입하였을 경우에는 차변에 재료, 대변에 매입채무(또는 현금)로 처리하며, 이때 재료는 자산이다. 재료를 공정에 투입하였을 경우 직접재료비는 재공품으로 처리하며, 간접재료비는 제조간접비로 처리한다.

(2) 노무비 계정

노무비(labor costs)는 제품생산을 위하여 인간의 노동력을 사용함으로써 발생하는 원가이다. 노무비는 임시고용자에서부터 작업자 그리고 공장장에 이르기까지 다양하게 발생한다. 또한 지급되는 노무비의 종류도 상여금과 수당 등 다양하게 발생한다. 이 중에서도 노무비의 가장 많은 부분은 제품생산을 담당하는 작업자들의 임금이다. 작업자들은 일반적으로 시간급 혹은 성과급 등으로 임금을 받게 된다. 즉, 총작업시간(혹은 생산량)에 임률을 곱하여 산출된다. 임률은 시간당 혹은 제품단위당 노무비를 말한다.

노무비 = 총작업시간 × 임률

직접노무비	작업자 임금
간접노무비	초과근무수당, 감독자・사무직원・임시고용자 급여, 각종 수당・상여, 유휴시간급 등

노무비도 직접노무비와 간접노무비로 구분된다. 구분기준도 원가대상별로 추정가능

한지 여부이다. 일반적으로 제품생산에 직접 참여하는 작업자들의 노무비는 직접노무비로 분류한다. 그러나 작업자가 잔업을 통하여 일반 임금보다 더 많은 임금을 받았다면 즉, 초과근무수당이 있다면 그 만큼은 간접노무비로 구분하는 것이 일반적이다. 이외에 공장장이나 감독자, 공장사무직원, 임시고용자 등에 대한 노무비는 간접노무비로 분류하며, 정근수당이나 휴가수당 등 상여 및 제 수당, 유휴시간급 등도 간접노무비로 분류한다. 유휴시간급이란 기계고장이나 재료부족 등으로 인한 비생산시간에 대하여 지급되는 임금을 말한다. 다음의 [그림 8-7]은 노무비 계정의 흐름을 나타낸 것이다.

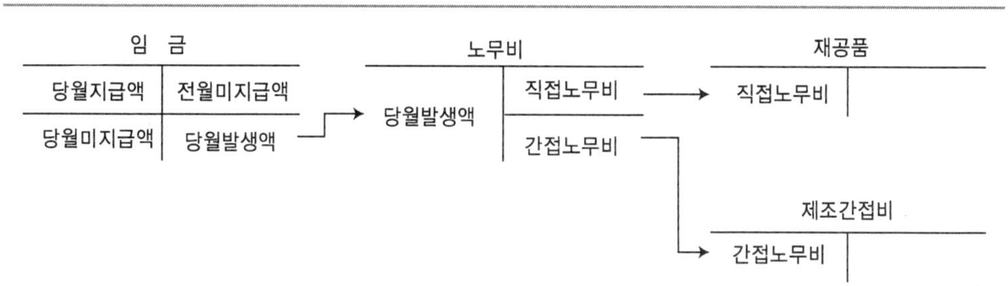

그림 8-7 노무비 계정의 흐름

[그림 8-7]에서 노무비를 지급하였을 경우 차변에 노무비, 대변에 현금으로 처리한다. 노무비를 제품원가에 대체 시 직접노무비는 재공품으로 처리하며, 간접노무비는 제조간접비로 처리한다.

(3) 경비 계정

경비(factory expenses)에는 재료비와 노무비를 제외한 모든 원가요소가 포함된다. 그 만큼 종류가 많다. 공장건물 및 설비의 감가상각비, 수도광열비, 보험료, 통신비 등이 모두 경비에 포함된다. 경비도 직접경비와 간접경비로 구분할 수 있다. 직접경비는 외주가공비나 특허권사용료, 특정제품설계비 등과 같이 특정 제품만을 위해 발생한 것들이다.

그러나 대부분의 경비는 간접경비에 포함된다.

직접경비	외주가공비, 특허권사용료, 특정제품설계비 등
간접경비	감가상각비, 수도광열비, 보험료, 통신비, 복리후생비, 임차료, 수선비, 재산세 등

한편, 경비는 포괄손익계산서의 판매비 및 관리비와 반드시 구분되어야 한다. 예를 들어 본사건물에 대한 감가상각비는 판매비와 관리비에 포함되어야 하지만, 공장건물에 대한 감가상각비는 제품원가에 포함되어야 한다. 이처럼 경비는 대부분 어느 특정 제품 생산에 의해서만 발생된 것이 아니라 모든 제품들이 공통적으로 사용한 것이라는 특징을 가지고 있다. 다음의 [그림 8-8]은 경비 계정의 원가 흐름을 제시한 것이다.

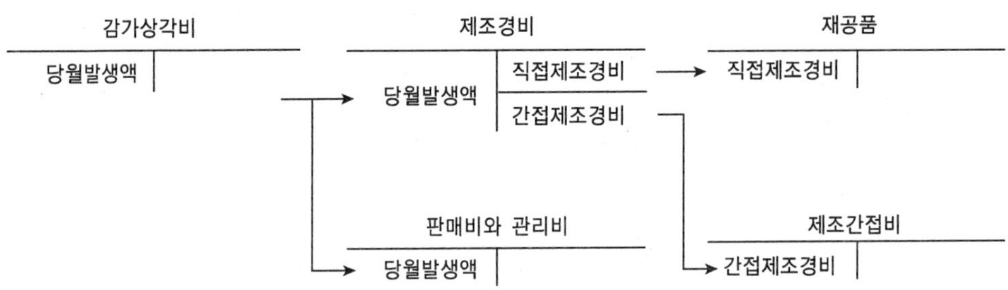

그림 8-8 경비 계정의 흐름

[그림 8-8]에서 공장 건물에 대한 감가상각비가 발생하였을 때 차변에 감가상각비, 대변에 감가상각누계액으로 처리한다. 이를 제품원가에 대체시 대부분의 경비가 간접비이므로 제조간접비로 처리한다.

(4) 제조간접비 계정

제조간접비에는 직접비 즉, 직접재료비와 직접노무비 그리고 직접경비 등을 제외한 모든 간접비들이 집계되는 원가계산에 사용되는 계정이다. 즉, 간접재료비와 간접노무비 그리고 간접경비 등이 제조간접비 계정에 집계된다. 따라서 제조간접비에는 이질적인 성격의 다양한 원가항목들이 포함되어 있음을 알 수 있다. 이렇게 집계된 제조간접비는 합리적인 배부기준[2]에 따라 특정제품에 배부하여야 한다. 제조간접비는 각 제품별로 추적 불가능한 원가요소 즉, 간접비들로 구성되어 있기 때문이다.

만약 이 비용들이 추적 가능한 직접비였다면 제조간접비에 집계될 필요 없이 직접재료비나 직접노무비와 같이 해당 제품에 직접 할당했을 것이다. 다음의 [그림 8-9]는 제조간접비 계정의 원가흐름을 나타낸 것이다.

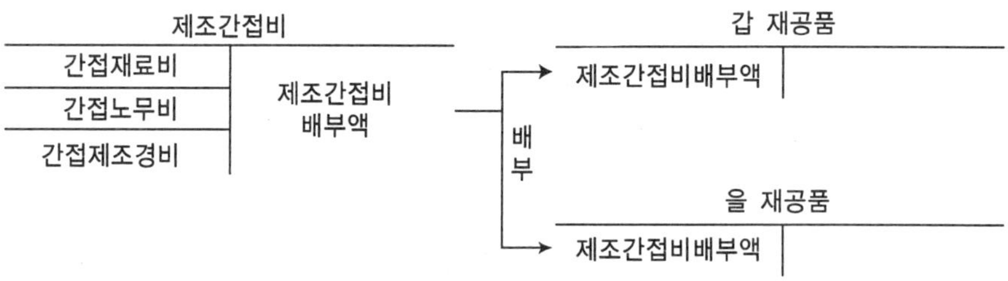

그림 8-9 제조간접비 계정의 흐름

[그림 8-9]에서 제조간접비는 제품계정에 직접 배부되는 것이 아니라 그 제품의 재공품 계정을 거쳐 최종적으로 완제품에 집계된다.

(5) 재공품 계정

재공품 계정은 특정 제품이 완성되기 전 단계 즉, 아직 생산 과정 중에 있는 것을 말한다. 재료 투입이 100% 완료되고, 직접노무비와 제조간접비 즉, 가공비 투입이 100% 완료되었을 때 제품이 완성된다. 따라서 제품생산을 위해 투입된 모든 원가요소들은 일단 재공품 계정의 차변에 집계된다. 이렇게 집계된 재공품 계정의 금액은 특정 제품이 완성되면서 완성품의 원가만큼 제품계정으로 할당된다. 다음의 [그림 8-10]은 재공품 계정의 원가흐름을 나타낸 것이다.

2) 제조간접비에 대한 배부는 복잡한 부분이므로 본 교재에서는 언급하지 않기로 한다. 본 교재는 이공계 학생들을 위한 기초적인 회계지식의 전달에 주된 목적이 있기에 구체적인 배부에 대한 학습은 원가회계 과목에서 습득하기 바란다.

여기서 한 가지 주의할 점은 재공품 계정에는 기초재고와 기말재고가 존재한다는 것이다. 즉, 기간 말에 완성하지 못하고 생산중인 제품이 존재하고 있음을 의미한다. [그림 8-10]에서 보면, 재공품 계정은 제품을 제조하는 과정에서 소비되는 모든 제조원가를 일단 기록하는 계정으로, 차변에는 전기에서 이월된 재공품(기초재공품)과 당기에 대체된 직접재료비, 직접노무비, 직접경비의 소비액과 제조간접비 배부액이 집계된다. 그리고 재공품 중에서 당기에 제품이 완성되면, 완성품의 제조원가는 재공품 계정의 대변에 기록하여 재공품을 감소시키는 한편, 그 금액만큼 제품 계정의 차변에 대체한다.

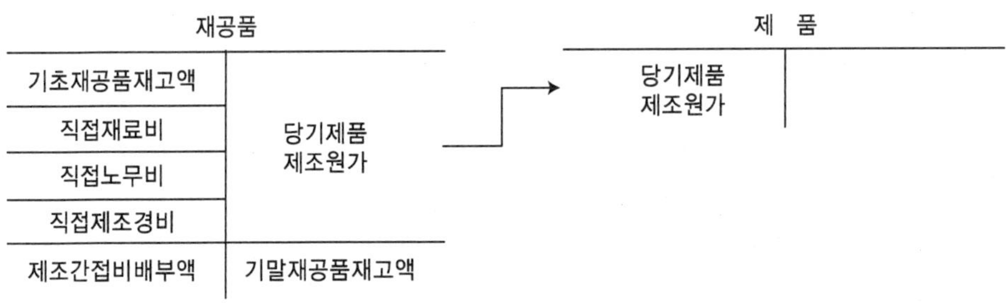

그림 8-10 재공품 계정의 흐름

(6) 제품 계정

제품계정에는 직접재료비와 직접노무비 그리고 제조간접비 등 투입된 모든 원가요소들이 최종적으로 집계되는 곳이다. 이를 원가대상이라고 한 바 있다. 제품은 직접재료가 100% 투입되고, 가공비도 100% 투입된 완성품이다. 이렇게 완성된 제품은 매출원가와 기말재고로 대체된다. 즉, 완성품 가운데 판매가 이루어진 부분은 매출원가가 되며, 아직 판매되지 않은 것은 기말재고로 남게 된다.

완제품 계정에 차기할 때까지, 또는 달리 표현하면 완제품의 생산이 완료될 때까지 발생된 모든 원가는 제품의 가치를 증대시키기 때문에 자산으로 처리되는데 이와 같이 생산의 흐름에서 제품의 가치를 증대시키는 직접재료비, 직접노무비, 그리고 제조간접비를 총칭해서 재고가능원가(inventoriable costs)라고 말한다.[3] 생산의 완료단계까지 자

3) 재고가능원가에 대해서는 이미 7장에서의 제품원가 부분에서 설명이 되었다.

산으로 처리된 재고가능원가는 제품의 판매가 이루어지면 매출수익을 창출하고 비용화된다. 따라서 제품원가 흐름의 최종단계는 제품의 판매이다. 제품의 판매가 이루어지면 판매된 제품원가 만큼을 완제품 계정으로부터 비용계정인 매출원가로 전환시키게 된다.

2) 제품원가의 흐름

앞서 원가요소별 계정에서는 각 원가 요소별로 원가 흐름을 파악하였다. 즉, 재료비와 노무비 그리고 경비가 발생하였을 때 직접비는 재공품 계정으로, 간접비는 제조간접비 계정으로 대체되고 있었다. 이와 같은 각 원가요소 계정 간에는 서로 밀접한 관련성을 가지고 있는데, 이를 전체적으로 요약해 보면 [그림 8-11]과 같다.

[그림 8-11]에서 보면, 제조 기업에서 가장 중요한 계정인 재공품 계정에서 제품 계정으로 넘어가는 완성품원가를 당기제품제조원가라고 한다. 이는 다음의 [그림 8-12]와 같이 나타낸다.

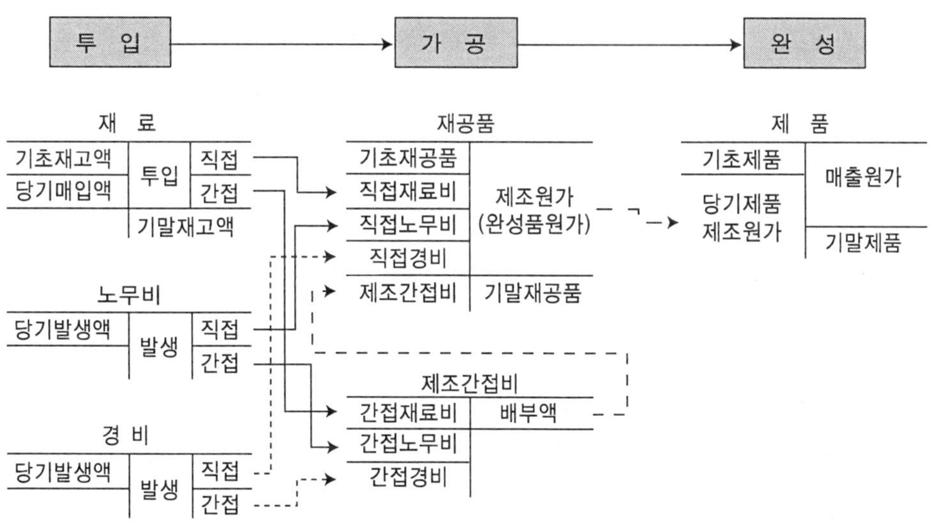

그림 8-11 제품원가의 흐름

당기투입원가(원재료비 + 노무비 + 경비)

\+ 기초재공품재고액 − 기말재공품재고액 = 당기제품제조원가

당기제품제조원가 + 기초제품재고액 − 기말제품재고액 = 매출원가

그림 8-12 당기제품제조원가의 의미

다음의 예제를 통해 제품원가의 흐름을 이해해 보자.

〈예제 8-1〉 제품원가의 흐름

공학(주)의 기초 및 기말 재고자산은 아래와 같다.

	기 초	기 말
직접재료	₩ 2,750	₩ 3,250
재 공 품	4,800	4,000
제 품	2,500	4,250

당기의 원가발생액은 다음과 같다.

직 접 재 료 매 입 액	₩ 20,000
직 접 노 무 원 가	11,000
제 조 간 접 원 가	16,500

[물음 1] 공학(주)의 당기제품제조원가는 얼마인가?

[물음 2] 공학(주)의 당기매출원가는 얼마인가?

[해 답]

직접재료

2,750	**19,500**
20,000	3,250
22,750	22,750

재공품

4,800	**47,800**
19,500	
11,000	
16,500	4,000
51,800	51,800

제품

2,500	**46,050**
47,800	4,250
50,300	50,300

〈예제 8-2〉 제품원가의 흐름

제조원가명세서상의 자료가 다음과 같을 때 당기제품제조원가는 얼마인가?

기초재공품재고액	₩ 8,000	직접재료원가	₩ 32,000
직접노무원가	27,000	제조간접원가	16,500
기말재공품재고액	12,000		

[해 답]

재공품

8,000	**71,500**
32,000	
27,000	
16,500	12,000
83,500	83,500

3. 제조원가명세서의 의미

제조원가명세서(schedule of cost of goods manufactured)는 당기 중에 완성된 제품의 원가에 대해 이를 구성내역별로 상세히 나타내주는 부속명세서로, 재무상태표와 포괄손익계산서의 작성에 필요한 원가정보를 제공한다. 즉, 포괄손익계산서에 표시되는 매출원가와 재무상태표에 표시되는 재료, 재공품, 제품 등의 재고자산 가액을 결정하기 위한 원가정보를 제공한다. 제조원가명세서는 재공품 계정을 그대로 풀어쓴 것으로 이해하면 되며, 여기에 나타난 당기제품제조원가는 포괄손익계산서의 금액과도 그대로 일치한다. 이에 대해 좀 더 구체적으로 살펴보자.

앞서 7장에서 상기업과 제조기업의 거래구조에 대한 차이[4]를 언급한 바 있다. 이러한 차이 때문에 재무제표도 조금 다르게 나타난다. [그림 8-13]은 상기업과 제조기업의 포괄손익계산서 양식을 비교한 것이다.

[그림 8-13]에서 포괄손익계산서를 보면 첫째, 상기업은 매출원가 산정 시 상품과 매입이라는 용어를 사용하고 있지만, 제조기업은 제품과 제조라는 용어를 사용하고 있다. 둘째, 매출원가 산정 시 기록되는 금액의 산출방법이 다르다. 상기업에서는 당기상품구입액은 상품구입대가와 부대비용의 합으로 산출한다. 그러나 제조기업에서는 앞서 언급한 바와 같이 직접재료비, 직접노무비 그리고 제조간접비 등을 이용하여 원가계산절차를 거쳐 산출된다. 특히 제조기업의 당기제품제조원가는 다음의 [그림 8-14]에서의 제조원가명세서의 당기제품제조원가 금액과 일치한다.

상기업	제조기업
매출	매출
매출원가	매출원가
기초상품재고액	기초제품재고액
당기상품매입액	**당기제품제조원가**
기말상품재고액	기말제품재고액
매출총이익	매출총이익
판매비 및 관리비	판매비 및 관리비
영업이익	영업이익

그림 8-13 상기업과 제조기업의 포괄손익계산서

제조원가명세서는 기업경영의 의사결정에 필요한 원가정보를 얻기 위해 수시 또는 월 단위로도 작성되며, 재공품 계정에서 발생한 원가의 변동 사항을 요약한 표라고 할 수 있다.

4) 7장의 [그림 7-2]를 참조하기 바람.

직접재료비		
기초재료재고액	××	
당기재료매입액	××	
기말재료재고액	××	××
직접노무비		××
제조간접비		
간접재료비	××	
간접노무비	××	
감가상각비	××	
보험료	××	
수도광열비	××	
기타	××	××
당기총제조원가		××
기초재공품재고액(+)		××
기말재공품재고액(−)		(××)
당기제품제조원가		×××

그림 8-14 제조원가명세서

[그림 8-14]에서 보는 바와 같이 제조원가명세서는 크게 직접재료비, 직접노무비, 제조간접비, 기초재공품재고액 그리고 기말재공품재고액으로 구성되어 있다. 당기 제품제조에 소비된 모든 원가들이 포함되어 있으며, 재공품의 기초와 기말재고액을 고려하여 최종적으로 당기제품제조원가를 산출하는 구조로 되어 있다.

한편, 제조원가명세서의 당기총제조원가와 당기제품제조원가는 용어가 유사하여 혼동하기 쉽다. 당기총제조원가는 당기 중에 제조 과정에 투입된 재료비, 노무비, 경비 등의 합계(미완성품의 원가 포함)를 말하며, 당기제품제조원가는 당기 중에 완성한 제품의 원가를 말한다. 즉, 당기총제조원가는 제품이 완성되었거나 아직 제조과정에 있거나 관계없이 제품을 제조하는 과정에서 당기에 발생한 원가를 나타내며, 당기제품제조원가는 원가가 발생한 시점이 언제이건 상관하지 않고 당기 중에 완성된 제품의 원가라면 모두 포함한다.

〈쉬어 가기 코너〉

휘발유값 폭등하면 주유소 마진은 '뚝'

휘발유 값이 가파르게 상승하는 시기에 주유소들의 마진은 오히려 감소하는 것으로 나타났다. 소비자들의 가격저항과 주유소들의 경쟁 등으로 공급가격 상승분을 휘발유 가격에 모두 반영하지 못하기 때문으로 풀이된다. 지난 1월부터 4월까지 휘발유 가격이 95원 오른 동안 정유사의 휘발유 제품 마진 증가폭은 51.4원으로, 휘발유값 상승분의 54%를 정유사가 추가마진으로 가져간 것으로 나타났다. 반면 주유소들의 휘발유 판매마진은 오히려 35.4원 감소했다. 주유소에 공급하는 가격에서 원유 도입가와 관세 등을 제외한 금액 속에는 정유사의 마진과 정제비용이 모두 포함되어 있다. 그러나 올해 1월부터 4월까지의 정제비용은 거의 일정하다고 볼 수 있으므로 원유가 상승분을 제외한 비용 증가분은 모두 정유사 마진으로 흡수됐다고 가정해도 큰 무리가 없다. 이 같은 가정을 통해 계산한 정유사와 주유소의 마진 변동폭을 보면, 휘발유 가격 100원 상승 시 정유사가 54원의 추가 마진을 거둬가고 있는 반면 주유소들은 종전보다 37원의 '마진 삭감'을 경험하게 되는 것으로 나타났다.

이 같은 결과는 최근 재경부가 '휘발유 값 상승분의 69%가 정유사 마진'이라고 발표한 것과 다소 수치의 차이가 있긴 하지만, 휘발유 값 상승분의 절반 이상을 정유사가 추가 마진 형태로 가져간다는 점을 확인할 수 있는 데이터다. 휘발유가격이 100원 오를 때 세금 증가분은 9.8원으로 나타났으며 이중 원유가 인상분이 차지하는 비중은 약 73원이었다. 결국 정유사 마진 증가분 54원, 원유가 인상분 73원, 세금 증가분 9.8원, 주유소 마진감소분 37원이 '올해 1월부터 4월까지의 휘발유 값 100원 인상'을 구성하는 가격요소였던 셈이다. 주유소 업계 관계자는 "국제 휘발유 가격이 오르면 정유사들은 공급가격을 따라 올리지만 소비자들의 가격저항에 직접 부딪치는 주유소에서는 경쟁 주유소를 의식해서 원가 증가분을 다 반영하지 못한다"며 "휘발유가격이 급상승하면 오히려 주유소들은 더 고통스럽다"고 말했다. 휘발유 가격이 급등할 때 정유사는 마진을 늘리며 수익을 확대한 반면 주유소들은 자의반 타의반으로 마진을 줄여온 셈이다.

(자료원: 이데일리 2007. 06. 19)

진위 문제

1. 원가행태별로 분류하는 것은 원가를 제품원가와 기간비용으로 분류하는 것이다.

2. 조업도의 변동에 비례하여 총원가가 변동하는 원가는 변동원가이다.

3. 혼합원가는 준고정원가를 의미하는 것이다.

4. 조업도가 증가하더라도 총액에는 변화가 없는 원가는 고정원가이다.

5. 고정원가에서 단위당 원가는 조업도의 변동에 반비례한다.

6. 제조원가 중에서 고정원가는 고정제조간접원가 뿐이다.

7. 재료비 계정에서 재공품 계정으로 가는 것은 당월매입액 중에서 직접비에 해당되는 부분이다.

8. 작업자의 초과근무수당은 직접노무비에 해당된다.

9. 재공품 계정의 대변에는 당기 완성품의 원가가 기록된다.

10. 제조원가명세서는 재공품 계정을 풀어서 기술한 것이다.

정 답 1. F 2. T 3. F 4. T 5. T 6. T 7. F 8. F 9. T 10. T

객관식 문제

다음 문제를 보고, 가장 올바른 답을 고르시오.

1. 다음 중 조업도의 의미로 적당하지 않은 것은?

① 생산량 ② 직접작업시간
③ 판매량 ④ 매출원가

2. 총원가함수식은 $y = a + bx$ 로 표시되는데, 여기서 총변동원가를 나타내는 것은 무엇인가?

① a ② b
③ x ④ bx

3. 관련범위 내에서 단위당 변동비는 어떻게 변하는가?

① 각 생산수준에 따라 그 변화가 다르다.
② 각 생산수준에 관계없이 일정하다.
③ 생산량이 증가함에 따라 증가한다.
④ 생산량이 증가함에 따라 감소한다.

4. 조업도가 증가함에 따른 변동원가와 고정원가의 행태를 바르게 나타낸 것은?

	총원가	단위당 원가
① 변동원가	증 가	증 가
② 변동원가	증 가	감 소
③ 고정원가	불 변	불 변
④ 고정원가	불 변	감 소

5. 조업도가 증가함에 따른 변동원가와 고정원가의 행태를 바르게 나타낸 것은?

	총원가	단위당 원가
① 변동원가	증 가	불 변

② 변동원가　　불 변　　증 가
③ 고정원가　　증 가　　불 변
④ 고정원가　　불 변　　증 가

6. 다음 중 준고정원가에 해당되는 것은?
① 보험료　　② 수도광열비
③ 생산감독자의 급료　　④ 재료비

7.~ 10. 다음은 공학(주)의 2009년 1월에 대한 회계기록이다. 2009년 1월초 재공품재고액은 100,000원이며, 2009년 1월말 재공품재고액은 150,000원이다.

직접재료비 240,000　직접노무비 720,000　공장설비 임대료 200,000
간접재료비 100,000　간접노무비 50,000　공장설비 보험료 100,000
기계 · 설비 감가상각비 180,000　판매수수료 140,000　관리비 300,000

7. 1월에 실제 발생할 제조간접비는 얼마인가?
① 610,000원　　② 620,000원
③ 630,000원　　④ 640,000원

♠ hint: 제조간접비 항목은 ; 공장설비 임대료+간접재료비+간접노무비+공장설비보험료+기계 · 설비 감가상각비로 모두 공장과 관련이 있다.

8. 공학(주)의 제조원가는 얼마인가?
① 1,590,000원　　② 1,600,000원
③ 1,610,000원　　④ 1,620,000원

9. 공학(주)의 기간비용은 얼마인가?
① 430,000원　　② 440,000원
③ 450,000원　　④ 460,000원

10. 1월의 당기제품제조원가는 얼마인가?

① 1,530,000원　　② 1,540,000원

③ 1,550,000원　　④ 1,560,000원

11.~ 14. 다음은 공학(주)의 원가자료들이다.

	2008. 12. 31	2009. 12. 31
재료	100,000	80,000
재공품	120,000	150,000
제품	150,000	200,000
재료구입액		200,000
직접노무비		150,000
제조간접비		155,000

11. 재공품 계정으로 가는 직접재료 사용액은 얼마인가?

① 200,000원　　② 210,000원

③ 215,000원　　④ 220,000원

12. 당기총제조원가는 얼마인가?

① 515,000원　　② 520,000원

③ 525,000원　　④ 530,000원

13. 당기제품제조원가는 얼마인가?

① 495,000원　　② 500,000원

③ 505,000원　　④ 510,000원

14. 당기 매출원가는 얼마인가?

① 430,000원　　② 435,000원

③ 440,000원　　④ 445,000원

15. 다음 중 간접노무비로 분류되지 않는 것은?

① 초과근무수당　　② 작업자 임금

③ 유휴시간급 ④ 각종 수당

16. 다음 중 직접 경비에 속하지 않는 것은?

① 외주가공비 ② 특허권 사용료

③ 특정제품 설계비 ④ 감가상각비

17. 제조업에서 구분하는 재고자산의 유형이 아닌 것은?

① 구입품 ② 완제품

③ 재공품 ④ 원재료

18. 다음 재공품 계정에 대한 설명 중 맞지 않는 것은?

① 특정 제품이 완성되기 전 단계에 있는 것이다.

② 재료비와 가공원가가 100% 투입되어 있는 상태다.

③ 완성되면서 제품 계정으로 할당된다.

④ 기초재고와 기말재고가 존재한다.

19. 다음 중 재고가능원가에 포함되지 않는 것은?

① 직접재료비 ② 직접노무비

③ 관리비 ④ 제조간접비

20. 다음 중 당기 판매와 관련되어 있지 않는 원가는 무엇인가?

① 기초제품재고액 ② 당기제품제조원가

③ 기말제품재고액 ④ 매출원가

정 답

1. ④ 2. ④ 3. ② 4. ④ 5. ① 6. ③ 7. ③ 8. ① 9. ② 10. ② 11. ④ 12. ③ 13. ① 14. ④ 15. ② 16. ④ 17. ① 18. ② 19. ③ 20. ③

제 9 장

원가-조업도-이익(C-V-P) 분석

본 장에서는 공헌이익, 손익분기점 분석과 같은 C-V-P 분석의 개념과 그의 활용에 대하여 학습한다.

제 9 장

원가-조업도-이익(C-V-P) 분석

제 1 절 C-V-P 분석의 기초

1. C-V-P 분석이란 무엇인가?

기업을 유지・발전시키기 위해서는 궁극적으로 이익을 획득하여야 한다. 따라서 경영자는 이익을 증대시키는 여러 방법을 알아야 하고, 기업의 경영활동이 이익에 어떤 영향을 미치는지를 예측할 수 있어야 한다.

경영자는 이익극대화의 실현을 위해 이익계획(profit planning)을 수립하여야 하는데, C-V-P(cost・volume・profit)분석은 이익계획 수립에 유용한 정보를 제공해 준다. 이익을 얻기 위해서는 매출액과 원가의 분석이 꼭 필요한데, 매출액에 따라 원가나 이익이 어떻게 변하는지 분석하여 이익계획을 수립하는 것을 C-V-P 분석 이라고 한다.

이를 좀 더 구체적으로 설명하면, C-V-P분석은 원가, 조업도수준, 이익의 관계를 체계적으로 분석하는데 사용되는 기법으로, 기업은 C-V-P분석을 통해서 조업도 수준의 변화에 따라 원가, 수익은 어떻게 변하고, 궁극적으로 이익은 어떻게 되는가를 예측할 수 있다. C-V-P분석은 제품의 가격을 얼마로 할 것인가, 자체 생산할지 혹은 외부에서 구입할지를 결정하고, 특별한 주문을 수락할 것인가의 여부 등 단기적인 의사결정에 널리 활용한다.

C-V-P분석에서 가장 먼저 해야 할 작업은 기업에서 발생하는 모든 원가를 변동비와 고정비로 구분하는 일이다. C-V-P분석을 이해하기 위해 다음의 예를 들어 보자. 다음의 예제는 본 장이 끝날 때까지 계속 이어질 것이다.

새로운 사업을 시작하려면 수많은 의사결정 상황에 놓이게 된다. 그 중에서도 가장 중요한 것은 아마도 지금 하려는 사업에서 이익을 얻을 수 있을까라는 점일 것이다. 이는 사업의 존폐를 가름할 중요한 질문이다. 특히 새로운 사업을 시작하면서 과연 얼마나 팔아야 이익을 얻을 수 있을지 반드시 살펴보아야 할 문제이다. 예를 들어 보자. 김공학 씨가 회사를 퇴직하여 MP3 판매 가게를 하고자 한다고 가정하자. 시장조사를 통해 [예제 9-1]과 같은 자료를 얻었다고 하자.

〈예제 9-1〉 변동비와 고정비 구분

점포의 월 임차료는 500,000원이며, MP3 한 대의 판매 가격은 10,000원이다. MP3 한 대의 기기 구입가격은 4,000원, 매월 홍보비로 100,000원이 소요된다. 그리고 MP3 한 대당 이어폰 한 개를 포함해서 3,000원의 서비스품 비용이 발생할 것으로 예상된다. 기타 감가상각비 등이 월 300,000원 발생한다.

[**요구사항**] 자료를 변동비와 고정비로 구분하고, 그 금액이 얼마인지를 제시하시오.

[해 답]

☞ 변동비와 고정비

	원가 행태	단위당 변동비	총고정비
임 차 료	고정비	-	500,000원
기기구입비	변동비	4,000원	-
홍 보 비	고정비	-	100,000원
서비스품(이어폰 등)	변동비	3,000원	-
기타 감가상각비	고정비	-	300,000원
합 계		7,000원	900,000원

위와 같이 새로운 사업을 시작할 때 혹은 기존 사업을 지속하면서 다음과 같은 다양

한 문제들에 봉착하게 된다. C-V-P분석은 이러한 의사결정 상황 외에도 다음과 같은 다양한 질문에 대해 그 해법을 얻을 수 있다. 예를 들어,

- MP3 몇 대를 팔아야 이익을 얻을 수 있는가?
- 퇴사하기 전 회사에서 1,000,000원의 급여를 받고 있는데, 최소한 1,000,000원의 이익을 얻으려면 MP3 몇 대를 팔아야 하는가?
- 지금 현재보다 30대를 더 판매할 수 있다면 이익은 얼마나 늘어나는가?
- 판매 직원에게 고정급으로 급여를 지급할 것인가 아니면 성과급으로 지급할 것인가?
- 원가 이하의 가격으로 특별주문이 들어왔는데 이를 받아들여야 하는가?
- 판매가격을 낮출 것인가, 홍보비를 늘릴 것인가? 등에 대해 C-V-P분석은 그 해답을 줄 수 있다.

2. 공헌이익의 개념

C-V-P분석을 적용하기 위해서는 공헌이익(contribution margin) 개념에 대하여 명확하게 이해할 수 있어야 한다. 공헌이익이란 매출액에서 변동비를 뺀 것으로서, 단위당으로는 제품의 판매가격에서 단위당 변동비를 차감한 것인데, 회사의 고정비 회수와 이익창출에 공헌한다는 의미로 해석이 가능하다. 다음의 사례를 통해 공헌이익 개념을 이해해 보자.

[사례] 공학(주)은 핸드폰을 제작, 판매하는 회사이다. 핸드폰 1대당 제조원가는 직접재료비, 직접노무비, 제조간접비를 합쳐 150,000원 이고, 여기에 100,000원의 이익을 가산하여 판매가는 250,000원이다. 제조원가 150,000원은 변동원가 100,000원, 고정원가 50,000원으로 구성되어 있다. 변동원가는 핸드폰을 제작, 판매할 때마다 추가적으로 발생하는 원가이고, 고정원가는 이와 상관없이 발생하는 감가상각비 등과 같은 원가이다. 공학(주)이 핸드폰 1대를 팔면, 추가적으로 변동원가 100,000원이 발생하고, 10대를 팔면 1,000,000원의 변동원가가 추가적으로 발생한다. 이 때 매출액에서 변동원가를 차감한 잉여금인 150,000원(1대 판매했을 경우)을 공헌이익이라고 하고, 이 잉여금이 고정원가 50,000원을 보상하고 남는 금액인 100,000원이 이익이 되는 것이다.

한편, 최근 핸드폰 업계의 치열한 경쟁으로 인한 공급 과잉으로 핸드폰 가격이 폭락하고 있다. 그런데 가격이 떨어져서 매출이 줄어도 고정원가는 어쩔 수 없이 발생하게 된다. 공학(주)의 어려운 사정을 아는 사람이 250,000원 판매가의 핸드폰을 가격이 폭락했으니 130,000원에 10대를 사겠다는 제안을 해 왔다. 여러분이 공학(주)의 경영자라면 어떤 의사결정을 하겠는가?

공헌이익의 개념을 모르는 사람은 얼핏 보기에는 말도 안 되는 소리로 들려 당연히 거절할 것이다. 왜냐하면 제안 가격인 130,000원은 제조원가인 150,000원 보다 더 낮은 가격이니 도둑의 심보를 가졌다고 생각할 것이기 때문이다. 그러나 좀 더 신중하게 생각해보자. 만약 130,000에 핸드폰을 10대 판매한다면 어떻게 될까? 추가적으로 발생할 원가는 변동원가 뿐이니 100,000원 × 10대 = 1,000,000원이고, 추가적으로 들어올 수익(매출액)은 130,000원 × 10대 = 1,300,000원이다. 즉, 핸드폰을 판매함으로써 300,000원의 추가적 이익인 공헌이익이 발생하는 것이다. 이 이익은 물론 고정원가(50,000원 × 10대 = 500,000원)를 100% 보상하지는 못하지만, 기왕에 발생하게 될 고정원가 부분의 손실(500,000원)은 이 추가이익인 공헌이익으로 인해 300,000원 만큼은 줄일 수 있게 되는 것이다. 따라서 비록 영업손실이 나타나더라도 공헌이익만 발생(+)시킬 수 있다면 제품을 판매하는 편이 유리할 수도 있다는 점에 유의해야 한다.

위 사례에서 보면 공헌이익은 매출액(혹은, 단위당 가격)에서 변동원가(혹은, 단위당 변동비)를 차감한 것이다. 공헌이익의 개념을 다음과 같은 이익 산출 공식에서 도출해 보기로 하자.

이익 = 총수익 − 총원가

이때 총수익에 대표적인 것은 매출이며, 총원가의 대표적인 것은 매출원가와 판매비 및 관리비이다. 모든 원가는 변동비와 고정비로 구분할 수 있다고 할 때, 위 식은 다음과 같이 전개할 수 있다.

이익 = (단위당가격 × 판매량) − (총변동비 + 총고정비)

= (단위당가격 × 판매량) - (단위당변동비 × 판매량 + 총고정비)
= **(단위당가격 - 단위당변동비)** × 판매량 - 총고정비
= **단위당 공헌이익** × 판매량 - 총고정비

그렇다면, 공헌이익이 의미하는 것은 무엇인가? 이것을 좀 더 자세히 알아보기 위해 다음과 같은 그림을 생각해 보기로 하자. 이 그림은 단지 이해를 돕기 위해 사용한 것뿐이다.

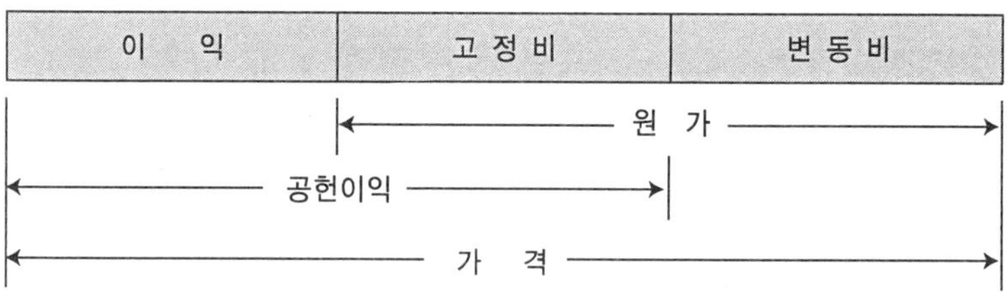

위의 그림은 가격의 구성요소를 세부적으로 나타낸 것이다. 제품의 가격에는 원가가 포함되어 있는데, 그 원가는 고정비와 변동비로 구분될 수 있다. 이 가운데 변동비를 제외한 나머지가 공헌이익이다. 따라서 공헌이익 속에는 변동비를 제외한 이익과 고정비가 포함되어 있다. 즉, 공헌이익은 제품 1단위를 판매할 때 고정비와 이익을 어느 정도 회수(기여 또는 공헌)할 수 있는지를 나타낸다. 만일 기업의 공헌이익이 고정비보다 적으면 기업은 손실이 발생한다.

한편, 위의 공헌이익은 단위당 공헌이익을 말한다. 앞으로 공헌이익이라고 하면 단위당 공헌이익을 나타내는 것으로 한다. 총공헌이익은 다음과 같이 산출된다.

(단위당)공헌이익 × 판매량 = 총공헌이익

총공헌이익과 총고정비를 비교해 보자. 이때 나타날 수 있는 상황은 크게 다음과 같은 세 가지이다. 첫째, 총공헌이익 > 총고정비인 경우 이익이 날까 손실이 날까? 둘째, 총공헌이익 < 총고정비인 경우 또 어떤가? 셋째, 총공헌이익 = 총고정비인 경우 이익인가 손실인가? 이에 대한 해답을 얻기 위하여 위의 그림을 이용하여 다음과 같이 나타내 보자.

첫 번째, 총공헌이익 > 총고정비의 상황을 보면, 총공헌이익 속에 총고정비와 이익이 포함되어 있는 경우이다. 예를 들어 총공헌이익이 100원이라면 그 속에는 총고정비 70원, 이익 30원이 포함되어 있다는 의미이다. 따라서 이 경우 이익이 발생한다.

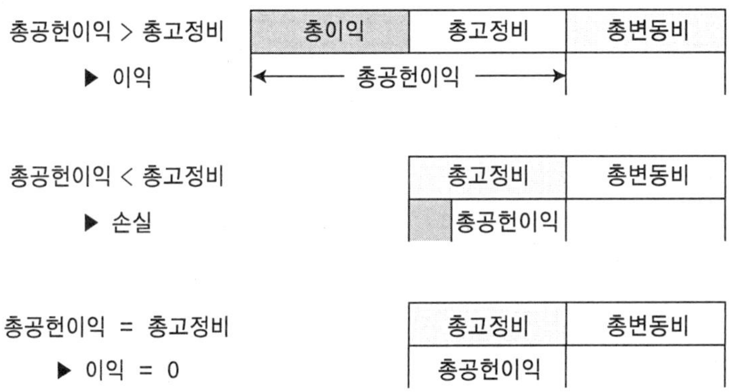

두 번째, 총공헌이익 < 총고정비는 총공헌이익이 총고정비조차도 안 되는 경우이다. 예를 들어 총공헌이익이 100원이라면 총고정비는 130원이라는 의미이다. 따라서 이 경우 손실이 발생하게 된다.

세 번째, 총공헌이익 = 총고정비는 총공헌이익이 총고정비와 동일한 경우이다. 예를 들어 총공헌이익이 100원이라면 총고정비도 100원이라는 의미이다. 따라서 이 경우 손실도 이익도 발생하지 않는, 즉 이익이 0이다. 이를 손익분기점(break-even point: BEP)이라고 한다.

3. 공헌이익률의 개념

매출액에 대한 공헌이익의 비율 또는 단위당 판매가격에 대한 단위당 공헌이익을 공헌이익률(contribution margin ratio: CMR)이라고 한다. 공헌이익률은 공헌이익을 매출액으로 나눈 값 또는 단위당 공헌이익을 단위당 판매가격으로 나눈 값으로, 제품 단위당 판매단가에 대한 공헌이익의 비율을 의미한다. 공헌이익률은 매출액이 변동함에 따라 공헌이익이 어떻게 변동하며 순이익에 어떤 영향을 미치는가를 분석할 때 유용하다.

한편, 가격은 공헌이익과 변동비로 구분되므로 각각의 가격에서 차지하는 비율 즉, 공헌이익률과 변동비율을 구할 수 있다. 공헌이익률은 앞서 설명했듯이 판매가격에서 공헌이익이 차지하는 비율을 말한다. 공헌이익률을 제외한 나머지를 변동비율이라고 한다. 즉, 매출액에서 변동비가 차지하는 비율을 말한다. 이를 식으로 나타내면 다음과 같다.

$$\text{공헌이익률} = \frac{\text{단위당공헌이익}}{\text{단위당판매가격}} \quad \text{혹은} \quad \frac{\text{총공헌이익}}{\text{총매출액}}$$

$$\text{변동비율} = \frac{\text{단위당변동비}}{\text{단위당판매가격}} \quad \text{혹은} \quad \frac{\text{총변동비}}{\text{총매출액}}$$

위의 식에서 좌측은 단위당 개념으로 구한 것이며, 우측은 총액의 개념으로 구한 것이다. 공헌이익률과 변동비율의 합은 항상 1이다. 가격은 공헌이익과 변동비로 분리되기 때문이다. 따라서 공헌이익률은 다음과 같은 방법으로도 구할 수 있다.

$$\text{공헌이익률} = 1 - \text{변동비율}$$

〈예제 9-2〉 공헌이익, 공헌이익률

<예제 9-1> MP3 가게의 사례를 이용하여 공헌이익과 공헌이익률 그리고 변동비율을 구하라.

[해 답]

☞ 공헌이익: 10,000원 - 7,000원 = 3,000원

☞ 공헌이익률: 3,000원 / 10,000원 = 30%

☞ 변동비율: 7,000원 / 10,000원 = 70%

제 2 절 C-V-P 분석의 활용

1. 손익분기점 분석이란?

사업을 하면서 손해를 보려고 생각하는 사람은 아무도 없을 것이다. 적어도 본전은 해야 한다는 생각에 동분서주하며 이익을 창출하려고 애쓴다. 이처럼 본전이 되는 매출수준을 손익분기점(Break-Even Point: BEP)[1]이라고 하고, 이는 다음과 같이 기업이 벌어들인 수익(수입)과 비용(지출)이 완전히 일치하여 이익도 손실도 보지 않는 매출수준(조업도)을 의미한다.

손익분기점: 수익 = 비용, 이익 = 0

기업이 만약 생산을 하지 않는다면 수익은 0 이 될 것이다. 그러나 비용은 0 이 될 수 없는데, 그 이유는 생산을 하지 않더라도 공장에서 고정적으로 발생하는 경비가 있기 때문이다. 그러나 생산(매출)이 늘어날수록 수익과 비용은 증가하여 일정한 조업도가 되면 수익과 비용이 서로 일치하게 되는데 이 조업도가 바로 손익분기점이다.

따라서 손익분기점은 투입된 비용을 완전히 회수할 수 있는 매출액이 얼마인가를 나타내며, 기업이 단기적으로는 이익을 못 내더라도 매출은 계속 확보해야 하는 수준이다. 그리고 단기적인 사업계획에 따라 제품별로 예산을 편성하고 가격정책과 영업계획을 세울 때 이용된다. 다음의 칼국수집의 사례를 통해 손익분기점 분석을 포함한 C-V-P 분석의 전반적인 활용에 대해 설명해 보자.

[사례] 수익은 판매량에 비례해 증가한다. 따라서 선풍기 한 대의 평균가격이 4,000원이라면 수익은 한 대를 팔면 4,000원, 두 대를 팔면 8,000원, 세 대를 팔면 12,000원이 된다. 그런데 비용에는 판매량에 비례해 발생하는 재료비, 전기료 등과 같은 비용(변동

1) C-V-P 분석을 손익분기점 분석으로 잘못 이해하고 있는 사람이 많다. 손익분기점 분석은 C-V-P 분석의 일부분에 지나지 않는다.

비)도 있지만 사무실 임차료, 감가상각비처럼 판매량에 관계없이 고정적으로 발생하는 비용(고정비)도 있다.

예컨대, 선풍기 한 대를 만들어 판매하는 데 따른 변동비가 2,000원이라면 매출원가(변동비)는 한 대를 팔면 2,000원, 두 대를 팔면 4,000원, 세 대를 팔면 6,000원이 발생한다. 여기까지 생각하면 한 대를 팔면 2,000원(=4,000원-2,000원)이 남고, 두 대를 팔면 4,000원, 세 대를 팔면 6,000원이 남는데 이때 남는 금액을 앞에서 설명한 '공헌이익'이라고 한다. 즉, 공헌이익은 매출액에서 변동비를 차감한 금액이다. 그러나 공헌이익은 진정한 이익이라고 할 수 없다. 공헌이익에서 고정비까지 차감해야 진짜 이익을 계산할 수 있다. 선풍기 가게의 한 달 고정비가 100만원이라고 가정하자.

이 계산에 따르면 다음 도표와 같이 선풍기를 월 500대를 팔아야 본전이 된다는 것을 알 수 있다. 즉, 그보다 적게 팔면 손해를 보고, 그보다 많이 팔면 이익이므로 50대가 곧 손익분기점이 되는 것이다.

1대 판매	(4,000-2,000) - 1,000,000 = (-) 998,000
2대 판매	(8,000-4,000) - 1,000,000 = (-) 996,000
100대 판매	(400,000-200,000) - 1,000,000 = (-) 800,000
500대 판매	(2,000.000-1,000,000) - 1,000,000 = 0
600대 판매	(2,400,000-1,200,000) - 1,000,000 = (+) 2,000,000

이 계산을 조금 단순화시켜 보자. 먼저 선풍기 한 대를 팔 때마다 추가적으로 얻는 이익을 생각해 보자. 선풍기 한 대를 팔 때마다 2,000원을 들여 4,000원을 버는 셈이므로 2,000원의 추가 이익이 생긴다. 이를 '단위당 공헌이익'이라고 하는데 이는 가격에서 단위당 변동비를 뺀 개념으로, 선풍기를 팔 때마다 조금씩 쌓여서 고정비를 메우고, 고정비를 다 메우고 나면 이익이 발생한다. 그러므로 손익분기점이란 이 공헌이익이 비로소 고정비를 모두 메워서 본전이 되는 판매량, 다시 말해 공헌이익과 고정비가 같아지는 판매량을 말한다고 할 수 있다.

손익분기점 판매량을 x 라고 두면, 다음과 같은 등식이 성립한다.

$2{,}000x$ - 1,000,000(고정비) =0

$2{,}000x$ = 1,000,000

x = 1,000,000 ÷ 2,000 = 500(대)

즉, 손익분기점 판매량 = 총고정비 ÷ 단위당 공헌이익

여기서 한 가지 짚고 넘어갈 것이 있다. 선풍기가 여러 종류이고 각 선풍기의 가격이나 원가 또한 제각각이라면 어떻게 손익분기점이 되는 판매량을 500대이라고 할 수 있을까?[2] 만일 판매가격에 대한 변동비의 평균비율이 80%라면 판매가격 중 20% - 이를 '공헌이익률'이라고 함 - 가 공헌이익이 된다. 그러면 총매출액의 20%는 공헌이익이 되고 이 공헌이익이 쌓여서 고정비를 모두 보상하게 되는 매출액이 손익분기점이 된다는 식의 계산이 가능하다.

손익분기점 매출액을 S 라고 두면, 다음과 같은 등식이 성립한다.

0.2S - 1,000,000 = 0

0.2S = 1,000,000

S = 1,000,000 ÷ 0.2 = 5,000,000(원)

즉, 손익분기점 매출액 = 총고정비 ÷ 공헌이익률

또한 위의 식을 응용해 보면 본전이 문제가 아니라 목표로 하는 이익을 얻기 위해서는 얼마나 판매해야 할지, 즉 목표-매출액을 구할 수도 있다. 선풍기 가게의 경우 적어도 월 150만원은 벌어야 수지가 맞는다고 가정해 보자. 그러면 월 매출액이 얼마나 되어야 할까? 이 목표를 달성하기 위해서는 공헌이익이 모여서 고정비를 모두 보상하고도 150만원이 남아야 하므로 다음과 같이 계산된다.

목표-손익분기점 매출액을 S 라고 두면, 다음과 같은 등식이 성립한다.

---

2) C-V-P 분석의 기본 가정 중의 하나는 단일 제품을 생산한다고 가정하는 것이다. 만일 여러 종류의 복수제품을 생산하는 경우의 손익분기점은 가중평균공헌이익법이나 꾸러미법 등으로 구할 수는 있지만, 이는 본 교재의 성격을 초과하는 부분이므로, 언급하지 않기로 한다.

0.2S - 1,000,000 = 1,500,000

S = (1,000,000 + 1,500,000) ÷ 0.2 = 12,500,000(원)

즉, 목표-매출액 = (고정비 + 목표이익) ÷ 공헌이익률

그러므로 이 계산에 따르면 선풍기 가게는 월 1,250만원의 매출을 올려야 150만원의 이익을 달성할 수 있다는 결과를 얻을 수 있다.

이제, 이상의 사례에서 이해한 것을 등식으로 정리하여 보자. 사례에서 보는 바와 같이, 손익분기점 분석을 위해서는 먼저 기업의 모든 원가가 변동비와 고정비로 나누어져야 한다.

앞서 손익분기점(BEP)은 총공헌이익과 총고정비가 동일한 경우라고 하였다. 즉, 이익이 0 되는 지점이 BEP 판매량이 된다. 그러면 이것을 다음과 같이 풀이해 볼 수 있다.

이익 = 총수익 - 총비용
= (단위당 판매가격 - 단위당 변동비) × 판매량 - 총고정비

여기서 이익을 0 으로 놓으면(BEP 판매량이 됨),

$$\text{BEP 판매량} = \frac{\text{총고정비}}{(\text{단위당판매가격}-\text{단위당변동비})} = \frac{\text{총고정비}}{\text{단위당공헌이익}}$$

따라서 총고정비를 공헌이익으로 나눈 값이 손익분기점에서의 판매량이다. 이때 BEP 매출액은 다음과 같이 구할 수 있다.

$$\text{BEP 매출액} = \text{BEP 판매량} \times \text{단위당 판매가격, 혹은 } \frac{\text{총고정비}}{\text{공헌이익률}}$$

〈예제 9-3〉 BEP판매량과 매출액

<예제 9-1>의 MP3가게 사례를 이용하여 BEP의 판매량과 매출액을 구하라.

[해 답]

☞ BEP 판매량 = 900,000원/3,000원 = 300대

☞ BEP 매출액 = 300대 × 10,000원 = 3,000,000원

혹은, 900,000원 / 30% = 3,000,000원

만약 손익분기점 판매량인 300대에서 1대를 더 판매한다면 이익은 얼마나 생길까? 그 해답은 공헌이익 만큼 즉, 3,000원의 이익이 발생한다. 단위당 변동비는 1대 추가로 판매될 때 마다 회수가 되고 있으며, 손익분기점인 300대의 MP3을 판매함으로서 총고정비는 완전히 회수하였기 때문이다. 따라서 400대의 MP3을 판매한다면 얼마의 이익이 얻어지는지 쉽게 구할 수 있다. 즉, 손익분기점을 초과하는 100대에서 공헌이익 3,000원을 곱함으로서 300,000원임을 알 수 있다. 이 외에 다른 상황, 예를 들어 판매가격을 낮춘다든지 아니면 직원을 고용한다든지 하는 것은 후에 민감도 분석에서 다시 언급하기로 한다.

위의 휴대폰가게 운영 사례를 그래프로 분석해 볼 수도 있다. 이 그래프는 조업도의 변화에 따라 이익이 어떤 변화를 보이는지 시각적으로 보여주는 것이다. MP3가게 사례를 그래프로 나타내 보면 다음과 같다. [그림 9-1]을 C-V-P 도표(cost-volume-profit chart) 또는 손익분기점도표(break-even chart)라 하며, [그림 9-2]는 P-V 도표(profit-volume chart)라 한다.

[그림 9-1]의 C-V-P 도표는 총원가와 조업도 그리고 이익간의 관계를 보여주고 있다. 그림을 보면 매출액선의 기울기가 총비용선의 기울기보다 크다. 이것은 단위당 판매가격이 단위당 변동비보다 더 크기 때문이다. 손익분기점은 매출액선과 총비용선이 만나 교차하는 지점이다. 손익분기점보다 낮은 조업도(판매량)수준에서는 손실이 발생하며, 손익분기점보다 높은 조업도수준에서는 이익이 발생한다.

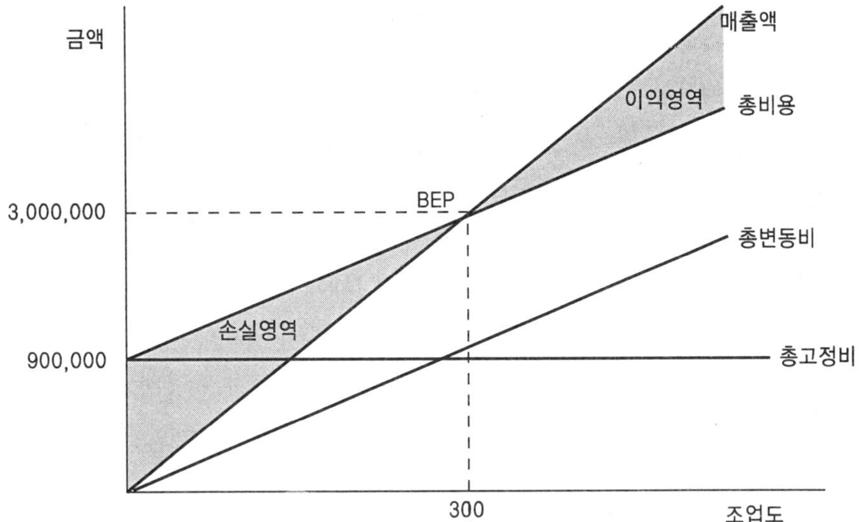

그림 9-1 CVP도표

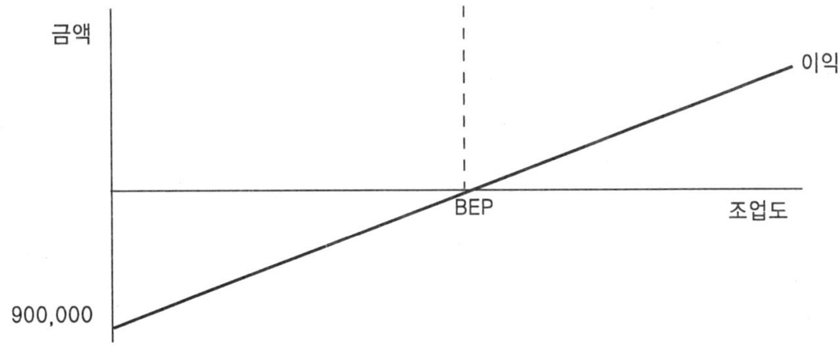

그림 9-2 PV도표

[그림 9-2]는 이익과 조업도와의 관계만을 나타낸 것이다. 조업도가 증가함에 따라 이익 또는 손실이 어떻게 변화하는지를 보여주고 있다. 조업도가 0 일 때 즉, 판매량이 하나도 없을 때는 변동비는 발생하지 않으며, 총고정비가 발생한다. 이후 조업도가 증가함에 따라 손실의 폭이 줄어들면서 손익분기점에서는 이익이 0 이 되며, 그 점보다 더 높은 조업도 수준에서는 이익이 점점 증가하게 된다.

P-V 도표는 특정 조업도 수준에서의 이익이나 손실을 쉽게 알 수 있다는 장점이 있

지만, 조업도가 변함에 따라 비용이 어떻게 변동하는지에 대한 정보는 나타내주지 못한다는 단점도 있다.

2. 목표이익을 고려한 C-V-P 분석

목표이익을 고려한 C-V-P 분석에서도 앞서 살펴본 손익분기점 분석방법을 그대로 이용할 수 있다. 손익분기점은 이익이 0 인 지점이라고 하였다. 이에 따라 총고정비를 공헌이익으로 나누어 BEP 판매량을 구했다. 이것은 공헌이익으로 총고정비를 완전히 회수할 수 있어야 이익이 0 인 판매량을 구할 수 있음을 의미한다. 그렇다면 목표이익도 총고정비와 같은 성격으로 볼 수 있다. 즉, 이제는 총고정비만을 회수해야 하는 것이 아니라 목표이익도 회수해야만 하는 상황으로 좀 더 확대되었을 뿐이다. 따라서 목표이익을 고려할 경우 C-V-P 분석은 다음과 같은 식에 의해 산출된다.

$$\text{목표-판매량} = \frac{\text{총고정비} + \text{목표이익}}{\text{단위당공헌이익}}$$

$$\text{목표-매출액} = \text{판매량} \times \text{단위당가격} \quad \text{혹은,} = \frac{\text{총고정비} + \text{목표이익}}{\text{공헌이익률}}$$

〈예세 9-4〉 C-V-P 분석 1

<예제 9-1>의 MP3가게 사례를 이용한다. 단, MP3가게 사장인 김공학 씨는 퇴직 전 회사에서 월 1,000,000원의 월급을 받았기 때문에 적어도 그 정도의 이익은 확보하고 싶다. 그러면 MP3를 몇 대 팔아야 하는가?

[해 답]

☞ (900,000원 + 1,000,000원) / 3,000원 = 633.3(634대)

3. 법인세를 고려한 C-V-P 분석

앞서 살펴본 목표이익을 고려한 C-V-P 분석은 법인세를 고려하지 않은 것이다. 즉, 목표이익 1,000,000원에는 세금까지 포함된 것이기 때문에 실제로 내 손에 들어오는 이익 금액은 세금을 제외한 나머지이다.

그러나 MP3 판매회사 사장인 김공학 씨는 세금을 제외한 실제 이익 금액을 1,000,000원 얻고 싶다. 이 경우 C-V-P 분석을 어떻게 할 것인가? 이때도 앞서 사용한 산식을 그대로 이용할 수 있다. 즉, 앞서 살펴본 목표이익 1,000,000원은 법인세차감전순이익이기 때문에 법인세차감후 순이익 1,000,000원을 법인세차감전순이익으로 바꿔주면 된다. 바꾸는 방법은 다음과 같다.

$$\text{법인세차감후 순이익} = \text{법인세차감전 순이익} \times (1-\text{법인세율})$$

$$\therefore \ \text{법인세차감전순이익} = \frac{\text{법인세차감후 순이익}}{(1-\text{법인세율})}$$

위의 산식에 의해 법인세차감후 순이익은 법인세차감전순이익으로 바뀌어 졌다. 이를 앞서 살펴본 목표이익을 고려한 C-V-P 분석의 산식으로 그대로 대입하면 다음과 같이 변형시킬 수 있다.

$$\text{판매량} = \frac{\text{총고정비} + \dfrac{\text{법인세차감후 순이익}}{(1-\text{법인세율})}}{\text{단위당공헌이익}}$$

$$\text{매출액} = \text{판매량} \times \text{단위당 판매가격}$$

$$\text{혹은,} \ \frac{\text{총고정비} + \dfrac{\text{법인세차감후 순이익}}{(1-\text{법인세율})}}{\text{공헌이익률}}$$

〈예제 9-5〉 C-V-P 분석 2

<예제 9-1>의 MP3가게 사례를 그대로 이용한다. 단, 퇴직 전 회사에서 세금 차감 후 월 1,000,000원의 월급을 받았기 때문에 그 정도의 세금 차감 후 이익을 확보하고 싶다. 이때 세율은 20%이다. MP3를 몇 대 팔아야 하는가?

[해 답]

☞ (900,000원 + (1,000,000원/(1-0.2)) / 3,000원 = 716.7(717대)

4. 안전한계란 무엇인가?

안전한계(safty margin)는 안전여유, 안전이익 혹은 여유한계 등으로 불리기도 하는데, 이것은 현재의 매출수준이 손익분기점까지 얼마나 여유가 있는지를 나타내 준다. 즉, 손실을 입지 않으면서 허용할 수 있는 매출의 감소폭을 의미하는데, 매출수준이 손익분기점 미만으로 떨어지게 되면 손실이 발생하기 때문에 안전한계는 적어도 손실을 보지 않기 위해서는 현재 매출수준이 어느 정도 여유가 있는지를 보여주고자 하는 것이다. 수영장에 빠진 키가 큰 사람과 작은 사람을 연상하면 될 것이다. 수면이 손익분기점이라고 한다면 키가 큰 사람은 그 만큼 많은 여유가 있는 것이며, 키가 작은 사람은 그만큼 여유가 없는 것이다. 따라서 안전한계는 실제 또는 예상 매출액에서 손익분기점 매출액을 차감하여 계산할 수 있다. 또한 안전한계는 비율로도 측정할 수 있는데, 안전한계율은 안전한계를 매출액으로 나누어 구한다.

$$\text{안전한계} = \text{총매출액} - \text{BEP매출액}, \quad \text{안전한계율} = \frac{\text{안전한계}}{\text{총매출액}}$$

기업은 이 방법을 활용하여 자사가 어떤 상태에 있는지 체크할 필요가 있다. 기업의 안전한계 매출액이 플러스라면 실제 매출액이 손익분기점 매출액을 초과했다는 의미다. 그 금액만큼은 매출액이 감소하더라도 손실이 발생하지 않으며, 그 금액 이상으로 매출액이 감소하면 그때부터 손실이 발생한다.

한편, 안전한계율은 실제 매출액에 대한 안전한계 매출액의 비율을 나타낸 것이다. 기업이 흑자에서 적자로 전환될 때까지의 여유를 나타내는 지표로, 현재 매출액의 몇 % 까지 감소하면 손실이 발생하기 시작하는가를 의미한다. 이 비율이 마이너스이면 이미 적자가 나고 있다는 뜻이다.

안전한계율 = 안전한계매출액/ 실제 매출액
= 1 - 손익분기점 비율
= 1 - 손익분기점 매출액 / 실제 매출액

예를 들어, 손익분기점 비율이 95%라면, 안전한계율은 5%로 현재 매출액의 95% 수준에서 손익분기점을 달성하고 5% 정도 손익분기점 매출액을 초과했다는 의미다. 따라서 현재 매출액이 5% 이상 감소하면 적자가 되고 안전한계율은 마이너스가 된다. 안전한계율을 개선하기 위해서는 매출액을 늘리거나, 고정비를 줄이거나, 변동비를 줄이는 방법 등이 있다. 통계적으로 볼 때 불황을 이겨내는 기업은 안전한계율이 20% 이상이다. 이는 갑자기 경기가 악화되면 매출액이 10~20% 정도 감소하는 것이 일반적인 수준이기 때문이다.

〈예제 9-6〉 안전한계율

<예제 9-1>의 MP3가게 사례를 그대로 이용한다. 단, 현재 매출수준이 350대 일 때 안전한계와 안전한계율은 얼마인가?

[해 답]

☞ 안전한계: (350대 × 10,000원) - 3,000,000원 = 500,000원

☞ 안전한계율: 500,000원 / 3,500,000원 = 14.29%

5. 민감도 분석

민감도 분석(sensitivity analysis)은 모형에서 하나 또는 그 이상의 독립변수가 변화함에 따라 종속변수가 어떻게 반응하는지를 분석하는 것이다. C-V-P 분석에서 독립변수로 변동원가, 고정원가, 판매가격과 매출액 등이 속하고, 종속변수에는 이익 또는 현금 흐름이 주로 해당된다. C-V-P 분석은 독립변수들 간의 상호관계로 특정의 원가구조와 가격조건하에서 이루어지므로 독립변수들 요소 중의 어느 하나가 변동한다면, 결과적으로 손익분기점이나 이익에 영향을 미치게 된다. C-V-P 분석에서 민감도분석은 역으로 이익의 달성을 위하여 어떤 요소를 어떻게 변동할 것인가에 대한 해답을 구하는 하나의 방법으로 사용되고 있다. 다음의 [표 9-1]은 고정원가, 변동원가, 판매가격 등의 요소 변동이 공헌이익, 이익, 손익분기점에 미치는 영향을 나타내고 있다.

표 9-1 요소 변동의 영향

요소의 변동		공 헌 이 익	이 익	손익분기점
고정원가	증가	–	감소	증가
	감소	–	증가	감소
변동원가	증가	감소	감소	증가
	감소	증가	증가	감소
판매가격	증가	증가	증가	감소
	감소	감소	감소	증가

[표 9-1]은 분석의 단순화를 위하여 각 요소가 변동하는 경우에 다른 요소들은 일정한 것으로 가정하였다. 그러나 실제로는 이를 요소들의 다양한 조합으로 변동이 이루어진다는 점을 명심해야 한다.

만약에 독립변수의 변화에 대해 종속변수가 민감하게 반응한다면 그 독립변수는 민감도가 높기 때문에 그 값을 예측하는데 세심한 주의가 요구된다. C-V-P 분석에서는 민감도 분석의 개념을 적용하여 다음과 같은 질문을 던질 수 있다.

- 단위당 판매가격이 10원 인상된다면 이익은 어떻게 변할까?
- 원재료 가격이 10% 인하된다면 이익은 어떻게 변할까?

- 광고비 예산이 40% 증액되고 이에 따라 생산판매량이 10% 늘어난다면 이익은 또 한 어떻게 변할까?

이러한 질문에 대답하기 위해서 경영자들은 불확실성이 미치는 잠재적 영향을 파악해야만 한다. 그리고 종속변수에 가장 큰 영향을 줄 수 있는 민감한 변수의 예측에 대해선 세심한 주의를 기울여야 한다. 민감도 분석은 유용한 도구이지만 나타날 수 있는 변화에 대한 확률을 명시적으로 고려하지 않는 한계를 지니고 있다. 즉, 독립변수의 변화에 대해 확률로 표시하지 못한다는 한계가 있다.

여기서는 다양한 사례를 중심으로 그 적용 예를 살펴보기로 하자. 우선 첫 머리의 MP3가게 사례를 다음과 같이 그대로 이용하기로 한다.

기 본 정 보

점포의 월 임차료는 500,000원이며, MP3 한 대의 가격은 10,000원이다. MP3 한 대의 기기 구입가격은 4,000원, 매월 홍보비로 100,000원이 소요된다. 그리고 MP3 한 대당 이어폰을 포함해서 3,000원의 서비스품 비용이 발생할 것으로 예상된다. 기타 감가상각비 등이 월 300,000원 발생한다. 매월 350대 정도 판매할 수 있을 것 같다.

〈예제 9-7〉 C-V-P 분석 3

월 광고비를 50,000원 증가시키면 월간 10대의 MP3를 더 판매할 수 있을 것으로 예상된다. 광고비를 지출하는 것이 타당한가?

[해 답]

• 총공헌이익의 증가(3,000원 × 10대)	30,000
• 광고비의 증가	50,000
☞ 이익의 증감	(20,000)

위의 <예제 9-7>에서 광고비를 추가 지출하게 되면 이익이 20,000원 감소하므로 광

고비지출(안)은 기각하는 것이 바람직하다. 이 사례의 분석방법을 보면 과거 판매량이나 매출액에 대한 정보를 전혀 고려하지 않고 광고비 추가지출이라는 사건이 유발하는 변동 항목만을 고려하여 분석하였다. 이와 같은 방법을 차액분석법(incremental method)이라고 한다. 이에 대비되는 개념으로 총액분석법이 있는데, 이 방법은 미래에 발생할 모든 수익 및 원가항목을 추정하여 비교한다. 따라서 두 대안 간에 차이가 없는 항목에 대해서도 수익이나 원가를 추정해야 하므로 많은 노력이 투입되어야 한다. 따라서 실무에서는 총액분석법보다는 차액분석법을 많이 사용하고 있다.

〈예제 9-8〉 C-V-P 분석 4

MP3 기기의 구입가격을 4,000원짜리에서 3,500원짜리로 바꾸고자 한다. 만약 3,500원짜리로 바꾸게 되면 판매량이 30대 줄어들 것으로 예상된다. 이 의사결정이 타당한가?

[해 답]

• 예상 총공헌이익(3,500원 × 320대)	1,120,000
• 현재 총공헌이익(3,000원 × 350대)	1,050,000
☞ 이익의 증감	70,000

위의 <예제 9-8>에서는 MP3 기기의 구입가격이 4,000원에서 3,500원으로 줄어들기 때문에 공헌이익이 3,000원에서 3,500원이 된다. 그러나 판매량은 현재 350대에서 320대로 줄어든다. 따라서 현재의 총공헌이익과 비교해 보면 70,000원의 추가 이익이 생기므로 MP3 기기를 바꾸는 것이 타당하다. 그러나 이러한 의사결정은 조심스럽게 이루어져야 한다. MP3 기기의 가격이 낮기 때문에 품질에 차이를 가져온다면 장기적으로는 손님을 잃어버리는 결과를 초래할 수 있다. 따라서 현재는 이익이 발생할지 모르지만 장기적으로는 MP3 가게의 운영자체에 영향을 미칠 수도 있다.

〈예제 9-9〉 C-V-P 분석 5

MP3의 판매가격을 1,000원 인상하고 광고비를 월 50,000원 증가시키려 한다. 이 경우 MP3의 판매량이 30대 늘어날 것으로 예상한다. 이 의사결정은 타당한가?

[해 답]

• 예상 총공헌이익(4,000원 × 380대)	1,520,000
• 현재 총공헌이익(3,000원 × 350대)	1,050,000
• 광고비의 증가	(50,000)
☞ 이익의 증감	420,000

위 <예제 9-9>에서는 판매가격이 10,000원에서 11,000원으로 늘어나기 때문에 공헌이익 1,000원이 추가되는 셈이다. 이때 추가로 발생하는 광고비는 고정비다. MP3의 판매량(조업도)이 늘어난다고 해서 광고비도 비례적으로 늘어나는 것이 아니기 때문이다. 분석 결과를 보면 이 의사결정은 420,000원의 이익을 증가시키므로 타당하다고 볼 수 있다.

〈예제 9-10〉 C-V-P 분석 6

MP3가게에 판매직원을 고용하려고 한다. 판매직원에게는 월 500,000원의 월급을 지급해야 한다. 이때 판매량이 100대 늘어날 것으로 예상된다. 판매직원을 고용하는 것이 타당한가?

[해 답]

• 예상 총공헌이익(3,000원 × 450대)	1,350,000
• 현재 총공헌이익(3,000원 × 350대)	1,050,000
• 판매직원 월급	(500,000)
☞ 이익의 증감	(200,000)

위 <예제 9-10>에서 판매직원에게 지급되는 월급 500,000원은 고정비이다. MP3의 판매량이 늘어난다고 판매직원의 월급도 비례적으로 늘어나는 것이 아니기 때문이다. 분석 결과를 보면 판매직원을 고용하게 되면 200,000원의 이익이 감소하게 되므로 고용하지 않는 것이 타당하다.

〈예제 9-11〉 C-V-P 분석 7

<예제 9-10>을 이용한다. 그렇다면 MP3 판매직원에게 한 대 판매할 때마다 500원씩 지급하는 성과급으로 변경하고자 한다. 만약 성과급으로 할 경우 판매량이 100대 늘어날 것으로 예상된다.

[해 답]

• 예상 총공헌이익(2,500원 × 450대)	1,125,000
• 현재 총공헌이익(3,000원 × 350대)	1,050,000
☞ 이익의 증감	75,000

위 <예제 9-11>에서 판매직원에게 지급되는 성과급 500원은 변동비이다. 따라서 공헌이익은 3,000원에서 2,500원으로 감소된다. 분석 결과를 보면 성과급으로 할 경우 75,000원의 이익이 추가로 발생하기 때문에 판매직원을 고용하더라도 500,000원의 고정급보다는 단위당 500원 수준에서 성과급을 지급하는 것이 더 나은 방법으로 볼 수 있다.

〈예제 9-12〉 C-V-P 분석 8

MP3 50대를 8,000원에 구입하겠다는 특별주문이 들어왔다. 이 주문을 받아들이더라도 정상적인 영업활동에는 지장이 없다. 이 주문을 받아들이는 것이 타당한가?

[해 답]

• 단위당 예상공헌이익	1,000
• 추가 비용	(0)
• 단위당 이익의 증감	1,000
• 특별주문 수량	× 50
☞ 총이익의 증가	50,000

위 <예제 9-12>는 현재 10,000원에 판매하고 있는 MP3를 8,000원에 구매하려는 특별주문에 대한 것이다. 변동비가 7,000원이기 때문에 공헌이익은 단지 1,000원 뿐이다. 그리고 추가로 소요되는 비용이 없다. 변동비 7,000원은 이미 공헌이익을 구하면서 제외시켰고, 기존의 고정비도 특별주문을 받아들이더라도 추가 지출되는 비용이 없다. 따라서 공헌이익 1,000원은 그대로 이익으로 남는다. 따라서 총 50대의 특별주문을 받아들일 경우 총 50,000원의 추가이익이 생긴다. 그러나 만약에 특별주문 50대를 충당하기 위하여 추가로 기계를 도입해야 한다면 이 주문은 받아들일 수 없다.

〈예제 9-13〉 C-V-P 분석 9

MP3 50대를 구입하겠다는 특별주문이 들어왔다. 이 주문을 받아들이더라도 정상적인 영업활동에는 지장이 없다. 이 주문으로부터 75,000원의 이익을 얻기 위해서는 판매가격을 얼마로 하여야 하는가?

[해 답]

• 단위당 변동비	7,000
• 단위당 목표이익(75,000원/50대)	1,500
☞ 단위당 판매가격	8,500

위 <예제 9-13>은 앞의 사례와 유사하다. 즉, 특별주문의 경우 판매가격에서 변동비를 제외한 나머지는 모두 이익이 된다. 따라서 적어도 7,000원의 단위당 변동비를 회수할 수 있어야 하며, 1,500원 단위당 목표이익도 회수할 수 있어야 하기 때문에 판매가격은 8,500원으로 책정하는 것이 타당하다. 이상과 같이 민감도 분석은 짧은 시간에 빠른 의사결정을 해야 하는 경영자에게는 유용하다고 할 수 있다.

한편, C-V-P 분석은 매우 유용한 분석 도구이지만 다음과 같은 한계점을 지니고 있다. 첫째, 모든 원가는 고정비와 변동비로 구분된다고 가정한다. 그러나 현실에서는 모든 원가를 고정비와 변동비로 일률적으로 나누기는 힘들다. 둘째, 생산량에 따라 작업능률이 일정하다고 가정한다. 현실에서는 생산량에 따라 작업능률이 변하고 이것이 원가에 영향을 미친다. 셋째, 판매단가가 변하더라도 판매량과 그 밖의 요인이 변하지 않는다고 가정한다. 현실에서는 판매단가가 변하면 판매량이 변하고 그 밖의 요인도 변한다. 넷째, 다품종 제품의 경우 제품의 구성 비율에 변화가 없다고 가정한다. 현실에서는 새로운 제품이 추가될 때마다 새로운 제품의 배합에 따른 이익계획을 세워야 한다. 따라서 실무에서는 이러한 한계를 충분히 알고 활용해야만 한다.

〈쉬어 가기 코너〉

연봉 3300만원 직장인 로스쿨 진학 포괄손익계산서

사법시험과 비교할 때 로스쿨 진학에 드는 비용은 얼마나 될까. 로스쿨에 다니려면 사시를 준비할 때보다 몇 배 많은 자금이 소요된다고 봐야 한다. 우선 로스쿨은 등록금이 든다. 대학들이 책정한 로스쿨 등록금은 현재 서울대는 1,350만원, 서강대는 1,200만원, 중앙대는 1,400만원, 연세대는 1,700만원, 고려대와 한양대는 1,800만원 가량의 등록금을 매년 받을 예정이다. 정부의 로스쿨 인가 정원이 대학들의 신청 정원보다 적다는 점을 감안하면 이 같은 로스쿨 학비는 향후 상향 조정될 가능성이 높다. 등록금 외에 생활비도 따로 계산해야 한다. 아껴 쓴다고 해도 순수 생활비와 교재비 등을 합해 연간 1,000만원 정도는 있어야 한다. 사교육비는 별도다. 학원을 다니며 로스쿨을 1년 가까이 준비할 경우 500만원 정도의 사교육비가 필요하다. 직장인이라면 로스쿨을 다니느라 일을 하지 못하는 기간의 월급도 기회비용으로 계산해야 한다. 자칫 변호사 시험을 한 번에 통과하지 못하면 재수를 위한 추가 비용이 들 수도 있다. 연봉(세금 제외 실수령액 기준) 3,300만원을 받는 직장인인 김모씨가 로스쿨에 간다고 가정해 보자. 로스쿨 진학을 위한 사교육비로 500만원을 쓴 후, 등록금(각종 교재비 포함)이 연평균 1,500만원인 로스쿨에 입학, 3년간 공부하며 생활비로 연평균 1,000만원을 쓴다면 8,000만원이 필요하다는 계산이 나온다. 여기에 김모씨의 3년 치 연봉 약 1억원을 합하면 총 소요 비용이 약 1억 8,000만원으로 늘어난다. 김모씨가 로스쿨로 진로를 바꾼 덕에 이전 직장 때보다 매년 2,000만원 가량의 추가 수입을 올린다고 계산하면 투자 원금에 대한 이자를 감안하지 않더라도 손익분기점에 다다르는 데 9년이 걸리는 셈이다. 전문가들은 로스쿨 진학에 소요되는 비용을 최대한 아끼는 것이 손익분기점에 빨리 도달하는 길이라고 조언한다.

(자료원: 한국경제 2008. 02. 11)

진위 문제

1. 원가-조업도-이익 분석의 출발점은 원가를 제품원가와 기간비용으로 구분하는 것이다.

2. 공헌이익은 매출액에서 고정비를 차감하여 구한다.

3. 공헌이익이 (+)가 나오면 생산을 하는 것이 유리하다.

4. 손익분기점은 총공헌이익과 총고정비가 동일한 경우이다.

5. C-V-P 분석에서의 목표이익은 세후이익인 당기순이익을 의미한다.

6. 안전한계는 총매출액에서 BEP매출액을 차감한 것이다.

7. 안전한계율이 30%라면 손익분기점비율은 70%인 셈이다

8. 단위당 변동원가가 상승하면 공헌이익이 감소하여 손익분기점도 낮아진다.

9. C-V-P분석에서는 모든 원가를 변동비와 고정비로 나눌 수 있다고 가정한다.

10. 고정비가 상승하면 손익분기점은 올라간다.

정 답 1. F 2. F 3. T 4. T 5. F 6. T 7. T 8. F 9. T 10. T

객관식 문제

다음 문제를 보고, 가장 올바른 답을 고르시오.

1. 다음 중 공헌이익의 개념을 가장 잘 설명한 것은?
   ① 매출액에서 고정비를 차감한 것이다.
   ② 매출액에서 변동비를 차감한 것이다.
   ③ 매출원가에서 고정비를 차감한 것이다.
   ④ 매출원가에서 변동비를 차감한 것이다.

2. (1-변동비율)에 의해 산정되는 것은?
   ① 매출액이익률 ② 공헌이익률
   ③ 고정비율 ④ 안전비율

3. 손익분기점분석에 관한 다음 설명 중 틀린 것은?
   ① 고정비가 상승하면 손익분기점은 올라간다.
   ② 변동비가 증가하면 공헌이익은 증가하고 손익분기점도 올라간다.
   ③ 손익분기점에서는 고정비가 항상 공헌이익과 같다.
   ④ 고정비의 변동은 공헌이익에는 전혀 영향을 미치지 않는다.

4. C-V-P 분석에서 고려하지 않는 가정은?
   ① 수익과 원가행태는 관련범위 내에서 곡선형이다.
   ② 모든 원가는 고정비와 변동비로 나눌 수 있다.
   ③ 판매가격은 일정범위 내에서 변동하지 않는다.
   ④ 원가요소 · 능률 · 생산성은 일정범위 내에서 변동하지 않는다.

5. 공헌이익률이 항상 증가하는 경우는 다음 중 어느 것인가?
   ① 손익분기점이 높아질 경우
   ② 순매출액의 일정비율로 변동비가 감소할 경우

③ 손익분기점이 낮아질 경우

④ 순매출액의 일정비율로 변동비가 증가할 경우

♠ hint: 단위당 판매가격 증가, 단위당 변동비 감소→공헌이익률 증가
단위당 판매가격 감소, 단위당 변동비 증가→공헌이익률 감소

6.～ 10. 공학(주)의 2009년 공헌이익계산서는 다음과 같다.

매 출 액	10,000,000원
변동원가	6,000,000원
공헌이익	4,000,000원
고정원가	3,000,000원
영업이익	1,000,000원

공학(주)은 2009년 40,000단위를 생산·판매하였으며, 기초 및 기말재고는 없는 것으로 가정한다.

6. 공학(주)의 공헌이익률은 얼마인가?

① 20% ② 30%
③ 40% ④ 50%

7. 공학(주)의 손익분기점 판매수량은 얼마인가?

① 30,000단위 ② 35,000단위
③ 40,000단위 ④ 45,000단위

8. 2010년 판매수량이 1,000단위 증가하면, 영업이익은 얼마나 증가하겠는가?

① 100,000원 ② 150,000원
③ 200,000원 ④ 250,000원

9. 2,000,000원의 목표이익을 얻기 위해서는 몇 단위의 제품을 판매하여야겠는가?

① 35,000단위 ② 40,000단위
③ 45,000단위 ④ 50,000단위

10. 공학(주)의 2009년도 안전한계 매출액은 얼마인가?

① 2,000,000원　　② 2,500,000원
③ 3,000,000원　　④ 3,500,000원

11.~ 14. 공학(주)은 MP3를 생산 · 판매하고 있으며, 2009년 9월 영업활동에 관한 자료는 다음과 같다.

단위당 판매가격	50원
단위당 변동비	
직접재료비	8원
직접노무비	6원
변동제조간접비	8원
변동판매비와 관리비	3원
연간고정비	
고정제조간접비	200,000원
고정판매비와 관리비	150,000원

공학(주)은 2009년 9월에 16,000단위, 10월에 18,000단위를 판매하였다.

11. MP3의 단위당 공헌이익은 얼마인가?

① 15원　　② 20원
③ 25원　　④ 30원

12. MP3의 공헌이익률은 얼마인가?

① 35%　　② 40%
③ 45%　　④ 50%

13. 공학(주)의 손익분기점 매출액은 얼마인가?

① 700,000원　　② 710,000원
③ 720,000원　　④ 730,000원

14. 2009년 9월의 안전한계율은 얼마인가?

① 12.5% ② 13%

③ 13.5% ④ 14%

15.~ 16. 다음은 단일 제품을 생산하고 있는 공학(주)의 2009년 9월중 원가와 관련된 자료이다. 단, 생산설비는 충분히 크며 법인세율은 40%이다.

단위당 판매가격	200원
단위당 직접재료비	20원
단위당 직접노무비	40원
단위당 변동제조간접비	30원
단위당 변동판매비	50원
월간 고정비 총액	60,000원

기초 및 기말재고는 없는 것으로 간주한다.

15. 공학(주)의 손익분기점 판매량은 얼마인가?

① 500단위 ② 1,000단위

③ 1,500단위 ④ 2,000단위

16. 세금공제 후 목표이익 61,200원을 획득하기 위한 판매량은?

① 2,600단위 ② 2,700단위

③ 2,800단위 ④ 2,900단위

17. 공학(주)의 2009년도 예상매출총액과 고정비 총액이 각각 2,500,000원과 600,000원이고, 변동비율은 70%이다. 이 기업의 2009년도 안전한계율(M/S비율)은 얼마인가?

① 15% ② 20%

③ 25% ④ 30%

♠ hint: BEP매출액 = 600,000 ÷ 30% = 2,000,000원

M/S비율 = (2,500,000 − 2,000,000) ÷ 2,500,000 = 20%

18. 다음 중 손익분기점을 의미하는 식으로 올바른 것은?

① 총공헌이익 > 총고정비 ② 총공헌이익 < 총고정비

③ 총변동원가 = 총고정원가 ④ 총공헌이익 = 총고정비

19. 손익분기점 매출액을 구하는 올바른 산식은?

① 총고정비 / 공헌이익률 ② 총변동비 / 공헌이익률

③ 총고정비 / 단위당공헌이익 ④ 총변동비 / 단위당공헌이익

20. 손익분기점 판매량을 구하는 올바른 산식은?

① 총변동비 / 단위당공헌이익 ② 총고정비 / 단위당공헌이익

③ 총변동비 / 공헌이익률 ④ 총고정비 / 공헌이익률

정 답

1. ② 2. ② 3. ② 4. ④ 5. ② 6. ③ 7. ① 8. ① 9. ④
10. ② 11. ③ 12. ④ 13. ① 14. ① 15. ② 16. ② 17. ② 18. ④
19. ① 20. ②

제 10 장

종 합 예 산

본 장에서는 기업 전체를 예산편성의 대상으로 1년을 단위로 편성하는 종합예산에 대해 학습한다.

제 10 장

종 합 예 산

결혼적령기에 이른 미혼남녀들이 결혼을 준비하기 위한 계획을 수립한다고 가정하자. 이때 미래의 결혼식을 준비하기위해 사전에 결혼식은 어디에서 할 것인가, 신혼여행은 어디로 갈 것인가, 보금자리는 어디에다 정할 것인가, 큰 아이가 학교에 들어가기 전 내 집 장만을 어떻게 준비할 것인가와 같이 사전에 계획을 수립할 필요가 있다. 이때 미래의 결혼식과 결혼생활에 대한 여러 가지 계획을 계량화하여 화폐적으로 표현해 볼 수 있다. 또한 대학생활 동안 동아리활동을 하는 경우 MT나 동아리 행사를 진행하기 위해서는 계획을 수립하여야 한다. 예를 들면 MT나 동아리 행사를 위해 준비해야 할 것이 너무도 많다. 장소도 알아봐야 하고, 가서 먹을 것도 준비해야 하고, 또 재미있는 프로그램도 짜야 하고, 참여도를 높이기 위하여 경품도 준비해야 한다. 아무래도 가장 중요한 문제는 비용을 산출하는 문제일 것이다. 만약에 100명의 학생들이 MT에 참여할 것으로 예상하고, 그 중에서 30%의 학생들이 경품을 받도록 구상하였다고 하자. 그리고 [표 10-1]과 같이 경품을 준비한다고 해 보자. 한번쯤은 해 보았음직한 일이다.

표 10-1 MT 경품예산

경품준비물	수량(A)	단가(B)	산출내역(A×B)	예산금액
고급볼펜	10개	?	10개 × ?	?
마우스	5개	?	5개 × ?	?
마우스패드	10개	?	10개 × ?	?
스타킹	5개	?	5개 × ?	?
합 계	30개	-	-	?

[표 10-1]에서 경품은 다양하게 준비하지만 여기서 반드시 알아야 할 것은 경품수량과 단가이다. 경품수량은 MT참여인원이 100명이라고 가정된 것이지만 참여인원이 많으면 그 만큼 경품수량도 많아지게 된다. 경품수량은 MT참여인원을 얼마나 정확하게 예측하느냐에 따라 달라지게 된다. 또한 단가를 알아야 한다. 단가는 시장조사나 과거 경험 등으로 얻어낼 수 있을 것이다. 이처럼 예산은 수량과 단가에 의해 구해진다. 만약에 수량이나 단가 중에서 어느 한쪽이라도 모른다면 예산금액을 구해낼 수 없다.

$$예산 = 수량 \times 단가 \qquad [식\ 10\text{-}1]$$

그러면 만약에 예산이 없다고 생각해 보자. 그냥 경품준비물이나 수량도 단가도 모르고 그냥 경품을 준다고만 하였다고 해 보자. 여러 가지 상황이 발생할 수 있을 것이다. 예를 들어 경품을 100,000원어치 혹은 300,000원어치 등으로 구입할 수 있을 것이다. 주어진 MT총비용은 500,000원인데 300,000원을 경품구입에 사용했다고 해보자. 밥은 굶어야 하고 차타고 가야할 길을 걸어가야 하는 등 MT가 고생길이 되어 버린다. 따라서 예산을 얼마나 정확하고 세부적으로 작성하느냐에 따라 MT의 프로그램이 얼마나 구체적으로 계획되었는지가 결정된다.

이와 같이 미리 계획을 세워야 어떠한 준비를 해야 하는지, 무엇이 필요한지, 혹시 어떤 일이 발생할지에 대한 준비를 할 수 있다. 이때도 마찬가지로 예산이 필요하다. 기업의 경우도 동일하다. 경영자는 미래의 불확실성에 효율적으로 대응하기 위해서는 사전에 계획을 수립할 필요가 있다. 오늘날 기업에서 가장 널리 쓰이는 관리회계시스템은 예산시스템을 들 수 있다. 전반적으로 예산시스템은 미래에 대한 불확실한 상황을 예측하고 대비하게 하는 계획기능과 업적을 평가하는 기준으로 업적과의 비교평가를 통하여 피드백을 제공하는 통제기능, 부문 간 또는 부문과 기업전체간의 목표를 조화시키는 조정기능을 가지고 있다.

제 1 절 예산의 의의

1. 예산의 정의

예산이란 기업의 여러 가지 활동계획을 공식적으로 계량화하여 표현한 것이다. 즉, 수치로 표현된 미래계획을 나타낸다. 이러한 예산들이 판매, 생산, 그리고 재무 활동 등 총체적, 종합적으로 수립된 기업의 전체계획을 종합예산(master budget)이라 한다. 예산이란 기업의 미래 일정한 기간 동안의 기대되는 활동을 계량화하여 표현한 종합적인 공식계획이다. 그렇다면 왜 예산이 중요하고 필요한가? 계획을 수립하고 수립된 계획이 달성되고 있는가, 기업의 여러 가지 기능이 기업전체의 정책과 부합되는 방향으로 움직이고 있는가? 등을 확인하는 피드백(feedback)과정을 통하여 결과가 목표와 다르다면 왜 그러한 결과가 나타났는지 예산과 실제를 비교하여 확인할 수 있다.

2. 예산의 특징

예산의 특징을 살펴보면 예산의 특정주체(entity)와 예산기간(미래기간), 그리고 계량화로 나누어 살펴본다.

1) 예산주체

계획수립 및 통제 목적을 위해 기업의 경우 예산주체는 한 부서(대부분의 경우 기획부서나 예산부서)나 부문과 같은 조직의 일부분, 마케팅 또는 회계와 같은 특정기능을 중심으로 이루어진다. 계획단계에서 특정기간에 대한 예산을 설정하는 것을 예산편성(budgeting)이라고 하며 예산을 편성하기 전에 예산주체가 잘 정의되어야만 한다. 가령 기획부서에서 예산편성 지침을 모든 부서에 통보하고 각 부서에서 예산을 수립하여 기획부서에 제출하면 어떤 프로젝트에 대한 예산을 편성하려면 먼저 어떤 세부 활동들이 이

프로젝트에 포함되는지를 정확하게 규정해야 한다.

2) 예산기간

예산은 미래의 일정기간을 다루는 예측치이다. 예산기간은 경영층의 정보욕구 및 계획수립 필요에 따라서 그리고 예산활동의 특성 및 기능에 따라서 길 수도 있고 짧아질 수도 있다. 예산이 한 달, 반기, 반년, 일 년 혹은 10년을 관장하는지 그 기간이 명확하게 명시되어야 한다. 예산기간이 짧아질수록 예산은 보다 상세화될 수 있다. 예를 들면 경영자들은 생산일정을 수립하고, 재고를 관리하며, 자금을 마련하는 데 보다 상세하고 시기적절한 예산을 필요로 한다. 대부분의 기업들은 분기별로 예산을 편성하며 이 같은 상세한 경영자의 정보욕구를 충족시킨다.

3) 계 량 화

또 다른 예산의 특징으로 계량화를 들 수 있다. 계량화란 모든 계획이 화폐단위를 이용한 공통적인 측정치나 산출물과 투입물단위로 단순화될 때 예산은 가장 유용성을 지닌다. 회계적인 관점에서 일차적인 관심은 예산이 담고 있는 활동의 계량적 내용이다.

3. 예산의 기능

장래의 사업계획은 예산의 형태로 구체화되어진다. 예산은 기업의 공식적인 경영계획이다. 전략적 계획이나, 장기적인 경영계획에 근거한 목표가 설정되면 이를 토대로 부문별 계획이 수립되며 각 부문별 예산이 통합되어 필요한 조정을 거친다. 예산편성과정에서 부서간의 수평적 의사소통과 조정이 이루어지며 이에 의해서 예산의 기능이 나타난다. 예산의 기능은 다음과 같이 살펴볼 수 있다.

1) 기간계획수립 및 계획의 계량화(계획기능)

2) 조정, 협조, 그리고 의사소통(조정기능)

3) 성과평가 및 통제(통제기능)

4) 기업운영 원가의식의 고취
5) 조직구성원에 대한 동기부여

1) 기간계획수립 및 계획의 계량화

기업을 경영함에 있어 계획을 수립하지 않고서는 소기의 목적을 달성할 수 없다. 학교생활에서도 하루의 계획에서부터 한 주간의 계획에 이르기까지 매사에 다양한 계획수립이 요구된다. 마찬가지로 개인적으로도 초등학교시절 방학 때면 생활계획표 작성에서부터 가정에서의 내 집 마련 계획에 이르기 까지 계획을 수립하고 있다. 기업에서 계획수립은 희소한 자원의 효율적인 분배에 그 초점이 맞추어져 있다. 계획수립은 회사의 목표를 달성하기 위해 많은 사람들의 노력을 조정하는 데 사용된다. 예산편성은 계획수립의 각 측면에서 측정 가능한 기간목표를 구체화시키는 하나의 틀을 제공한다. 계획의 계량화는 경영자들로 하여금 프로젝트의 비용과 효익을 비교하여 자원이 가장 적절하게 배분되었는지를 평가할 수 있도록 해준다.

2) 조정, 협조, 그리고 의사소통

기업의 조직구성원들이 만약 각자 독립적으로 활동하고 자유롭게 개인계획을 수립하여 실행에 옮긴다면 조직목표를 달성하기가 어렵다. 공식적인 예산은 조직의 다양한 측면에서의 계획을 통합시킨다. 예산편성과정은 조직의 모든 관련 당사자들 간에 생각을 교환하고 계획을 조정하는 도구이다. 다양한 조직부문들의 계획을 조정할 필요성이 있기 때문에 부문 책임자들 간의 의사소통은 활발해야 한다. 예산편성과정에서 잠재적인 문제가 노출될 때 하부조직단위들은 합심하여 문제해결방안을 찾아내어야 한다. 기업의 규모가 커지고 경영활동의 책임이 하부단위로 위임되면서 각 부문의 행동을 조직전체의 목표와 일치시키는 것이 어렵게 된다. 이에 따라 조정의 기능이 필요한데 예산은 의사소통 및 조정기능을 가지게 된다.

3) 성과평가 및 통제기능

예산은 미래 운영활동에 대한 경영층의 추정치이므로 경영자는 계획과 실제성과와의 차이를 비교·분석함으로써 각 부문 및 부문경영자의 성과를 평가하고 이를 기초로 계획을 적절히 변화·개선시켜 나가는 통제기능을 수행하여야 한다. 예산은 또한 예산주체에 의해 인정할 만한 성과평가의 측정치로써의 역할을 담당하며 기업이 최선의 노력을 다하여 달성하여야 할 계획이다. 이처럼 예산은 실제성과와의 비교를 통하여 부문경영자가 얼마나 효율적으로 목표를 달성하였는가, 그리고 보편적으로 사용되는 실제업적을 예산에서 표현된 기대업적과 비교하는 것이다. 예산은 기대값을 나타내주고 경영자들에게 그들 자신의 업적을 감시하는 기초를 제공한다.

4) 기업운영 원가의식의 고취

일부 경영자들은 그들 의사결정이나 활동이 원가에 미치는 영향을 의식하지 않는 경향을 보인다. 마케팅 경영자는 매출증가에만 집중하게 되고 생산감독자는 제품의 생산량 또는 품질에만 신경을 쓰고 엔지니어들은 제품설계의 개선에만 사로잡혀 있을 수도 있다. 이렇게 되면 쉽게 원가를 간과하게 되고 원가-효익 관계를 무시하게 된다. 그러나 예산편성시 경영자들의 프로젝트나 활동에 대한 평가는 원가와 효익분석의 바탕 위에 이루어져야 한다. 이러한 원가의식은 조직의 다양한 기능 분야 간에 공통언어를 제공한다.

5) 조직구성원 동기부여

예산편성을 효과적으로 하기 위해선 공식목표가 설정되어야만 한다. 자원분배의사결정은 조직의 목표에 그 기초를 두어야 한다. 일반 조직목표는 최고경영층에 의해 명기되어야 한다. 이러한 목표는 구체적이지 못하고 운영적이지 못한 경향이 있다. 조직목표는 조직을 성공으로 이끌어 줄 수 있을 뿐만 아니라 조직구성원들로 하여금 그들 자신의 전문가적 목표를 달성하도록 동기부여해 줄 수 있다. 예산편성의 동기부여적 차원은 달성가능한 운영목표를 설정함으로써 성취될 수 있다. 업적측정에 예산의 사용은 조직목표와 일치되는 전문가적 행동을 장려한다. 이러한 목표일치(goal-congruence)는 성공이나 조직과 조직구성원 간의 상호만족을 가져다주는 예산편성의 강력한 차원이다. 예산편성의 행태적 차원을 이해하는 조직은 보다 능률적이고 효과적인 조직이 된다.

제2절 예산편성방법

예산편성을 크게 두 가지로 구분한다면 기술적 측면(technical aspects)과 행태적 측면(behavioral aspects)으로 나눌 수 있다. 예산을 편성하는 가장 큰 목적이 조직목표를 효과적으로 달성하기 위한 것이고, 조직목표는 조직구성원들의 기여로 달성될 수 있기 때문에 예산편성의 행태적 측면은 아무리 강조해도 지나칠 것이 없다. 예산편성은 조직구성원에게 조직구성원의 사고, 행동, 의사결정에 지대한 영향을 미친다. 예산편성은 훌륭한 목적을 지니고 있지만 조직과 조직구성원들에게 어떻게 투영되느냐에 따라서 역기능적인 측면이 확대되기도 하고 이는 조직목표를 효과적으로 달성시키는데 걸림돌이 되기도 한다. 따라서 경영자는 예산이 보다 긍정적으로 사용될 수 있도록 예산편성이 조직구성원들에게 미치는 효과를 정확하게 파악하고 세심한 배려를 해야 한다. 오직 효과적인 예산편성제도만이 조직구성원들로 하여금 조직목표를 달성하는 데 기여하는 행동을 하도록 동기부여시킨다.

1. 예산참여 정도에 따른 분류

예산설정 방법은 구체적으로 하부관리자가 예산 설정에 어느 정도 관여하는지에 따라 크게 전제적 예산편성, 참여적 예산편성, 그리고 자문적 예산편성 등으로 구분될 수 있다.

1) 전제적 예산편성

전제적 예산편성(authoritative budgeting)은 단순히 상사가 하부 관리자에게 예산이 얼마인지를 설정해서 통보해 주는 방식이다. 이 방식은 상사가 예산을 할당하고 하부 조직 간의 조정을 관장함으로 직선적이고 효율적이다. 예산을 하향식으로 부과하기 원하는 상사는 보통 통제하기를 좋아하고 성격은 전제적이다. 이러한 예산의 하향식 부과방식의 단점은 상사가 예산편성에서 적절한 목표수준이 얼마여야 되는지를 명확하게 알 수는 없다는 것이다. 전제적 예산편성에서는 새로운 목표에 대해 높은 열망수준을 지닌 부하는 좌절하게 되며 무기력하게 된다. 전제적 예산편성이 지닌 두 번째 문제는 예산을 설정하는데 조직구성원의 참여가 결여되어 있기 때문에 예산목표에 대한 동기부여와 몰입이 결여된다는 점이다. 만약에 상사가 목표는 높게 설정해 놓고 자원은 적게 배당하는 경우라면 동기부여는 크게 감소하여 개인 및 조직이 목표를 성취하는 데 실패하고 말 것이다.

2) 참여적 예산편성

참여적 예산편성(participative budgeting)은 모든 당사자들이 예산목표 설정에 대해 동의하는 합동의사결정과정에서 예산을 편성하는 방식이다. 조직구성원을 의사결정에 참여하게 하는 것은 그들로 하여금 그들의 목표를 상사와 합동으로 설정하고 예산수준을 협정하는데 그들이 지닌 구체적 개인적 정보를 이용할 수 있는 기회를 제공한다. 참여는 조직구성원들에게 많은 효익을 지닌다. 예산에 대한 몰입감이 증대되며 예산범위에서 목표를 달성하려는 동기부여가 증대된다. 참여적 예산편성에 관한 연구결과를 보면, 조직구성원들은 참여적 예산편성으로 자신의 직무에 대해 보다 크게 통제할 수 있기 때문에 일반적으로 보다 높은 직무만족을 느끼고 사기가 올라가는 것으로 나타났다. 그러나 성과수준은 어떤 경우에만 높게 나타났다. 참여는 조직구성원들이 그들의 직무를 얼마나 잘 수행할 수 있는지에 대한 그들의 소위 사적정보를 의사소통하거나 기존 프로세스의 개선을 도울 수 있는 새로운 생각을 제시하도록 동기부여하기 때문에 조직구성원의 참여를 허용하는 일은 경영층에도 추가 효익을 가져다준다. 예산을 합동으로 논의한 결과, 부하들은 간접적으로 이런 정보와 그들의 열망수준을 경영층에게 보여주게 된다.

3) 자문적 예산편성

자문적 예산편성(consultative budgeting)에서는 경영자가 부하들에게 예산에 대한 그들의 생각을 개진해 달라고 요청하지만 예산설정에 대한 의사결정은 상하간에 합동으로 내리지는 않는다. 즉 상사는 부하의 생각은 청해 듣지만 최종예산은 상사 혼자서 결정하는 방식이다. 많은 거대한 조직에선 완전한 참여가 사실상 불가능하기 때문에 자문적 예산편성 방식을 취하게 된다. 자문적 예산편성방식은 자칫 잘못하면 의사참여(pseudo-participation)의 상태로 가기 쉽다. 의사참여란 상사가 예산설정에 있어서 하부 조직구성원들이 준 자료를 고려할 의사가 실제는 전혀 없으면서 사용하는 척한다고 그들이 믿을 때 발생된다. 조직 구성원들이 상사가 성실하지 못하다고 파악하면 이러한 자문적 예산편성은 조직구성원들에게 매우 심한 무기력증 효과를 나타나게 할 수 있다.

예산은 계획수립, 조정 및 자원배분의 수단으로 사용되지만 또한 업적을 평가하고 궁극적으로 행태를 통제하고 행태에 영향을 주는데도 사용된다. 많은 경영자들의 유인 보상제도는 예산 및 목표달성과 직접 연계되어 있다. 유인 및 보상이 예산과 연계되어 있을 때 일부 경영자들은 그들 조직에 역기능적인 행동을 보인다. 이들은 가능한 한 보너스를 많이 받기 위해서 정보와 목표를 조작하려고 시도하는 소위 예산게임(budget game)을 하는 것으로 알려졌다. 경영자가 예산게임에 가담하는 가장 잘 알려진 방식은 참여과정을 통해서이다. 참여는 조직구성원들에게 조직을 위해선 항상 최선이 되지 않을 수도 있는 방식으로 그들 예산에 영향을 줄 수 있는 기회를 제공한다. 가령 구성원들은 그들의 예산목표를 성취하기 위해 필요 이상의 과잉 자원을 요구한다. 이것은 조직전체에서 보면 최적 자원할당에 문제를 야기시킨다. 또한 구성원들은 그들 성과에 대한 경영층의 기대수준을 낮추기 위해서 정보를 왜곡시킬 수 있다. 이는 작업환경에 예상치 못한 불리한 변화가 있는 경우 그래도 성과목표를 달성하기 위한 대비책으로 사용된다. 이 역시 조직이 조직 운영활동을 개선시킬 수도 있는 보다 정확한 정보를 획득하지 못하기 때문에 손해를 보게 된다. 이와 같은 과잉 자원을 요구하는 것과 성과정보를 왜곡시키는 행위를 예산여유 또는 예산슬랙(budget slack)의 창출이라 한다.

2. 예산설정 방법에 따른 분류

1) 카이젠 예산편성

치열한 경쟁에서 기업이 생존, 성장할 수 있는 방법 가운데 하나는 지속적인 개선을 도모하는 일이다. 카이젠(kaisen)은 지속적인 개선을 의미하는 일본어이다. 카이젠 예산편성(kaizen budgeting)은 예산기간 동안 지속적인 개선의 개념을 설정된 예산수치로 명백하게 보여 주는 예산 설정방식이다.

여기서 한 가지 유념해야 할 사항은 기업에 따라서 조직구성원들이 받아들이는 예산의 개념이 조금씩 다를 수 있다는 것이다. 가령 카이젠 예산을 사용하는 일본기업에서는 설정된 예산은 반드시 달성해야하는 목표치의 개념으로 받아들이는 경향이 크다. 이와는 반대로 설정된 예산의 단순한 계획치 내지는 예상치 정도의 참고자료로만 인식된다면 지속적인 개선을 도모하기 위한 노력의 일환으로 제시된 카이젠 예산편성의 실효익은 달성되기 어려울 것이다.

2) 활동기준 예산편성

활동기준 원가계산은 기업에서 제공하는 제품 및 서비스에 필요한 모든 활동원가를 집계하여 정확한 원가정보를 산출하려고 시도되는 원가계산 방법이다. 활동기준 예산편성(activity-based budgeting)은 이러한 활동기준 원가계산의 개념을 예산편성에 적용하는 것이다. 즉 활동기준 예산편성은 제품과 서비스를 생산하고 판매하는데 필요한 모든 활동원가를 예상하여 이를 바탕으로 보다 정확한 예산을 설정하는 방법이다. 따라서 계산절차는 활동기준 원가계산과 똑같다. 단지 활동기준예산편성에서 사용되는 숫자는 미래에 관한 것이므로 전부 예상치이다.

3) 스트레치 예산

스트레치(stretch) 예산이란 전년도에 비해 훨씬 높은 목표를 달성할 수 있도록 예산을 편성하는 방법이다. 조직이 도달할 수 있는 한계점에서 목표치를 설정함으로서 타이트한 예산을 이용하여 높은 성과를 얻고자 한다. 단기적으로는 스트레치 목표를 달성하기 위하여 구성원들이 노력할지는 모르지만 장기적으로는 조직을 떠나게 만드는 유인이 될 수도 있다.

4) 증분예산

자유재량 항목의 예산을 편성할 때 전년도 해당항목의 지출금액을 기준으로 증분하여 예산편성하는 방법이다. 예를 들어 전년도에 비하여 10%증액시키는 것과 같은 것이다. 이 방법은 조직변화에 따른 지출의 증감을 적절히 반영해 주지 못한다.

5) 영기준예산

영기준(zero-base)예산은 마치 예산을 처음 편성하는 것과 같이 아무 것도 없는 것에서부터 예산을 편성하는 방법이다. 따라서 자유재량항목을 요구하는 관리자는 예산을 편성할 때마다 그 지출을 정당화시켜야 한다. 이 방법은 주로 정부와 같은 비영리기관이나 영리기관의 연구소, 광고, 교육훈련 등의 분야에 적용되고 있다.

6) 고정예산

목표로 설정한 단일조업도를 기준으로 예산편성하는 방법이다. 회계연도 동안 조업도나 기타 상황이 변하더라도 변경되거나 조정되지 않는 예산이다. 반대로 생각하면 미래의 불확실성이 높을 경우 고정예산은 예산으로서의 의미를 갖지 못한다. 이에 따라 예산을 이용하여 원가통제를 실시하기는 어렵다.

7) 변동예산

고정예산이 단일조업도를 사용하는 반면에 변동예산은 일정한 관련범위내의 조업도 변동을 허용하여 예산을 편성할 수 있는 방법이다. 예를 들어 예산조업도가 15,000단위였는데, 실제조업도는 10,000단위로 나타났다고 하자. 이 경우 고정예산은 15,000단위하의 예산원가와 10,000단위하의 실제원가를 통제하게 된다. 그러나 변동예산은 예산조업도인 15,000단위를 실제조업도 수준인 10,000단위의 예산으로 변경하여 원가통제를 할 수 있다.

제 3 절 종합예산

1. 종합예산의 의의 및 상호관계

종합예산은 경영자의 미래 계획과 이의 실행방법을 기술하고 있는 것으로 기업의 모든 세부단위의 목표들을 요약하여 판매, 생산, 분배, 재무 등 기능별로 작성된다. 종합예산은 크게 두 부분으로 나누어 살펴볼 수 있다. 기업의 판매, 생산, 그리고 관리를 위한 운영예산과 재무활동을 위한 재무예산으로 구분한다. 운영예산(operating budget)에는 수익예산, 제조원가예산, 그리고 운영비용예산 등이 포함되며, 여기서 예산상의 순이익이 산출된다. 즉, 판매, 생산, 원재료와 인력의 조달 및 사용에 대한 계획에 기초한 판매예산, 생산예산, 매출원가예산을 의미한다. 재무예산(financial budget)에는 추정재무상태표, 자본프로젝트에 대한 계획, 그리고 차입 및 투자계획을 내포한 현금유입 및 유출에 대한 상세계획이 포함된다. 즉, 자금의 조달과 투자를 위한 자본지출예산, 현금예산을 의미한다. 종합예산은 예산편성과정의 전체계획수립기능의 최종산물이다. 이는 다음 회계기간

표 10-2 종합예산

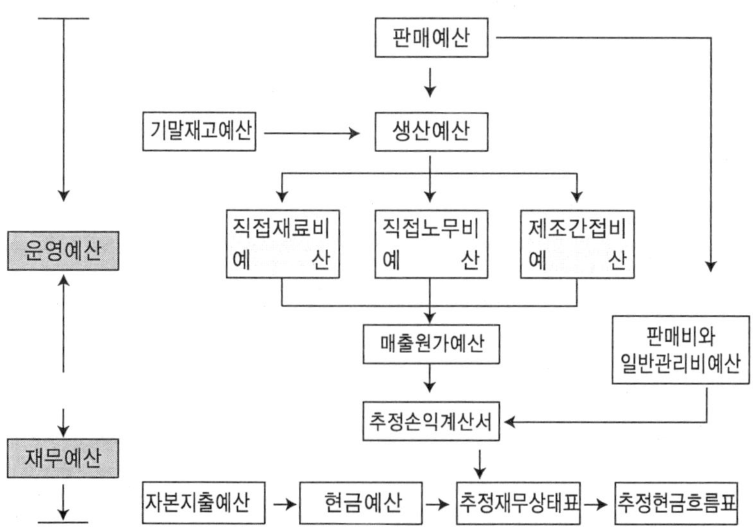

동안 기업의 운영활동을 기술하는, 단일계획으로 결집된 모든 예산의 최종 결과이다. 종합예산은 [표 10-2]에 나타난 바와 같이 포괄적 계획인 종합예산의 여러 가지 구성요소인 개별 예산들이 상호의존적이다.

[표 10-2]에 나타난 바와 같이 종합예산은 수많은 다양한 예산으로 구성되어 있고 다양한 예산들은 또한 서로 관련을 맺고 있음을 알 수 있다. 종합예산은 판매예산(sales budget)으로부터 시작하여 제반 서로 관련된 추정재무제표(budgeted financial statements)로 마무리된다. 즉 종합예산은 미래 정해진 기간인 통상 1년 동안의 한 조직의 모든 개별예산의 재무추정치를 요약한 것이다.

2. 종합예산의 편성절차

종합예산을 편성할 때 대부분의 기업들은 기획부서나 예산편성부서에서 예산편성을 준비하는데, 사업계획 수립관련 기업차원의 지침이나 방침관리, 전사적으로 경쟁력 있는 상태에서 달성해야 할 이익목표를 설정하고 이를 책임단위별로 배분한다. 이러한 예산편성 지침을 모든 부서에 통보한다. 이를 토대로 각 사업부문별, 사업장별로 예산을 수립하여 기획부서나 예산편성부서로 보내져서 각 부서 및 기능별로 작성된 예산을 취합 조정하여 종합예산을 편성한다. 종합예산의 편성절차는 다음과 같이 살펴볼 수 있다.

1) 판매예산
2) 생산예산
3) 직접재료비예산
4) 직접노무비예산
5) 제조간접비예산
6) 완제품기말재고예산
7) 판매비와 일반관리비예산
8) 현금예산
9) 추정손익계산서 및 추정재무상태표

1) 판매예산

판매예산은 종합예산편성에 있어서 출발점이며, 종합예산의 중요한 기초가 된다. 왜냐하면 매출액의 결정에 따라 업무활동의 미래성격이 규정되기 때문이다. 판매예산(sales budget)은 판매량과 판매수익에 관한 경영층의 추정치이다. 종합예산을 세우려면 가장 기초적이며 가장 먼저 결정되는 부분이 판매량 예측이다. 다른 예산들의 추정치는 판매추정치에 기초하고 있기 때문에 판매예산이 첫 번째로 편성된다. 생산, 판매비와 일반관리, 재고, 그리고 여타예산은 모두 기대매출수익에 영향을 받는다. 판매예산에는 경제상황, 판매가격결정, 경쟁기업의 행동, 그리고 산업여건 등 많은 요인들이 고려된다. 가장 신뢰할 수 있는 판매예산을 편성하기 위해서 기업들은 판매예측에 전문가를 고용하고 많은 자원을 투입하기도 한다.

판매예산은 제품별 기대판매량과 단위당판매가격에 기초하고 있다.

판매예산(매출액) = 기대판매량 × 단위당 판매가격

백두산(주)의 2005년 판매량을 100,000단위 그리고 판매단가는 ₩20으로 예측하고 있다. 과거 매출실적과 시장조사를 통하여 판매량과 판매단가가 [표 10-3]과 같이 추정되었다고 하자. 그리고 매출액 중 70%는 판매된 분기에 회수되고, 나머지는 다음 분기에 회수되며, 기초외상매출금은 90,000원이라고 가정해 보자. 그러면 판매예산은 [표 10-3]과 같이 작성된다. 여기서는 편의상 분기별로 판매추정치를 나타내었지만 많은 기업들은 시간간격을 단축시켜 주별 또는 월별예산을 편성한다. 예산의 시간간격은 경영층의 계획 및 통제욕구에 따라 결정된다.

표 10-3 판매예산 및 현금회수계획표

[현금예산]	1분기	2분기	3분기	4분기	합계
추정판매량	10,000	30,000	40,000	20,000	100,000
추정판매단가	× 20	× 20	× 20	× 20	× 20
매출액예산	200,000	600,000	800,000	400,000	₩2,000,000

[현금회수계획표]	1분기	2분기	3분기	4분기	합계
기초외상매출금	90,000				90,000
1분기 매출 현금회수액	140,000	60,000			200,000
2분기 매출 현금회수액		420,000	180,000		600,000
3분기 매출 현금회수액			560,000	240,000	800,000
4분기 매출 현금회수액				280,000	280,000
추정 현금회수액	230,000	480,000	740,000	520,000	₩1,970,000

2) 생산예산

판매예측에 의한 판매예산이 편성된 후의 다음단계는 생산예산(production budget)을 수립하는 것이다. 생산예산은 백두산(주)의 다음 년도나 다음 기에 요구되는 생산량을 표시한 것으로, 앞서 기술한 판매예산과 기말재고예산에 의해 결정되며 또한 직접재료비예산, 직접노무비예산, 그리고 제조간접비예산을 편성하는 출발점이다. 생산예산(production budget)은 각 제품별 생산해야 할 수량을 나타낸다. 생산해야 할 수량은 예상판매량과 재고수준의 예상변화량에 의해 결정된다. 생산예산이 수립되어 있어야 기업은 얼마만큼의 제품을 생산할 것인가를 결정할 수 있다. 또한 기업은 기말재고에 대한 예산도 적절하게 수립해야 한다. 만약에 재고에 대한 신중한 계획이 수립되어 있지 못하면 기말에 과도한 재고를 갖게 될 가능성이 있게 되고, 이는 보관비용, 유지비용과 같은 불필요한 비용을 발생시킨다. 또한 반대의 경우는 물건이 없어 판매의 기회를 상실할 수도 있다. 생산예산은 다음과 같은 식에 의해서 계산된다.

생산량예산 = 판매량예산 + 완제품기말재고예산 − 완제품기초재고 [식 10-2]

[식 10-2]는 제품을 몇 단위 생산할 것인가의 문제이다. 기본적으로 판매될 수량과 기말에 재고로 보유해야하는 수량만큼 생산되어야 한다. 이때 기초재고가 존재한다면 그만큼은 이미 생산되어 있기 때문에 추가 생산할 필요가 없다. 예를 들어 기말재고는 차분기 판매량의 20%를 보유한다고 가정하자. 그리고 4분기 기말재고는 3,000단위, 1분기 기초재고는 2,000단위로 가정하자. 그러면 생산예산은 [표 10-4]와 같이 편성된다.

표 10-4 생산예산

	1분기	2분기	3분기	4분기	합계
추정판매량	10,000	30,000	40,000	20,000	100,000
완제품기말재고량(가산)	6,000	8,000	4,000	3,000	3,000
총필요량	16,000	38,000	44,000	23,000	103,000
완제품기초재고량(감산)	2,000	6,000	8,000	4,000	2,000
목표생산량	14,000	32,000	36,000	19,000	101,000

3) 직접재료비예산

제품의 생산예산이 편성된 다음에는 생산에 투입될 제반 원가요소들에 대한 예산이 편성될 수 있다. 이러한 원가요소 중에서 가장 중요한 것은 직접재료비이다. 직접재료비예산(direct materials budget)은 생산예산에 명기된 목표생산량을 달성하기 위해 예산기간동안 구입해야 할 원재료량에 단위가격을 곱하여 편성된다. 직접재료비 예산은 앞서 생산예산에서 산정한 목표생산량을 생산하는데, 직접재료비가 얼마나 소요되는지를 파악하는 것이다. 이를 파악하기 위해서는 제품 한 단위당 소요되는 직접재료수량이 얼마인지가 먼저 파악되어야 한다. 이를 목표생산량에 곱하면 직접재료의 총소요량을 산출할 수 있다. 여기서도 직접재료의 기초재고량과 기말재고량을 고려하여 실제 구입해야 할 직접재료수량을 구할 수 있다. 다음으로 직접재료 단위당 가격을 곱하면 직접재료비예산을 작성할 수 있다. 즉, [식 10-3]과 같은 과정을 거치게 된다.

총직접재료소요량 = 목표생산량 × 제품단위당 직접재료 소요량 [식 10-3]

직접재료구입량 = 총직접재료소요량 + 직접재료기말재고량 − 기초재고량
직접재료비예산 = 직접재료구입량 × 직접재료 단위당 가격

예를 들어 제품 단위당 5.0kg의 직접재료수량이 소요되며, 직접재료의 구입가격은 단위당 0.6원이다. 직접재료 기말재고량은 차분기 생산소요량의 10%를 보유한다고 가정하자. 그리고 외상매입액 중 50%는 구입한 분기에 지급하고, 나머지는 다음 분기에 지급한다. 기초재고량과 기초외상매입금은 각각 7,000단위와 25,000원으로, 4분기 기말재고량은 7,500단위로 가정하자. 그러면 직접재료비예산은 [표 10-5]와 같이 편성된다.

표 10-5 직접재료비예산과 현금지출계획표

[직접재료비예산]	1분기	2분기	3분기	4분기	합계
목표생산량	14,000	32,000	36,000	19,000	₩101,000
제품1단위당 소요량(kg)	5.0	5.0	5.0	5.0	5.0
생산소요량	70,000	160,000	180,000	95,000	505,000
직접재료 기말재고량(가산)	16,000	18,000	9,500	7,500	7,500
총소요량	86,000	178,000	189,500	102,500	512,500
직접재료 기초재고량(감산)	7,000	16,000	18,000	9,500	7,000
직접재료 구입량	79,000	162,000	171,500	93,000	505,500
구입단가	0.6	0.6	0.6	0.6	0.6
직접재료비예산	47,400	97,200	102,900	55,800	₩303,300
[현금지출계획표]	1분기	2분기	3분기	4분기	합계
기초외상매입금	25,800				₩25,800
1분기 매입 현금지출액	23,700	23,700			47,400
2분기 매입 현금지출액		48,600	48,600		97,200
3분기 매입 현금지출액			51,450	51,450	102,900
4분기 매입 현금지출액				27,900	27,900
추정 현금회수액	49,500	72,300	100,050	79,350	₩301,200

4) 직접노무비예산

직접노무비예산(direct labor budget)은 예산기간동안 필요한 직접작업시간과 직접노무비를 계획하는데 사용된다. 직접재료비예산과 마찬가지로 직접노무비예산도 생산예산을 기초로 하여 편성된다. 생산량이 변동함에 따라 노동소요량도 적절히 변화시켜야한다. 그런데 노동조합과의 계약의무 등으로 인해 기업이 노동소요량의 변화를 관리하는 일은 원재료소요량의 변화를 관리하는 일보다 훨씬 어렵다. 따라서 기업은 노동소요에 대한 계획을 매우 신중하게 수립해야한다. 직접노무비예산은 총소요 직접작업시간에 시간당 임률을 곱하여 계산된다.

즉, 직접노무비예산 = 총소요 직접작업시간 × 시간당 임률

본 예에서는 제품 단위당 소요작업시간은 0.8시간이며, 시간당 임률은 7.5원으로 가정한다. 직접노무비 예산은 [표 10-6]과 같이 편성된다.

표 10-6 직접노무비예산

	1분기	2분기	3분기	4분기	합계
목표생산량	14,000	32,000	36,000	19,000	101,000
단위당 소요작업시간	0.8	0.8	0.8	0.8	0.8
총소요시간	11,200	25,600	28,800	15,200	80,800
시간당임률	7.5	7.5	7.5	7.5	7.5
직접노무비예산	84,000	192,000	216,000	114,000	₩606,000

5) 제조간접비예산

제조간접비예산은 예산기간 중에 발생되리라 예상되는 변동제조간접비와 고정제조간접비를 나타내 주는 예산이다. 즉, 직접재료비와 직접노무비를 제외한 다른 모든 제조원가들에 대한 계획으로 구성된다. 백두산(주)는 직접작업시간당 변동제조간접비율은 2원으로 가정한다. 또한 고정제조간접비예산은 매분기 60,600원으로, 감가상각비는 매분기

15,000원으로 가정한다. 이때 제조간접비예산은 [표 10-7]과 같이 편성된다.

표 10-7 제조간접비예산

	1분기	2분기	3분기	4분기	합계
추정직접작업시간	11,200	25,600	28,800	15,200	80,800
변동제조간접비비율	2	2	2	2	₩2
변동제조간접비예산	22,400	51,200	57,600	30,400	₩161,600
고정제조간접비예산	60,600	60,600	60,600	60,600	242,400
총제조간접비예산	83,000	111,800	118,200	91,000	404,000
감가상각비(차감)	(15,000)	(15,000)	(15,000)	(15,000)	(60,000)
제조간접비 현금지출액	68,000	96,800	103,200	76,000	₩344,000

6) 완제품기말재고예산

판매예산의 편성에서부터 시작하여 제조간접비 예산의 편성이 끝나게 되면 기업은 완제품기말재고예산을 편성하게 된다. 완제품기말재고는 추정손익계산서상의 매출원가를 계산하고, 추정재무상태표상의 기말재고액을 계산하기 위해서 필요하다. 완제품기말재고예산은 완제품기말재고량에 완제품 1단위당 추정제조원가를 곱하여 계산하게 된다. 이는 [표 10-8]과 같다.

표 10-8 완제품기말재고예산

항 목	수 량	원 가	합 계
단위당 제조원가			
직접재료비	5.0kg	kg당 ₩0.6	₩3
직접노무비	0.8시간	시간당 7.5	₩6
제조간접비*	0.8시간	시간당 5.0	₩4
소계			₩13
완제품기말재고예산			
완제품기말재고량			3,000
완제품단위당 제조원가			₩13
완제품기말재고예산			₩39,000

*제조간접비는 총제조간접비예산 ÷ 총직접노동시간(=404,000 ÷ 80,800시간) = 5.0으로 구해짐.

7) 판매비와 일반관리비예산

판매비와 일반관리비예산은 예산 기간 중 생산제품을 마케팅하는 과정에서 발생되어질 것으로 예상되는 세부적인 변동 및 고정판매비를 보여준다. 마케팅노력이 판매량을 결정하는 중요변수의 하나이기 때문에 판매비예산은 종합예산편성에서 초기단계인 판매예산이 편성될 때 적어도 부분적으로 편성되어져야 한다. 변동판매비는 예상되는 매출액에 직접적으로 영향을 받는 것이며 고정판매비는 매출액에 상관없이 일정하게 발생하는 것이다. 백두산(주)의 단위당 변동판매비와 관리비는 제품판매 단위당 1.8원으로 가정한다. 또한 고정판매비와 관리비도 [표 10-9]와 같이 발생할 것으로 추정한다.

표 10-9 판매비와 관리비예산

	1분기	2분기	3분기	4분기	합계
추정판매량	10,000	30,000	40,000	20,000	100,000
단위당 변동판매비와 관리비	₩1.8	₩1.8	₩1.8	₩1.8	₩1.8
	18,000	54,000	72,000	36,000	₩180,000
고정판매비와 관리비					
광고비	40,000	40,000	40,000	40,000	160,000
경영자급여	35,000	35,000	35,000	35,000	140,000
보험료	-	1,900	37,750	-	39,650
세금과공과	-	-	-	18,150	18,150
판매비와 관리비예산	93,000	130,900	184,750	129,150	₩537,800

8) 현금예산

현금예산은 지금까지 설명한 모든 자료들을 이용하여 작성할 수 있는데, 이는 예상되는 현금유입과 현금유출항목에 대한 예산을 모아 놓은 것이다. 현금유입은 기초현금잔액에 예산기간 동안의 현금수입액을 더하여 계산하다. 현금유출은 예산기간 동안의 계획된 모든 현금지출액으로 구성되며, 잉여 또는 부족현금은 현금유입액과 현금유출액의 차이로 계산된다. 이때 현금유입액이 현금지출액을 초과하면 잉여현금이 나타나고, 부족하면 부족현금이 나타난다. 현금조달 및 상환은 예산기간 동안 기대되는 현금차입과 상환 등을 나타내준다. 백두산(주)의 경우 현금보유 하한선은 40,000원이고, 차입과 상환은 1,000원단위로 이루어지며, 그리고 차입금에 대한 이자는 연 10%로 가정한다. 이를 근거로 현금예산을 작성하면 [표 10-10]과 같다.

표 10-10 현금예산

	1분기	2분기	3분기	4분기	합계
현금유입					
기초현금잔액	42,500	40,000	40,000	40,500	₩42,500
현금회수	230,000	480,000	740,000	520,000	1,970,000
총현금유입	272,500	520,000	780,000	560,500	2,012,500
현금유출					
원재료비	49,500	72,300	100,050	79,350	301,200
직접노무비	84,000	192,000	216,000	114,000	606,000
제조간접비	68,000	96,800	103,200	76,000	344,000
판매비와 관리비	93,000	130,900	184,750	129,150	537,800
법인세	18,000	18,000	18,000	18,000	72,000
설비구입	30,000	20,000	-	-	50,000
배당금	10,000	10,000	10,000	10,000	40,000
총현금유출	352,500	540,000	632,000	426,500	1,951,000
잉여(부족)현금	(80,000)	(20,000)	148,000	134,000	61,500
현금조달 및 상환활동					
차입(기초)	120,000	60,000	-	-	180,000
상환(기말)	-	-	(100,000)	(80,000)	(180,000)
이자(연10%)*			(7,500)	(6,500)	(14,000)
총현금조달 및 상환	120,000	60,000	(107,500)	(86,500)	(14,000)
기말현금잔액	40,000	40,000	40,500	47,500	₩47,500

*이자는 원금상환 시 상환원금에 대하여 사용기간을 고려하여 계산한다. 따라서 3분기는 기초차입금 120,000원 가운데 100,000원만 상환되므로 100,000원 × 10% × 9/12=7,500원이며, 4분기는 20,000원 × 10% × 12/12 + 60,000 × 10% × 9/12=6,500원이다.

9) 추정손익계산서 및 추정재무상태표

운영예산의 편성은 추정손익계산서를 작성함으로써 마감된다. 추정손익계산서(budgeted income statement)는 예산기간중의 활동으로부터 기대되는 수익과 비용을 반영하여 나타낸다. 이는 정상활동으로부터 기대되는 순이익을 보여주기 때문에 경영자가 가장 관심을 갖고 보는 예산중의 하나이다. 가끔 기업은 순이익에 영향을 미치는 이자나 유형자산처분손익과 같은 영업외항목이 발생되는 것을 기대할 수 있다. 보통 영업외항목은 그 금액이 크지 않지만 추정손익계산서에 나타내야 한다.

[표 10-11]의 추정손익계산서는 대부분 이미 지금까지 설명된 예산으로부터 발췌한 관련 자료를 담고 있다. 본 예제에서 법인세비용은 ₩76,000으로 추정하였다. 추정재무상태표는 예산기간 초의 재무상태표에 예산기간 동안의 변화를 조정하여 작성된다. 백두산(주)의 기초의 재무상태표가 [표 10-12]와 같은 경우 앞에서 설명한 모든 자료를 이용하여 기말의 추정재무상태표를 작성하면 [표 10-13]과 같다.

표 10-11 추정손익계산서

계정과목	출 처	금 액
매출	판매예산에서	₩2,000,000
매출원가	판매예산과 완제품기말재고예산에서	1,300,000
매출총이익		700,000
판매비와 관리비	판매비와 관리비예산에서	537,800
영업이익		162,200
지급이자	현금예산에서	14,000
법인세차감전순이익		148,200
법인세		72,000
당기순이익		₩76,200

표 10-12 백두산(주)의 기초재무상태표

자산			
유동자산			
현금		42,500	
외상매출금		90,000	
원재료재고		4,200	
완제품재고		26,000	
유동자산합계			₩162,700
유형자산			
토지		80,000	
건물 및 설비	700,000		
감가상각누계액	292,000	408,000	
비유동자산합계			488,000
자산총계			₩650,700
부채와자본			
부채			
외상매입금			25,800
자본			
자본금		175,000	
이익잉여금		449,900	
자본총계			624,900
부채와자본총계			₩650,700

표 10-13 백두산(주)의 추정재무상태표

계정과목	출 처	금 액		
자산				
유동자산				
현금	현금예산		47,500	
외상매출금	판매예산현금회수계획표		120,000	
원재료재고	직접재료비예산		4,500	
완제품재고	완제품기말재고예산		39,000	
유동자산합계				211,000
유형자산				
토지	기초재무상태표		80,000	
건물 및 설비	기초재무상태표와 현금예산	750,000		
감가상각누계액	기초재무상태표와 제조간접비 예산	352,000	398,000	
비유동자산합계				478,000
자산총계				689,000
부채와자본				
부채				
외상매입금	직접재료비예산			27,900
자본				
자본금	기초재무상태표		175,000	
이익잉여금*	아래 참고		486,100	
자본총계				661,100
부채와자본총계				689,000

* 이익잉여금 = 기초재무상태표잔액(449,900원) + 추정손익계산서의 당기순이익(76,200원) - 현금예산의 배당금(40,000원) = 486,100원

이상에서 우리는 제조기업의 운영예산에 대해서 간략하게 살펴보았다. 비제조기업의 운영예산도 이와 매우 유사하다. 단지 생산예산이 필요 없기 때문에 매출원가예산은 보다 간단하게 상품재고 및 상품구매예산으로부터 직접 도출된다. 서비스기업인 경우에는 제품원가가 없기 때문에 서비스수익과 운영비용이 주요예산이다.

〈쉬어 가기 코너〉

대기업 1000원어치 팔아 72원 남겼다

글로벌 금융위기로 촉발된 경기침체로 지난해 대기업들의 수익성과 재무건전성이 모두 나빠진 것으로 나타났다. 22일 금융감독원이 전자공시를 통해 발표한 유가증권시장 내 12월 결산법인 중 시가총액 상위 100대 대기업의 2008 회계연도 재무제표를 분석한 결과, 대표적인 수익성 지표인 매출액 영업이익률은 7.23%로 집계됐다. 이는 1000원어치의 상품을 팔아서 72원의 이익을 남겼다는 뜻이다. 2007년의 7.92%에 비해 0.69%포인트 낮아진 것이다. 특히 시가총액 1위인 삼성전자는 5.67%로, 전년도의 9.41%에 비해 3.74%포인트나 낮아졌으며 하이닉스반도체는 2조원이 넘는 대규모 영업손실이 발생하는 등 반도체업체들의 수익성이 크게 악화됐다. 삼성전자는 2004년 영업이익률이 20.85%나 됐으나 2005년과 2006년 14.03%과 11.76%로 떨어지더니 2007년 한자릿수로 내려앉았고, 하이닉스반도체는 2004년 31.48%나 됐으나 2005년과 2006년 24.86%와 24.74%, 2007년 3.05%로 대폭 떨어지는 등 지속적으로 수익성이 나빠졌다. 증권업계는 지난해 내수경기와 신흥시장이 살아나면서 매출액 영업이익률이 높아질 것으로 기대됐으나 하반기 들어 금융위기 여파에 따른 글로벌 경기둔화로 인해 영업이익률 개선에 실패한 것으로 분석했다. 또한 이들 기업의 지난해 부채비율은 99.96%를 기록해 100%에 육박했다. 2007년도 부채비율은 82.31%였다. 부채비율이 가장 높은 기업은 삼성중공업으로 1022%나 됐으며 전년도보다 538%포인트나 높아졌다. 대우조선해양(671%), 아시아나항공(662%), 대한항공(462%), 현대중공업(351%) 등도 전년도보다 큰 폭으로 늘어났다.

증시 전문가들은 조선업체들은 선수금 문제로, 항공사들은 원·달러 환율 급등으로 인해 환산손실이 많이 발생하는 등의 문제로 부채비율이 높아졌다며 기업 실적은 올해 상반기를 바닥으로 점진적인 회복세를 띨 것으로 보지만 재무구조의 회복이 가시화되는 데는 좀 더 시간이 걸릴 것이라고 내다봤다.

(자료원: 디지털타임스 2009. 3. 23)

진위 문제

1. 예산은 기업의 과거 자료를 수치화한 것으로 과거의 결과를 표현한 것이다.

2. 예산수립은 최고경영층에서만 할 수 있다.

3. 예산은 계획 및 조정 기능까지 가능하다.

4. 단순히 상사가 하부 관리자에게 예산이 얼마인지를 설정해서 통보해 주는 방식이 전제적 예산편성 방법이다.

5. 참여예산을 수립하게 되면, 구성원들이 업무에 몰입이 어려워 사기가 저하된다.

6. 전년도에 비해 훨씬 높은 목표를 달성할 수 있도록 예산을 편성하는 방법이 스트레치 예산편성 방법이다.

7. 종합예산의 출발점은 판매예측을 통한 판매예산을 수립하는 것이다.

8. 직접재료비예산, 직접노무비예산, 제조간접비 예산의 출발점은 생산량예산을 수립하는 것이다.

9. 예상되는 현금유입과 현금유출항목에 대한 예산을 모아 놓은 것이 판매비와 관리비 예산이다.

10. 일정한 관련범위내의 조업도 변동을 허용하여 예산을 편성할 수 있는 방법이 변동예산이라고 할 수 있다.

정 답 1. F 2. F 3. T 4. T 5. F 6. T 7. T 8. T 9. F 10. T

객관식 문제

다음 문제를 보고, 가장 올바른 답을 고르시오.

1. 다음 중 예산의 역기능이 아닌 것은?
   ① 하위조직원이 상위경영자의 의사를 파악할 수 있다.
   ② 심리적 부담감을 유발시킬 수 있다.
   ③ 조직 간의 과다한 경쟁을 유발시킬 수 있다.
   ④ 단기적 목표달성만 고려하면 장기계획을 간과할 수도 있다.

2.~ 4. 다음 자료를 보고 물음에 답하시오

〈자 료〉
공학상사는 2011년부터 종합예산을 작성하고 있다.
1. 영업부서로부터 입수된 분기별 제품 X의 예상판매량
   1/4 분기 : 2,000개 2/4 분기 : 3,000개
   3/4 분기 : 3,500개 4/4 분기 : 2,500개
2. 제품 X 한 단위 생산에 원재료 2kg이 소요된다(10원/kg).
3. 제품은 다음 분기 예상판매량의 30%를 기말재고로 보유한다.
4. 원재료는 다음 분기 생산량에 소요되는 원재료의 30%를 기말재고로 보유한다.

2. 2/4 분기 생산량 예산은 몇 개인가?
   ① 2,850개 ② 2,950개
   ③ 3,150개 ④ 3,300개

3. 2/4 분기 원재료 구입량 예산은 몇 kg 인가?
   ① 6,330kg ② 6,300kg
   ③ 6,270kg ④ 6,140kg

4. 2/4 분기 제조원가명세서상의 직접재료비로 표시될 금액은 얼마인가?

① 63,300원 ② 63,000원

③ 62,700원 ④ 61,400원

5.~6. 다음 자료를 보고 물음에 답하시오

다음은 (주)공학산업의 5월 현금예산을 작성하기 위한 자료이다.

1) 판매실적과 판매예산은 다음과 같다.

3월 실제매출 : 200,000원 4월 실제매출 : 300,000원

5월 예산매출 : 250,000원 6월 예산매출 : 300,000원

2) 매출은 50%의 현금매출과 50%의 외상매출로 구성되며, 외상매출금은 판매한 달에 50%, 그 다음 달에 20%, 판매 후 두 번째달에 30% 회수한다.

3) 매입은 전액 외상매입으로 매입한 다음 달에 전액 지급한다.

4) 회사의 매출총이익율은 20%이며, 월말재고로 다음 달 매출원가의 30%를 보유하고 있다.

5. 5월 중 현금유입액은 얼마인가?

① 370,000원 ② 360,000원

③ 280,000원 ④ 247,500원

6. 5월 중 현금유출액은 얼마인가?

① 212,000원 ② 215,000원

③ 222,000원 ④ 228,000원

7. 마치 예산을 처음 편성하는 것과 같이 아무 것도 없는 것에서부터 예산을 편성하는 방법은 무엇인가?

① 증분예산 ② 활동기준예산

③ 영기준예산 ④ 고정예산

8. 다음 중 운영예산에 속하지 않는 것은?

① 판매예산 ② 생산예산

③ 매출원가예산 ④ 현금예산

9. 매출원가 예산에 필요하지 않는 예산은?

① 직접재료비예산 ② 직접노무비예산

③ 판매비예산 ④ 제조간접비 예산

10. 다음 중 예산의 기능이 아닌 것은?

① 역사적 자료에 기초한 과거 산출물 평가

② 성과평가 및 통제 기능

③ 조직구성원에 대한 동기부여

④ 기업운영 원가의식의 고취

정 답 1. ① 2. ③ 3. ① 4. ② 5. ④ 6. ④ 7. ③ 8. ④ 9. ③ 10. ①

제 11 장

창업자의 세무전략

본 장에서는 창업의 정의와 창업과 관련된 세금의 종류, 기타 주요 세금 항목에 대해 학습한다.

제 11 장

창업자의 세무전략

제 1 절 창 업

1. 창업의 정의

창업(創業)이란 사업의 시작을 의미하며, 기업가의 능력을 갖춘 개인이나 집단이 사업 아이디어를 가지고, 사업목표를 세우고 적절한 사업기회에 자본, 인원, 설비, 원자재 등 경영자원을 확보하고 재화나 서비스를 제공하는 기업의 설립을 말한다.

예전에는 나라를 새로이 세운다는 뜻도 포함이 되었고, 새롭게 시작하는 일을 창업이라고도 하였다. 최근에는 새로운 기업을 설립한다는 의미로 사용한다.

창업이란 제품이나 서비스를 생산 또는 판매하기 위하여 이제까지 존재하지 않았던 새로운 기업조직을 설립하는 행위를 말한다. 즉, 제품이나 서비스의 생산이나 판매를 위해 자본을 투자하고 생산설비나 건물을 갖추며, 필요한 인원을 선발 배치하는 등의 행위를 일컫는다. 그러나 최근 들어 새로운 기업조직을 설립하는 것뿐만 아니라 사내 벤처처럼 기존의 기업이 새로운 제품을 생산하거나 새로운 사업부를 창출하는 것까지 창업으로 포함하는 경향이 있다.

기업을 하나의 유기체로 인식하는 시각에서 볼 때, 창업이란 기업이라는 생명체를 탄생시키는 과정으로 볼 수 있다. 모든 유기체들이 자신의 미래를 예측할 수 없듯이, 창업도 이제까지 경험하지 못했던 미지의 사업을 새로 시작하는 것이므로 본질적으로 불확실성 하에서의 의사결정인 것이다.

➢ 개인이나 법인이 사업을 영위하기 위해 기업을 새로이 설립하는 것
➢ 기존 업체가 별도 사업 부문 시작, 휴업 후 사업 재기 등은 창업이 아님

↓

개인기업, 법인기업

2. 창업의 목적

새로운 기업을 설립하고 이를 운영하게 되면 기업의 목적을 달성함은 물론 개인적인 목적을 달성할 수 있는 좋은 기회가 된다. 이러한 기회는 다른 직업에서는 찾기가 어렵다. 창업하는 이유는 여러 가지가 있으며 이를 구분하면 개인적인 측면과 사업적인 측면으로 나누어 볼 수 있다.

1) 개인목적

기업가들은 자신의 기업을 운영함으로써 여러 개인적인 목적을 달성할 수 있는 가능성을 가지게 된다. 그것은 기업경영에는 많은 기회와 도전 그리고 새로운 경험들이 존재하기 때문이다. 사실 기업을 소유하여 운영하게 되면 직업을 통해서 얻을 수 있는 대부분의 목적 - 예를 들면, 좋은 직장 소유, 도전의식 발휘, 개인생활의 향상, 재정적 안정, 능력 발휘 등 - 을 달성할 수 있다. 이러한 개인적인 목적을 달성하는 방법은 기업가가 가지고 있는 지식, 기술, 개인적 특성에 따라 달라진다. 중소기업 소유자와 경영자의 목적은 대기업 경영자와는 차이가 있다. 대기업 경영자의 목적은 다양하기는 하지만 요약하면 안정추구, 직위, 권한 및 위신에 대한 욕구달성, 그리고 고소득으로 볼 수 있다. 반면에 창업자들은 다음과 같은 목적을 추구하게 된다.

① 독립감을 얻기 위해
② 부를 얻기 위해
③ 가족을 부양하기 위해
④ 자신만이 생산할 수 있는 제품을 제공하기 위해

2) 사업목적

기업가가 수행해야 하는 가장 중요한 기능 중에 하나가 조직의 모든 활동들에 있어 지침이 되는 목적을 설정하는 일이다. 이러한 목적은 기본적으로 기업의 특성을 결정하는데, 왜냐하면 이것이 기업의 계획, 정책, 프로그램의 기반이 되기 때문이다. 또한 이것은 사업의 방향을 제시해 주어 개인의 성과를 측정하는 표준이 된다.

전반적인 목적 가운데 기업에서 중요한 것은 서비스, 이윤, 사회적 기여, 성장목적이다. 이러한 목적들은 상호 관련되어 있다. 예를 들면, 서비스 목적은 이윤 목적을 달성하기 위해 수행된다. 그러나 이윤은 사업이 서비스와 사회적 목적에 부합되어야만 달성된다. 성장은 이윤과 사회적 목적에 영향을 받게 된다.

(1) 서비스 목적

일반적으로 사업의 목적이 소비자에게는 합리적인 가격으로, 생산자에게는 일정 이윤을 보장해 주는 선에서 제품이나 서비스를 생산함으로써 소비자가 만족할 수 있도록 봉사하는 것이다.

(2) 이윤 목적

이윤이란 위험감수에 대한 일종의 보상이며, 자유경제 체제를 유지하는 중요한 요소 중의 하나이다.

(3) 사회적 목적

사회적 목적이란 고객이나 종업원은 물론 공급자, 정부, 지역사회 등 이해관계를 가지는 모든 집단을 배려하는 것을 의미한다.

(4) 성장 목적

기업가들은 성장에 관심을 가져야 하며, 이를 중요한 목적으로 선택해야 한다.
`

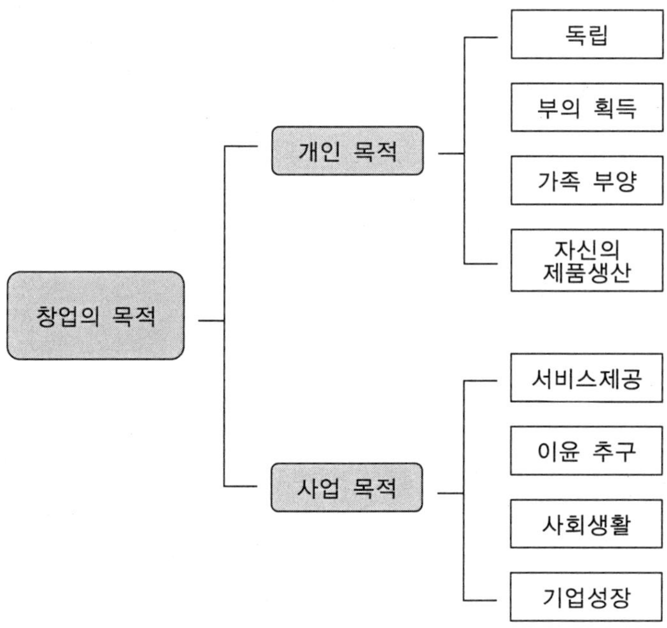

그림 11-1 창업의 목적

3. 창업의 3요소

창업을 하기 위해서는 창업자 자신뿐 아니라 인적 자원 또는 물적인 여러 가지 요소들이 투입되어야 한다. 이 중에서 창업자, 사업 아이디어, 그리고 사업자금 이를 창업의 3요소라 한다.

1) 창 업 자

창업자는 창업 아이디어의 확보, 사업성 분석, 사업계획 수립, 계획의 실행 등을 주도

하고 책임지는 창업의 주도자이다. 창업자는 이러한 기능을 수행하기 위하여 기업설립에 필요한 유형・무형의 자원(resource)을 동원하고, 이들을 적절히 결합하여(organize) 기업이라는 시스템을 만들고, 설립된 기업이 의도한 대로 기능을 발휘하도록 관리하는(manage) 역할을 해야 한다. 따라서 창업자의 능력, 가치관 등은 창업기업의 성패와 효율에 지대한 영향을 미치게 되므로 창업자는 매우 중요한 요소이다. 그러므로 성공적인 창업을 위해서는 유능한 창업자가 되려는 노력이 필요하며, 그러한 창업자를 양성하려는 사회적 또는 국가적 노력은 그 사회와 국가의 경제적 발전을 위해 중요하다.

2) 사업 아이디어(idea)

사업 아이디어란 설립되는 기업이 무엇을 생산할 것인가를 의미하는 것이다. 생산품은 구체적인 형태를 가진 재화일 수도 있고, 그 형태를 정의하기 어려운 서비스일 수도 있다. 사업 아이디어의 원천은 창업자 자신일 수도 있고, 창업팀의 일원으로부터 얻어지거나 제3자로부터 얻어진 것일 수도 있다. 사업 아이디어가 만족시켜야 할 조건은 사업 아이디어에 따른 생산 활동을 수행하는 결과로 기업의 목적인 수익을 발생시킬 수 있어야 한다는 것이다.

사업 아이디어와 관련하여 티먼즈(J.A. Timmons) 교수는 사업기회(business opportunity)라는 개념을 중요시한다. 그는 사업 아이디어만으로는 기업이 성립될 수 없으며, 이익을 발생시킬 수 있는 여건이 만족되어야 기업이 성립될 수 있다고 하는데, 이와 같이 기업이 성립될 수 있는 여건이 만족되는 환경과 시점을 사업기회라고 하였다. 그래서 단순히 사업 아이디어를 탐색할 것이 아니라 사업기회를 탐색하여야 한다고 주장하였다. 창업이 이루어지도록 하려면 사업 아이디어를 티먼즈 교수가 제시한 사업기회로 발전시키는 노력이 있어야 할 것이다.

3) 자본(capital)

자본이란 기업을 설립하는 데 필요한 금전적인 자원뿐만 아니라 자본을 이용하여 동원할 수 있는 토지, 기계, 기술자, 원재료 등을 포괄적으로 의미한다. 자본은 창업자 자신의 출자일 수도 있고, 창업팀에 속한 여러 사람이 제공할 수도 있다. 또, 자본은 창업과 경영에 있어서 직접 참여하지 않는 제3자로부터 조달될 수도 있다. 기업을 설립하려고 하면 자본조달이 어려운 것을 경험하게 된다. 여러 연구조사 결과를 보면 창업의 가장 큰 장애요인은 창업자금의 확보와 어려움이다. 유망해 보이는 사업 아이디어도 자금이 없어서 사장되어 버리는 경우가 많다.

창업의 3대 요소

1. 창업자 – 사업계획 수립 및 기업 관리
2. 사업 아이디어 – 기업 업종 선택
3. 자본 – 금전 및 기타 자원

4. 창업절차

1) 창업 예비절차

사업을 구상하고 사업의 핵심요소와 타당성을 분석한 뒤 사업계획서를 작성한다. 구상한 사업에 대한 체계화된 계획과 함께 실현가능성에 대한 검토과정이 필요하다.

사업구상 → 핵심요소결정 → 타당성분석 → 사업계획서작성

2) 회사 설립절차

(1) 법인설립 등기 및 신고

설립 등기 신청서, 정관, 주식청약서, 주식인주증, 창립총회 의사록 등의 구비서류를 준비하고 관할지방법원 또는 등기소에 설립 등기 및 신고한다.

(2) 사업자 등록신청

사업을 시작한 날부터 20일 이내에 사업자등록신청서와 구비서류를 갖추어 관할 세무서 민원봉사실에 신청해야 한다. 다만, 사업개시 전에도 사업이 개시할 것이 객관적으로 확인되면 신청이 가능하다.

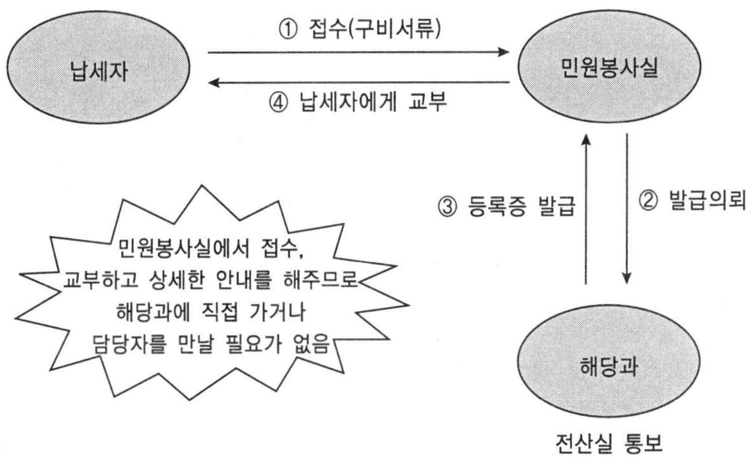

그림 11-2 사업자등록 신청절차

제 2 절 창업관련 주요세금

사업을 하게 되면 사업의 종류에 따라 사업자가 내야 할 세금의 종류가 좀 다르지만 일반적으로 매출이나 수입금액에 대해서는 부가가치세를 납부해야 하며 사업을 해서 벌어들인 이익금(소득금액)에 대해서는 종합소득세(그 사업의 주체가 법인인 경우에는 법인세)와 그에 따른 주민세를 납부해야 한다. 그래서 사업자가 납부해야 하는 기본적인 세 가지 세금과 사업의 종류에 따라 그 외의 다른 세금을 추가 부담해야 되는 경우가 있으므로 이러한 세금의 개괄적인 내용에 대하여 먼저 살펴보고자 한다.

개인사업자가 알아야 하는
가장 중요한 세금은?

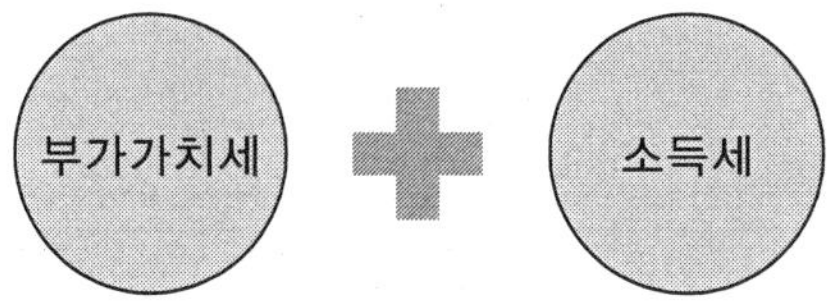

1. 매출에 관련된 세금(부가가치세)

1) 부가가치세 과세사업자

사업을 하게 되면 상품이나 제품 등을 매출(판매)하거나 서비스업 등에 의하여 수입이 실현되면 그 매출액(판매금액) 또는 수입금액에 대해서 부가가치세 과세 사업자인 경우에는 부가가치세를 내야 한다.

소득세나 법인세는 이익이 난 경우에만 세금을 내게 되지만, 부가가치세의 경우는 이익이 났건 손해가 났건 상관없이 매출액(판매액) 또는 수입금액에 대해서 10%(과세특례자인 경우에는 2% 또는 3.5%)의 매출세액을 계산하여 매입세액을 차감한 금액을 납부해야 한다.

사업자가 부가가치세 면세사업으로 열거되어 있지 않는 사업을 하는 경우에는 모두 부가가치세를 내야 한다. 그러나 품목에 상관없이 수출 및 외화획득사업에 있어서는 영세율이 적용되므로 부가가치세를 내는 것이 아니라 오히려 매입세액 만큼 부가가치세를 정부(세무서)로부터 환급받게 된다.

2) 부가가치세 면세사업자

다음과 같은 재화나 용역을 공급하는 경우에는 부가가치세가 면세되므로 부가가치세를 납부하지 않는다. 그러나 면세사업자의 경우에는 일반적으로 매입세액을 납부하더라도 환급이 되지 않는다(의제매입세액공제 업종은 환급 가능).

2. 이익에 관련된 세금(소득세, 법인세)

사업을 하게 되면 매출(수입)에 대해서는 부가가치세를 내야 하고, 또 사업을 해서 이익이 발생하면 개인인 경우에는 종합소득세를 납부하고 법인인 경우에는 법인세를 납부해야 한다.

(1) 법인인 경우

각사업연도 소득금액(세무상 당기순이익)에 대하여 법인세를 납부해야 한다.

(2) 개인인 경우

매년도의 사업소득금액에 대하여 종합소득세를 납부해야 한다.

부가가치세는 위에서 설명한 바와 같이 매출액에 비례하여서 내야 하는 세금이라고 하였지만, 종합소득세 또는 법인세는 과세기간 동안 결산을 해서 이익이 난 경우에는 납부하게 되고 결손(손실)이 난 경우에는 납부하지 않아도 된다.

3. 주 민 세

사업을 하게 되면 부가가치세와 법인세 또는 종합소득세 외에 누구나 주민세를 납부해야 한다.

주민세란 지역자치단체가 당해 시・군내에 주소를 둔 개인이나 사무소 또는 사업소를 둔 법인에게 부과하는 조세로서, 8월 1일을 기준으로 균등분주민세가 과세되고, 7월 1일을 기준으로 사업소 건축물 연면적 330m^2초과되는 사업소에 대하여 과세되고 있다.

4. 기타 사업과 관련된 세금

사업을 하게 되면 위에서 설명한 바와 같이 기본적으로 부가가치세와 법인세 또는 종합소득세 그리고 주민세를 내게 된다. 그런데 사업의 종류에 따라서는 그 외에 다른 세금도 더 내야 하는 경우가 있으므로 그러한 세금들이 무엇이 있는지, 그리고 그러한 세금은 어떤 경우에 어떻게 부과되는지에 대해서 간략하게 알아보기로 한다.

(1) 개별소비세

부가가치세는 면세사업자를 제외하고 모든 사업자가 다 내야 한다. 그런데 특정사업을 하는 경우에는 추가로 개별소비세도 납부해야 한다.

즉, 부가가치세는 일반소비세인 데 반하여 개별소비세는 특정물품의 매출, 특정 장소에의 입장행위, 특정 장소에서의 유흥음식행위에 대하여 부과하는 소비세이다. 그래서 다음에 열거한 과세물품을 판매하는 자 및 과세장소, 과세유흥장소 경영자는 개별소비세 납세의무가 있다.

따라서 다음의 사업을 영위하는 사업에 한하여 그 매출액 및 입장료에 대해서는 부가가치세 외에 또 개별소비세도 내야 한다.

- 고급가구 및 TV · 승용차 등 개별소비세 해당 품목 제조업 등
- 카바레, 나이트클럽, 요정, 룸살롱 및 이와 비슷한 성격의 살롱, 카페, 디스코클럽 등 과세유흥장소
- 고급모피의류상 · 귀금속상 · 투전기(슬롯머신) 설치 오락장
- 골프장(골프연습장은 제외)

간접세인 경우에는 모두 마찬가지이겠지만 개별소비세는 상품가액 등에 포함되어 거래되기 때문에 개별소비세의 납세자가 아니면 일반적으로 자기가 특별 소비세를 부담하고서는 그 상품가액 등에 개별소비세가 얼마나 포함되었는지 잘 모르며, 아예 개별소비세 과세품목인 사실조차도 모르고 있는 경우가 많다.

따라서 개별소비세 과세대상사업자가 아니면 그에 대한 인식이 부족한 것이 일반적이므로 사업을 시작할 때는 하고자 하는 사업이나 제품이 개별소비세 과세대상인지의 여부를 정확하게 확인하고 판매가격을 결정해야 할 것이다. 그리고 개별소비세는 일반적으로 세율이 높고 손익에 상관없이 매출액이나 수입금액에 따라 납부해야 하는 세금이므로 거래시 징수・납부하지 않는다면 나중에 세금 때문에 그 사업은 도산할 가능성이 높다. 따라서 사업을 하는 경우에는 자기 기업이 개별소비세 납세대상인지의 여부를 반드시 확인하여 세무처리에 차질이 없도록 해야 한다.

(2) 원천세

사업을 하게 되면 종업원의 갑근세 등과 같이 자기의 세금이 아닌 타인의 세금을 원천징수하였다가 세무서에 원천세를 납부하여야 하는 경우가 있다. 원천세는 회사가 부담하는 세금이 아니고 또한 원천세라는 별도의 세목이 있는 것도 아니다. 다만 사업자가 다음에 열거한 소득금액을 지급할 때 원천징수하여 납부하는 세금을 총칭하여 원천세라고 한다.

원천세의 종류는 다음과 같다.

① 이자소득세 - 이자(금융기관이자 제외)를 지급하는 경우
② 배당소득세 - 배당금을 지급하는 경우
③ 사업소득세 - 고문료 등을 지급하는 경우
④ 갑종근로소득세 - 급료 등을 지급하는 경우
⑤ 퇴직소득세 - 퇴직금을 지급하는 경우
⑥ 기타소득세 - 상금 등을 지급하는 경우
⑦ 국내원천소득세 - 외국인에게 국내원천소득을 지급하는 경우

이 원천세는 그 사업체의 매출이나 소득의 과다에 상관없이 원천징수대상 소득금액을 지급한 경우에 원천세를 원천징수하여 다음달 10일까지 관할 세무서에 납부하여야 한다. 만약 원천징수의무를 원천징수한 세금(원천세)을 다음달 10일까지 납부하지 않으면 10%를 가산하여 추징하게 된다.

(3) 인지세

사업자는 인지세 과세문서를 작성하게 되면 인지세를 내야 한다. 인지세는 국내의 재산에 관한 권리 등의 창설·이전 또는 변경에 관한 계약서, 기타 이를 증명하는 문서를 작성할 때 과세되는 세금이다.

인지세는 다른 세금과 같이 고지서에 의해서 세금을 내는 것이 아니고 상품권이나 도급계약서 등과 같은 인지세 과세대상 문서를 작성할 때 우표와 비슷하게 생긴 수입인지를 사서 첨부·소인하는 방법에 의하여 내는 세금이다.

(4) 교육세

교육세는 교육의 질적 향상을 도모하기 위하여 필요한 교육재정의 확충에 소요되는 재원을 확보하기 위해 부과하는 조세이다.

5. 세금 신고를 잘못한 경우

(1) 수정신고를 한다

① 수정신고란 이미 신고한 과세표준 및 세액 등이 실제보다 적게 신고된 경우 납세의무자가 이를 정정하는 신고를 말한다. 따라서 신고를 하지 않은 사업자는 수정신고를 할 수 없다.

② 수정신고는 잘못 신고된 내용에 대해 세무서에서 결정 또는 경정하여 통지하기 전까지 관할세무서장에게 하면 된다.

③ 과세표준 수정신고서를 법정신고기한이 지난 후 6개월 이내에 제출하고, 추가로 낼 세금을 같이 납부한 경우에는 적게 신고한 데 따라 부담해야 할 가산세가 50% 경감된다.

(2) 경정청구를 할 수도 있다

① 경정청구란 이미 신고·결정·경정절차가 완료된 과세표준 및 세액 등이 과다한

경우 과세관청으로 하여금 이를 정정하여 결정 또는 경정하도록 촉구하는 납세의무자의 청구를 말한다.

② 경정청구는 법정신고기한이 지난 후 2년 이내에 관할세무서장에게 하면 된다.

③ 경정청구를 받은 세무서장은 청구를 받은 날로부터 2개월 이내에 그 결과를 통지해 준다.

(3) 세액을 불성실하게 신고하는 사업자는 세무조사를 받게 된다

부가가치세 신고는 사업자가 자율적으로 신고할 수 있도록 하되, 신고 후 신고내용을 분석해 불성실 신고자를 가려내어 조사를 한다. 신고내용의 분석을 국세청에서 가동하고 있는 '국세통합전산망'을 활용하여 종합적으로 분석하게 된다.

제 3 절 세금의 기초

1. 세금의 분류

1) 국세와 지방세

세금은 과세주체, 즉 누가 세금을 징수하는가에 따라 국세와 지방세로 구별된다. 국세는 지방정부, 즉 국세청에서 부과·징수하며 주로 국방·치안·교육 등과 같은 공공목적에 사용되며, 지방세는 지방자치단체, 즉 특별시·광역시·도·시·군·구가 자치단체의 살림을 꾸려가기 위한 재원을 조달할 목적으로 부과하는 세금이다.

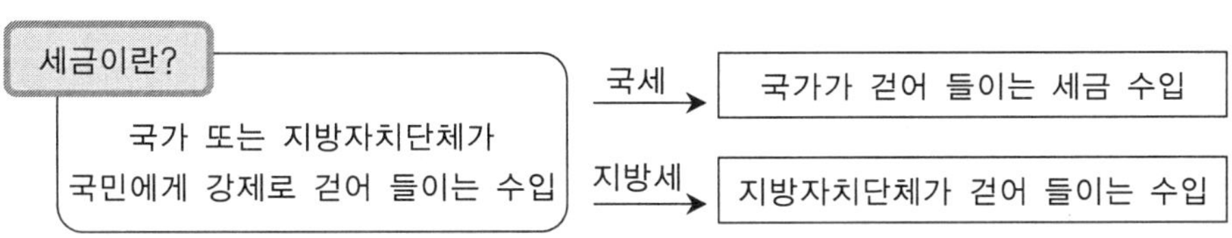

2) 내국세와 관세

세금이 부과되는 장소에 따라 국세를 다시 내국세와 관세로 구분할 수 있다. 내국세란 나라 안에서의 과세로 국세청에서 부과·징수하고, 관세란 재화가 국경을 통과할 때 과세되는 것으로 관세청에서 부과·징수한다.

우리의 경우 수출재화에 대해서는 완전면세가 적용되므로 사실상 수입세의 성격을 띠고 있다.

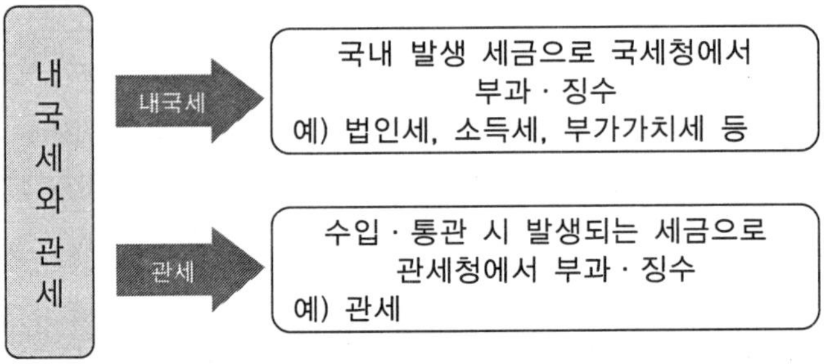

3) 직접세와 간접세

언론매체 등에서 흔히 접하는 세금용어 중에 직접세와 간접세라는 용어가 있다. 혹자가 우스갯소리로 직접세는 세무서에 직접 가져다 내는 세금이고, 간접세는 누굴 시켜서 대신 내는 세금이라고 하는 말을 들었는데 물론 그렇지 않다.

양자의 개념을 구분하기 위해선 먼저 납세자(납세의무자)와 담세자라는 용어의 의미를 알아야 하는데, 납세자란 세법상 납세의무가 있는 사람 그리고 담세자란 그 세금을 실질적으로 부담하는 사람을 의미한다. 여기서 납세자와 담세자가 일치하는 세금을 직접세, 일치하지 않는 세금을 간접세라고 한다.

예를 들면 맥주회사에서 맥주가 출고될 때 1병당 일정액의 주세를 맥주회사가 납세는 하지만, 그 세금액 만큼을 맥주가격 속에 포함하여 소비자에게 전가시킴으로 최종소비자가 주세를 부담하게 되어 납세자(맥주회사)와 담세자(최종소비자)가 일치하지 않으므로 주세는 간접세임을 알 수 있다. 간접세에는 부가가치세·개별소비세·주세·인지세·증권거래세 등이 속한다.

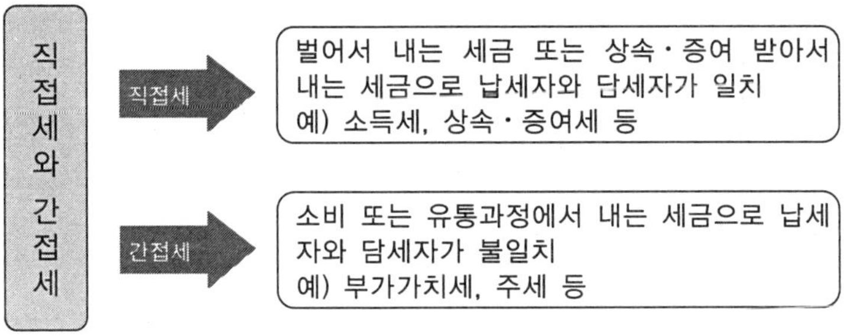

한편 근로소득자 김성실 씨에게 부과된 근로소득세의 경우를 보면 김성실 씨가 납세자인 동시에 담세자가 되므로 근로소득세는 직접세임을 알 수 있다. 직접세에는 소득세·법인세·상속세·증여세·교통세 등이 속한다.

직접세는 담세능력에 따른 과세이며 누진세율에 의해 과세 후 납세자의 소득격차를 줄일 수 있는 소득재분배효과가 있다는 장점이 있는 반면에 조세저항이 크다는 단점도 있다.

간접세는 국민이 납세하는데 편리하며 조세저항도 상대적으로 적다는 장점이 있으나 담세능력이 역행하는 역진세의 문제점도 있다. 흔히 간접세의 비중이 크면 국민의 소득격차를 더 벌려놓은 반사회적 조세정책이라고 단정하는 경우가 많으나, 간접세 중에도 개별소비세처럼 사치품세도 포함되어 있어 소득격차를 좁히는 역할을 하는 세금도 있으므로 단순히 단정하는 것은 무리가 있다.

4) 보통세와 목적세

보통세란 일반적인 용도, 즉 특별한 용도를 정하지 않고 징수하는 세금을 말하며 대부분의 세금이 여기에 해당한다. 반면에 목적세란 특수한 용도로만 사용할 목적으로 징수하는 세금이며 국세 중 교육세, 농어촌특별세, 교통세와 지방세 중 공동시설세, 도시계획세가 이에 해당된다.

5) 독립세와 부가세

독립세란 과세권자(정부 또는 지방자치단체)가 다른 세금과는 무관하게 독립적으로 부과하는 세금을 말하고, 반면에 과세권자가 부과한 세금(독립세)에 일정비율로 부가해서 부과하는 세금을 부가세라 하는데 부가세의 예로는 농어촌특별세, 지방소득세 소득분, 임시수입부가세, 교육세 등이 있다.

6) 인세와 물세

인세란 납세의무자의 개별적 사정을 고려하여 부과되는 세금인데 소득세·법인세·지방소득세 소득분 등이 이에 속하며, 반면에 물세란 납세의무자의 인적 사정과는 관계없이 토지·건물·사업 등에 부과하는 세금으로 개별소비세·주세·재산세 등이 그 예이다.

7) 종량세와 종가세

간접세는 물건의 수량·중량·용적을 기준으로 부과하는 종량세와 물건의 가격을 기준으로 부과하는 종가세로 구분할 수 있는데, 현행 내국세는 대부분 종가세를 채택하고 있으며 주정에 대한 주세(리터기준), 자가용차량에 대한 자동차세(CC기준), 재산분 주민세(3.3m²당), 등록세 중 매 건당 부과하는 것, 인지세(문서작성 통수) 등 일부의 경우에만 종량세가 적용된다.

구 분	종가세	종량세
	예) 소득세 1천만원	예) 인지세 기재금액 1천~3천만원 100건
계산구조	1천만원 × 6%	100건 × 2만원
산출세액	60만원	200만원

8) 소득세 · 재산세 · 소비세

소득세란 개인 및 법인에 귀속된 소득에 대해 부과되는 세금으로 현행 세법에서는 개인소득세를 소득세, 법인 소득세를 법인세로 칭한다.

재산세란 재산을 소유하고 있다는 사실에 대해 부과되는 세금으로 상속세 · 증여세 등이 속한다.

소비세란 재화나 용역의 구입과 소비라는 사실에 대해 부과되는 세금으로 부가가치세 · 개별소비세 · 주세 등이 있다.

다음의 [그림 11-3]은 우리나라 조세체계를 나타낸 것이다.

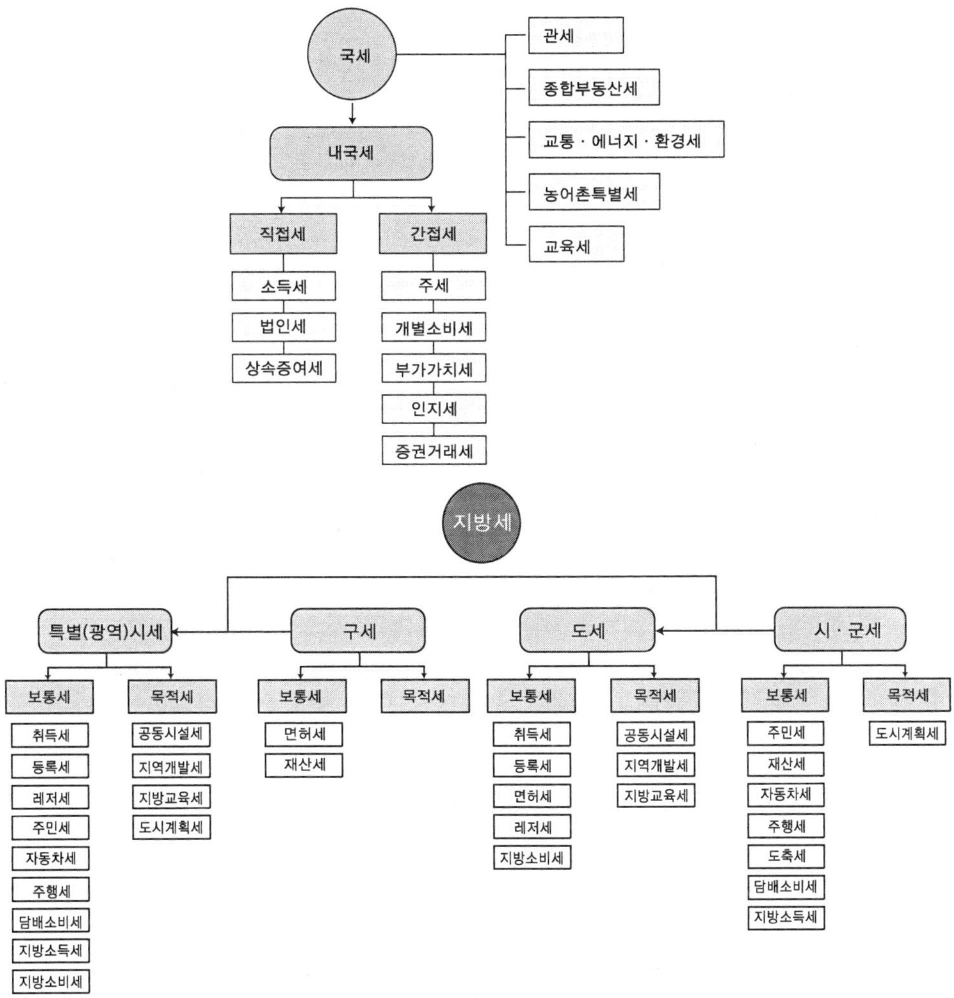

그림 11-3 우리나라 조세체계

2. 세금계산 및 납부관련 용어

(1) 과세기간 · 과세대상 · 과세표준 · 세율 · 세액

① 과세기간: 세법에 의하여 국세의 과세표준의 계산에 기초가 되는 기간을 말한다.

예) 소득세: 1월 1일 ~ 12월 31

부가가치세 제1기: 1월 1일 ~ 6월 30일

제2기: 7월 1일 ~ 12월 31일

② 과세대상: 세금을 부과할 수 있는 대상 또는 목표가 되는 것을 말하며 과세물건 또는 조세객체라고도 한다. 이러한 과세대상의 예로는 소득, 상속재산, 증여재산, 재화나 용역의 제공 등을 들 수 있다.

③ 과세표준: 세법에 의하여 직접적으로 세액산출의 기초가 되는 과세물건의 수량 또는 가액을 말한다. 즉 과세대상의 크기를 알기 위해서 그 과세대상을 수량화한 것이며 이를 줄여서 과표라고 하기도 한다.

④ 세율: 세액을 계산하기 위해서 과세표준에 곱하는 비율을 말한다.

즉, 과세표준 × 세율 = 세액이 된다.

	과세표준	세율	누진공제
종합소득세율	1,200만원 이하	6%	-
	4,600만원 이하	15%	1,080,000
	8,800만원 이하	24%	5,220,000
	8,800만원 초과	35%	14,900,000
법인세율	2억원 이하	10%	-
	2억원 초과	22%	24,000,000

(2) 납세의무자 · 납세자 · 제2차 납세의무자 · 보증인

① 납세의무자: 세법에 의하여 국세를 납부할 의무(국세를 징수하여 납부할 의무를 제외한다)가 있는 자를 말하는데 이에는 거주자(국내에 주소를 두거나 1년 이상

거소를 둔 개인)와 비거주자(거주자가 아닌 자)가 있다.

② 납세자: 납세의무자(연대납세의무자와 납세자에 갈음하여 납부할 의무가 생긴 경우의 제2차 납세의무자 및 보증인을 포함한다)와 세법에 의하여 국세를 징수하여 납부할 의무를 지는 자

③ 제2차 납세의무자: 납세자가 납세의무를 이행할 수 없는 경우에 납세자에 갈음하여 납세의무를 지는 자

④ 보증인: 납세자의 국세・가산금 또는 체납처분비의 납부를 보증한 자를 말한다.

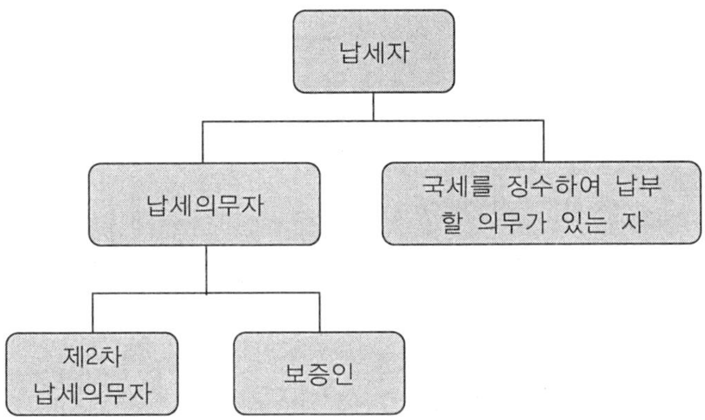

(3) 원천징수

원천징수(源泉徵收)라 함은 세법에 의하여 원천징수의무자가 국세(이에 관계되는 가산세를 제외한다)를 징수, 즉 납세의무자에게 소득금액 또는 수입금액을 지급하는 자가 그 지급하는 금액에서 납세의무자의 세액을 징수하여 과세관청에 다음달 10일까지 납부하도록 되어 있는 제도를 말한다.

(4) 가산세・가산금・중가산금・체납처분비

가산세(加算稅)라 함은 세법에 규정하는 의무의 성실한 이행을 확보하기 위하여 그 세법에 의하여 산출한 세액에 가산하여 징수하는 금액을 말하며, 가산금은 이에 포함되지 않는다. 즉 가산세는 각종 의무의 불이행에 대한 벌과금적 성격을 지니고 있다.

한편 가산금이라 함은 국세를 납부기한까지 납부하지 아니한 때에 국세징수법에 의

하여 고지세액에 가산하여 징수하는 금액과 납부기한 경과 후 일정기한까지 납부하지 아니한 때 다시 가산하여 징수하는 금액을 말한다. 가산금은 납부기한이 경과한 날로부터 체납된 국세의 3%에 상당하는 금액을 징수하며, 중가산금은 체납된 국세를 그 납부기한이 경과한 날로부터 매 1월이 경과할 때마다 체납된 국세를 그 납부기한이 경과한 날로부터 체납된 국세의 1.2%에 상당하는 금액을 가산금에 가산하여 징수하되 기간은 60월을 초과하지 못한다.

체납 처분비라 함은 국세징수법 중 체납처분에 관한 규정에 의한 재산의 압류・보관・운반과 공매에 소요된 비용(공매를 대행시키는 경우 그 수수료를 포함한다)을 말한다.

(5) 세무공무원

세무공무원이라 함은 국세청장・지방국세청장・세무서장 또는 그 소속공무원, 세법에 의하여 국세에 관한 사무를 세관장이 관할하는 경우의 당해 세관장 또는 그 소속공무원과 국세징수법에 의하여 국세를 시장・군수・구청장(자치구의 구청장을 말한다)에게 위탁하여 징수하는 경우의 당해 시장・군수・구청장 또는 그 소속공무원을 말한다.

(6) 세금의 전가

세금의 전가(轉嫁)라 함은 납세자가 일단 납부한 세금의 부담이 다른 사람(담세자)에게 이전되어 가는 현상을 말한다. 직접세의 경우는 전가현상이 일어나지 않아 납세자가 실제 담세도 동시에 하게 되나, 대부분의 간접세의 경우는 전가현성이 일어나게 된다.

세금전가의 형태에는 전전, 후전, 갱전, 소전 등이 있다. 여기서 전전이란 상품의 유통과정에서 생산자(또는 판매자, 전자)로부터 소비자(또는 구매자, 후자)에게 세금부담이 떠밀려 옮겨가는 것으로 부가가치세를 비롯한 대부분의 간접세가 이에 속하며, 후전이란 전전의 경우와는 반대로 후자로부터 전자에게 세금부담이 이전되는 것으로, 갱전이란 전전이든 후전이든 불문하고 각각 2회 이상 연속적으로 일어나는 현상을 말하며, 소전은 생산자에게 부과된 세금을 전전 또는 후전의 방법으로 전가시키지 않고 경영합리화 등을 통하여 생산과정에서 흡수하는 것을 말한다.

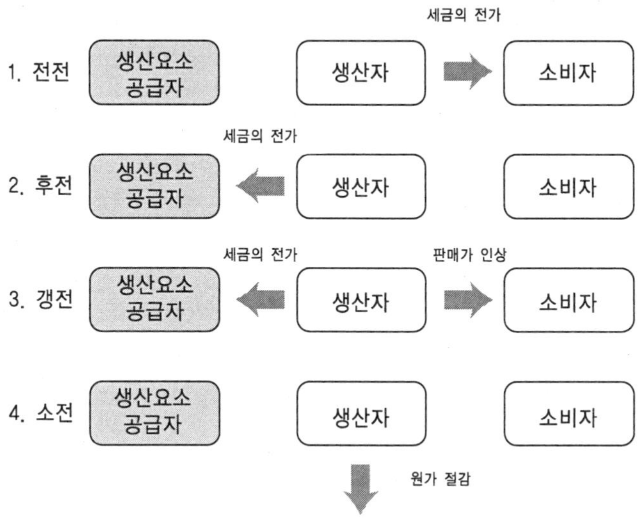

제 4 절 부가가치세

1. 부가가치세란 무엇인가?

1) 부가가치세의 의의

부가가치세(VAT: Value Added Tax)란 재화나 용역이 생산되거나 유통되는 모든 거래 단계에서 창출된 부가가치를 과세대상으로 하여 과세하는 간접세이다.

부가가치세 = 부가가치 × 10%

= (매출액-매입액) × 10%

= 매출액 × 10% - 매입액 × 10%

= 매출세액 - 매입세액

부가가치라 함은 매출액에서 기업이 부담한 외부 구입가액(매입액)을 차감한 금액을 말한다. 따라서 물건 판매 시 소비자로부터 징수하여 받는 세금에서 물건 구입 시 지급하는 세금을 차감한 잔액을 납부하는 것이다. 실지세금은 소비자가 부담하는 것이며, 사업자는 소비자가 부담한 세금을 잠시 보관하고 있다가 국가에 내는 것이다.

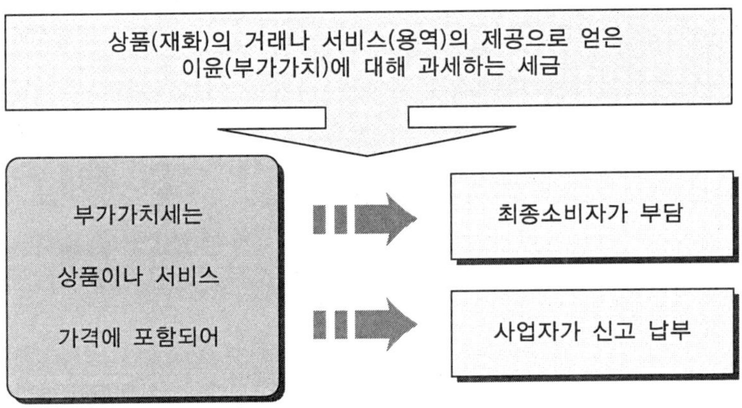

2) 부가가치세의 과세방법

우리나라나 선진국의 경우 모두 소비형 부가가치세제를 채택하고 있는데, 소비형 부가가치세제란 '총매출-외부구입액-자본재구입액'으로 부가가치를 산정하는 방식이다.

소비형 부가가치세 이외에 GNP형과 NNP형이 있는데, GNP형은 '총매출-외부구입액'으로 부가가치를 규정하는 방식이고, NNP형은 '총매출-외부구입액-감가비'로 규정하는 방식이다.

소비형 부가가치세라고 하더라도 부가가치세를 어떠한 방법으로 파악하여 어떻게 과세하는가에 따라 크게 직접법과 간접법으로 나누어진다. 현재 우리나라를 포함하여 부가가치세제를 시행하고 있는 대부분의 나라들은 간접법(전단계세액공제법)을 채택하고 있다. 다음의 [그림 11-4]는 전단계 세액공제법을 나타낸 것이다.

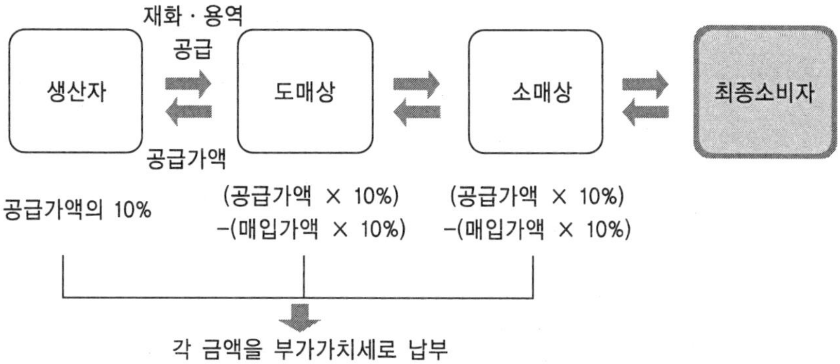

그림 11-4 전단계 세액공제법

[예시]

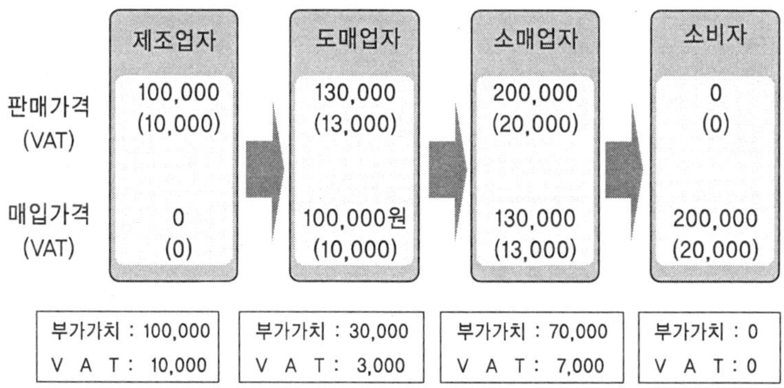

3) 신고 및 납부

(1) 신고납부기한

부가가치세법은 납세의무자의 세부담을 분산하고, 정부의 조세수입을 평준화하기 위하여 부가가치세를 각 과세기간마다 3개월씩 나누어서 신고납부하도록 규정하고 있는데, 전반 3월분 실적에 대한 신고납부제도를 예정신고납부제도라고 하며, 과세기간 중 최종

3월분 실적에 대한 신고납부제도를 확정신고납부제도라고 한다.

구 분		신고 대상 기간	신고 납부 기간
제1기	예정신고 확정신고	1.1 ~ 3.31 4.1 ~ 6.30	4.25 7.25
제2기	예정신고 확정신고	7.1 ~ 9.30 10.1 ~ 12.31	10.25 익년1.25

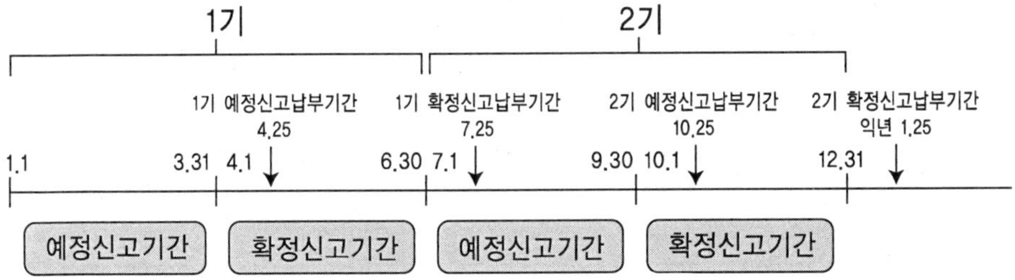

(2) 납세지

부가가치세의 납세지는 사업장이다. 따라서 각 사업장을 독립된 하나의 과세단위로 하여 사업자는 사업장마다 사업자등록을 해야 하며, 사업장별로 구분하여 세금계산서를 교부・수취하고, 사업장별로 각각 납부(환급)세액을 계산하여 신고・납부(환급)해야 한다(사업장별 과세원칙).

(3) 주사업장 총괄납부제도

사업자가 둘 이상의 사업장을 가지고 있는 경우 각 사업장별로 납부의무를 이행할 때에 발생할 수 있는 사업자의 불필요한 자금 부담을 완화시켜 주기 위하여 각 사업장의 납부세액 또는 환급세액을 통산하여 주된 사업장에서 총괄하여 납부하거나 환급받을 수 있도록 하는 제도를 '주사업장 총괄납부제도'라고 한다.

구 분	내 용
주사업장	① 법인: 본점 또는 지점 ② 개인: 주사무소
총괄납부의 신청	총괄 납부하고자 하는 과세기간 개시 20일 전에 주된 사업장의 관할세무서장에게 신청

* 총괄납부승인을 받아도 납부세액(환급세액)의 신고와 세금계산서의 작성 및 교부는 각 사업장별로 이행해야 한다.

(4) 사업자단위 과세제도

두 개 이상의 사업장이 있는 사업자가 일정한 요건을 갖춘 경우에는 당해 사업자의 본점 또는 주사무소에서 총괄하여 신고, 납부할 수 있다. 본점과 지점을 하나의 사업자등록번호로 사용하고 세금계산서도 하나의 등록번호로 발행하고 그 사업장의 본점 또는 주사무소에서 총괄하여 신고, 납부할 수 있다.

4) 과세대상 거래

부가가치는 다음의 거래에 대하여 과세한다.

구분	과세대상	과세방법
① 재화의 공급 ② 용역의 공급	사업자가 공급한 것만 과세대상	공급하는 사업자가 공급받는 자로부터 거래 징수하여 납부한다.
③ 재화의 수입	사업자 여부와는 무관하게 과세대상	세관장이 수입자로부터 징수하여 납부한다.

(1) 재화의 공급

① 재화의 범위: 재화란 재산적 가치가 있는 모든 유체물과 무체물을 말한다.

구 분	내 용
유체물	유체물에는 상품·제품·원료·건물과 기타 모든 유형적 물건을 포함한다.
무체물	무체물에는 동력·열과 기타 관리할 수 있는 자연력 또는 권리 등으로서 재산적 가치가 있는 유체물 외의 모든 것을 포함한다.

② 실질적 공급: 실질적 공급이란 계약상·법률상의 모든 원인에 의하여 재화를 인도 또는 양도하는 것을 말한다.

(2) 용역의 공급

용역을 제공하거나 재화·시설물 또는 권리를 사용하게 하는 것이다.

(3) 재화의 수입

재화의 수입이란 외국으로부터 우리나라로 수입된 물품을 말한다.
사업자의 여부와 무관하게 부가가치세 과세대상이다.

5) 거래 시기

거래 시기란 재화 또는 용역의 공급시기를 말한다. 이러한 공급 시기는 재화·용역의 공급이 어느 과세기간에 귀속되는가를 결정하는 기준이 될 뿐만 아니라, 공급자는 재화·용역을 공급하는 때에 거래 상대방에게 세금계산서를 교부하여야 하므로 세금계산서의 교부시기를 결정하는 기준으로서도 매우 중요한 의의를 가지고 있다.

① 재화의 공급시기

구 분	공 급 시 기
재화의 이동이 필요한 경우	재화가 인도되는 때
재화의 이동이 필요하지 아니한 경우	재화가 이용 가능하게 되는 때
위의 기준을 적용할 수 없는 경우	재화의 공급이 확정되는 때

② 용역의 공급시기

용역이 공급되는 시기는 역무가 제공되거나 재화·시설물 또는 권리가 사용되는 때로 한다.

구 분	공 급 시 기
통상적인 공급의 경우	역무의 제공이 완료되는 때
완성도기준지급 · 중간지급 · 장기할부 · 기타 조건부로 용역을 공급하거나 그 공급단위를 구획할 수 없는 용역을 계속적으로 공급하는 경우	그 대가의 각 부분을 받기로 한 때
부동산임대용역을 공급하는 경우의 전세금 · 임대보증금에 대한 간주임대료	예정신고기간 또는 과세기간의 종료일
2과세기간 이상에 걸쳐 부동산임대용역을 공급하고 그 대가를 선불 또는 후불로 받는 경우에 월수로 안분 계산한 임대료	예정신고기간 또는 과세기간의 종료일
위의 기준을 적용할 수 없는 경우	역무의 제공이 완료되고 그 공급가액이 확정되는 때

6) 영세율과 면세

(1) 영세율

① 영세율의 목적

- 재화를 수출하는 경우 영세율을 적용하면 수출품의 가격이 낮아져서 수출이 촉진되므로, 영세율 제도는 수출촉진을 위한 조세지원제도라고 할 수 있다.
- 재화를 수출하는 경우 수출국과 수입국에서 모두 과세하면 동일 재화에 대해 이중과세이므로, GATT의 소비지 과세원칙에 의해 간접세에 대한 국제적인 이중과세를 방지하기 위함이다.

② 영세율의 적용대상

- 수출하는 재화(직수출, 대행위탁수출, 내국신용장에 의한 Local 수출, 구매승인서에 의한 Local 수출)
- 국외에서 제공하는 용역(예: 해외 건설공사)
- 선박 또는 항공기의 외국항행용역(국내에서 국외, 국외에서 국내, 국외에서 국외 모두 해당됨)
- 기타 외화 획득 재화 · 용역

(2) 면 세

① 면세의 적용대상

구분	내용
기초생활 필수품	· 가공되지 아니한 식료품(쌀, 채소, 생선, 고기, 과일 등) · 우리나라에서 생산된 식용에 이용하지 않는 농산물, 축산물, 수산물, 임산물 · 수돗물, 연탄과 무연탄 · 대중교통 여객운송용역(항공기, 고속버스, 택시 등은 제외)
국민후생용역	· 의료보건용역(병원의 치료비 수입 등) · 국민주택규모 이하의 주택건설(아파트)
문화생활 재화 · 용역	· 도서, 신문, 잡지, 방송(광고수입은 제외) · 예술창작품, 순수예술행사, 문화행사 등 · 도서관, 과학관, 박물관, 동물원 또는 식물원의 입장료
생산요소	· 금융. 보험용역 · 토지
기타면제 재화 · 용역	· 연예인, 관상가 등 인적용역 · 국가기관 등이 공급하는 재화 · 용역 · 수입품 중 면세되는 재화 · 용역

② 면세의 목적

- 기초 생활필수품은 소비자의 부담을 줄이기 위해 면세한다.
- 공익을 목적으로 하는 문화관련 재화・용역은 소비자부담을 줄이기 위하여 면세하는 것이다.

7) 과세표준과 매출세액의 계산

(1) 과세표준계산의 일반원칙

재화 또는 용역의 공급에 대한 부가가치세의 과세표준은 '공급가액'으로 한다. 공급가액이란 다음의 가액을 말하며 부가가치세는 포함하지 않는다.

구 분	대 상 금 액
금전으로 대가를 받는 경우	그 대가
금전 이외의 대가를 받는 경우	자기가 공급한 재화 또는 용역의 시가
부당하게 낮은 대가를 받거나 대가를 받지 아니하는 경우	자기가 공급한 재화 또는 용역의 시가

* 시가: 정상적인 거래에서 형성되는 가격

8) 매입세액과 납부세액의 계산

(1) 매입세액의 계산

교부받은 세금계산서상 매입세액	매입처별 세금계산서합계표 제출
+ 신용카드매출전표	매입가액 × 2/102(음식점업 3/103)
+ 의제매입세액	취득가액 × 8/108
+ 재활용폐자원 등 매입세액	간이과세자가 일반과세자로 변경되는 경우
+ 재고매입세액	대손세액을 변제하는 경우
+ 변제대손세액	
= 소계	
- 공통매입세액 면세사업분	실질귀속에 따라 계산 또는 안분계산
- 공제받지 못할 매입세액	
- 대손처분받은세액	공급자가 대손세액공제를 받는 경우
= 매입세액	

(2) 납부세액의 계산

	매 출 세 액
-	매 입 세 액
=	납 부 (환급) 세 액
-	경 감 세 액
-	신용카드매출전표 발행공제
+	가 산 세
-	예 정 신 고 미환급세액 (또는 예정고지세액)
=	차가감 납부(환급)세액

2. 세금계산서란 무엇인가?

세금계산서란 물품을 공급하는 자가 발행하는 것으로 세금영수증이다. 세금계산서는 2매를 발행하며 1매는 공급자가 보관하고, 1매는 공급받는 자에게 교부한다.

공급자는 교부한 세금계산서를 거래처별로 요약 집계한 '매출처별 세금계산서합계표'를 정부에 제출하여야 하며, 공급받는 자는 교부받은 세금계산서를 거래처별로 요약 집계한 '매입처별 세금계산서합계표'를 정부에 제출하여 매입세액을 공제받는다.

1) 기재사항

구 분	기 재 내 용	비 고
필요적 기재사항	① 공급하는 자의 등록번호와 성명 또는 명칭 ② 공급받는 자의 등록번호 ③ 공급가액과 부가가치세 ④ 작성연월일	전부 또는 일부가 기재누락 되거나 그 내용이 사실과 다른 경우에는 세금계산서로서의 효력을 인정하지 않는다.
임의적 기재사항	⑤ 공급하는 자의 주소 ⑥ 공급받는 자의 상호 · 성명 · 주소 ⑦ 단가와 수량 등	세금계산서의 효력에 아무런 영향을 미치지 않는다.

세금계산서 (공급자 보관용)	책번호	권	호
	일련번호		

공급자	등록번호	① 11-22-33333		공급받는자	등록번호	② 99-88-77777	
	상호(법인명)	① ㈜전기	성명 ① 김재화 인		상호(법인명)	⑥ ㈜건축	성명 ⑥ 조진호 인
	사업장 주소	충남 논산시 내동 26번지			사업장 주소	⑥ 대전광역시 서구 가수원동 658번지	
	업태	도소매	종목 전기기기		업태	제조	종목 건설

작성			공급가액												세액										비고
년	월	일	공란수	백	십	억	천	백	십	만	천	백	십	일	십	억	천	백	십	만	천	백	십	일	
④ 2010	9	1																							

월	일	품목	규격	수량	단가	공급가액	세액	비고
9	1	전선		⑦ 100	⑦ 100	③10000	③ 1,000	
		공구		50	10	500	50	

합계금액	현금	수표	어음	외상미수금	이 금액을 **청구** 함
11,550	1,550	10,000			

세금계산서 (공급받는자 보관용)	책번호	권	호
	일련번호		

공급자	등록번호	① 11-22-33333		공급받는자	등록번호	② 99-88-77777	
	상호(법인명)	① ㈜전기	성명 ① 김재화 인		상호(법인명)	⑥ ㈜건축	성명 ⑥ 조진호 인
	사업장 주소	⑤ 충남 논산시 내동 26번지			사업장 주소	⑥ 대전광역시 서구 가수원동 658번지	
	업태	도소매	종목 전기기기		업태	제조	종목 건설

작성			공급가액												세액										비고
년	월	일	공란수	백	십	억	천	백	십	만	천	백	십	일	십	억	천	백	십	만	천	백	십	일	
④ 2010	9	1																							

월	일	품목	규격	수량	단가	공급가액	세액	비고
9	1	전선		⑦ 100	⑦ 100	③ 10000	③1000	
		공구		50	10	500	50	

합계금액	현금	수표	어음	외상미수금	이 금액을 **청구** 함
11,550	1,550	10,000			

2) 영 수 증

영수증이란 공급받는 자의 등록번호와 부가가치세액을 따로 기재하지 않은 세금계산서를 말한다. 따라서 영수증에는 부가가치세가 포함된 금액인 공급대가가 기재된다.

이러한 영수증은 간이과세자와 주로 최종소비자를 상대로 하는 일반과세자가 발행·교부하되, 2매를 발행하며 1매를 공급받는 자에게 교부한다. 교부하였거나 교부받은 영수증에 대해서는 합계표의 제출의무가 없으며, 제출하더라도 매입세액공제를 받을 수 없다. 또한 영수증을 발행하지 않더라도 가산세의 제재를 받지 않는다.

No.	영 수 증 (공급받는 자용)			
		홍길동 귀하		
공급자	사업자 등록번호	109-08-99499		
	상 호	인터필	성명	인터필 인
	사업장 소재지	서울시 강서구 방화동 189-12호 2F		
	업 태	도소매	종목	무역
작성년월일		공급대가총액		비 고
2006 / 8 / 20		₩ 38,000		

월	일	품 목	수량	단가	금 액
8	20	무선광마우스	1	18000	18,000
8	20	클리어파일	10	2000	20,000
		이하여백			
		합 계		₩	38,000

위 금액을 영수(청구)함.

No.	영 수 증 (공급자용)			
		홍길동 귀하		
공급자	사업자 등록번호	109-08-99499		
	상 호	인터필	성명	인터필 인
	사업장 소재지	서울시 강서구 방화동 189-12호 2F		
	업 태	도소매	종목	무역
작성년월일		공급대가총액		비 고
2006 / 8 / 20		₩ 38,000		

월	일	품 목	수량	단가	금 액
8	20	무선광마우스	1	18000	18,000
8	20	클리어파일	10	2000	20,000
		이하여백			
		합 계		₩	38,000

위 금액을 영수(청구)함.

3. 부가가치세의 신고와 납부

1) 간이과세자

(1) 간이과세제도란?

이는 사업규모가 상대적으로 작은 중소 개인사업자에 대하여 세부담을 덜어 주고, 부가가치세 신고납부 절차를 간소화하여 납세편의를 도모하기 위한 제도이다.

(2) 일반과세자와 간이과세자의 구분 및 차이점

구 분	일반과세자	간이과세자
	1년간 매출액 4,800만원 이상이거나 간이과세 배제되는 업종 · 지역인경우	1년간 매출액 4,800만원 미만이고 간이과세 배제되는 업종 · 지역에 해당되지 않는 경우
매출세액	공급가액 × 10%	공급대가 ×업종별부가가치율×10%
세금계산서 발행	의무적으로 발행	발행할 수 없음
매입세액 공제	전액공제	매입세액 × 업종별부가가치율
의제매입세액 공제	모든 업종에 적용	음식업 사업자만 공제

① 간이과세 적용대상 사업자는 다음과 같다.

a. 간이과세자는 직전 년도의 부가가치세를 포함한 공급대가가 4,800만원에 미달하는 개인사업자를 말한다.

b. 그러나 모든 업종의 사업자가 간이과세자가 되는 것은 아니다.

- 광업 · 제조업 · 도매업 및 부동산 매매업 등을 영위하는 사업자는 간이과세자가 될 수 없다.
- 다만, 제조업 중 주로 최종소비자와 거래하는 양복 · 양장 · 양화점 등은 간이과세 적용이 가능하다.

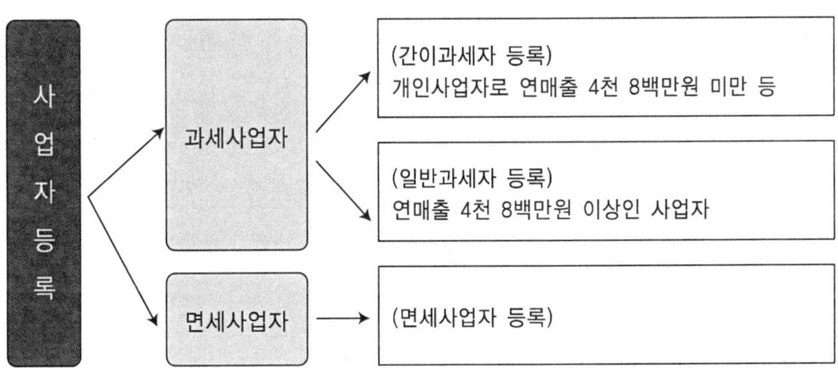

② 부가가치세는 다음과 같은 방법에 의하여 간편하게 계산한다.

a. 세액계산은 매출액에 업종별 부가가치율과 10%의 세율을 적용하여 납부세액을 계산한 다음에 교부받은 세금계산서 등에 의해 일정액의 매입세액을 공제하는 방식으로 부가가치세를 산출한다.

부가가치세 = {매출액(공급가액) × 업종별 부가가치율 × 10%(세율)} – 공제세액

b. '매출액'은 각 과세기간(1~6월, 7~12월)중 물건을 팔거나 용역을 제공하고 받은 대가이다.(부가가치세가 포함된 금액)

c. '업종별 부가가치율'은 최저 10%에서 최고 50%의 범위 내에서 대통령령에 정한 부가가치율을 말한다.

업 종	부가가치율
소매업	15%
제조업, 전기·가스 및 수도산업, 재생재료 수집·판매업	20%
건설, 부동산임대, 기타 서비스업, 음식·숙박업	30%
운수·참고 및 통신업	40%

d. 매입시 세금계산서를 교부받으면 업종에 따라 세금계산서에 기재된 세액에 당해 업종의 부가가치율을 곱한 금액을 납부할 세액에서 공제받을 수 있다. 또한 일반과세자인 사업자로부터 상품 등을 구입하고, 공급받는 자의 사업자등록번호와 부가가치세액을 별도로 기재하고, 공급자가 서명 날인한 신용카드 매출전표를 교부받은 사업자는 세금계산서와 마찬가지로 매입세액을 공제받을 수 있다.

e. 신용카드 가맹사업자가 상품 또는 용역을 제공하고 신용카드 매출전표를 발행한 개인사업자는 신용카드 매출전표 발행금액의 2%(연간 500만원 한도)에 해당하는 금액을 자기가 납부할 세금에서 공제받을 수 있다.

③ 1년에 두 번 확정신고를 한다.

a. 1~6월, 7~12월까지의 거래실적을 각각 7월과 다음해 1월의 1일~25일 사이에

두 번만 사업장 관할세무서에 신고・납부하면 된다.

b. 4월, 10월의 예정신고기간 중에는 관할세무서에서 발부한 예정고지서에 의해 세금만을 가까운 은행에 납부하면 된다.

c. 그러나 1~3월, 7~9월 중에 새로 사업을 시작한 사업자는 반드시 예정신고를 해야 한다.

d. 휴업・사업부진 등으로 인하여 당해 예정신고기간의 공급대가가 직전과세기간 공급대가의 1/3에 미달하는 경우에는 예정신고를 선택할 수 있다.

e. 예정고지 납부를 한 사업자는 확정신고 시 6개월간의 거래분을 신고해야 하며, 확정신고 시 납부할 세액에서 예정신고 시 납부한 세액을 차감하여 납부하면 된다.

제 5 절 소 득 세

1. 소득세의 특징

1) '개인'의 자격요건

구분	개인기업	법인기업
납부세금	소득세	법인세
세율구조	6~35%(4단계)	10~22%(2단계)
납세지	사업자 주소지	본점・주사무소 소재지
기장의무	간편장부/복식부기	복식부기
외부감사제도	없음	자산총액 100억원 이상

① 개인이란 거주자(국내에 주소가 있거나 1년 이상 거주한 자) 및 비거주자(거주자가 아닌 자로 국내에 원천소득이 있는 개인)를 말한다.

② 사업자등록증 유무에 관계없이 거주자는 모두 개인에 해당한다.

③ 소득세란 개인이 1년 동안 벌어들인 소득에 대하여 납부하는 세금이다.

2) 과세대상소득

구 분	내 용
소득원천설	① 이자소득, 배당소득, 부동산임대소득, 사업소득, 근로소득, 연금소득, 기타소득, 퇴직소득, 양도소득의 9가지로 열거하여 과세함 ② 원칙적으로는 소득원천설을 기초로 하나 부분적으로 순자산증가설을 수용하고 있음(기타소득, 퇴직소득, 양도소득과 같은 일시적인 소득도 과세대상에 포함)
열거주의	① 법령에 열거된 소득에 한하여 과세함을 원칙으로 함 ② 이자소득과 배당소득에 대하여는 법령에 열거되지 않은 것이라도 유사한 소득에 대하여 과세함→유형별 포괄주의 적용

3) 소득종류별 과세방법

구 분	내 용
종합소득	① 종합과세: 7가지의 소득을 합산하여 기본세율로 확정신고 ② 분리과세: 특정한 소득에 대하여는 원천징수로 과세를 종결하는 방식으로 확정 신고의무가 존재하지 않음
퇴직소득	분류과세: 장기간에 걸쳐 발생하는 퇴직·양도소득은 타소득과 합산하지 않고 개별적으로 과세함
양도소득	

4) 원천징수제도

① 원천징수제도의 유형

구 분	내 용
완납적 원천징수	원천징수로 과세가 종결되는 경우의 원천징수를 의미함 (예: 종합소득 중 분리과세대상소득 및 퇴직소득)
예납적 원천징수	원천징수 후에도 추가적으로 확정 신고의무를 지는 경우의 원천징수를 의미하며, 확정신고 시 원천징수세액을 기납부세액으로 공제함 (예: 종합소득 중 종합과세되는 소득)

② 과세단위

구 분	내 용
개인단위주의	소득세는 개인을 과세단위로 하므로 부부나 가족의 소득을 합산하여 과세하지 않음을 원칙으로 한다.
공동사업합산과세	동거하는 가족과 함께 공동사업을 하는 경우로서 손익분배비율을 허위로 정한 경우에는 예외적으로 가족의 소득을 합산하여 과세한다.

5) 소득의 종류

- 종합소득이란 각종 소득을 합산하여 과세하기 때문에 종합소득이라고 한다. 종합소득은 이자소득, 배당소득, 사업소득, 근로소득, 연금소득, 기타소득을 합산한 것이다.
- 퇴직소득, 양도소득은 종합소득에 합산하지 않고 별도로 각각 과세하고 있다.

(1) 이자소득

- 이자소득이란 채권・증권의 이자수익과 예금・적금의 이자수익을 말한다.
- 이자소득은 '이자수익 총액 = 소득금액'으로 볼 수 있다. 즉 필요 경비를 세무회계상 인정하지 않는다. 예를 들어 차입하여 예치한 경우에도 차입금의 지급이자는 무시하고, 이자수익 전액을 소득금액으로 처리한다.
- 이자소득이 수익으로 확정되는 시기는 이자를 지급받은 날이다. 즉, 돈을 받지 않고 예치한 미수수익은 수익으로 보지 않고, 현금으로 수령하는 시점에 수익으로 본다.

(2) 배당소득

- 배당소득이란 배당금을 수령하는 경우의 소득이다.
- 법인이 법인에게 배당금을 지급하는 경우에는 원천징수 의무가 없다.
- 배당의 수입 시기는 해당 법인의 잉여금처분 결의일이다. 그리고 배당에 대한 원천징수는 배당금 지급 시이며, 배당결의 후 3개월 이내에 배당하지 않으면 3개월이 되는 시점에 지급한 것으로 간주하여 원천징수를 해야 한다.

(3) 사업소득

- 사업소득이란 사업에서 벌어들인 총수입 금액에서 이를 위해 소요된 필요경비를 공제하여 계산한다.

사업소득	총수입 – 총비용
과세표준	소득 – 공제
산출세액	과세표준 × 세율(6~35%)

(4) 근로소득

- 근로소득이란 근로의 대가로 받은 소득으로 봉급 · 급료 · 상여금 등의 소득을 말한다.
- 다른 소득 외에 근로소득만 있는 경우에는 연말정산으로 납세의무가 종결되므로 과세표준 확정 신고를 하지 않아도 된다. 그리고 연말정산은 근무하는 회사에서 하여 준다.

(5) 연금소득

- 연금소득이란 국민연금 · 공무원연금 등의 공적연금과 퇴직연금 · 개인연금 등의 사적연금에서 발생하는 소득을 말한다. 총 연금액에서 연금소득공제를 차감하여 소득금액을 구하며, 연금소득공제는 연 600만원을 한도로 한다.

(6) 기타소득

- 기타소득이란 고용과는 관계없이 다수인에게 강연을 하고 받은 강의료, 일시적인 문예창작 소득 등을 말한다. 소득의 80%를 필요경비로 인정하며, 연간 수입금액 1천 200만원(소득금액 300만원)까지는 분리과세로 종결된다(종합과세를 선택할 수도 있음).

6) 소득세를 신고·납부해야 할 사람

① 소득이 있는 모든 사람은 소득세를 신고·납부하여야 한다.

② 그러나 다음의 경우에는 소득세를 신고하지 않아도 된다.

- 근로소득과 퇴직소득만 있는 사람이 소속 직장에서 연말정산을 마친 경우
- 양도소득만 있는 사람이 예정신고를 한 경우
- 연 300만원 이하의 기타소득이 있는 사람이 분리과세를 원하는 경우
- 일용근로소득만 있는 경우

2. 종합소득공제

1) 종합소득공제의 구조

구 분		종 류
인적공제	기본공제	대상자 1인당 150만원
	추가공제	장애인공제, 경로우대자공제, 부녀자공제, 자녀양육비공제, 출산·입양공제
	다자녀 추가공제	① 기본공제대상자 자녀가 2인인 경우: 50만원 ② 기본공제대상자 자녀가 2인을 초과하는 경우: 50만원+(자녀수-2인) × 100
특별공제	근로소득이 있는 자	항목별공제 또는 표준공제(100만원)중 선택 *항목별공제: 보험료공제, 의료비공제, 교육비공제, 주택자금공제, 기부금공제
	근로소득이 없는 자	기부금공제 및 표준공제(60만원) 중복공제(성실사업자의 경우 의료비공제 및 교육비공제를 허용하며, 표준공제 100만원 적용)
기타공제		① 연금보험료공제·연금저축공제 및 소기업·소상공인공제부금공제 ② 주택담보노후연금이자비용공제 ③ 신용카드 등 사용금액에 대한 소득공제 ④ 중소기업창업투자조합 출자 등에 대한 소득공제 ⑤ 우리사주조합에 대한 출연금의 소득공제

(1) 인적공제

① 기본공제

구 분	공제대상자	요 건	
		연령	소득금액
본인공제	당해 거주자	-	-
배우자 공제	거주자의 배우자	-	100만원 이하
부양가족 공제	당해 거주자(배우자 포함)와 생계를 같이하는 부양가족 ① 직계존속 ② 직계비속과 입양자 ③ 형제자매 ④ 국민기초생활보장법에 의한 수급자 ⑤ 아동복지법에 따른 위탁아동	 60세 이상 20세 이하 20세 이하 또는 60세 이상	 100만원 이하 100만원 이하 100만원 이하 100만원 이하 100만원 이하

② 추가공제

구 분	요 건	공제금액
경로우대공제	기본공제대상자가 70세 이상인 경우	1인당 100만원
장애인공제	기본공제대상자가 장애인인 경우	1인당 200만원
부녀자공제	당해 거주자가 ① 배우자가 없는 여성으로서 기본공제대상자인 부양가족이 있는 세대주인 경우 ② 배우자가 있는 여성인 경우	50만원
자녀양육비공제	기본공제대상자가 6세 이하의 직계비속, 입양자 또는 위탁아동인 경우	1인당 100만원
출산 · 입양공제	기본공제대상자가 해당 과세기간에 출생한 직계비속이거나 입양 신고한 입양자인 경우	1인당 200만원

③ 다자녀추가공제

구 분	공제금액
기본공제대상자에 해당하는 자녀가 2인인 경우	50만원
기본공제대상자에 해당하는 자녀가 2인을 초과하는 경우	50만원 + (자녀수-2인) × 100만원

〈예제 11-1〉 소득공제 계산

다음은 김토목의 '부양가족내역'이다. 김세준의 연말정산을 위한 인적공제 사항을 답하시오.

〈 부양가족 내역 〉

성 명	관 계	연 령(만)	비 고
김토목	본인		급여 외 다른 소득 없음.
이전자	처	45세	10월부터 급여수취액 매월 150만원 (전액 과세급여) 있음.
김건축	아들	24세	대학생임.
김물리	딸	4세	미취학
김공업	부친	76세	학교신문기고료(기타소득)로 400만원이 발생하여 원천세액을 제외한 금액을 수취함. 이외의 소득은 없으며 가능한 한 분리과세를 선택하려함.
김기계	동생	44세	장애인이며, 소득은 없음
김전기	동생	30세	사업소득금액 3,200만원 있음

[해 답]

본인 **150만원**

부양가족공제 **3명 × 150만원**

* 20세 이하: 2명(딸, 김기계동생): 김기계(동생)는 장애인이므로 연령기준적용 배제되어 기본공제대상이 됨.
* 60세 이상: 1명(부친)
  부친의 기타소득금액은 400만원×(1-80%)=80만원이다. 따라서 분리과세 가능(소득금액이 3백만원 이하)한데, 분리과세를 선택하는 경우에 종합소득금액이 없으므로 부양가족이 될 수 있다.

추가공제
* 6세이하자녀: 1명(딸) **150만원**
* 장애인: 1명(동생) **200만원**
* 70세 이상 경로: 1 명(부친) **150만원**

  150만원 + 450만원 + 150만원 + 200만원 + 150만원 = 1,100만원

(2) 특별공제

구 분	공제금액
근로소득이 있는 자	항목별공제 또는 표준공제(100만원) 중 선택
근로소득이 없는 자	기부금공제 및 표준공제 60만원 중복적용

① 보험료공제

구 분	공제한도
본인이 부담한 국민건강보험료 · 고용보험료 · 노인장기요양보험료	한도없음
기본공제대상자를 피보험자로 하는 일반 보장성보험료	100만원
기본공제대상자 중 장애인을 피보험자로 하는 장애인전용보장성보험료	100만원

② 의료비공제

의료비 공제액 = ① + ②
① 본인 · 경로우대자 (65세 이상) 장애인을 위한 의료비
② Min(기타의 의료비 − 총 급여 × 3%, 700만원)

③ 교육비공제

구 분	공제한도
본인 교육비	한도 없음
기본공제대상자인 배우자 및 부양가족 교육비	① 대학생: 1인당 900만원 ② 유치원아 · 영유아 · 취학전아동, 초 · 중 · 고등학교: 1인당 300만원
기본공제대상자인 장애인을 위한 특수교육비	한도 없음

④ 주택자금공제

공제금액	공제한도
(1) 주택마련저축불입액 × 40%	(1), (2)를 합하여 300만원 한도 (1), (2), (3)을 합하여 1,000만원 한도
(2) 주택임차 차입금의 원리금상환액 × 40%	
(3) 장기주택저당차입금 이자상환액 × 100%	

⑤ 기부금공제

거주자가 당해 연도에 지급한 법정기부금 · 특례기부금 · 우리사주조합기부금과 지정기부금은 이를 당해 연도의 합산 과세되는 종합소득금액에서 공제한다.

구분	내용
법정기부금	① 국가 · 지방자치단체에 무상으로 기증하는 금품의 가액 ② 국방헌금과 위문금품 ③ 이재민구호금가액 ④ 정치자금 ⑤ 무료 또는 실비로 이용할 수 있는 사회복지시설에 기부하는 금품의 가액 ⑥ 불우이웃돕기결연기관을 통하여 불우이웃에게 기부하는 금품의 가액 ⑦ 사립학교 · 기능대학 · 원격대학 · 국립대학교병원 · 서울대학교병원에 시설비 · 교육비 · 연구비 또는 장학금으로 지출하는 기부금 ⑧ 문화예술진흥기금으로 출연하는 금액 ⑨ 특별재난지역 자원봉사용역 ⑩ 대한적십자사에 대한 기부금 ⑪ 사회복지공동모금회에 지출하는 기부금

특례기부금	① 결식아동의 결식해소 또는 빈곤층 아동의 복지증진을 위한 사업을 수행하고 있는 비영리법인에 대하여 동 사업비로 지출하는 기부금 ② 사내근로복지기금에 지출하는 기부금 ③ 독립기념관·한국교육방송공사 등 특정단체에 지출하는 기부금
우리사주 조합기부금	우리사주조합원이 아닌 자가 우리사주조합에 지출하는 기부금
지정기부금	① 법인세법상 지정기부금 ② 근로자가 노동조합 교원단체·공무원직장협의회에 납부한 노동조합비 ③ 국립암센터·지방의료원에 대한 기부금

(3) 기타공제

① 신용카드 등 사용금액에 대한 소득공제

- 근로소득이 있는 거주자(일용근로자 제외)가 사업자로부터 재화나 용역을 제공받고 신용카드 또는 직불카드를 사용하여 결제한 금액
- 본인, 배우자 또는 직계존비속(배우자의 직계존비속 포함)으로 하되, 본인을 제외한 자 중 연간소득금액이 100만원을 초과하는 자를 제외한다.

〈예제 11-2〉 소득공제 계산

다음 자료를 보고 보험료, 의료비, 교육비 공제 금액을 구하시오.

구 분	내 용	금 액
보험료	손해보험료(계약자 및 피보험자: 본인, 보장성)	55만원
	생명보험료(계약자 및 피보험자: 배우자, 보장성)	23만원
의료비	모친(73세)의 척추 수술비	350만원
	배우자 불임시술(인공수정)비	250만원
교육비	대학원 수업료(본인)	950만원
	대학교 수업료(장남)	450만원

[해 답]

보험료공제: 손해보험: **55만원,** 생명보험: **23만원**

의료비공제: 전액 공제: **350만원,** 일반공제: **250만원**

교육비 공제: 본인: **950만원,** 자녀(대학생): **450만원**

3. 종합소득 산출세액

1) 계산구조

종합소득 산출세액 = 종합소득 과세표준 × 기본세율

2) 기본세율

과세표준	세 율	누진공제
1,200만원 이하	6%	-
4,600만원 이하	15%	108만원
8,800만원 이하	24%	522만원
8,800만원 초과	35%	1,490만원

최저세율은 최저 6%에서 최고 35%까지의 4단계 초과누진세율로 구성되어 있다.

〈예제 11-3〉 과세표준 세액 산출

과세표준 5,000만원의 산출 세액을 구하시오.

[해 답]

5,000만원(과세표준) × 24%(세율) - 522만원(누진공제) = 678만원

4. 신고 · 납부와 경정 · 징수

1) 중간예납 · 예정신고

(1) 중간예납

사업소득과 부동산임대소득이 있는 거주자는 1월 1일부터 6월 30일까지를 중간예납기간으로 하여 계산한 일정액의 소득세를 11월 30일까지 납부하여야 하는데, 이를 중간예납이라 한다. 이렇게 납부한 중간예납세액은 확정신고 시 기납부세액으로 공제된다.

(2) 중간예납대상자

중간예납대상자는 종합소득 중 사업소득 · 부동산임대소득이 있는 거주자로 한다. 다만, 다음의 경우에는 중간예납대상에서 제외한다.

① 이자소득 · 배당소득 · 근로소득 · 연금소득 · 기타소득이 있는 경우
② 부동산임대소득 · 사업소득 중 수시부과하는 소득만이 있는 경우
③ 과세기간 개시일 현재 사업자가 아닌 자로서 과세기간 중 사업을 개시한 경우
④ 사업소득 중 속기 · 타자 등 사무관련 서비스업 등에서 발생한 소득만이 있는 경우
⑤ 납세조합이 중간예납기간 중 그 조합원의 당해 소득에 대한 소득세를 매월 징수하여 납부한 경우
(분류과세소득인 퇴직소득 · 양도소득만이 있는 자도 중간예납의무가 없다.)
⑥ 방문판매원 · 다단계판매원 등

(3) 예정신고

부동산매매업자는 토지 또는 건물의 매매차익과 그 세액을 매매일이 속하는 달의 말일부터 2월이 되는 날까지 납세지 관할세무서장에서 신고하여야 한다. 이를 토지 등 매매차익 예정신고라 한다.

2) 과세표준 확정신고와 납부

(1) 과세표준 확정신고

당해 연도의 소득금액(종합소득・퇴직소득・양도소득)이 있는 거주자는 당해 소득의 과세표준을 당해 연도의 다음 연도 5월 1일부터 5월 31일까지 납세지 관할세무서장에게 신고하여야 한다(당해 연도의 과세표준이 없거나 결손금액이 있는 경우에도 신고하여야 한다.).

- 과세표준 확정신고 특례

① 거주자가 사망한 경우

과세표준 확정신고를 하여야 할 거주자가 사망한 경우 그 상속인은 상속개시일부터 6월이 되는 날까지 사망일이 속하는 과세기간에 대한 당해 거주자(피상속인)의 과세표준을 신고하여야 한다.

② 거주자가 출국하는 경우

과세표준 확정신고를 하여야 할 거주자가 주소・거소의 국외이전을 위하여 출국하는 경우에는 출국일이 속하는 과세기간의 과세표준을 출국일 10일 이전에 신고하여야 한다.

(2) 확정신고세액의 자진납부

거주자는 당해 연도의 과세표준에 대한 종합소득・퇴직소득・양도소득 산출세액에서 감면세액・세액공제액・기납부세액을 공제한 금액을 과세표준 확정 신고기한까지 납세지관할세무서・한국은행・체신관서에 납부하여야 한다.

① 세액의 분납

납부할 세액이 1천만원을 초과하는 거주자는 다음의 세액을 납부기간 경과 후 2개월 이내에 분납할 수 있다.

- 납부할 세액이 2천만원 이하인 때에는 1천만 원을 초과하는 금액
- 납부할 세액이 2천만원을 초과하는 때에는 그 세액의 50% 이하의 금액

② 양도소득세의 물납

공익사업을 위한 토지 등의 취득 및 보상에 관한 법률에 의하여 수용됨으로써 발생하는 소득에 대한 양도소득세를 금전으로 납부하기 곤란한 경우에는 당해 토지 등의 대금으로 교부받은 보상채권으로 납부할 수 있다.

〈쉬어 가기 코너〉

강남 부자들 출생 · 증여신고 함께 한다는데

최근 자녀 출생 때부터 증여를 준비하는 부자들이 늘어나고 있다. "요즘 강남 부자들의 최대 관심사는 증여 문제다. 특히 미성년 자녀를 둔 부모들 관심이 높고, 그 중에서도 갓 태어난 자녀 명의로 예금을 들거나 펀드에 가입하는 사례가 최근 부쩍 늘었다"는 게 강남 지역 PB들의 공통된 얘기다. 이처럼 증여를 서두르는 이유는 세제상 혜택 때문이다. 현행 세법은 미성년자에 대해서는 1,500만원까지, 성년은 3,000만원까지 증여세를 면제하고 있다. 그리고 이러한 증여세 기초공제 혜택을 10년마다 한 번씩 받을 수 있게 하고 있다. 예컨대 5세에 1,500만원 증여를 신고했다면 15세에 다시 1,500만원 증여를 신고해도 세금을 내지 않는 식이다. 원금을 예 · 적금과 펀드, 보험 등에 투자해 수익이 발생하면 자녀 소득으로 간주되기 때문에 별도 증여세를 내지 않아도 된다. 자녀 출생 직후에 자녀 명의로 통장을 만들어 증여를 하면 증여세 공제 혜택을 극대화할 수 있다. 태어나자마자 1,500만원, 10세 때 1,500만원, 20세 때 3,000만원 등 6,000만원을 세금 한 푼 내지 않고 합법적으로 증여할 수 있는 것이다.

여유가 있으면 1억원이 넘는 금액을 증여하기도 한다는 게 일선 PB들 말이다. 증여세는 공제 한도를 초과하는 금액이 1억원 이하면 10% 세율이 부과된다. 또한 증여 3개월 안에 자진신고를 하면 부과액 중 10%를 감면해 준다. 갓 태어난 자녀에게 1억 1,500만원을 증여하면 공제 한도인 1,500만원을 초과한 1억원에 대해 10%인 1,000만원을 증여세로 부과하지만 1,000만원의 10%를 감면받으므로 세금은 900만원만 내면 된다.

PB들은 "0세, 10세, 20세 등 세 번의 공제 기회를 모두 활용하면 원리금 이 웬만한 지역 아파트를 구매할 수 있을 정도가 된다"고 말한다.

조재영 삼성생명 강남 FP센터 팀장은 "최근 이와 관련된 문의를 하는 고객이 부쩍 늘었다"며 "증여세 절감도 절감이지만 이자 · 배당 소득이 연간 4,000만원이 넘어 금융소득종합과세 대상자로 분류되는 경우 자녀 앞으로 명의를 분산해 세금을 줄이기 위한 목적도 있는 것 같다"고 말했다.

(자료원: 매일경제 2008. 05. 27)

진위 문제

1. 창업(創業)이란 사업의 시작을 의미하며, 기업가의 능력을 갖춘 개인이나 집단이 사업 아이디어를 가지고, 사업목표를 세우고 적절한 사업기회에 자본, 인원, 설비, 원자재 등 경영자원을 확보하고 재화나 서비스를 제공하는 기업의 설립을 말한다.

2. 일반적으로 사업의 목적이 소비자에게는 합리적인 가격으로, 생산자에게는 일정 이윤을 보장해 주는 선에서 제품이나 서비스를 생산함으로써 소비자가 만족할 수 있도록 봉사하는 것이다. 이를 사회적 목적이라 한다.

3. 창업을 하기 위해서는 창업자 자신뿐 아니라 인적 자원 또는 물적인 여러 가지 요소들이 투입되어야 한다. 이 중에서 창업자, 사업 아이디어, 그리고 사업자금 이를 창업의 3요소라 한다.

4. 원천징수대상 소득금액을 지급한 경우에 원천세를 원천징수하여 다음달 14일까지 관할 세무서에 납부하여야 한다. 만약 원천징수의무를 원천징수한 세금(원천세)을 다음달 14일까지 납부하지 않으면 10%를 가산하여 추징하게 된다.

5. 직접세란 일반적인 용도, 즉 특별한 용도를 정하지 않고 징수하는 세금을 말하며 대부분의 세금이 여기에 해당한다. 반면 간접세란 특수한 용도로만 사용할 목적으로 징수하는 세금이며 국세 중 교육세, 농이촌특별세, 교통세와 지방세 중 공동시설세, 도시계획세가 이에 해당된다.

6. 현재 우리나라를 포함하여 부가가치세제를 시행하고 있는 대부분의 나라들은 전단계세액공제법을 채택하고 있다.

7. 자기의 사업과 관련하여 생산·취득한 재화를 사업과 직접 관계없이 개인적인 목적 또는 기타의 목적을 위하여 사업자가 재화를 사용·소비하거나 사용인 또

는 기타의 자가 재화를 사용·소비하는 경우로서 그 대가를 받지 아니하거나 현저히 낮은 대가를 받는 경우를 자가공급이라 한다.

8. 사업규모가 상대적으로 작은 중소 개인사업자에 대하여 세부담을 덜어 주고, 부가가치세 신고납부 절차를 간소화하여 납세편의를 도모하기 위한 제도를 간이과세제도라 한다.

9. 수정신고란 이미 신고·결정·경정절차가 완료된 과세표준 및 세액 등이 과다한 경우 납세의무자가 이를 정정하는 신고를 말한다.

10. 종합소득이란 각종 소득을 합산하여 과세하기 때문에 종합소득이라고 한다. 종합소득은 이자소득, 배당소득, 부동산임대소득, 사업소득, 근로소득, 일시재산소득, 연금소득, 기타소득을 합산한 것이다.

정 답 1. T 2. F 3. T 4. F 5. F 6. T 7. F 8. T 9. F 10. T

객관식 문제

다음 문제를 보고, 가장 올바른 답을 고르시오.

1. 다음 소득 중 분리과세소득이 없는 소득은?
   ① 연금소득　② 이자소득
   ③ 사업소득　④ 근로소득

2. 소득세에 대한 다음 설명 중 틀린 것은?
   ① 소득세는 국세이며, 직접세에 해당된다.
   ② 소득세는 원칙적으로 순자산증가설에 근거하여 과세한다.

③ 소득세의 과세기간은 원칙적으로 1월 1일부터 12월 31일이다.

④ 소득세법상의 소득은 종합소득, 퇴직소득 및 양도소득으로 분류된다.

3. 소득세의 납세의무자에 대한 설명 중 옳지 않은 것은?

① 소득세의 납세의무자는 개인과 법인이다.

② 개인은 주소 또는 거소의 유무나 거주기간에 따라 거주자와 비거주자로 구분한다.

③ 거주자는 국내에서 주소를 두거나 국내에 주소가 없더라도 1년 이상 거소를 둔 개인이다.

④ 비거주자는 국내에 주소가 없고 1년 이상 거주하지 아니한 개인이다.

4. 다음 소득 중 종합소득이 아닌 것은?

① 양도소득 ② 사업소득

③ 배당소득 ④ 근로소득

5. 사업소득에 대한 설명 중 틀린 것은?

① 주택신축판매업은 사업소득 중 건설업에 해당한다.

② 농가부업규모의 축산에서 발생하는 소득은 비과세소득이다.

③ 대표자급여는 사업소득의 필요경비에 산입된다.

④ 부동산매매업도 사업소득에 해당된다.

6. 사업소득의 내용이 아닌 것은?

① 교육서비스업에서 발생하는 소득 ② 비영업대금의 이익

③ 건설업에서 발생하는 소득 ④ 제조업에서 발생하는 소득

7. 사업소득금액 계산시 총수입금액에 산입하는 것은?

① 제조업을 경영하는 거주자가 자기가 생산한 제품을 자기가 생산하는 다른 제품의 원재료로 사용한 때 그 사용된 부분에 상당하는 금액

② 건설업을 경영하는 거주자가 자기가 생산한 물품을 자기가 도급받은 건설공사의 자재로 사용한 때 그 사용된 부분에 상당하는 금액

③ 부가가치세의 매출세액

④ 거주자가 재고자산을 사용인에게 지급한 경우에 그 지급한 때의 가액에 상당하는 금액

8. 다음 중 비과세 근로소득이 아닌 것은?

① 연・월차수당

② 식사를 제공받지 아니하는 근로자가 제공받는 월 10만원 이하의 식대

③ 일직료・숙직료 또는 여비로서 실비변상적인 정도의 금액

④ 월정급여액 100만원 이하인 생산직 근로자가 받는 야간근로수당으로 연간 240만원 이내의 금액

9. 다음 중 비과세근로소득에 해당하는 것은?

① 근로의 제공으로 인하여 받는 급여

② 법인세법에 의하여 상여로 처분된 금액

③ 근로사업체의 업무에 관련하여 근로자 본인이 받는 학자금

④ 퇴직소득에 속하지 않는 퇴직위로금

10. 다음 중 근로소득자만이 적용받을 수 있는 종합소득공제액은?

① 부녀자공제 ② 기본공제

③ 장애인공제 ④ 보험료공제

11. 다음 부가가치세에 대한 설명 중 잘못된 것은?

① 재화의 공급, 용역의 공급 및 재화의 수입에 대하여 과세한다.

② 수출하는 재화에 대해서는 면세한다.

③ 소비세이므로 투자에 대해서는 과세하지 않는다.

④ 최종소비자가 세금을 부담한다.

12. 다음 부가가치세에 대한 설명 중 올바른 것은?

① 부가가치세는 생산자가 부담하고 소비자가 납부하는 간접세이다.

② 납세의무자의 부양 가족 수, 기초생계비 등 인적사항이 고려되는 인세에 해당된다.

③ 세금계산서의 수수로 인하여 근거과세제도를 확립할 수 있다.

④ 수출하는 재화에 대해서는 면세대상이 되므로 수출을 촉진한다.

13. 우리나라 부가가치세법의 특징에 해당하지 않는 것은?

① 일반소비세 ② 직접세

③ 다단계거래세 ④ 전단계세액공제

14. 다음 중 부가가치세의 납세자에 해당하지 않는 사람은?

① 생산자 ② 도매업자

③ 소매업자 ④ 최종소비자

15. 부가가치세 납세의무자에 대한 설명 중 잘못된 것은?

① 반드시 영리를 목적으로 하는 사업자이어야 한다.

② 사업상 독립적이어야 한다.

③ 재화 또는 용역을 공급하거나 재화를 수입하여야 한다.

④ 사업자에 개인, 법인, 법인격이 없는 사단과 재단도 포함된다.

16. 부가가치세법상 납세의무자로 볼 수 없는 경우는?

① 부동산 임대사업장 없이 2년간 토사석 채취를 목적으로 2억원에 토지를 임대하는 경우

② 비영리법인인 새마을금고가 부가가치세가 과세되는 재화를 독립적으로 계속 공급하는 경우

③ 국가나 지방자치단체조합이 부가가치세가 과세되는 재화나 용역을 공급하는 경우

④ 농민이 자기 농지를 개량하는 과정에서 생긴 토사석을 일시적으로 조경업자의 건설회사에 공급하는 경우

17. 다음 부가가치세의 과세기간에 대한 설명 중 잘못된 것은?

① 제1기 - 1월 1일부터 6월 30일까지

② 제2기 - 7월 1일부터 12월 31일까지

③ 신규사업자 - 사업개시일부터 당해 과세기간 종료일까지

④ 폐업자 - 사업자등록일부터 폐업일까지

18. 2010년 5월 20일에 폐업신고를 하였다. 부가가치세법상 과세기간은 어느 것인가?

① 2010. 1. 1~2010. 3. 31 ② 2010. 1. 1~2010. 5. 20

③ 2010. 1. 1~2010. 6. 30 ④ 2010. 7. 1~2010.12. 31

19. 다음 사업자 미등록에 관한 설명 중 잘못된 것은?

① 사업자 등록시까지는 사업을 개시할 수 없다.

② 사업개시일로부터 20일 내 신청을 안 한 경우 미등록가산세의 부과대상이 된다.

③ 사업자등록 신청기일이 경과한 경우 사업자등록 신청 전의 매입세액은 공제되지 아니한다.

④ 사업자가 등록을 하지 아니하는 경우에는 관할세무서장이 조사하여 등록시킬 수 있다.

20. 다음 중 부가가치세법상 사업자등록 정정사항이 아닌 것은?

① 상호변경 ② 법인의 대표자 변경

③ 공동사업자 구성원 변경 ④ 개인사업자의 폐업

정 답

1. ③ 2. ② 3. ① 4. ① 5. ③ 6. ② 7. ④ 8. ① 9. ③
10. ④ 11. ② 12. ③ 13. ② 14. ④ 15. ① 16. ④ 17. ④ 18. ②
19. ① 20. ④

해 설

1. 종합소득중 이자소득, 배당소득, 근로소득, 연금소득, 기타소득에는 분리과세로 납세의무가 종결되어 소득이 일부 포함되어 있다.

2. 소득세는 소득원천설을 근간으로 하되, 순자산증가설을 일부 가미하고 있다.

3. 소득세의 납세의무자는 원칙적으로 소득이 있는 개인이고, 법인세의 납세의무자는 법인이다.

4. 퇴직소득, 양도소득은 분류과세된다.

5. 출자금의 인출에 해당하므로 필요경비에 산입하지 아니한다.

6. 비영업대금의 이익은 이자소득에 해당한다.

7. 소비 또는 지급한 때의 시가에 상당하는 금액을 총수입금액에, 그 원가상당액은 필요경비에 산입한다.

8. 연·월차수당은 전액 과세한다.

9. 근로자 본인의 학자금이 비과세되기 위해서는 당해 근로자가 종사하는 사업체의 업무와 관련 있는 교육, 훈련을 위하여 받는 것으로 당해 근로자가 종사하는 사업체의 규칙 등에 의하여진 지급기준에 따라 받는 것이며, 교육·훈련기간이 6월 이상인 경우 교육, 훈련 후 당해교육기간을 초과하여 근무하지 아니하는 때에는 지급받은 금액을 반납할 것을 조건으로 하여 받는 것이어야 한다.

10. 보험료공제는 특별공제 중 항목별공제로서 근로소득이 있는 거주자만 받을 수 있다.

11. 수출하는 재화에 대해서는 영세율이 적용된다.

12. 부가가치세는 소비자가 부담하고 사업자가 납부하는 전형적인 간접세이며 물세이다. 수출하는 재화에 대해서는 영세율이 적용되어 국제적이중과세를 방지하는 효과가 있다.

13. 부가가치세는 납세자와 담세자가 다른 간접세이다.

14. 부가가치세의 납세의무자는 사업자이나 담세자는 최종소비자이다.

15. 부가가치세의 납세의무자는 영리목적의 유무와는 관계가 없다.

16. 농민이 자기농지의 확장 또는 농지개량작업에서 생긴 토사석을 일시적으로 판매하는 경우에는 부가가치세 납세의무가 없다.

17. 폐업자의 과세기간은 폐업일이 속하는 과세기간 개시일부터 폐업일까지이다.

18. 5월 20일에 폐업신고를 하였으므로 과세기간은 제1기 개시일인 1월일부터 폐업신고일인 5월 20일까지이다.

19. 사업개시일로부터 20일 내에 신청을 하면 사업자등록과 관련된 아무런 제재(예: 가산세 등)를 받지 않는다.

20. ④는 사업자등록말소의 사유이다.

찾아보기

ㄱ

ㄴ

ㄷ

ㄹ

ㅁ

ㅂ

ㅅ

ㅇ

ㅈ

공저자약력

김 재 열
서강대학교 대학원 졸업(경영학 박사)
The University of Texas at Dallas 연구교수
대한회계학회 편집위원장
행정안전부 지방자치단체 평가위원
현, 건양대학교 경영학과 교수

주요저서
새로운 한국의 원가관리
사용자중심의 원가회계, 관리회계 등

최 경 식
청주대학교 대학원 졸업(경영학 박사)
미국 The University of Delaware 연구교수
한국교원단체총합연회 감사
논산세무서 국세심의위원회 위원
현, 건양대학교 세무학과 교수

주요저서
회계원리
알기쉬운 세무상식 등

윤 재 희
서강대학교 대학원 졸업(경영학 박사)
한국 NCR 전략컨설팅그룹 근무
삼일회계법인 이사
오픈타이트코리아 이사
현, 워너스케이트 부대표,
경찰청 내부 자체평가위원(재정분과)

주요저서
정부와 공공부문 BSC
디지털시대의 경영관리기법 등

초보자중심의 기초 회계

2019년 2월 15일 중판 발행
2012년 3월 9일 초판 발행

저 자 김재열 최경식 윤재희
발행인 이 구 만
발행처 유원북스
121-130 서울특별시 마포구 토정로 198, 204호
전화 (02) 593-1800 Fax (02) 593-1801
등록 2011. 9. 6 제25100-2012-3호
www.uwonbooks.com ywbooks@naver.com

정 가 22,000원 ISBN 978-89-967235-6-1